"十三五"普通高等教育规划教材
全国财经类应用型本科院校通用教材

证券与期货

(第2版)

主　编　武英芝

中国财经出版传媒集团
中国财政经济出版社

图书在版编目（CIP）数据

证券与期货/武英芝主编．—2版．—北京：中国财政经济出版社，2018.9
“十三五”普通高等教育规划教材　全国财经类应用型本科院校通用教材
ISBN 978-7-5095-8531-3（2024.9重印）

Ⅰ.①证…　Ⅱ.①武…　Ⅲ.①证券交易-高等学校-教材②期货交易-高等学校-教材　Ⅳ.①F830.9

中国版本图书馆CIP数据核字（2018）第215159号

责任编辑：蔡　宾　　　　责任校对：李　丽
封面设计：邹海东

中国财政经济出版社出版
URL：http：//www.cfeph.cn
E-mail：cfeph@cfeph.cn

社址：北京市海淀区阜成路甲28号　邮政编码：100142
营销中心电话：010-88191537　北京财经书店电话：64033436　84041336
北京密兴印刷有限公司印刷　各地新华书店经销
787×1092毫米　16开　25印张　580 000字
2018年11月第2版　2024年9月北京第2次印刷
定价：42.00元
ISBN 978-7-5095-8531-3
（图书出现印装问题，本社负责调换）
本社质量投诉电话：010-88190744
打击盗版举报热线：010-88191661　QQ：2242791300

再版说明

本次对《证券与期货》的修订距离上次出版的2012年已过去6年，在这6年中，我国资本市场发生了较大变化。证券、期货市场规模不断扩大，上市公司数量突破3 000家，债券、投资基金、期货、期权交易品种不断丰富，在世界金融市场的影响力愈发加大；相关法律、法规、部门规章的多次修订使市场运行效率不断提升，进一步深化了证券、期货市场服务实体经济的功能；新三板的扩容、地方股权交易中心的建立使资本市场的层次更加多样化。这一切，都要求本书内容作出相应的调整，以贴近现实，适应新形势发展，满足教学的需求。

本次修订未对内容的框架体系做大幅修改，变化主要体现在以下几方面：（1）部分章节内容作了适当删减与增补。删去了我国当前市场中多年不发行的权证介绍，增加了近几年国际及我国股票、债券、证券投资基金组成的证券市场、商品与股指组成的期货市场发展动态，如我国多层次资本市场的建设、优先股试点、退市制度的进一步细化完善、地方政府债券的发行、基金业品种与管理创新、期货交易所新设交易品种等。（2）结合新的法律、法规、部门规章对相关内容进行调整更新。如根据全国人民代表大会修订的《公司法》调整了有限责任公司、股份有限公司的设立及组织机构职权；根据中国证监会修订的《首次发行股票并上市管理办法》《首次发行股票并在创业板上市管理办法》《证券发行与承销管理办法》《公司债券发行与交易管理办法》，更新了IPO的发行条件、发行定价与配售规则，公司债券的发行范围、条件、方式等；根据沪深交易所《首次公开发行股票网上、网下发行实施细则》《股票上市规则》更新了投资者申购新股规则，上市股票的风险警示、暂停、恢复、终止上市的情形。（3）对部分章节内容的案例、习题进行了调整更新。案例更新主要体现在证券投资分析、期货交易所在的章节，习题调整则是对书中新增及更新的重要内容进行练习。（4）对部分章节内容的知识点进行了重新编排、总结与凝练，如有限责任公司、股份有限公司、期权的特征介绍，纳斯达克市场的认知，价量关系及支撑压力切线理论的理解。

通过以上修改，使本书在证券、期货基础知识、基本理论介绍的基础上，融入了市场最新的发展动态及未来发展方向；结合当前市场的运行规则，突出了证券、期货业务的实务操作规程；更新和添加了案例，使理论与实际的联系更加紧密丰满；对一些知识点的总结与提炼，使内容更加逻辑条理，便于理解记忆。希望能够最大限度地实现理论性、操作性、应用性、时效性、通俗性有效融合，使读者学以致用，是本次修订的指导思想与目标。本书特别适合于应用型本科院校的金融类、经济类和管理类专业以及高职高专相关专业的教学之需，可作为“证券与期货”“证券投资学”“投资与理财”等课程的教材，也可以作为工商管理培训相关课程的教材以及证券、期货从业人员的学习参考。

在本次修订中，武英芝执笔第一章、第六章、第七章（第一节、第二节、第三节）、第八章；陈杨波执笔第七章（第四节）；刘红执笔第九章、第十章、第十一章、第十四章；岳双喜执笔第十三章；卫彦琦、李婧执笔第二章、第三章、第四章；田艳君执笔第十二章、李婧执笔第五章、第十五章，全书由武英芝总纂和统稿。由于时间仓促，编者的水平、视野有限以及证券、期货市场的快速发展，书中难免有不妥、疏漏或有待完善之处，还望各位读者批评指正。

武英芝

2018 年 8 月

目录

第一章

证券与证券市场

学习目标：

通过本章的学习，了解证券的宽泛概念、证券市场的产生、发展过程；掌握有价证券的含义、特点、分类，证券市场的构成要素以及证券市场的功能；对证券与证券市场形成一个概括性认识，为后续章节的学习奠定基础。

关键概念：

有价证券　资本证券　证券发行市场　证券交易市场　机构投资者

第一节

证券概述

一、证券的含义及分类

（一）证券的含义

证券是商品经济和社会化大生产发展的产物，其含义非常广泛。一般而言，证券是各类经济权益凭证的统称，是用以证明持有人有权按其所持凭证记载内容取得相应权益的凭证。从法律意义上讲，证券是指各类记载并代表一定权利的法律凭证的统称，它表明证券持有人或第三者有权取得该证券拥有的特定权益，或证明其曾经发生过的行为。现实生活中的股票、债券、基金证券、票据、提单、保险单、存款单等都是证券。

证券应同时具备两个基本特征：法律特征和书面特征，前者是指证券所记载的内容是某种法律行为的结果，其代表的权益受国家法律保护；后者是指证券一般采用书面形式或与书面形式具有同等法律效力的形式。

（二）证券的基本分类

随着经济的发展，证券的种类日益增加，现已经形成一个庞大的家族体系，因而可以对其分门别类，证券的基本分类是按照是否具有有价性，将证券分为无价证券和有价证券。

无价证券是相对于有价证券而言的，即不能自由转让、不能带来资本化的收益的证券。无价证券中的证据证券是指只是单纯地证明事实的文件，主要有信用证、书面证明等。凭证证券是指认定持证人是某种私权的合法权利者，证明对持证人所履行的义务是有效的文件，如存款单、借据、收据及定期存款存折等。凭证证券虽然也是代表所有权的凭证，但由于政府或国家法律限制其在市场上广泛流通，不能自由让渡，因此不能真正独立地作为所有权证书来行使权利。

有价证券是指标有票面金额，证明持券人有权按期取得一定收入并可自由转让和买卖的所有权或债权凭证。人们通常所说的证券，就是指这种有价证券。有价证券是一种虚拟资本，自身没有价值，但由于它能为持有者带来一定的股息或利息收入，因而当法律允许其在证券市场上自由买卖和流通时便产生了价格。

广义的有价证券包括商品证券、货币证券和资本证券。商品证券是对证券所载明商品有提取权的证明，包括提货单、运货单、仓库栈单等；货币证券是指可代替货币使用的商业信用工具，主要包括汇票、本票、支票等；资本证券是指把资本投入企业或贷给国家的一种证书，主要包括股权证券和债券证券，是实际资本的纸质代表物，本身没有价值，但代表了实际资本未来能够给持有者带来的收益权，持有人可以获得资本化的收入因而产价值。与商品证券、货币证券相比，资本证券的有价性表现最为突出，资本证券是有价证券的主要形式，狭义的有价证券即指资本证券。人们通常把资本证券直接称为有价证券乃至证券，它是证券理论与实务界研究的主要对象。若没有特殊说明，证券就是指有价证券中的资本证券。

（三）有价证券的分类

1. 按证券发行主体的不同，有价证券可分为公司证券、政府证券、政府机构证券

公司证券包括具有法人地位的公司为筹措资金而发行的股票、公司债券、商业票据等。在公司证券中，通常将银行和非银行金融机构发行的债券称为金融债券；政府证券指中央政府和地方政府为弥补财政赤字而发行的债券；政府机构是由经批准的政府机构筹措资金而发行的证券，我国目前不允许政府机构发行债券。

2. 按证券是否在证券交易所挂牌上市交易，证券可分为上市证券和非上市证券

上市证券又称挂牌证券，是指经证券主管机关批准，并向证券交易所注册登记，获得在交易所内公开买卖资格的证券。非上市证券也称非挂牌证券，是指未申请上市或不符合在证券交易所挂牌交易条件的证券。

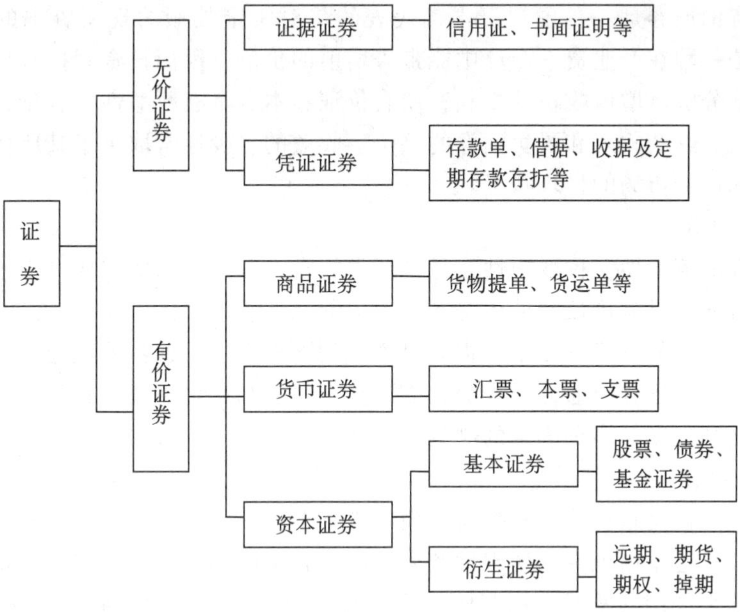

图 1－1　证券家族体系图

3. 按募集方式分类，有价证券可以分为公募证券和私募证券

公募证券是指发行人通过证券承销机构向不特定的社会公众投资者公开发行的证券，公募证券的审核比较严格并采取公示制度，一般可以很快上市。私募证券是指向少数特定的投资者发行的证券，其审查条件相对宽松，投资者也较少，不采取公示制度，上市流通一般会有一定的限制。私募证券的投资者多为与发行人有特定关系的机构投资者，也有发行公司的职工。

4. 按证券的经济性质分类，有价证券可以分为股票、债券和其他证券

股票和债券是有价证券两个最基本的品种，其他证券包括基金证券、证券衍生品，如金融期货、可转换证券等。

二、有价证券的特征

（一）产权性

有价证券的产权性是指有价证券记载着权利人的财产权内容，代表着一定的财产所有权，拥有证券就意味着享有财产的占有、使用、收益和处分的权利。在现代经济社会里，财产权利和证券已密不可分，财产权利与证券两者融合为一体，权利证券化。虽然证券持有人并不实际占有财产，但可以通过持有证券，在法律上拥有有关财产的所有权或债权。

（二）期限性

有价证券中的债券一般有明确的还本付息期限，以满足不同投资者和筹资者对融资期限以及与此相关的收益率需求，债券的期限具有法律的约束力，是对融资者和投资者双方权益的保护；股票没有期限，可视为无期证券。

（三）收益性

收益性是指持有有价证券本身可以获得一定数额的收益，这是投资者让渡资本使用

权的回报。有价证券是一种虚拟资本，代表的是对一定数额的现实资本的所有权或债权，而资本是一种在产业资本循环中能带来增值的价值，因而投资者持有证券也就同时拥有取得这部分资产增值收益的权利，使有价证券本身具有收益性。有价证券的收益表现为利息收入、红利收入和买卖证券的差价。收益的多少通常取决于其所代表资本增值数额的多少和证券市场的供求状况。

（四）流通性

有价证券的流通性又称变现性，是指证券持有人可按自己的需要自由地转让证券以换取现金。流通性是有价证券的生命力所在，证券的期限性约束了投资者的灵活偏好，但其流通性以变通的方式满足了投资者对资金的随机需求。证券的流通是通过承兑、贴现、交易实现的，证券流通性的强弱，受证券期限、利率水平及计息方式、信用度、知名度、市场便利程度等多种因素的制约。

（五）风险性

证券的风险性是指有价证券持有者面临着预期投资收益不能实现，甚至使本金也受到损失的问题。这是由证券的期限性和未来经济状况的不确定性所致。在现有的社会生产条件下，未来经济的发展变化有些是投资者可以预测的，而有些则无法预测，因此，投资者难以确定他所持有的证券将来能否取得收益和能获得多少收益，从而使持有证券具有风险。

第二节　证券市场的构成

一、证券市场的含义及分类

（一）证券市场的含义

证券市场是股票、债券、投资基金证券等各种有价证券发行和买卖的场所。证券市场通过证券信用的方式融通资金，通过证券的买卖活动引导资金流动，有效合理地配置社会资源，支持和推动经济发展，因而是资本市场的核心和基础，是金融市场中最重要的组成部分。

（二）证券市场的分类

为能够多角度观察研究证券市场，我们有必要根据不同标准，对证券市场进行分类。

1. 按证券进入市场的顺序以及市场功能不同，证券市场成可分为发行市场和交易市场

证券发行市场又称“一级市场”或“初级市场”，是发行人以筹集资金为目的，按照一定的法律规定和发行程序，向投资者出售证券所形成的市场。证券发行市场体现了发行人与投资者对资金与证券进行交易的市场关系，在证券发行市场上，不仅存在着由发行主体向投资者的证券流，而且存在着由投资者向发行主体的货币资本流。因此，证

券发行市场不仅是发行主体筹措资金的市场，也是为投资者提供投资机会的市场。

证券交易市场是已发行的证券通过买卖交易实现流通转让变现的场所。相对于发行市场而言，证券交易市场又称为“二级市场”或“次级市场”。证券经过发行市场的承销后，即进入流通市场，它体现了新老投资者之间投资退出和投资进入的市场关系。因此，证券流通市场具有两个方面的职能：其一是为证券持有者提供按市场价格将证券卖出变现的场所；其二是为新的投资者提供投资机会。

股票市场、债券市场、基金市场都可以分为发行市场与交易市场。证券发行市场与交易市场紧密联系，互相依存，互相作用。发行市场是交易市场的存在基础，发行市场所提供的证券的种类，数量与方式决定着交易市场上流通证券的规模、结构与速度；而交易市场又能促进发行市场的发展，对一级市场起着积极的推动作用，组织完善、经营有方、服务良好的交易市场将发行市场上所发行的证券快速有效地分配与转让，为发行市场所发行的证券提供了变现的场所，此外，交易市场的证券价格及流动性又直接影响发行市场新证券的发行规模和发行条件。因此，没有二级市场，证券发行不可能顺利进行，初级市场也难以为继，扩大发行则更不可能。

投资者的证券投资行为包括了对发行市场与交易市场活动的参与。

2. 按有价证券所包含的品种不同，证券市场可分为股票市场、债券市场、基金市场以及衍生证券市场等子市场

股票市场是股票发行和买卖交易的场所。股票市场的发行人为股份有限公司。股份公司在股票市场上筹集的资金是长期稳定、属于公司自有的资本。交易市场中的股票市场价格除了与股份公司的经营状况和盈利水平有关外，还受到其他诸如政治、社会、经济等多方面因素的综合影响。因此，股票价格经常处于波动之中。

债券市场是债券发行和交易的场所。债券的发行人有中央政府、地方政府、政府机构、金融机构、公司和企业，发行债券所筹集的资金是有期限的，债券因为有固定的票面利率和期限，所以其市场价格相对股票价格而言比较稳定，影响债券市场价格的主要因素有市场利率的变动、发行人的信誉等。

证券投资基金市场是基金证券发行和流通的市场。封闭式基金在证券交易所挂牌交易，开放式基金是通过投资者向基金管理公司申购和赎回实现流通的。

衍生证券市场是以基础证券的存在和发展为前提的，其交易品种主要有金融期货与期权、可转换证券、存托凭证、认股权证等。

3. 按市场的组织形式不同，证券市场可分为场内交易市场和场外交易市场

场内交易市场指由证券交易所组织的集中交易市场，有固定的交易场所和交易活动时间，以符合有关规定的上市证券为交易对象，交易者为具备一定资格会员证券公司及特定证券经纪商，普通投资者只能委托有进场交易资格的证券经纪商买卖场内交易的证券。在大多数国家证券交易是以场内交易为主，是全国最重要、最集中的证券交易市场，我国的证券市场也是以上海证券交易所和深圳证券交易所场内交易为主。

证券交易所不仅是买卖双方公开交易的场所，而且为投资者提供多种服务，交易所随时向投资者提供关于在交易所挂牌上市的证券交易情况，如成交价格和数量等；提供发行证券企业公布的财务情况，供投资者参考。交易所制定各种规则，对参加交易的经纪人和自营商进行严格管理，对证券交易活动进行监督，防止操纵市场、内幕交易、欺

诈客户等违法犯罪行为的发生。交易所还要不断完善各种制度和设施，以保证正常交易活动持续、高效地进行。

场外交易市场又称柜台交易或店头交易市场，指在交易所外买卖证券的市场，它没有固定的场所，交易主要利用先进的电子交易网络技术进行，交易时间比较灵活，是一种无形的、分散的市场。场外交易的证券以不在交易所上市的证券为主，在某些情况下也对在证券交易所上市的证券进行场外交易。场外交易市场中的证券商兼具证券自营商和代理商的双重身份。作为自营商，他可以把自己持有的证券卖给顾客或者买进顾客的证券，赚取买卖价差；作为代理商，又可以客户代理人的身份向别的自营商买进卖出证券。西方国家的场外证券市场比较发达，美国的 NASDAQ 是场外市场的典型代表，我国的场外交易证券市场主要有银行间债券市场、代办股份转让市场。

4. 按照市场层次性，证券市场可分为主板市场、创业板市场和三板市场

主板市场也称为一板市场，指传统意义上的证券市场（通常指股票市场），是一个国家或地区证券发行、上市及交易的主要场所。主板市场对发行人的营业期限、股本大小、盈利水平、最低市值等方面的要求标准较高，上市企业多为大型成熟企业，具有较大的资本规模以及稳定的盈利能力。一般而言，各国主要的证券交易所代表着国内主板主场。例如，美国的主板市场主要包括纽约证券交易所（NYSE）、纳斯达克全球精选市场（NASDAQ—GS）[①] 与纳斯达克全球市场（NASDAQ—GM）和美国证券交易所（AMEX），我国的上交所和深交所即为我国的主板市场。

创业板又称二板市场，即第二股票交易市场，是指主板之外的专为暂时无法上市的中小企业和新兴公司提供融资途径和成长空间的证券市场，创业板在上市门槛、监管制度、信息披露、交易者条件、投资风险等方面和主板市场有较大区别，在创业板市场上市的公司大多从事高科技业务，具有较高的成长性，但往往成立时间较短规模较小，业绩也不突出，但有很大的成长空间。创业板市场最大的特点就是低门槛进入，严要求运作，有助于有潜力的中小企业获得融资机会。创业板是对主板市场的有效补充，在资本市场中占据着重要的位置，世界创业板市场的典型代表是美国纳斯达克小资本市场（NASDAQ—CM），我国创业板于 2009 年 10 月在深圳证券交易所开设。

三板市场即场外交易市场，是指为无法在主板、创业板上市的中小企业提供融资途径和交易的证券市场，在美国是指以 OTCBB（Over the Counter Bulletin Board，即场外柜台交易系统）和 Pink Sheets（粉单）[②] 为代表的全国性场外交易市场。美国主板和二板市场的运作以严格、规范、统一、公开、透明为理念，而三板市场的运作则是以宽松、扶持、有利投资和交易为出发点的。现在，OTCBB 已经确立了在美国非主板市场的霸

---

① 2006 年 1 月 13 日，美国证券交易委员会（SEC）批准 NASDAQ 注册成为继纽约证券交易所和美国证券交易所之后的美国第三家全国性的证券交易所。2006 年 2 月，纳斯达克推出了全球精选市场，与 1985 年以来逐渐形成的“纳斯达克全球市场”（原“纳斯克达全国市场”）以及“纳斯达克资本市场”（原纳斯达克小型股市场）一起形成三个层次的股票市场，进一步优化了市场结构，吸引不同层次的企业上市。目前的纳斯达克市场已不再是传统意义上的创业板市场。

② 美国的 OTCBB 源于早期的柜台交易（OTC），OTC 由国会于 1939 年授权设立的美国证券商协会（NASD）管理。NASD 于 1971 年设立了一个电子报价系统 NASDAQ，1990 年设立了另一个电子报价系统，即 OTCBB（Over The Counter Bulletin Board），供不能满足 NASDAQ 条件的场外交易股票进行交易。在 OTCBB 摘牌的公司将退至 Pink Sheets 进行报价交易。

主地位。OTCBB 没有明确的上市标准，任何股份公司的股票都可以在此报价。但是要求股票发行人必须承担财务季报和年报等信息披露义务，这些信息披露文件比证券交易所和 NASDAQ 小资本市场要求的简单得多。

我国的“三板市场”经历了由“旧三板”向“新三板”的演变。“旧三板”即原来的“代办股份转让系统”，成立于 2001 年 7 月 16 日。旧三板市场最初的功能有两个，一是为退市后的上市公司股份提供继续流通的场所，二是解决原 STAQ、NET 系统历史遗留的数家公司法人股流通问题。2006 年 1 月，中国证监会同意中关村科技园区非上市股份有限公司进入代办股份系统进行股份报价转让试点，这一举措拓宽了我国代办股份转让系统的功能，因为挂牌企业均为高科技企业而不同于原转让系统内的退市企业及原 STAQ、NET 系统挂牌公司，故形象地称为“新三板”。2013 年 1 月 16 日，新三板进行了扩容，更名为“全国中小企业股份转让系统”，挂牌公司不再局限于中关村科技园区非上市股份有限公司，而是全国性的非上市股份有限公司股权交易平台，主要针对的是中小微型企业非公开发行股份融资、股份转让。全国中小企业股份转让系统，是经国务院批准设立的全国性证券交易场所，全国中小企业股份转让系统有限责任公司为其运营管理机构。截至 2018 年 7 月底，全国中小企业股份转让系统共有挂牌公司 11 091 家。

二、证券市场的构成要素

为了对证券市场有较为系统的了解，必须了解证券市场的构成要素，证券市场的构成要素主要是证券市场参与者，包括证券发行人、证券投资者、证券市场中介机构、证券市场监管机构等。

（一）证券发行人

证券发行是证券发行人按照法定程序把证券向投资者销售以筹集资金的行为。证券发行人主要有为满足资金需求而发行债券、股票等证券的政府及其机构、金融机构、公司和企业，其中公司、企业、既可发行股票、也可发行债券融资，政府及政府机构只能发行债券融资。证券发行人是证券发行的主体，是证券市场证券的供给者，是证券市场的运行的开端。

（二）证券投资者

证券投资是投资者购买股票、债券等有价证券以获取股息、利息、红利、资本利得的行为，证券投资者是证券市场的资金供给者，是证券的购买者，是证券市场生存的基础。证券投资者类型甚多，投资的目的也各不相同，一般来讲，证券投资者可分为机构投资者和个人投资者两大类。

1. 机构投资者

机构投资者是指相对于中小投资者而言的，是指用自有资金或者从分散的公众手中筹集资金进行有价证券投资活动的法人机构，目前我国机构投资者主要包括企业、商业银行、非银行金融机构（如信托投资公司、证券公司、养老基金、保险基金、证券投资基金）以及 QFII[①] 等。与个人投资者相比，机构投资者拥有资金、信息、人力等方面的优势，能影响某只证券市场价格波动，对证券市场影响较大。

2. 个人投资者

个人投资者是指从事证券投资的居民个人，他们是证券市场最广泛的投资者。个人投资者的资金来源主要是储蓄，资金量一般比较小，单个投资能力有限，投资的目的是对个人闲置资金的运用，谋求个人资产的保值和增值，所以十分重视本金的安全和资产的流动性。

（三）证券市场中介机构

证券市场中介机构是指为证券的发行与交易提供服务的各类机构，包括证券公司和其他证券服务机构，通常把两者合称为证券中介机构。中介机构是连接证券投资者与筹资人的桥梁，证券市场功能的发挥，很大程度上取决于证券中介机构的活动。通过它们的经营服务活动，沟通了证券需求者与证券供应者之间的联系，不仅保证了各种证券的发行和交易，还起到维持证券市场秩序的作用。

1. 证券经营机构

证券经营机构是经证券监管机构批准成立，在证券市场上经营证券业务的金融机构。证券经营机构在各国的业务范围有所差别，对证券经营机构的称谓也不尽相同。在美国，把从事证券发行承销、证券交易、兼并收购等业务的金融机构称为投资银行，以区别于经营存贷业务的商业银行；证券经营机构在英国称之为商人银行，在日本则指证券公司。我国的证券经营机构多数称为证券公司，依据我国《证券法》，证券公司是指依法设立可经营证券业务、具有法人资格的金融机构，其主要业务包括承销、经纪，自营、投资咨询、购并重组、受托资产管理、基金管理等，截至 2018 年 6 月，我国共有 131 家证券公司。

2. 证券服务机构

除证券经营机构外，证券市场参与者还需要证券服务机构提供服务。证券服务机构是指依法设立从事证券服务业务的法人机构，主要包括证券登记结算公司、证券投资咨询公司、会计师事务所、资产评估机构、律师事务所、证券信用评级机构等。《中华人民共和国证券法》规定，证券服务机构为证券的发行、上市、交易等证券业务活动制作、出具审计报告、资产评估报告、财务顾问报告、资信评级报告或者法律意见书等文件，应当勤勉尽责，对所依据的文件资料内容的真实性、准确性、完整性进行核查和验证。

（四）证券监管机构与自律性组织

1. 证券监管机构

---

① QFII 是 Qualified Foreign Institutional Investors（合格的境外机构投资者）的首字母缩写，是一国在货币没有实现完全可自由兑换、资本项目尚未开放的情况下，有限度地引进外资、开放资本市场的一项过渡性的制度。QFII 制度具体是指一国（或地区）政府依据特定的法律规范，核准符合条件的境外机构投资者成为本国“合格境外机构投资者”，准许其在特定的限度内汇入外汇资金并转换为本国（或地区）货币，从而在专门账户管理的基础上投资于本国（或地区）的证券市场，投资所获得的收益（包括股息及买卖价差等在内各种资本所得）可以经过特定程序而转换为外汇并汇至境外。中国台湾、韩国、印度、巴西等国家和地区在 20 世纪 90 年代初就设立和实施了这种制度，2002 年 11 月 5 日，中国人民银行和证监会联合发布《合格境外机构投资者境内证券投资管理暂行办法》正式出台，标志着我国正式引入 QFII 制度。

在我国，证券监管机构是指中国证券监督管理委员会及其派出机构。它是国务院直属的证券管理监督机构，对证券、期货市场进行集中统一监管。其主要职责有：制定有关证券市场监督管理的规章、规则，并依法行使审批或者核准权；对证券的发行、上市、交易、登记、存管、结算，进行监督管理；对证券发行人、上市公司、证券公司、证券投资基金管理公司、证券服务机构、证券交易所、证券登记结算机构的证券业务活动，进行监督管理；制定从事证券业务人员的资格标准和行为准则，并监督实施；监督检查证券发行、上市和交易的信息公开情况；对证券业协会的活动进行指导和监督；对违反证券市场监督管理法律、行政法规的行为进行查处等。

2. 自律组织

自律组织是证券市场监管体系中不可缺少的重要组成部分，它们根据证券法规和行业规定，履行法定职责，实施自我监管。自律组织有两种形式，即社会性的监督组织和行业自律组织。

（1）社会性监督组织。社会性监督组织包括会计师事务所、律师事务所等证券业服务机构。这些机构在获得相应的证券业务资格后，依据国家的法律法规对证券发行公司的财务报告、招股说明书等进行审核，实行社会监督并承担相应的责任。

（2）行业自律组织。行业自律组织主要包括证券交易所和证券行业协会。

根据《中华人民共和国证券法》的规定，证券交易所是为证券集中交易提供场所和设施，组织和监督证券交易，实行自律管理的法人。其主要职责有：为组织公平的集中交易提供保障，维护证券交易的正常秩序，公布证券交易即时行情，对证券交易实行实时监控，对上市公司及相关信息披露义务人披露信息进行监督，对出现重大异常交易情况的证券账户限制交易，并报国务院证券监督管理机构备案等。

根据《中华人民共和国证券法》规定，证券业协会是证券行业的自律性组织，是社会团体法人。证券公司应当加入证券业协会。《证券法》还规定了证券业协会应当履行的职责，主要有：教育和组织会员遵守证券法律、行政法规；依法维护会员的合法权益，向证券监督管理机构反映会员的建议和要求；收集整理证券信息，为会员提供服务；制定会员应遵守的规则，组织会员单位的从业人员的业务培训，开展会员间的业务交流；对会员之间、会员与客户之间发生的证券业务纠纷进行调解；组织会员就证券业的发展、运作及有关内容进行研究；监督、检查会员行为，对违反法律、行政法规或者协会章程的，按照规定给予纪律处分等。

第三节

证券市场的产生、发展及功能

一、证券市场的产生与发展

（一）证券市场的产生发展的动因

证券的产生已有很久的历史，但证券的出现并不标志着证券市场同时产生，只有当证券的发行与转让公开通过市场的时候，证券市场才随之出现。因此，证券市场的形成必须具备一定的社会条件和经济基础。证券市场形成于自由资本主义时期，股份公司的产生和信用制度的深化，是证券市场形成的基础。

1. 证券市场是商品经济和社会化大生产发展的必然产物

随着生产力的进一步发展和商品经济的日益社会化，资本主义从自由竞争阶段过渡到垄断阶段，资本家依靠原有的银行借贷资本已不能满足巨额资金增长的需要。为满足社会化大生产对资本扩张的需求，客观上需要有一种新的筹集资金的手段，以适应经济进一步发展的需要。在这种情况下，证券与证券市场就应运而生了。

2. 股份公司的建立为证券市场形成提供了必要的条件

随着生产力的进一步发展，生产规模的日益扩大，传统的独资经营方式和封建家族企业已经不能满足资本扩张的需要。于是产生了合伙经营的组织，随后又有单纯的合伙经营组织演变成股份制企业——股份公司。股份公司通过发行股票、债券向社会公众募集资金，实现资本的集中，满足扩大再生产对资金急剧增长的需要。因此，股份公司的建立和公司股票、债券的发行，为证券市场的产生和发展提供了坚实的基础。

3. 信用制度的发展促进了证券市场的形成和发展

由于近代信用制度的发展，使得信用机构由单一的中介信用发展为直接信用，即直接对企业进行投资。于是，金融资本逐步渗透到证券市场，成为证券市场的重要支柱。信用工具一般都具有流通变现的要求，股票、债券等有伏证券具有较强的变现性，证券市场恰好为有价证券的流通和转让创造了条件。由此可见，信用制度越发展，就越有可能动员更多的社会公众的货币收入转化为货币资本，投入到证券市场中去。证券业的崛起也为近代信用制度的发展开辟了广阔的前景。

（二）证券市场的形成

回顾资本主义经济社会发展的历史，证券市场的最初萌芽可以追溯到16世纪初资本主义原始积累时期的西欧。当时法国的里昂、比利时的安特卫普已经有了证券交易活动，最早进入证券市场交易的是国家债券。17世纪初，随着资本主义经济的发展，出现了所有权与经营权相分离的生产经营方式，即股份公司形成和发展起来。股份公司的形成使股票、债券开始发行，从而使股票、公司债券等进入了有价证券交易的行列。1602年，在荷兰的阿姆斯特丹成立了世界上第一家股票交易所。1773年，英国的第一家证券交易所在“乔纳森咖啡馆”成立，1802年获得英国政府的正式批准。这家证券交易所即为现在伦敦证券交易所的前身。该交易所的交易品种最初是政府债券，此后公司债券和矿山、运河股票先后进入交易所交易。1790年，美国第一家证券交易所——费城证券交易所宣布成立，从事政府债券等有价证券的交易活动。1792年5月17日，24名经纪人在华尔街的一棵梧桐树下聚会，商定了一项名为“梧桐树协定”的协议，约定每日在梧桐树下聚会，从事证券交易，并订出了交易佣金的最低标准及其他交易条款。1817年，这些经纪人共同组成了“纽约证券交易会”，1863年改名为“纽约证券交易所”，这便是著名的纽约证券交易所的前身。在18世纪资本主义产业革命的影响下，包括铁路、运输、矿山、银行等行业中股份公司成为普遍的企业组织形式，其股票以及各类债券都在证券市场上流通，这一切，标志着证券市场已基本形成。

（三）证券市场发展的三个阶段

从世界证券市场的发展历程来看，其大致经历了以下三个阶段：

1. 自由放任阶段（17 世纪初至 20 世纪 20 年代末）

随着市场经济和股份制的发展，证券市场的规模和影响也在不断扩大。1891 年至 1900 年世界证券发行金额为 1 004 亿法郎。20 世纪初，资本主义由自由竞争阶段过渡到垄断阶段，证券市场适应了资本主义经济发展的需要，有效地促进了资本的积累，从而获得了巨大发展。20 世纪的前三年，有价证券的发行量分别达到了 1 978 亿法郎、3 000 亿法郎和 6 000 亿法郎。同时，证券市场的结构也发生了很大变化，在证券市场中占主要地位的已不再是政府公债，而是股票和公司债券，它们占证券发行总额的 60%。

由于当时的证券市场尚处于初级阶段，缺乏相关的法律、法规，因此证券的发行和交易基本上处在自由放任的阶段。证券业呈现出无序竞争的局面，证券交易所纷纷成立，各种证券鱼龙混杂，证券价格远离其实际价值，证券欺诈和证券投机现象十分严重。1929 年资本主义经济大危机，证券市场发生了 1929 年 10 月 29 日的“黑色星期二”。在“黑色星期二”，道琼斯工业平均指数下滑 38 点到 260 点，缩水 12.8 个百分点。卖出的洪水淹没了正常状态下提供投资者股票市价的自动收报系统，致使电话电报系统瘫痪不能进行正常处理。这是美国证券史上最黑暗的一天，是美国历史上影响最大、危害最深的经济事件，其影响波及西方国家乃至整个世界。从 1929 年 10 月 29 日到 11 月 13 日短短的两个星期内，道指的下跌共有 300 亿美元的财富消失，相当于美国在第一次世界大战中的总开支。此后，全世界进入了长达 10 年的经济大萧条时期。

2. 法制建设阶段（20 世纪 30 年代初至 60 年代末）

1929～1933 年的经济危机是世界经济破坏性最大的一次经济危机，这次危机严重地影响了证券市场，当时世界主要证券市场股价一泻千里，市场崩溃，投资者损失惨重。到 1932 年 7 月 8 日，道琼斯工业股票价格平均数只有 41 点，仅为 1929 年最高水平的 11%。大危机使各国政府清醒地认识到必须加强对证券市场的管理，于是世界各国政府纷纷制订证券市场法规和设立管理机构，对证券发行和交易活动进行了全面的规范和限制，使证券交易市场趋向法制化。美国在这一阶段对证券市场实行了统一立法，颁布了一系列联邦证券法，包括《证券法》（1933 年）、《证券交易法》（1934 年）、《公共事业控股公司法》（1935 年）、《信托契约法》（1939 年）、《投资公司法》（1940 年）和《投资顾问法》（1940 年）等。英国也颁布了《反欺诈（投资）法》（1958 年）、《公司法》（1948 年和 1967 年）等法律、法规。在这一期间，美国证券交易委员会取代了联邦贸易委员会，成为证券监管机构，加强对证券业的监管。

其他国家也都通过加强立法对证券市场的证券发行和证券交易实行全面控制和管理。这些证券法律和法规的制定，为证券市场的健康发展奠定了坚实的基础，证券市场逐步走上了规范发展的道路。

3. 迅速发展阶段（20 世纪 70 年代至今）

从 20 世纪 70 年代开始，随着金融自由化浪潮在西方国家的兴起，金融业逐渐步入混业经营的阶段，银行、证券、保险在混业经营模式下产生协同效应；计算机、互联网、人工智能、大数据、云计算的出现，使金融交易的效率大大提高，国际证券市场步入了高速发展的阶段。工商业以发行股票、债券等方式从证券市场融资的规模明显增长，证券市场的规模迅速扩大。从西方发达国家到新兴发展中国家，各国的证券市场都呈现出蓬勃繁荣的景象。尽管2007年爆发于美国的次贷危机演化为一场世界性金融危机，冲击了世界各国证券市场快速发展的步伐，但危机过后，证券市场在世界经济、金融中的重要作用依旧坚如磐石。

根据新浪财经提供的全球宏观经济数据统计，自20世纪70年代以来，世界证券化率①不断走高，其中，1993年以来增长较快，1989年、2007年、2017年三个高点年份的证券化率分别达到116.61%、114.35%、112.58%。2017年末，美国、日本、南非的证券化率分别达到165.65%、127.72%、352.29%，创历史新高（详见图1-2）。世界各国上市公司数量自20世纪90年代以来持续增长，2007年达到5.14万家，比1990年的2.54万家增长了1倍（详见图1-3）。说明近30年来证券市场的规模增速明显，在经济体系中的影响力愈发重要。

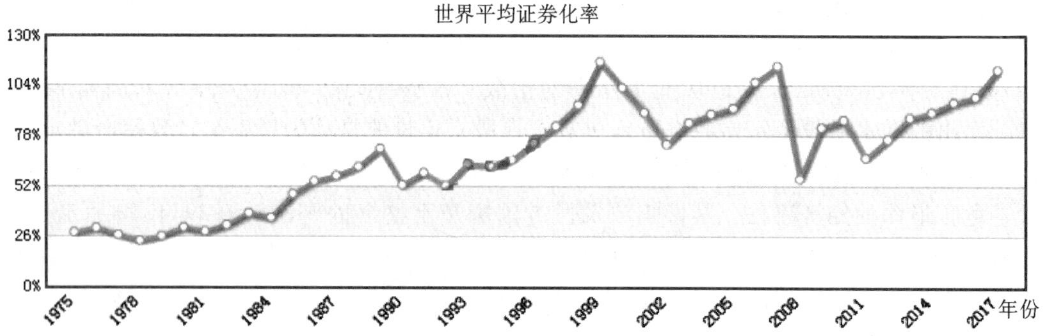

图1-2　世界证券化率走势图

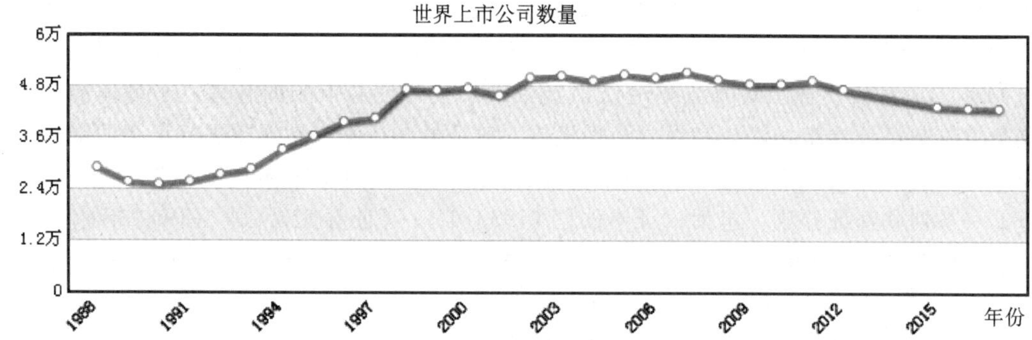

图1-3　世界上市公司数量走势图

除证券化率、上市公司数量大幅提升外，在计算机、互联网、人工智能、大数据、云计算技术快速发展和经济全球化的背景下，世界各国（地区）的证券市场在金融自由化、金融业对外开放、国际金融竞争加剧以及随之而来的金融风险凸现过程中，各国

---

① 证券化率是指一国各类证券总市值与该国国内生产总值的比率，在实际计算中，证券总市值通常用股票总市值来代表。股票市值与国内生产总值的比率，是衡量一国证券市场发展程度的重要指标，一国或地区的证券化率越高，意味着证券市场在该国或地区的经济体系中越重要。

（地区）证券市场之间的联系更加紧密，显示出了全球一体化的趋势。从筹资者层面看，异地上市、海外上市以及多个市场同时上市的公司数量和发行规模日益扩大；从投资者层面看，投资者可以借助互联网轻松实现跨境投资，全球配置资产成为流行趋势；从市场组织结构层面看，交易所之间跨国合并合作的案例层出不穷；从证券市场的运行层面看，全球证券市场之间的相关性明显增强，2007 年以来源于美国的次贷危机广泛影响了全球金融机构和市场，全球金融资产价格大幅缩水，大量金融机构破产或重组，并传导至实体经济领域，引发全球经济的衰退。世界证券市场一体化带来合作共赢机会的同时，也带来了市场风险的互动传染，这对国际金融监管的合作提出了更高的要求。

（四）我国证券市场发展概况

1. 旧中国的证券市场

在我国的证券发展史上，最早出现的股票是外商股票，最早出现的证券交易机构也是由外商开办的“上海股份公所”和“上海众业公所”，最早的上市证券主要是外国公司股票和债券。从 19 世纪 70 年代开始，清政府洋务派在我国兴办工业，随着这些股份制企业的兴起，中国自己的股票、公司债券和证券市场便应运而生了。李鸿章于 1872 年设立的轮船招商局是我国第一家股份制企业。1914 年北洋政府颁布的《证券交易所法》推动了证券交易所的建立。1917 年北洋政府批准上海证券交易所开设证券经营业务。1918 年夏天成立的北平证券交易所是中国人自己创办的第一家证券交易所。1920 年 7 月，上海证券物品交易所得到批准成立，是当时规模最大的证券交易所。此后，相继出现了上海华商证券交易所、青岛市物品证券交易所、天津市企业交易所等，逐渐形成了旧中国的证券市场。

2. 新中国的证券市场

新中国的证券市场又大致可分为两个阶段。

（1）新中国成立初期的证券场。我国经济体制改革前的证券市场主要围绕两条线索来展开：一是解放初期鉴于证券市场仍有一定的存在基础，在先后接收官僚资本的基础上，天津证券交易所于 1949 年 6 月 1 日成立；1950 年 2 月 1 日成立了北京证券交易所。至 1952 年，因两家证券交易所交易量极度萎缩，经纪人亏损严重，天津证券交易所并入天津市投资公司，北京证券交易所宣告停业。津京证券交易所的历史虽然不长，但它们不仅在吸收游资、稳定市场方面发挥了积极作用，而且为我们今天证券市场的发展提供了宝贵的经验：要发展我国的证券市场必须首先发展商品经济、股份制和信用制度。二是鉴于经济建设的需要，利用国债市场筹措了一定数量的财政资金。利用国债市场筹措资金主要表现为两个时间段：①1950 ~ 1958 年，发行了人民胜利折实公债和国家建设公债；②1959 ~ 1978 年，全国性的公债停止发行，但允许省、自治区、直辖市在必要的时候发行地方建设公债。

（2）改革开放后的证券市场。

①探索起步期。中国内地证券市场是在 20 世纪 70 年代末确立改革开放政策后重新恢复和起步的，尽管存在市场结构不均衡、市场运作不规范、法制建设起步稍晚等问题，但证券市场的恢复对国民经济的改革开放仍发挥了积极作用。1978 ~ 1990 年中国证券市场上各种证券累计发行 2 861 亿元，其中，股票 45.90 亿元，债券 1 870.42 亿元，大额可转让存单 704.59 亿元。这期间，累计流通转让证券总额 187 亿元，其中以

国债为主体的债券达167.82亿元，大额可转让存单0.67亿元。流通转让方式主要是私下交易和柜台交易等场外交易方式。

②初步快速发展期。1990年12月和1991年7月，上海证券交易所和深圳证券交易所分别正式营运，标志着中国证券集中交易市场的形成，证券市场开始了快速发展时期。1992年春，邓小平在深圳视察时发表了对证券市场至关重要的谈话，谈话为改革开放的进一步深化统一了思想，实现了对姓“资”姓“社”问题上的思想解放，为证券市场的发展创造了良好的舆论环境和政治气候。当年10月，中共“十四大”政治报告明确提出，要“积极培育包括债券、股票等有价证券的金融市场”，证券市场作为国民经济的重要组成部分在政治上得到认可。1993年，我国第一部《公司法》由第八届全国人民代表大会常务委员会第五次会议通过。同年国务院先后发布了《股票发行与交易管理暂行条例》和《企业债券管理条例》，此后又陆续出台若干法规和行政规章，初步构建了最基本的证券法律法规体系。

1993年以后，股票市场试点由点及面，扩大到全国，并以B股、H股等方式开始发行，债券市场品种多样化，发债规模逐年递增。与此同时，证券中介机构在种类、数量和规模上迅速扩大。

③依法治市形成期。1998年4月，根据国务院机构改革方案，决定撤销国务院证券委员会，其职能归入中国证监会。中国证监会作为国务院直属事业单位，是全国证券、期货市场的主管部门，行使建立统一的证券、期货监管体系，对证券、期货监管机构实行垂直管理和对证券、期货业进行监管的职能。中国证监会接收和设立全国各省市证管办和特派员办事处，建立了由中国证监会及其派出机构组成的集中统一的监管体系。

1998年12月，全国人大常委会通过《证券法》，与1999年修订的《公司法》一起奠定了我国证券市场基本的法律框架，使我国证券市场从此步入法制化轨道。在这一时期，全国人大常委会于2003年10月通过了《基金法》，证券监管机构制定了一系列的法规和政策措施，包括完善上市公司治理结构，大力培育机构投资者，不断改革完善股票发行、交易制度，促进了证券市场的规范发展和对外开放。

④结构性改革发展期。2004年1月31日，国务院发布《关于推进资本市场改革开放和稳定发展的若干意见》，明确了证券市场的发展目标、任务和工作要求，成为资本市场定位发展的纲领性文件。从2004年开始，中国证券市场发生了若干重大的制度创新，2004年5月起深交所在主板市场内设立中小企业板块，为科技类的中小民营企业融资提供了场所。上海证券交易所和深圳证券交易所分别推出交易型开放式指数基金（ETF）和上市开放式基金（LOF）、权证等创新品种，同时交易机制、交易技术也不断完善。2005年4月，经国务院批准，中国证监会发布了《关于上市公司股权分置改革试点有关问题的通知》，启动股权分置改革试点工作。到2006年底，沪、深两市已完成或者进入股权分置改革程序的上市公司已占到应股改上市公司的97%，目前，只有少数公司因特殊原因未完成股改。股权分置改革的顺利完成解决了阻碍中国证券市场发展的制度性缺陷，使中国证券市场迎来了全流通的时代。股改完成后我国证券市场启动了新老划断后的新股发行，诸如建设银行、工商银行、中国平安、中国人寿、中国神华、中国石油等大型蓝筹公司纷纷登陆A股市场，扩大了证券市场的规模，改善了上市公司

结构。2006 年 9 月，中国金融期货交易所批准成立，有力推进了中国金融衍生产品的发展，完善了中国资本市场体系结构。

2005 年以来，中国证监会还大力推进证券交易结算资金第三方独立存管、对证券公司全面实行净资本管理，适时推出投资者保护基金、加快风险券商处置进度，基本完成高风险券商处置工作，若干长期困扰中国资本市场发展的问题逐步得到解决，2006 年迎来自证券市场成立以来最壮观的牛市，沪、深两市市价总值为 89 403.9 亿元，全年涨幅居全球第一。

⑤多层次资本市场的建立和完善发展期。2009 年 3 月 31 日，中国证监会发布《首次公开发行股票并在创业板上市管理暂行办法》，2009 年 10 月 23 日深圳证券交易所举行创业板开板仪式，十年磨一剑的中国创业板市场正式拉开帷幕。创业板的推出，为我国成长性好的优秀创业企业提供更方便的融资渠道，为风险资本营造了一个正常的退出机制，标志着多层次资本市场体系框架基本建成。

进入 2010 年，证券市场制度创新取得新的突破。2010 年 3 月 31 日，沪深交易所融资融券交易正式进入市场操作阶段，融资融券的启动意味着中国股市正式告别单边市，开启了双向交易新时代。2012 年 8 月、2013 年 2 月转融资、转融券业务陆续推出，有效地扩大了融资融券发展所需资金和证券的来源。2010 年 4 月 16 日，首批四个沪深 300 股票指数期货合约在中国金融期货交易所正式挂牌交易，股指期货正式启动，中国金融期货市场建设迈出关键一步。

2013 年 11 月 30 日，中国证监会发布《关于进一步推进新股发行体制改革的意见》，新一轮新股发行制度改革正式启动。2013 年 12 月，新三板准入条件进一步放开，新三板市场正式扩容至全国。2015 年 10 月 29 日，中国共产党第十八届中央委员会第五次全体会议审议通过了《中共中央关于制定国民经济和社会发展第十三个五年规划的建议》，明确了要加快金融体制改革，提高金融服务实体经济效率，积极培育公开透明、健康发展的资本市场，推进股票和债券发行交易制度改革，提高直接融资比重，降低杠杆率。2016 年 3 月 31 日，国务院批转国家发展改革委《关于 2016 年深化经济体制改革重点工作的意见》，提出要深化资本市场改革，推进股票、债券市场改革和法治化建设，促进多层次资本市场健康发展，提高直接融资比重。2017 年 1 月 26 日，国务院办公厅出台《关于规范发展区域性股权市场的通知》，指出规范发展区域性股权市场是完善多层次资本市场体系的重要举措，在推进供给侧结构性改革、促进大众创业万众创新、服务创新驱动发展战略、降低企业杠杆率等方面具有重要意义，并从市场定位、监管体制、运营机构、监管底线、合格投资者、信息系统、区域管理、支持措施等八个方面对区域性股权市场作出专门的制度安排。随着多层次资本市场体系的建立和完善，新股发行体制改革的深化，新三板、股指期权等制度创新和产品创新的推进，中国证券市场逐步走向成熟，证券市场为中国经济提供投融资服务等功能将日益得到突出和体现。

二、证券市场的功能

证券市场是市场经济体系和金融市场的重要组成部分，其独特的运行机制对社会经济活动产生诸多方面的影响和作用，这些影响和作用即指证券市场的功能，一般认为证券市场有如下的功能：

（一）筹资和投资功能

在经济运行过程中，既有资金盈余者，又有资金短缺者。资金盈余者为使自己的资金价值增值，必须寻找投资对象；而资金短缺者为了满足资金需求，就必须向社会寻找资金。为了筹集资金，资金短缺者可以通过证券市场发行各种证券来达到筹资目的，而资金盈余者则可以通过买入证券而实现投资。证券市场的交易对象——有价证券是资金供求双方对资金交易的载体，通过一级市场，证券市场一方面为资金需求者提供了通过发行证券筹集资金的机会，另一方面为资金供给者提供了投资对象。通过二级市场，既为持有证券的投资者提供了变现的场所，也为新的投资者提供了投资的机会。证券市场上交易的任何证券，既是筹资的工具，也是投资的工具。由此可见，筹资和投资是证券市场的运行所带来的首要功能和基本功能，是不可分割的两个方面，忽视其中任何一个方面都会导致市场的严重缺陷。

（二）资本定价功能

证券市场是证券发行与交易的场所，从功能和机制上理解，证券市场实质上是资金供需双方通过竞争来决定证券价格的场所。证券是一种虚拟资本，是实际资本的外在表现形式，虚拟资本自身没有价值，但由于其能够代表实际资本的权益，因而在市场交易转让时便产生了价格，证券的价格实际上是证券所代表的资本的价格，反映了市场上证券的供求状况，是证券供求双方共同竞价的结果，这种竞争的结果是：能产生高投资回报的资本，市场的需求就大，相应的证券价格就高；反之，证券的价格就低。因此，证券市场提供了实际资本的合理定价机制。

（三）资源配置功能

社会经济资源通常指社会已经掌握和所能利用的一切生产要素或生产条件，主要包括货币资本、土地和生产资料、知识和劳动力等资源。以社会化大生产为基础的当代市场经济是高度发达的信用商品经济，在这一经济条件下，货币资本资源成为其他资源的源头，只要取得资金，就可以取得其他各种资源，就可以从事生产经营。因此，资金的流向决定了其他资源的流向，资金转移到哪里，资源就配置到哪里。由此可见，优化资源配置首先是优化资金的配置，证券市场的运行活动便是优化资金配置的过程。

优化资源配，一是要使资源流向社会最需要的产业和部门和企业；二是要使资源流向效率最高的产业部门和企业。

首先，有价证券的发行是证券市场优化资金资源配置的首要环节，企业要发行证券，必须满足一定条件，只有符合条件的优质企业，才能获得证券主管部门的发行核准，条件限制与证券主管部门的审核，确保了发行证券的企业都是经营业绩良好，资产规模较大，有发展前景的企业，而那些业绩不佳、发展前景黯淡的企业则被排斥在外，从而实现了证券发行阶段资金的优化配置。

其次，证券市场通过证券流通转让使资源优化重组。投资者是追逐收益的主体，他们往往通过证券市场上各种证券收益率的差别以及发行人披露的财务信息，选择和改变投资对象，把资金投入到收益最高的公司去，这种趋利性使效益好，有发展前景的企业再融资时能够获得充裕的资金资源，而经营不善，前景不佳的企业则不能获得投资者资金支持。通过证券市场证券的流通转让，投资者资金在不同企业之间转移，实现资金资源的优化配置。

再次，证券市场便于企业的收购、兼并和资产重组，促进资源的优化重组。在证券市场中，资产采取有价证券的形式，可以自由转让，使资产具有了很大的流动性。一些资本雄厚、经营效益好的企业可以根据需要，通过控股、兼并、参股更方式收购、兼并效益不佳的企业，或者与其他企业组成企业集团，提高企业的规模与效益。

最后，退市制度强化了证券市场的优化资源配置功能，退市制度就是把不符合上市条件的企业从证券市场中剔除出去，被退市的企业往往是连年亏损，前景黯淡、经营不善的企业，这些企业如果持续存在于证券市场，势必造成资源的浪费，退市制度使市场自动实现优胜劣汰，能够确保在证券市场存在的企业的质量，是绩优企业能够获得证券市场资金的支持，优化了资源的配置。

综上所述，证券市场的资源配置功能是指通过证券价格引导资本的流动从而实现资本的合理配置的功能。在证券市场上，证券价格的高低是由该证券所能提供的预期报酬率的高低来决定的。证券价格的高低实际上是该证券筹资能力的反映。能提供高报酬率的证券一般来自那些经营好、发展潜力巨大的企业，或者是来自新兴行业的企业。由于这些证券的预期报酬率高，其市场价格相应就高，从而筹资能力就强。这样，证券市场就引导资本流向能产生高报酬的企业或行业，从而使资本产生尽可能高的效率，进而实现资本的合理配置。

本章小结

经济活动中的证券融资、投资，是指有价证券中资本证券的融资、投资活动，资本证券是有价证券的主要形式，具有产权性、收益性、流通性、风险性等特点。

证券市场是商品经济与信用发展的产物，是一国市场体系的重要组成部分，在经济运行中，具有筹资与投资、资本定价、资源再分配等功能；根据证券进入市场的顺序以及市场功能不同，证券市场成可分为发行市场和交易市场；按照证券所包含的品种不同，证券市场可分为股票市场、债券市场、基金市场以及衍生证券市场等子市场；按照市场的组织形式不同，证券市场可分为场内交易市场和场外交易市场。

复习思考题

一、选择题

1. 有价证券有广义与狭义之分，广义的有价证券包括（　　）。

A. 商品证券　　　　B. 货币证券

C. 资本证券　　　　D. 凭证证券

2. 有价证券是指标有票面金额，证明持有人有权按期取得一定收入并可以自由转让的凭证，它有以下（　　）基本特征。

A. 产权性　　　　B. 收益性

C. 流通性　　　　D. 风险性

3. 证券具有收益性，有价证券的收益表现为（　　）。

A. 利息收入　　B. 红利收入
C. 买卖证券的差额　　D. 印花税

4. 按照证券进入市场的顺序以及市场功能，证券市场是由（　　）构成的。
A. 一级市场　　B. 股票市场
C. 二级市场　　D. 基金市场

5. 下列属于证券市场机构投资者的有（　　）。
A. 证券公司　　B. 商业银行
C. 保险公司　　D. 信托投资公司

6. 下列（　　）属于2010年中国证券市场的重大事件
A. 股权分置改革　　B. 创业板的推出
C. 股指期货启动　　D. 融资融券启动

二、判断题

1. 有价证券是虚拟资本，但是它是发行却能起到优化资源配置的作用。（　　）
2. 如果投资者承担的风险越大，那么他受到的损失也就越多。（　　）
3. 私募证券是指向少数特定的投资者发行的证券，不能上市流通。（　　）
4. 资本证券是有价证券的主要形式，狭义的有价证券就是指资本证券。（　　）
5. 由于投资者在二级市场上购买股票并不能带来实际投资的增加，因此从个人投资者的角度看，它并不是一项投资。（　　）
6. 有价证券是一种虚拟资本，代表对现实资本的所有权或债权。（　　）
7. 1602年，在荷兰的阿姆斯特丹成立了世界上第一家股票交易所。（　　）
8. 证券公司是证券市场的服务机构。（　　）
9. 《公司法》《证券法》是我国证券市场的两部基本法律。（　　）
10. 有价证券的收益表现为利息收入和红利收入。（　　）

三、简答题

1. 如何理解有价证券的含义？
2. 机构投资者与个人投资者的主要区别是什么？
3. 解释QFII的含义。
4. 简述证券市场的功能。

第二章

股　票

学习目标：

通过本章的学习，熟悉股份公司的性质与类别、股份有限公司的组织机构，掌握股票的性质、特征、类型以及股价指数编制的步骤，了解世界上重要的股票价格指数。

关键概念：

股份有限公司　股票　普通股　优先股　股票价格指数

第一节

股份公司

一、股份公司的性质与类别

（一）股份公司的性质

股份公司是商品经济发展到一定阶段的产物，是在社会化大生产条件下，适应大规模商品生产和商品交换的要求而产生的一种企业组织形式。从广义上讲，股份公司是由若干人（一般是两人以上）以营利为目的，联合其资本并按照一定程序创立的一种法人组织。一般而言，股份公司表现出以下几个方面的基本性质。

1. 股份公司是以盈利为目的的经济组织

股份公司的营利性主要表现为：股份公司是为了自身财产的增加并获得利润而组织生产和经营活动。营利性既是设立股份公司的出发点，也是它的归宿，因而成为股份公司的基本经济特征。

2. 股份公司的资本是联合资本

股份公司的资本是由若干人（通常是两人以上）的共同出资构成的，因而是一种联合资本。出资者被称为股东，其出资行为则是一种投资行为。

3. 股份公司是法人

股份公司的营利性决定了其必须具有法人地位，以区别于其他组织形式存在的企业。股份公司的法人地位主要体现在以下几个方面。第一，拥有独立的财产。独立的财产是法人作为独立主体存在的基础和前提条件，也是法人依法独立享有民事权利和承担民事义务的物质保证。对股份公司来说，法律不仅要求其具有独立的财产，而且要达到法定的数额。股份公司的财产主要是由全体股东的出资构成，公司享有公司财产的所有权。第二，拥有自己的名称，组织机构和住所。名称是区别不同股份公司的标志；组织机构是产生和实现法人意志的载体，就股份公司来说，共经营目的、设立宗旨及为实现其目的而产生的一切行为，都是通过一定的组织机构来体现的；而住所则是股份公司生产经营活动所必需的场所。第三，独立承担责任。这包括：股份公司以它的全部财产对其债务承担责任，如果公司不能清偿到期债务，其资产也不足以抵偿债务时，就应依法宣告破产；股份公司对它的代表人和代理人的经营活动，承担民事责任；股东仅以其对公司的出资额对公司债务间接地承担责任，而不承担直接偿还债务的责任。

4. 股份公司必须依法设立

股份公司的法人资格实际上就是由法律赋予的法律人格，故法人必须依照法律规定的程序设立，且设立的目的、宗旨，以及组织机构、经营范围、经营方式等都必须是合法的。通常各国都有专门的法律，规定设立股份公司的程序和条件。

（二）股份公司的类别

广义地看，股份公司包括无限责任公司、有限责任公司、两合公司、股份有限公司及股份两合公司。其中股份有限公司和有限责任公司是最基本也是最典型的股份公司，狭义上通常也认为股份公司就是指股份有限公司。

1. 无限责任公司

无限责任公司，简称无限公司，是由两个以上、对公司债务负有连带无限清偿责任的股东组成的公司。所谓连带无限清偿责任是指当公司的资本不足以清偿其债务时，公司的债权人可以要求公司的全体股东或其中任何一个股东清偿债务。公司的全体股东不论出资额多少，都对公司债务负无限责任，即必须以个人的全部财产清偿公司所欠债务。

无限公司具有以下几个特征：

（1）公司的股东负无限责任。

（2）公司股东的个人股份不能随便转让，若转让须经全体股东同意。

（3）公司的股东通常亲自参加公司的经营管理。

由于无限责任公司股东所负责任太大，因此在现代社会中这种公司较为少见。

2. 有限责任公司

有限责任公司，简称有限公司，是指“股东以其出资额为限对公司承担责任，公司以其全部财产对其债务承担责任”的股份公司。

有限责任公司有如下几个特征：

（1）股东责任的有限性，有限责任公司各股东对公司所负责任，仅以其认缴的出资额为限，除此之外对公司债权人不负直接责任。

（2）股东出资的非股份性，有限责任公司的资本一般不分为等额股份，股东出资并不以股份为单位计算，而直接以出资额计算。股东权利义务的范围也不以股份数额来计算，公司章程甚至可以规定一种其他的表决权行使方式。如我国《公司法》第42条明确规定：“股东会会议由股东按照出资比例行使表决权；但是，公司章程另有规定的除外。”

（3）公司资本的封闭性，有限责任公司的资本只能由全体股东认缴，而不能向社会公开募集股份，不能发行股票。公司发给股东的书面出资证明被称为“出资证明书”，是一种权利证书，能在证券市场上自由转让。同时，由于有限责任公司不向社会募集股份，其会计账簿亦无须公开。有限责任公司资本封闭性的特点，还表现为对股权转让的限制。如我国《公司法》第71条、第73条规定，除公司章程对股权转让另有规定，有限责任公司的股东向股东以外的人转让股权，应当经其他股东过半数同意；其他股东半数以上不同意转让的，不同意的股东应当购买该转让的股权，不购买的，视为同意转让；经股东同意转让的股权，在同等条件下，其他股东有优先购买权。依法转让股权后，公司应当注销原股东的出资证明书。向新股东签发出资证明书，并相应修改公司章程和股东名册中有关股东及其出资额的记载。

（4）股东人数的限制性，我国《公司法》规定，有限责任公司股东人数为50人以下。法律规定有限责任公司股东人数上限的目的，一方面是由有限责任公司的性质决定的，因有限责任公司在一定程度上具有人合的特点，股东相互间需有信任关系，这就决定了股东人数不可能太多；另一方面是为了区别于股份有限公司。

（5）公司组织的简便性，有限责任公司的设立程序简便，只有发起设立，而无募集设立。有限责任公司的组织机构也比较简单、灵活，可设董事会、监事会，也可以只设1名执行董事以及1～2名执行监事行使董事会、监事会的职权。其中设立股东会的，股东会的召集方法及决议的形成也比较简便。

（6）资合与人合的统一性，有限责任公司是一种资本的联合，具有资合公司的特点，同时，它又是一种人的集合，具有人合公司的特点。有限责任公司的资合性主要表现为公司注册资本为全体股东认缴资本的总和；股东可以用货币出资，也可以用实物、知识产权、土地使用权等可以用货币估价并可以依法转让的非货币作价出资：股东仅以自己认缴的出资额为限对公司负责。有限责任公司的人合性主要表现在各股东之间的相互关系具有人身因素，股东人数不多；股东向股东以外的其他人转让股权，应当经其他股东过半数同意；全体股东可以约定不按照出资比例分取红利；公司章程可以规定股东不按照出资比例行使表决权。

3. 两合公司

两合公司是指由无限责任股东和有限责任股东组成的公司。公司里的有限责任股东以出资额为限对公司债务负有限责任，且出资额不分成等额的股份，不发行股票；而无限责任股东则对公司债务负连带无限责任。

由于无限责任股东在公司里承担的风险大，因此往往由这类股东任公司的法定代表人，代表公司管理业务。有限责任股东不管理公司业务，无权对外代表公司执行公司业务。

4. 股份有限公司

股份有限公司是指"全部资本划分为等额股份，股东以其所持股份为限对公司承担责任，公司以其全部资产对其债务承担责任"的股份公司。

股份有限公司具有以下基本特征：

（1）股东人数具有广泛性。股份有限公司通过向社会公众发行股票来筹集资本，任何投资者只要认购股票和支付股款，都可成为股份公司的股东，这使得股份有限公司的股东人数具有广泛性的特点。

（2）股东的出资具有股份性。股份有限公司的全部资本划分为金额相等的股份，股份是构成公司资本的最小单位。这种资本股份化的采用，便于股东股权的确定和行使。

（3）股东责任具有有限性。股份有限公司的股东对公司债务仅以其认购的股份为限承担责任。

（4）股份发行和转让的公开性、自由性。股份有限公司的这一特征是区别于其他各种公司的最主要特征。

（5）公司经营状况的公开性。由于公司的股份发行和转让的公开性、自由性，使得股份有限公司的经营状况不仅要向股东公开，还要向社会公开。

（6）公司信用基础的资合性。股份有限公司的信用基础在于其公司资本和资产，这与股东的有限责任是联系在一起的。股东在公司中的地位和权利取决于其持股份额，所有股东出资形成的资本作为公司存在和发展的基础。因此，股份有限公司可以通过公开向社会发行股票来吸收社会资本，从而拥有成百上千互不相识的股东，分散投资风险，形成大规模的企业实体。可见，股份有限公司是适合大型规模的企业组织形式。

5. 股份两合公司

股份两合公司与两合公司一样，也是由无限责任股东和有限责任股东组成的公司。所不同的是，有限责任部分的资本划分为等额股份，通过发行股票来筹集。因此这种公司兼有无限公司和股份有限公司的性质。

二、股份有限公司的组织机构

股份有限公司的内部组织机构主要有股东大会、董事会和监事会，下面主要结合我国2014年3月1日起施行的《公司法》介绍三会的职责。

（一）股东大会与股东

1. 股东大会

股份有限公司的股东大会由全体股东组成，是公司的最高权力机构，是股东参加公司有关重大事务决策的表决和表达其意志、利益和要求的主要场所和工具。根据《公司法》的规定，股东大会行使以下职权：

（1）决定公司的经营方针和投资计划。

（2）选举、更换非由职工代表出任的董事、监事，决定有关董事、监事的报酬事项。

（3）审议批准董事会、监事会或者监事的报告。

（4）审议批准公司的年度财务预算方案、决算方案、利润分配方案和弥补亏损方案。

（5）对公司增加或者减少注册资本作出决议。

（6）对发行公司债券作为决议。

（7）对公司合并、分立、解散和清算或者变更公司形式作出决议。

（8）修改公司章程。

股东大会应当每年召开一次年会，就例行的事务进行审议批准。当出现下列情形时，应在两个月内召开临时股东大会：公司董事人数不足《公司法》规定人数或公司章程所定人数的三分之二时；公司未弥补亏损达实收股本总额三分之一时；单独或合计持有公司10%以上股份的股东请求时；董事会认为必要时；监事会提议召开时；公司章程规定的其他情形。

根据《公司法》规定，股东大会会议由董事会负责召集，董事长主持。董事长不能履行职务或者不履行职务的，由副董事长主持；副董事长不能履行职务或者不履行职务的，由半数以上董事共同推举一名董事主持。召开股东大会，应将会议审议的事项于会议召开20日前通知各股东。临时股东大会应当于会议召开15日前通知各股东。

2. 股东

股份有限公司的股东就是其股份的所有者。投资者取得了公司的股份，即成为公司的股东。股东按其所持股份的比例享有相应的权利并承担相应的义务。股东所享有的权利通常由公司章程加以规定，一般包括以下内容：出席或委托代理人出席股东会议会行使表决权；按公司章程的规定转让股份；查阅公司章程、股东大会会议纪要、会议记录和会计报告；监督公司的经营，担出建议或质询；按其股份取得股利；公司终止后依法取得公司的剩余财产；当股东大会、董事会的决议违反法律、行政法规，侵犯股东合法权益时，股东有权向人民法院提出要求停止该违法行为和侵害行为的诉讼。股东的义务和股东的权利是相对应而存在的。股东义务主要包括：遵守公司章程；依其所认购股份的入股方式缴纳现金；依其所持股份为限，对公司的债务承担责任；在公司办理工商手续后，股东不得退股；依法法律和公司章程的规定行使权利。

（二）董事会

董事会由股东大会选举产生的董事组成，在股东大会闭会期间行使股东大会职权，它是公司常设的权力机构和管理经营机构，对外是公司进行业务活动的全权代表。董事会对股东大会负责，行使下列职权：

（1）召集股东大会会议，并向股东大会报告工作。

（2）执行股东大会的决议。

（3）决定公司的经营计划和投资方案。

（4）制定公司的年度财务预算方案、决算方案、利润分配方案及弥补亏损方案。

（5）制定公司增加或减少注册资本以及发行公司债券的方案。

（6）制定公司合并、分立、解散或者变更公司形式的方案。

（7）决定公司内部管理机构的设置。

（8）决定聘任或者解聘公司经理及其报酬事项，并根据经理的提名决定聘任或者解聘公司副经理、财务负责人及其报酬事项。

（9）制定公司的基本管理制度。

（10）公司章程规定的其他职权。

董事会成员为5～19人，董事会设董事长一人，可以设副董事长。董事长和副董事长由董事会以全体董事的过半数选举产生。董事会每年至少召开两次会议，每次会议应当于会议召开10日前通知全体董事和监事。代表十分之一以上表决权的股东、三分之一以上董事或者监事会，可以提议召开董事会临时会议。董事长应当自接到提议后10日内，召集和主持董事会会议。董事会会议应有过半数的董事出席方可举行。董事会作出决议，必须经全体董事的过半数通过。董事会决议的表决，实行一人一票。董事会会议，应由董事本人出席；董事因故不能出席，可以书面委托其他董事代为出席，委托书中应载明授权范围。

（三）监事会

监事会是公司常设的监察机构，是在股东大会领导下，与董事会并列设置，对董事会及其成员和经理等管理人员行使监督职能的内部组织机构。监事会设主席一人，可以设副主席。监事会主席和副主席由全体监事过半数选举产生。监事会向股东大会负责并报告工作。监事会行使下列职权：

（1）检查公司的财务。

（2）对董事、高级管理人员执行公司职务的行为进行监督，对违反法律、行政法规、公司章程或者股东会决议的董事、高级管理人员提出罢免的建议。

（3）当董事、高级管理人员的行为损害公司的利益时，要求董事和高级管理人员予以纠正。

（4）提议召开临时股东大会，在董事会不履行本法规定的召集和主持股东会会议职责时召集和主持股东会会议。

（5）向股东大会会议提出提案。

（6）对董事、高级管理人员执行公司职务时违反法律、行政法规或者公司章程的规定，给公司造成损失的行为提起诉讼。

（7）公司章程规定的其他职权。

监事会的成员由股东代表和适当比例的公司职工组成。董事、经理及财务负责人不得兼任监事会成员。

三、股份有限公司的设立

（一）设立方式

股份有限公司的设立是指依照《公司法》《公司登记管理条例》等法律、法规规定的程序设立股份有限公司，并使其取得法人资格的行为。按照我国《公司法》的规定，股份有限公司的设立有发起设立和募集设立两种方式。发起设立是指由发起人认购公司应发行的全部股份而设立股份有限公司的方式。募集设立是指由发起人认购公司应发行股票的一部分，其余部分向社会公开募集而设立股份有限公司的方式。股份有限公司采取发起设立方式设立的，注册资本为在公司登记机关登记的全体发起人认购的股本总额。在发起人认购的股份缴足前，不得向他人募集股份。股份有限公司采取募集方式设立的，注册资本为在公司登记机关登记的实收股本总额。

我国《公司法》原则上实行准则主义的设立方式，即凡符合《公司法》规定条件的，就可登记为公司。设立股份有限公司，应具备以下条件：

（1）发起人符合法定人数。

（2）有符合公司章程规定的全体发起人认购的股本总额或者募集的实收股本总额。

（3）股份发行、筹办事项符合法律规定。

（4）发起人制定公司章程，采用募集方式设立的经创立大会通过。

（5）有公司名称，建立符合股份有限公司要求的组织机构。

（6）有公司住所。

（二）设立程序

股份有限公司的设立程序依设立方式的不同而有所区别。发起设立方式一般包括：发起人设立公司章程、认购股份，缴纳股款、组建公司组织机构，设立登记、公告等。而募集设立方式的程序一般包括：发起人订立公司章程，认购股份、募股，认股人认股、缴纳股款，召开创立大会，设立登记、公告等步骤。

四、股份与资本

（一）股份的特点

1. 金额性

股份作为股份有限公司资本的最小构成单位，代表着一定的财产价值份额，是一种价值的反映，可以用货币加以度量。

2. 平等性

每一股份代表着平等的权利和义务，即同股同权，同股同利。

3. 不可分性

股份是股份有限公司资本的最小构成单位，不可分割，不可再分。

4. 可转让性

股东持有的股份可以依法转让。除特别规定外，股东只要持有股份，该股份就可以转让，这是由股份有限公司的资合特征所决定的，因为股东的权益随股份的转让而转移，而公司的资本不随之变化。

（二）股份有限公司的资本

股份有限公司的资本又称为股本，是指在股份有限公司成立时，由公司章程规定的并由股东出资所构成的公司财产总额。股份有限公司的资本必须划分为等额的股份。一般来说，股本有以下四个基本性质。

1. 期限上的永久性

股本期限上的永久性是指公司可以永久地占有股东的出资，只要公司不解散、不破产清理，作为股本的资金一般不还给股东。股东对这笔资金的所有权只能体现在公司按股本赋予股东的相应权益上。在正常情况下，股东要抽回作为股本投入公司的资金，只有将公司赋予的相应权益出售，而无权向公司索回投入的资金。

2. 报酬上的剩余性

股本报酬上的剩余性是指公司实现的利润，只有在完成了所有的支付后，才能将剩余利润以股息、红利的方式作为股本的报酬分派给全体股东。如果没有剩余利润，股东就得不到股本的报酬。一般来说，剩余利润越多，股本的报酬才能越多。

3. 清偿上的附属性

股本清偿上的附属性是指股本并不是必须偿还的。当公司破产或解散时，所有债务均需偿还，但对股本来说却是能还则还，不能还则可不还。按照通常的清偿惯例，股份有限公司宣告清偿时要分别支付清算费用、职工工资和劳动保险费用，缴纳所欠税款，清偿公司债务等，之后才允许将剩下的（如果有剩余）财产按股东持有的股份比例分配给股东。

4. 责任上的有限性

指股份有限公司的股东仅以其出资额为限对公司债务负清偿责任。股东出资构成的资产在法律上归公司所有，公司仅以此项财产清偿公司的债务。

第二节

股票概述

一、股票的定义

股票是一种有价证券，它是股份有限公司签发的证明股东所持股份的权益凭证。

股份有限公司的资本划分为等额的股份，每一股股份的金额相等，公司的股份以股票为外在表现形式。股份的发行，实行公平、公正的原则，同种类的每一股份具有同等权利。股票一经发行，购买股票的投资者即成为公司的股东。股票实质上代表了股东对股份公司的所有权，股东凭借股票可以获得公司的股息和红利，参加股东大会并行使自己的权利，同时也承担相应的责任与风险。

股票作为一种所有权证书，最初采取有纸化印刷方式。在这种有纸化方式中，股票纸面通常记载着股票面值、发行公司名称、股票编号、发行公司成立登记的日期、股票的发行日期、董事长及董事签名、股票性质等事项，随着现代电子技术的发展，电子化股票应运而生，这种股票没有纸面凭证，它一般将有关事项储存于电脑中心，股东只持有一个股东账户卡，通过电脑终端可查到持有的股票品种和数量，这种电子化股票又称为无纸化股票。目前，我国在上海和深圳交易所上市的证券采取这种方式。

二、股票的性质

（一）股票是有价证券

有价证券是财产价值和财产权利的统一表现形式。持有有价证券，一方面表示拥有一定价值量的财产；另一方面也表明有价证券持有人可以行使该证券所代表的权利。股票具有有价证券的特征：第一，虽然股票本身没有价值，但股票是一种代表财产权的有价证券，它包含着股东可以依其持有的股票要求股份公司按规定分配股息和红利的请求权；第二，股票与它代表的财产权有不可分离的关系，二者合为一体。换言之，行使股票所代表的财产权，必须以持有股票为条件，股东权利的转让应与股票占有的转移同时进行，股票的转让就是股东权的转让。

（二）股票是要式证券

股票应具备《公司法》规定的有关内容，如公司名称、公司成立日期、股票种类、票面金额等，如果缺少相应的要件，股票就无法律效力。

（三）股票是证权证券

证券可以分为设权证券和证权证券。设权证券是指证券所代表的权利本来不存在，而是随着证券的制作而产生，即权利的产生是以证券的制作和存在为条件的。证权证券是指证券是权利的一种物化的外在形式，它是权利的载体，权利是已经存在的。股票代表的是股东权利，它的发行是以股份的存在为条件的，股票只是把已存在的股东权利表现为证券的形式，它的作用不是创造股东的权利，而是证明股东的权利。所以说，股票是证权证券。

（四）股票是资本证券

股份公司发行股票是一种吸引认购者投资以筹措公司自有资本的手段，对于认购股票的人来说，购买股票就是一种投资行为。因此，股票是投入证券公司资本份额的证券化，属于资本证券。但是，股票又不是一种现实的资本，股份公司通过发行股票筹措的资金，是公司用于营运的真实资本。股票独立于真实资本之外，在股票市场上进行着独立的价值运动，是一种虚拟资本。

（五）股票是综合权利证券

股票不属于物权证券，也不属于债权证券，而是一种综合权利证券。物权证券是指证券持有者对公司的财产有直接支配处理权的证券；债权证券是指证券持有者为公司债权人的证券。股票持有者作为股份公司的股东，享有独立的股东权利。换言之，当公司股东将出资交给公司后，股东对其出资财产的所有权就转化为股东权（股权）了。股东权是一种综合权利，股东依法享有资产收益、重大决策、选择管理者等权利。股东虽然是公司财产的所有人，享有种种权利，但对于公司的财产不能直接支配处理，而对财产的直接支配处理是物权证券的特征，所以股票不是物权证券。另外，一量投资者购买了公司股票，即成为公司部分财产的所有人，但该所有人在性质上是公司内部的构成分子，而不是与公司对立的债权人，所以股票也不是债权证券。

三、股票的特征

股票的特征主要表现为下五个方面：

（一）收益性

收益性是股票最基本的特征，它是指股票可以为持有人带来收益的特性。持有股票的目的在于获取收益。股票的收益来源可分为两类：一是来自股份公司。认购股票后，持有者即对发行公司享有经济权益，这种经济权益的实现形式是从公司领取股息和分享公司的红利。股息红利的多少取决于股份公司的经营状况和盈利水平。二是来自股票流通。股票持有者可以持股票到依法设立的证券交易场所进行交易，当股票的市场价格高于买入价格时，卖出股票就可以赚取差价收益。这种差价收益称为资本利得。

（二）风险性

股票风险的内涵是股票投资收益的不确定性，或者说实际收益与预期收益之间的偏离程度。投资者在买入股票时，对其未来收益会有一个估计，但事后看，真正实现的收益可能会高于或低于原先的估计，这就是股票的风险。很显然，风险不等损失，高风险的股票可能给投资者带来较大损失，也可能带来较大的收益。风险本身是一个中性概念，但是，多数理性的投资者厌恶风险，如果要诱导投资者投资那些风险较高的股票，就必须提供更高的预期收益，这就是“高风险高收益”的含义。

（三）流动性

流动性是指股票可以在依法设立的证券交易所上市交易或在经批准设立的其他证券交易场所转让的特性。许多国家不仅在法律上承认股票的可转让性，而且还允许通过有组织的市场进行股票的买卖活动。股票持有人不能从公司退股，但可以在股票交易市场上很方便地卖出股票来变现，在收回投资（可能大于或小于原出资额）的同时，将股票所代表的股东身份及其各种权益让渡给新的投资者，因此股票是流动性很高的证券，流动性是股票的一个基本特征。

需要注意的是，由于股票的转让可能受各种条件或法律法规的限制，因此，并非所有股票都具有相同的流动性。通常情况下，大盘股流动性强于小盘股，上市公司股票的流动性强于非上市公司股票，而上市公司股票又可能因市场或监管原因而受到转让限制，从而具有不同程度的流动性。

（四）永久性

永久性是指股票所载有权利的有效性是始终不变的，因为它是一种无期限的法律凭证。股票的有效期与股份公司的存续期间相联系，两者是并存的关系。这种关系实质上反映了股东与股份公司之间比较稳定的经济关系。股票代表着股东的永久性投资，当然股票持有者可以出售股票而转让其股东身份，而对于股份公司来说，由于股东不能要求退股，所以通过发行股票募集到的资金，在公司存续期间是一笔稳定的自有资本。

（五）参与性

参与性是指股票持有人有权参与公司重大决策的特性。股票持有人作为股份公司的股东，有权出席股东大会，体现对公司经营决策的参与权。股东参与公司重大决策权利的大小取决于其持有股份数量的多少，如果其股东持有的股份数量达到决策所需要的有效多数时，就能实质性影响公司的经营方针。

第三节

股票的类型

随着股份公司的发展，股票的种类日益繁多，因而按不同的标准股票可以有不同的类型，这里我们介绍几种常见的股票分类。

一、普通股票和优先股票

按股东享有权利的不同，股票可以分为普通股票和优先股票。

（一）普通股票

普通股票是最常见的一种股票，其持有者享有股东的基本权利和义务。普通股的基本特点是其投资收益（股息和分红）不是在购买时约定，而是事后根据股票发行公司的经营业绩来确定。公司的经营业绩好，普通股的收益就高；反之，若经营业绩差，普通股的收益就低。所以普通股亦是风险最大的一种股票。在我国上交所与深交所上市的股票都是普通股。

普通股股票持有者按其所持有股份比例享有以下基本权利。

1. 公司重大决策参与权

股东基于股票的持有而享有股东权，这是一种综合权利，其中首要的是可以以股东身份参与股份公司的重大事项决策。作为普通股票股东，行使这一权利的途径是参加股东大会、行使表决权。

持有普通股的股东就是发行股票的公司的所有者之一，对于公司的重大决策、经营管理、按规定每持一股就有一份投票权（不是一人一票，而是一股一票）。在股东大会上，股东的权利在各国法律中的规定不完全一致，但基本内容主要包括：听取公司董事会有关经营和财务方面的报告，并行使表决权来对公司的重大事项作出决策；通过选举公司的董事以体现股东自身对公司重大决策的参与。股东大会通常定期召开，一般每一年或半年召开一次。在法律上，普通股股东对公司的重大决策参与权是平等的。股份公司召开股东大会，应当保证股东享有出席会议的平等权利。而且，股东每持有一份股份，就有一份表决权，任何人不得以任何理由剥夺其表决权。对于各个股东来说，其表决权的数量视其购买的股票份数而定，持有股票份数越多，享有的表决权就越多。普通股股东可以自己直接出席股东大会，也可以按规定手续委托代理人出席股东大会，代为行使表决权。

2. 公司资产收益权和剩余资产分配权

普通股票股东拥有公司盈余和剩余资产分配权，这一权利直接体现了其在经济利益上的要求。这一要求又可以表现为两个方面：一是普通股票股东有权按照实缴的出资比例分取红利，但是全体股东约定不按照出资比例分取红利的除外；二是普通股票股东在股份公司解散清算时，有权要求取得公司的剩余资产。

普通股票股东行使资产收益权有一定的限制条件。第一，法律上的限制。许多国家在公司法或者其他法律中对股份公司红利的支付条件明确加以规定。一般原则是：只能用留存收益支付；股利的支付不能减少其注册资本；公司在无力偿债时不能支付红利。我国有关法律规定，公司缴纳所得税后的利润，在支付普通股票的红利之前，应按如下顺序分配：弥补亏损，提取法定公积金，提取法定公益金，提取任意公积金。可见，普通股票股东能否分到红利以及分得多少，取决于公司的税后利润多少以及公司未来发展的需要。第二，其他方面的限制。如公司对现金的需要，股东所处的地位，公司的经营环境，公司进入资本市场获得资金的能力等。

普通股票股东行使剩余资产分配权也有一定的先决条件。第一，普通股票股东要求分配公司资产的权利不是任意的，必须是在公司解散清算之时。第二，公司的剩余资产在分配给股东之前，一般应按下列顺序支付：支付清算费用，支付公司员工工资和劳动保险费用，缴付所欠税款，清偿公司债务；如还有剩余资产，再按照股东持股比例分配给各股东。我国《公司法》规定，公司财产在分别支付清算费用、职工的工资、社会保险费用和法定补偿金，缴纳所欠税款，清偿公司债务后的剩余财产，按照股东持有的股份比例分配。公司财产在未按照规定清偿前，不得分配给股东。

3. 优先认股权

优先认股权是指当股份公司为增加公司资本而决定增加发行新的股票时，原普通股票股东享有的按其持股比例，以低于市价的某一特定价格优先认购一定数量新发行股票的权利。赋予股东这种权利有两个主要目的：一是能保证普通股票股东在股份公司中保持原有的持股比例；二是能保护原普通股票股东的利益和持股价值。因为当公司增资扩股后，在一段时间内，公司的每股税后净利会因此摊薄，原普通股票股东以优惠价格优先购买一定数量的新股，可从中得到补偿或取得收益。享有优先认股权的股东可以有三种选择：一是行使此权利来认购新发行的普通股票；二是将该权利转让给别人，从中获得一定的报酬；三是不行使此权利而听任其过期失效。普通股票股东是否具有优先认股权，取决于认购时间与股权登记日的关系。股份公司在提供优先认股权时会设定一个股权登记日，在此日期前认购普通股票的，该股东享有优先认股权；在此日期之后认购普通股票的，该股东不享有优先认股权。

（二）优先股

优先股票与普通股票相对应，是指股东享有某些优先权利（如优先分配公司盈利和剩余财产权）的股票。优先股票的内涵可以从两个不同的角度来认识：一方面，优先股票作为一种股权证书，代表着对公司的所有权。这一点与普通股票一样，但优先股票股东又不具备普通股票股东所具有的基本权利，它的有些权利是优先的，有些权利又受到限制。另一方面，优先股票也兼有债券的若干特点，它在发行时事先确定固定的股息率，像债券的利息率事先固定一样。一般来说，优先股票具有以下特征。

1. 股息率固定

普通股票的股息是不固定的，它取决于股份公司的经营状况和盈利水平。而优先股票在发行时就约定了固定的股息率，无论公司经营状况和盈利水平如何变化，该股息率不变。

2. 股息分派优先

在股份公司盈利分配顺序上，优先股票排在普通股票之前。各国公司法对此一般都规定，公司盈利首先应支付债权人的本金和利息，缴纳税金；其次是支付优先股股息；最后才分配普通股股利。因此，从风险角度看，优先股票的风险小于普通股票。

3. 剩余资产分配优先

当股份公司因解散或破产进行清算时，在对公司剩余资产的分配上，优先股票股东排在债权人之后、普通股票股东之前。也就是说，优先股票股东可优先于普通股票股东分配公司的剩余资产，但一般是按优先股票的面值清偿。

4. 一般无表决权

优先股票股东权利是受限制的，最主要的是表决权限制。普通股票股东参与股份公司的经营决策主要通过参加股东大会行使表决权，而优先股票股东在一般情况下没有投票表决权，不享有公司的决策参与权。只有在特殊情况下，如讨论涉及优先股票股东权益的议案时，他们才能行使表决权。

5. 收益率相对较低

优先股的本质更像是债券，股息率固定且优先于普通股派发股息，若无股东大会决定不分红的决议，优先股的股东就会像债权人一样按期得到固定分红。但是，由于股息率固定使得优先股股东一般无法像普通股那样分享公司成长带来的好处，在公司利润大增的情况下股息率也不会水涨船高，除非优先股发行时有提前约定调整股息率的条款。因而，与普通股相比收益率相对较低。

6. 利于改善公司财务

虽然与债券相比，公司在确定应税收入时，优先股股利不能作为一项利息费用抵税，但发行优先股，能够筹集长期稳定的股本，便于清偿公司债务。优先股股息率是固定的，如果低于长期市场利率，会降低企业融资成本，企业亏损时可以不向优先股股东发放股利，所以对亏损企业的负担更轻。此外，优先股股东通常没有表决权，不影响普通股东对公司的控制权。

7. 便于长期投资

对投资者而言，优先股的收益稳定，风险较普通股要小，市场价格波动小，可以作为风险规避投资者，尤其是中长线投资者的投资选择。在国外，大部分优先股为保险公司、养老基金等稳健机构投资者所持有。至于优先股的具体优先条件由各公司的公司章程加以规定，优先股的设计比较灵活，能够很好地满足股份公司与投资者双方的需求。

2013 年，国务院发布了《关于开展优先股试点的指导意见》。该《指导意见》分优先股股东的权利与义务、优先股发行与交易、组织管理和配套政策 3 部分 16 条。2014 年 3 月，证监会出台了《优先股试点管理办法》（简称《管理办法》），优先股正式进入试点阶段。截至 2018 年 8 月，我国共发行优先股 26 只。

二、记名股票和无记名股票

股票按是否记载股东姓名，可以分为记名股票和无记名股票。

（一）记名股票

记名股票是指在股票票面和股份公司的股东名册上记载股东姓名的股票。很多国家的公司法都对记名股票的有关事项作出了具体的规定。一般来说，如果股票是归某人单独所有，则应记载持有人的姓名；如果股票是归国家授权投资的机构或者法人所有，则应记载国家授权投资的机构或者法人的名称；如果股票持有者因故改换姓名或者名称，就应到公司办理变更姓名或者名称的手续。我国《公司法》规定，公司发行的股票可以为记名股票，也可以为无记名股票。股份有限公司向发起人、法人发行的股票，应当为记名股票，并应当记载该发起人、法人的名称或者姓名，不得另立户名或者以代表人姓名记名。公司发行记名股票的，应当置备股东名册，记载下列事项：股东的姓名或者名称及场所、各股东所持股份数、各股东所持股票的编号、各股东取得股份的日期。记名股票有如下特征：

1. 股东权利归属于记名股东

对于记名股票来说，只有记名股东或其正式委托授权的代理人才能行使股东权。除了记名股东以外，其他持有者（非经记名股东转让和经股份公司过户的）不具有股东资格。

2. 可以一次或分次缴纳出资

缴纳股款是股东基于认购股票而承担的义务。一般来说，股东应在认购时一次缴足股款。但是，基于记名股票所确定的股份公司与记名股东之间的特定关系，有些国家也规定允许记名股东在认购股票时可以无须一次缴足股款，我国 2014 年施行修订后的《公司法》取消了过去注册资本的最低限额，将注册资本实缴制改为认缴制，并规定，以发起设立方式设立股份有限公司的，发起人应当书面认足公司章程规定其认购的股份，并按照公司章程规定缴纳出资。具体需要认缴多少注册资本以及分几次认缴资本到位，由公司章程规定，公司在资本数额及分次缴纳出资的决定方面有了较大的自主权。

3. 转让相对复杂或受限制

记名股票的转让必须依据法律和公司章程规定的程序进行，而且要服从规定的转让条件。一般来说，记名股票的转让都必须由股份公司将受让人的姓名或名称、住所记载于公司的股东名册，办理股票过户登记手续，这样受让人才能取得股东的资格和权利。而且，为了维护股份公司和其他股东的利益，法律对于记名股票的转让有时会规定一定的限制条件，如有的国家规定记名股票只能转让给特定的人。我国《公司法》规定，记名股票由股东以背书方式或者法律、行政法规规定的其他方式转让；转让后由公司将受让人的姓名或名称及住所记载于股东名册。

4. 便于挂失，相对安全

记名股票与记名股东的关系是特定的，因此，如果股票遗失，记名股东的资格和权利并不消失，并可依据法定程序向股份公司挂失，要求公司补发新的股票。我国《公司法》对此的具体规定是：记名股票被盗、遗失或者灭失，股东可以依照《中华人民共和国民事诉讼法》规定的公示催告程序，请求人民法院宣告该股票失效。依照公示宣告程序，人民法院宣告该股票失效后，股东可以向公司申请补发股票。

（二）无记名股票

无记名股票是指在股票票面和股份公司股东名册上均不记载股东姓名的股票。无记名股票也称不记名股票，与记名股票的差别不是在股东权利等方面，而是在股票的记载方式上。无记名股票发行时一般留有存根联，它在形式上分为两部分：一部分是股票的主体，记载了有关公司的事项，如公司名称、股票所代表的股数等；另一部分是股息票，用于进行股息结算和行使增资权利。我国《公司法》规定，发行无记名股票的，公司应当记载其股票数量、编号及发行日期。无记名股票有如下特点：

1. 股东权利归属股票的持有人

确认无记名股票的股东资格不以特定的姓名记载为根据，所以，为了防止假冒、舞弊等行为，无记名股票的印制特别精细，其印刷技术、颜色、纸张、水印、号码等均须符合严格的标准。为保护无记名股票股东的合法权益，我国《公司法》规定，发行无记名股票的公司应当于股东大会会议召开前 30 日公告会议召开的时间、地点和审议事项。无记名股票持有人出席股东大会会议的，应当于会议召开 5 日前至股东大会闭幕时将股票交存于公司。

2. 认购股票时要求一次缴纳出资

无记名股票上不记载股东姓名，若允许股东缴纳部分出资即发给股票，以后实际上无法催缴未缴纳的出资，所以认购者必须缴足出资后才能领取股票。

3. 转让相对简便

与记名股票相比，无记名股票的转让较为简单与方便，原持有者只要向受让人交付股票便发生转让的法律效力，受让人取得股东资格不需要办理过户手续。我国《公司法》规定，无记名股票的转让，由股东将该股票交付给受让人后即发生转让的效力。

4. 安全性较差

因无记载股东姓名的法律依据，无记名股票一旦遗失，原股票持有者便丧失股东权利，且无法挂失。

三、有面额股票和无面额股票

按是否在股票票面上标明金额，股票可以分为有面额股票和无面额股票。

（一）有面额股票

有面额股票是指在股票票面上记载一定金额的股票。这一记载的金额也称为票面金额、票面价值或股票面值。股票票面金额的计算方法是用资本总额除以股份数求得，但实际上很多国家是通过法规予以直接规定，而且一般是限定了这类股票的最低票面金额。另外，同次发行的有面额股票的每股票面金额是相等的，票面金额一般以国家主币为单位。大多数国家的股票都是有面额股票。我国《公司法》规定，股份有限公司的资本划分为股份，每一股的金额相等。有面额股票具有如下特点：

1. 可以明确表示每一股所代表的股权比例

例如，某股份公司发行1 000万元的股票，每股面额为1元，则每股代表着公司净资产千万分之一的所有权。

2. 为股票发行价格的确定提供依据

我国《公司法》规定，股票发行价格可以按票面金额，也可以超过票面金额，但不得低于票面金额。这样，有面额股票的票面金额就成为股票发行价格的最低界限。

（二）无面额股票

无面额股票是指在股票票面上不记载股票面额，只注明它在公司总股本中所占比例的股票。无面额股票也称比例股票或份额股票。无面额股票的价值随股份公司净资产和预期未来收益的增减而相应增减。公司净资产和预期未来收益增加，每股价值上升；反之，公司净资产和预期未来收益减少，每股价值下降。无面额股票淡化了票面价值的概念，但仍然有内在价值，它与有面额股票的差别仅在表现形式上。也就是说，它们都代表着股东对公司资本总额的投资比例，股东享有同等的股东权利。20世纪早期，美国纽约州最先通过法律，允许发行无面额股票，以后美国其他州和其他一些国家也相继仿效。但目前世界上很多国家（包括中国）的公司法规定不允许发行这种股票。无面额股票有如下特点：

1. 发行或转让价格较灵活

由于没有票面金额，因而发行价格不受票面金额的限制。在转让时，投资者也不易受股票票面金额影响，而更注重分析每股的实际价值。

2. 便于股票分割

如果股票有面额，分割时就需要办理面额变更手续。由于无面额股票不受票面金额的约束，发行该股票的公司能比较容易地进行股票分割。

四、国家股、法人股、公众股和外资股

我国现行的股票按投资主体不同，可以划分为国家股、法人股、公众股和外资股等不同类型。

（一）国家股

国家股是指有权代表国家投资的部门或机构以国有资产向公司投资形成的股份，包括公司现有国有资产折算成的股份。在我国企业的股份制改造中，原来一些全民所有制企业改组为股份公司，从性质上讲，这些全民所有制企业的资产属于国家所有，因此在改组为股份公司时，就折成国家股。另外，国家对新组建的股份公司进行投资，也构成了国家股。国家股由国务院授权的部门或机构持有，或根据国务院决定，由地方人民政府授权的部门或机构持有。

国家股从现金来源上看，主要有三个方面：第一，现有国有企业改组为股份公司时所拥有的净资产；第二，现阶段有权代表国家投资的政府部门向新组建的股份公司的投资；第三，经授权代表国家投资的投资公司、资产经营公司、经济实体性总公司等机构向新组建股份公司的投资。如以国有资产折价入股的，须按国务院及国有资产管理部门的有关规定办理资产评估、确认、验证等手续。

国家股是国有股权的一个组成部分（国有股权的另一组成部分是国有法人股）。国有资产管理部门是国有股权行政管理的专职机构。国有股权可由国家授权投资的机构持有，也可由国有资产管理部门持有或由国有资产管理部门代政府委托其他机构或部门持有。国有股股利收入由国有资产管理部门监督收缴，依法纳入国有资产经营预算，并根据国家有关规定安排使用。国家股股权可以转让，但转证应符合国家的有关规定。

（二）法人股

法人股是指企业法人或具有法人资格的事业单位和社会团体以其依法可支配的资产投入公司形成的股份。法人持股所形成的也是所有权关系，是法人经营自身财产的一种投资行为。法人股股票以法人记名。

如果是具有法人资格的国有企业、事业单位及其他单位以其依法占用的法人资产向独立于自己的股份公司出资形成或依法定程序取得的股份，则被称为“国有法人股”。国有法人股属于国有股权。

作为发起人的企业法人或具有法人资格的事业单位和社会团体在认购股份时，可以用货币出资，也可以用其他形式的资产，如实物、工业产权、非专利技术、土地使用权等作价出资。但对其他形式资产必须进行评估作价，核实财产，不得高估或者低估作价。

（三）社会公众股

社会公众股是指社会公众依法以其拥有的财产投入公司时形成的可上市流通的股份。在社会募集方式下，股份公司发行的股份，除了由发起人认购一部分外，其余部分应该向社会公众公开发行。我国《证券法》规定，公司申请股票上市的条件之一是：

向社会公开发行的股份达到公司股份总数的25%以上；公司股本总额超过人民币4亿元的，向社会公开发行股份的比例为10%以上。

（四）外资股

外资股是指股份公司向外国和我国香港、澳门、台湾地区投资者发行的股票。这是我国股份公司吸收外资的一种方式。外资股按上市地域，可以分为境内上市外资股和境外上市外资股。

1. 境内上市外资股

境内上市外资股是指我国境内股份有限公司向境外投资者募集并在我国境内上市的股份，这类股票被称为"B"股。B股采取记名股票形式，以人民币标明股票面值，以外币认购、买卖，在境内证券交易所上市交易。B股投资者原来限于外国的自然人、法人和其他组织；我国香港、澳门、台湾地区的自然人、法人和其他组织；定居在国外的中国公民等，但随着2001年2月对境内居民个人开放B股市场后，境内投资者逐渐成为B股市场的重要投资主体，B股的外资股性质发生了变化。目前，境内居民个人可以用现汇存款和外币现钞存款以及从境外汇入的外汇资金从事B股交易，但不允许使用外币现钞。境内居民个人与非居民之间不得进行B股协议转让。境内居民个人所购B股不得向境外转托管。经有关部门批准，境内上市外资股或者其派生形式，如认股权凭证和境外存股凭证，可以在境外流通转让。公司向境内上市外资股股东支付股利及其他款项，以人民币计价和宣布，以外币支付。

2. 境外上市外资股

境外上市外资股是指我国境内的股份有限公司向境外投资者募集并在境外上市的股份。它也采取记名股票形式，以人民币标明面值，以外币认购。在境外上市时，可以采取境外存股凭证形式或者股票的其他派生形式。在境外上市的外资股除了应符合我国的有关法规外，还须符合上市所在地国家或者地区证券交易所制定的上市条件。依法持有境外上市外资股、其姓名或者名称登记在公司股东名册上的境外投资人，为公司的境外上市外资股股东。公司向境外上市外资股股东支付股利及其他款项，以人民币计价和宣布，以外币支付。

境外上市外资股主要由H股、N股、S股等构成。H股是指注册地在我国内地、上市地在我国香港的外资股。香港的英文是HONG KONG，取其首字母，在香港上市的外资股被称为"H股"。依此类推，纽约的第一个英文字母是N，新加坡的第一个英文字母是S，伦敦的第一个英文字母是L，因此，在纽约、新加坡、伦敦上市的外资股分别被称为"N股""S股""L股"。

红筹股是我们经常所说的在香港上市的一类股票，红筹股是指在中国境外注册、在香港上市，但主要业务在中国内地或大部分股东权益来自中国内地公司的股票。早期的红筹股，主要是一些中资公司收购香港的中小型上市公司后重组而形成的；此后出现的红筹股，主要是内地一些省市或中央部委将其在香港的窗口公司改组并在香港上市后形成的。现在，红筹股已经成为内地企业进入国际资本市场筹资的一条重要渠道。

第四节

股票的价值形式及股价指数

一、股票的价值形式

（一）股票的票面价值

股票的票面价值又称面值，即在股票票面上标明的金额。该种股票被称为有面额股票。股票的票面价值在初次发行时有一定的参考意义。如果以面值作为发行价，称为平价发行，此时公司发行股票募集的资金等于股本的总和，也等于面值总和。发行价格高于面值称为溢价发行，募集的资金中等于面值总和的部分计入资本账户，以超过股票票面金额的发行价格发行股份所得的溢价款列为公司资本公积金。随着时间的推移，公司的净资产会发生变化，股票面值与每股净资产逐渐背离，与股票的投资价值之间也没有必然的联系。尽管如此，票面价值代表了每一份股份占总股份的比例，在确定股东权益时仍有一定的意义。

（二）股票的账面价值

股票的账面价值又称股票净值或每股净资产，在没有优先股的条件下，每股账面价值等于公司净资产除以发行在外的普通股票的股数。公司净资产是公司资产总额减去负债总额后的净值，从会计角度说，等于股东权益价值。股票账面价值的高低，对股票交易价格有重要影响，但是通常情况下，并不等于股票价格。主要原因有两点：一是会计价值通常反映的是历史成本或者按某种规则计算的公允价值，并不等于公司资产的实际价格；二是账面价值并不反映公司的未来发展前景。

（三）股票的清算价值

股票的清算价值是公司清算时每一股份所代表的实际价值。从理论上说，股票的清算价值应与账面价值一致，实际上并非如此。只有当清算时公司资产实际出售价款与财务报表上的账面价值一致时，每一股份的清算价值才与账面价值一致。但在公司清算时，其资产往往只能压低价格出售，再加上必要的清算费用，所以大多数公司的实际清算价值低于其账面价值。

（四）股票的内在价值

股票的内在价值即理论价值，也即股票未来收益的现值。股票的内在价值决定股票的市场价格，股票的市场价格总是围绕其内在价值波动。研究和发现股票的内在价值，并将内在价值与市场价格相比较，进而决定投资策略是证券研究人员、投资管理人员的主要任务。由于未来收益及市场利率的不确定性，各种价值模型计算出来的内在价值只是股票真实的内在价值的估计值。经济形势的变化、宏观经济政策的调整、供求关系的变化等都会影响上市公司未来的收益，引起内在价值的变化。

（五）股票的市场价格

股票的市场价格一般是指股票在二级市场上交易的价格。股票的市场价格由股票的价值决定，但同时受许多其他因素的影响。其中，供求关系是最直接的影响因素，其他因素都是通过作用于供求关系而影响股票价格的。由于影响股票价格的因素复杂多变，所以股票的市场价格呈现出高低起伏的波动性特征。

（六）除权除息价

股票除权是由于公司股本增加，每股股票所代表的企业实际价值（每股净资产）有所减少，需要在发生该事实之后从股票市场价格中剔除这部分因素，而形成的剔除行为。上市公司以股票股利分配给股东、公积金转增股本或进行配股时，就要对股价进行除权。上市公司将盈余以现金分配给股东时，每股净资产也会减少，因而也要在股票市场价格中剔除这部分因素，这种行为称为除息。

除权除息的产生是因为在除权或除息日之前的投资人与当日的购买者，两者买到的是同一家公司股票，但是内含的权益不同，显然相当不公平。例如股份有限公司送配股行为引起发行股本增加，股票的内在价值已被摊薄，因此，必须在除权或除息日当天向下调整股价，调整后的股价称为除权或除息基准价。

在上市公司派发股利的过程中，有以下几个时点比较关键：分配公告日、股权登记日和除权除息日。

1. 分配公告日

分配公告日是公司董事会将决定在某日发放股息、红利的消息向股东宣布的日期。

2. 股权登记日

股权登记日是股份有限公司规定的股东进行股权登记的日期，通常称为 R 日。在股权登记日收盘前的股票称为“含权股票”或“含息股票”。证券无纸化发行后，交易所根据股权登记日当日闭市后的有关资料进行核对并且自动登记，投资者不需办理任何手续。

3. 除权除息日

除权除息日，是相对于股权登记日的下一个交易日，即 R+1 日，又叫除权（息）基准日，是指在该日及之后买进的股票不再享有送配公告中所登载的各种权利。但在股权登记日已拥有该股票，在除权除息日将股票卖出，仍然享有股票收益的分配权利。

除权除息基准价的计算方法：

除权除息基准价 =（股权登记日股价 + 配股价 × 配股率 − 现金红利）÷（1 + 送股率 + 配股率）

【例 2－1】 某股票股权登记日的收盘价为 20.35 元，每 10 股派发现金股利 4.00 元，送 1 股，配 2 股，配股价为 5.50 元/股。则次日除权除息基准价为：

$(20.35+5.50\times0.2-0.4)\div(1+0.1+0.2)=16.19$（元）

实际上，除权除息日的开盘价不一定等于除权除息价，这仅仅是除权日开盘价的一个参考价格。当实际开盘价高于这一理论价格时，就称为填权（息），在册股东即可获利；反之实际开盘价低于这一理论价格时，就称为贴权（息）。填权（息）和贴权（息）是股票除权后的两种可能，它与整个市场的状况、上市公司的经营情况、送配的比例等多种因素有关，并没有确定的规律可循。但一般来说，上市公司股票通过送配以后除权（息），其单位价格下降，流动性进一步加强，上升的空间也相对增加。

二、股票价格指数

（一）概念和功能

股票价格指数，简称股指，是基于报告期的一组股票价格与基期的一组股票价格进行平均计算和动态对比后得出的，反映和描述一个国家或地区、某一行业或主题的股票市场价格水平及其变动趋势的相对指标，是测度股市行情变化幅度的重要指标参数，同时也是反映当前总体经济或部分行业发展状态的灵敏信号。股票价格指数一般是由一些金融服务机构和证券交易所编制的。

概括来讲，股票价格指数的功能主要是两个，即基准功能和投资功能。

1. 基准功能

股价指数产生的初衷就是对市场股价变动的趋势和幅度进行描述，所以其天然具备基准功能，主要体现在以下三个方面：

（1）描述股票市场趋势，反映国民经济发展状况。

（2）提供客观衡量投资者收益和风险的基准。投资收益可以用绝对值或相对值来加以衡量，但投资的绝对收益并不能很好地代表投资者的投资水平，所以投资者需要一个可供比较的投资基准。股价指数正是一个良好的比较尺度，投资者可以用它来客观地衡量自己投资的相对表现。如果投资者专注于某一行业，可以选取该行业指数作为其投资基准。投资者也可以运用资本资产定价模型在股票价格指数的基础上计算出投资的预期收益，并与之比较。

（3）为不同细分市场的投资配置与选择提供基准。投资者将证券投资组合在不同类型的金融资产之间进行合理的动态配置，是降低非系统性风险的有效手段。所以，如何界定股票资产类别，并确定不同股票资产在投资组合中的相对比重就成为决定股票投资绩效的关键。股票价格指数为此提供了一个很好的角度，根据股指的样本范围可以快速地确定资产配置中股票的类型。

2. 投资功能

股票指数的投资功能体现在两个方面：一方面是作为指数化投资工具的基础。所谓指数化投资，就是通过复制某一股价指数或者按照其编制原理构建投资组合而进行的组合投资方法。完全按照指数化投资方式进行被动式操作的基金就被称为指数基金。指数基金的投资依据是有效市场假说，简而言之，就是说投资者不可能战胜市场而获取超额收益，那么通过复制市场，跟踪指数，就可以获得较好的回报。另一方面是股价指数可以作为金融衍生工具的投资标的，从而派生出新的投资工具，这是金融衍生工具在发展中与指数的结合创新。此类衍生产品的典型代表是股指期货和股指期权。股指期货、股指期权的产生满足了投资者管理股票市场风险，尤其是系统风险的需要，提供了成本较低的做空手段，因而发展迅猛。具体来讲，对于具有很强市场代表性的股价指数，一般会与市场的表现同步或趋于一致，可以很好地代表市场的系统风险。因此，如果持股投资者想防范股市下行所带来的风险，可以通过卖出股指期货来满足其规避系统风险的需要。

（二）股票价格指数的类型

按照股价指数反映的价格走势涵盖的范围，可以将股价指数划分为反映整个市场走势的综合性指数和反映某一行业或某一类股票价格走势的分类指数。例如恒生指数反映的是香港股市整体走势，而恒生国企指数反映的是在香港上市的H股价格走势，恒生红筹股价指数则反映香港股市中红筹股的价格走势。

按照编制股价指数时纳入指数计算范围的股票样本数量，可以将股价指数划分为全部上市股票价格指数和成分股指数。

1. 全部上市股票价格指数

全部上市股票价格指数是指将指数所反映的价格走势涉及的全部股票都纳入指数计算范围的股价指数。例如，上海证券交易所发布的上海证券交易所综合指数，就是把全部上市的股票价格变化都纳入计算范围；上海证券交易所工业股价格指数、商业股价格指数等则分别把全部的工业类上市股票和商业类上市股票的价格变化纳入各自的指数计算范围。

2. 成分股指数

成分股指数是指从指数涵盖的全部股票中选取一部分较有代表性的股票作为指数样本，称为指数的成分股，计算时只把选取的成分股纳入指数计划范围的股价指数。例如，深圳证券交易所成分股指数，就是从深圳证券交易所全部上市股票中选取40种，经计算得出的一个综合性成分股指数。通过这个指数，可以近似地反映出全部上市股票的价格趋势。其中深交所发布的工业股成分指数，就是从深交所上市的工业股中选取20家成分股为代表计算得出的。在编制成分股指数时，为了保证所选样本具有充分的代表性，国际上惯用的做法是：综合考虑样本股的市场价格总值及其成交量在全部上市股票中所占的比重，且要充分考虑到所选样本股公司的行业代表性，指数公布后，还要根据市场变化状况定期或不定期地更换样本股。

（三）股价指数编制的一般步骤

股价指数的编制步骤如下：

第一，根据股价指数的类型，选择样本股。选择一定数量有代表性的上市公司股票作为编制股价指数的样本股。样本股可以是全部上市股票，也可以是其中有代表性的一部分。样本股的选择主要考虑两条标准：一是样本股的市价总值要占在交易所上市的全部股票市价总值的大部分；二是样本股票价格变动趋势必须能反映股票市场价格变动的总趋势。

第二，选定某基期，并以一定方法计算基期平均股价或市值。通常选择某一有代表性或股份相对稳定的日期为基期，并按选定的某一种方法计算这一天的样本股平均价格或总市值。

第三，计算计算期平均股价或市值，并作必要的修正。收集样本股在计算期的价格，并按选定的方法计算平均价格或市值。有代表性的价格是样本股收盘平均价。

第四，指数化。如果计算股价指数，就需要将计算期的平均股价或市值转化为指数值，即将基期平均股价或市值定为某一常数（通常为100、1 000或10），并据此计算计算期股价的指数值。

（四）我国主要的股票价格指数

随着我国股票市场的发展，股票价格指数逐渐细分，其数量和种类均日益增多。我国主要的股票价格指数包括以下三种。

1. 中证指数有限公司及其指数

中证指数有限公司成立于2005年8月25日，是由上海证券交易所和深圳证券交易所共同出资发起设立的一家专业从事证券指数及指数衍生产品开发服务的公司。其旗下的指数主要有沪深300指数和中证规模指数。

（1）沪深300指数。沪深300指数是沪深证券交易所于2005年4月8日联合发布的反映A股市场整体走势的指数。沪深300指数的编制目标是反映中国证券市场股票价格变动的概貌和运行状况，并能够作为投资业绩的评价标准，为指数化投资和指数衍生产品创新提供基础条件。

沪深300指数简称“沪深300”，由上海和深圳证券市场选取其中的300只A股作为样本编制而成的成分股指数。沪深300指数样本覆盖了沪深市场六成左右的市值，具有良好的市场代表性。指数基日为2004年12月31日，基点为1000点。

（2）中证规模指数。中证规模指数包括中证100指数、中证200指数、中证500指数、中证700指数、中证800指点和中证流通指数。这些指数与沪深300指数共同构成中证规模指数体系，其计算方法、修正方法、调整方法与沪深300指数相同。

其中，中证100指数定位于大盘指数，是由沪深300指数样本中规模最大的100只股票组成，以综合反映沪深A股市场中最具市场影响力的一批大市值公司的整体表现。

中证200指数为中盘指数，成分股包括沪深300指数成分中非中证100的200家成分股公司。

中证500指数为小盘指数，其成分股是扣除沪深300指数样本股及最近一年日均总市值排名前300名的股票，剩余股票按照最近一年（新股为上市以来）的日均成交金额由高到低排名，剔除排名后20%的股票，然后将剩余股票按照日均总市值由高到低进行排名，选取排名在前500名的股票作为中证500指数样本股。中证500指数综合反映沪深证券市场内小市值公司的整体状况。

中证700指数为中小盘指数，其成分股是由中证500和中证200成分股一起构成。

中证800指数则是由大中小盘指数构成，其成分股是由中证500和沪深300成分股一起构成，中证800指数综合反映沪深A股市场内大中小市值公司的整体状况。

中证流通指数的样本由实施股权分置改革后实现全流通的流深两市A股股票组成，能够全面综合反映我国沪深A股市场中的全流通股票的股价变动整体情况。

2. 上海证券交易所的股份指数

由上海证券交易所编制并发布的上证指数系列是一个包括上证180指数、上证50指数、上证综合指数、A股指数、B股指数、分类指数、债券指数、基金指数等指数系列，其中最早编制的为上证综合指数。

（1）上证180指数，即上证成分股指数，是上海证券交易所对原上证30指数进行调整和更名产生的指数。上证成分股指数的样本股共有180只股票，选择样本的标准是遵行规模（总市值、流通市值）、流动性（成交金额、换手率）和行业三项指标，即选取规模较大、流动性较好且具有行业优势的股票作为样本，建立一个反映上海证券市场概貌的运行状况、能够作为投资评价尺度及金融衍生产品基础的基准指数。上证成分股指数依据样本稳定性和动态跟踪的原则，每年调整一次成分股，每次调整比例一般不超过10%，特殊情况下也可能对样本股进行临时调整。

（2）上证 50 指数。2004 年 1 月 2 日，上海证券交易所发布了上证 50 指数。上证 50 指数根据流通市值、成交金额对股票进行综合排名，从上证 180 指数样本中挑选上海证券市场规模大、流动性好的最具代表性的 50 只股票组成样本股，以综合反映上海证券市场最具市场影响力的一批龙头企业的整体状况。

（3）上证 380 指数。上海证券交易所和中证指数有限公司于 2010 年 1 月 29 日发布上证 380 指数。上证 380 指数样本股的选择主要考虑公司规模、盈利能力、成长性、流动性和新兴行业的代表性，侧重反映在上海证券交易所上市的中小盘股票的市场表现。

其中，综合指数类包括上证综合指数和新上证综合指数。

（1）上证综合指数。上海证券交易所从 1991 年 7 月 15 日起编制并公布上海证券交易所股份指数，它以 1990 年 12 月 19 日为基期，以全部上市股票为样本，以股票发行量为权数，按加权平均法计算。

（2）新上证综合指数。新上证综合指数简称新综指，指数代码为 000017，于 2006 年 1 月 4 日首次发布。新综指选择已完成股权分置改革的上海证券交易所上市公司组成样本，实施股权分置改革的股票在实施方案后的第二个交易日纳入指数。新综指是一个全市场指数，它不仅包括 A 股市值，对于含 B 股的公司，其 B 股市值同样计算在内。

（3）上证综合指数系列还包括 A 股指数、B 股指数及工业类指数、商业指数、地产类指数、公用事业类指数、综合类指数、中型综指、上证流通指数等。

上海证券交易所按全部上市公司的主营范围、投资方向及产出分别计算工业类指数、商业类指数、地产类指数、公用事业类指数和综合类指数。上证工业类指数、商业类指数、地产类指数、公用事业类指数、综合类指数均以 1993 年 4 月 30 日为基期，基期指数设为 1 358. 78 点，于 1993 年 6 月 1 日正式对外公布，以在上海证券交易所上市的全部工业类股票、商业类股票、地产类股票、公用事类股票、综合类股票为样本，以全部发行股数为权数进行计算。

3. 深圳证券交易所的股价指数

（1）深证成分股指数。深证成分股指数由深圳证券交易所编制，于 1995 年 1 月 23 日发布，通过对所有在深圳证券交易所上市的公司进行考察，按一定标准选出 500 家（之前为 40 家）有代表性的上市公司作为成分股，以成分股的可流通股数为权数。采用加权平均法编制而成。

（2）深圳 100 指数。深证 100 指数成分股的选取主要考察 A 股上市公司流通市值和成交金额两项指标，从在深圳证券交易所上市的股票中选取 100 只 A 股作为成分股，以成分股的可流通 A 股为权数编制。根据市场动态跟踪和成分股稳定性原则，深证 100 指数将每半年调整一次成分股。

深证系列综合指数包括深证综合指数、深证 A 股指数、深证 B 股指数、行业分类指数、中小板综合指数、创业板综合指数、深证新指数、深市基金指数等全样本类指数。

（1）深证综合指数以在深圳证券交易所主板、中小板、创业板上市的全部股票为样本股。深证系列综合指数均为派式加权股价指数，即以指数样本股计算日股份数作为权数进行加权逐日连锁计算。

（2）深证 A 股指数以在深圳证券交易所主板、中小板、创业板上市的全部 A 股为样本股，以样本股发行总股本为权数，进行加权逐日连锁计算。

（3）深证B股指数以在深圳证券交易所上市的全部B股为样本，以样本股发行总股本为权数，进行加权逐日连锁计算。

（4）行业分类指数以在深圳证券交易所主板、中小板、创业板上市的按行业进行划分的股票为样本。行业分类指数依据《上市公司行业分类指引》中的门类划分，编制13个门类指数；依据制造业门类下的大类划分，编制9个大类指数，共有22条行业分类指数。行业分类指数以样本股发行总股本为权数，进行加权逐日连锁计算。

（5）中小板综合指数以在深圳证券交易所中小企业板上市的全部股票为样本。中小企业板指数以可流通股本数为权数，进行加权逐日连锁计算。中小板综合指数以2005年6月7日为基日，基日指数为1000点，2005年12月1日开始发布。

（6）创业板综合指数以在深圳证券交易所企业板上市的全部股票为样本。创业板指数以可流通股本数为权数，进行加权逐日连锁计算。创业板综合指数以2010年5月31日为基日，2010年8月20日开始发布，基日指数为1000点。

（7）深证新指数以在深圳证券交易所主板、中小板、企业板上市的正常交易的且已完成股改的A股为样本股。深证新指数以可流通股本数为权数，进行加权逐日连锁计算。

（五）世界上几种重要的股票价格指数

现在常用的股票价格指数主要有：道·琼斯股票价格平均数指数、标准普尔股票价格指数、纽约证券交易所股票价格指数、伦敦金融时报股票价格指数、日经平均股价指数、恒生股票价格指数等。

1. 道·琼斯股票价格平均指数

道·琼斯股票价格平均指数（简称道·琼斯指数）是人们最熟悉，也是世界上影响最大的股票价格指数，至今已有100多年的历史。1884年6月3日，道·琼斯报业集团的查尔斯·道开始编制以创立者道·琼斯和爱德华·琼斯的姓氏命名的道·琼斯平均指数并刊登在当时出版的《每日通讯》上。当时，组成道·琼斯指数的股票只有12种，采用算术平均法计算。后来，加入计算的股票数不断增加，几经变动，于1938年正式选出65种股票，逐渐形成了较为固定的股价指数，并一直沿用至今。

现在发表在《华尔街日报》上的道·琼斯指数可以分为四组：（1）工业平均指数，由30种有代表性的大工业公司的股票组成，如埃克森石油公司、通用汽车公司和美国钢铁公司等，由于这30家公司对美国经济具有举足轻重的影响，其市值占美国股票总价值的20%，现在常用的道·琼斯指数指的就是道·琼斯工业平均数。（2）运输业平均指数，包括20种有代表性的运输业公司的股票，如泛美航空公司、环球航空公司等。（3）公用事业平均数，包括15种公用事业公司的股票，如美国电力公司等。（4）综合指数，就是用包括上面三组中的65种股票计算出来的指数。道·琼斯指数以1928年10月为基期，并假设基期的平均数是100，通过和基期的平均数相比较，就可以计算出以后各期的平均数。

2. 标准普尔股票价格指数

标准普尔股票价格指数（简称标准普尔指数）由美国标准普尔公司1923年开始编制发表。当时主要编制两种指数：一种是包括90种股票、每日发表一次的指数；另一种是包括400种股票、每周发表一次的指数。1957年扩展为现行的以500种采样股票通过加权平均综合计算得出的指数，在开始时间每小时公布一次。标准普尔指数以1941～1943年为基期，以每种股票的价格乘以已发行的数量的总和为分子，以基期的股价乘以股票发行数量的总和为分母，用两者相除后的百分数来表示。由于该指数是根据纽约证券交易所上市股票的绝大多数普通股票的价格计算而得，能够灵活地对认购新股权、股份分红和股票分割等引起的价格变动作出调节，指数数值较精确，并且具有很好的连续性，所以往往比道·琼斯指数具有更好的代表性。

3. NASDAQ 指数

NASDAQ 的中文全称是“全美证券交易商自动报价系统”，于1971年正式启用。它利用现代电子计算机技术，将美国6000多个证券商网点连接在一起，形成了一个全美统一的场外二级市场。1975年又通过立法，确定这一系统在证券二级市场中的合法地位。目前不少国家和地区模仿美国 NASDAQ，建立第二交易系统或二板市场，如欧洲的 EASDAQ 市场、日本的 JASDAQ 市场、新加坡的 SESDAQ 市场、马来西亚的 MESDAQ 市场、韩国的 KOSDAQ 市场、罗马尼亚的 RASDAQ 市场等。

NASDAQ 市场设立了13种指数，分别为：NASDAQ 综合指数、NASDAQ－100指数、NASDAQ 金融－100指数、NASDAQ 银行指数、NASDAQ 生物指数、NASDAQ 计算机指数、NASDAQ 工业指数、NASDAQ 保险指数、NASDAQ 其他金融指数、NASDAQ 通讯指数、NASDAQ 运输指数、NASDAQ 全国市场综合指数和 NASDAQ 全国市场工业指数。

NASDAQ 综合指数是以在 NASDAQ 市场上市的、所有本国和外国上市公司的普通股为基础计算的。该指数按每个公司的市场价值来设权重，这意味着每个公司对指数的影响是由其市场价值决定的。市场总价是所有已公开发行的股票在每个交易日的卖出价总和。现在 NASDAQ 综合指数包括3 300多家公司，远远超过其他市场指数。正因为有如此大的计算范围，使得该指数成为 NASDAQ 的主要市场指数。该指数是在1971年2月5日启用的，基准点为100点。

4. 伦敦金融时报股票价格指数

伦敦金融时报股票价格指数由英国最著名的报纸——《金融时报》编制和公布，用以反映英国伦敦证券交易所的行情变动。该指数分三种：一是由30种股票组成的价格指数；二是由100种股票组成的价格指数；三是由500种股票组成的价格指数。通常所说的英国金融时报指数指的是第一种，即由30种有代表性的工商业股票组成并采用加权算术平均法计算出来的价格指数。该指数以1935年7月1日为基期，以该日股价指数为100点，以后各期股价与其比较，所得数值即为各期指数。该指数也是目前国际上公认的重要股价指数之一。

5. 日经平均股价指数

日经平均股价指数，原称为“日本经济新闻社道·琼斯股票平均价格指数”。是由日本经济新闻社编制并公布的反映日本东京证券交易所股票价格变动的股票价格平均指数。该指数的前身为1950年9月开始编制的“东证修正平均股价”。1975年5月1日，日本经济新闻社向美国道·琼斯公司买进商标，采用修正的美国道·琼斯公司股票价格平均数的计算方法计算，并将其所编制的股票价格指数定为“日本经济新闻社道·琼斯股票平均价格指数”，1985 年 5 月 1 日在合同满十年时，经两家协商，将名称改为“日济平均股价指数”（简称日经指数）。日经指数按其计算对象的采用数目不同分为两种：一是日经 225 种平均股价指数，它是从 1950 年 9 月开始编制的；二是日经 500 种平均股价指数，它是从 1982 年 1 月开始编制的。前一种指数因延续时间较长，具有很好的可比性，称为考察日本股票市场股价长期演变及最常用的和最可靠的指标。媒体日常引用的日经指数就是指这个指数。

6. 恒生股票价格指数

恒生股票价格指数（简称恒生指数）是香港证券市场上最有影响的股票指数之一，由香港恒生银行全资附属的恒生指数服务有限公司编制，是以香港股票市场中的 33 家上市股票为成分股样本，以其发行量为权数计算的加权平均股价指数。该指数于 1969 年 11 月 24 日首次公开发布，基期为 1964 年 7 月 31 日，基期指数定为 1000，恒生指数的成分股具有广泛的市场代表性，其总市值占香港联合交易所市场资本额总和的 70% 左右。为了进一步反映市场上各类股票的价格走势，恒生指数于 1985 年开始公布四个分类指数，把 33 种成分股分别纳入工商业、金融、地产和公共事业四个分类指数中。

恒生指数成分股的选取原则如下：（1）按股票市值大小选择，其总市值必须是所有在联交所上市的股份中最高的 90%（市值指过去 12 个月的平均值）。（2）按成交额大小选择，其成交额必须是所有在联交所上市的股份中最高的 90%（成交额指过去 24 个月的成交总额）。（3）必须在联交所上市满 24 个月以上。

根据以上标准初选出合格股票后，再按以下准则最终选定样本股：（1）公司市值及成交额排名。（2）四个分类指数在恒生指数内各占的比重需大体反映市场情况。（3）公司在香港有庞大业务。（4）公司的财务状况。

恒生指数计算公式是：

现时指数 = 现时成分股的总市值/上日收市时成分股的总市值 × 上日收市指数

本章小结

股份有限公司是指“全部资本分为等额股份，股东以其所持股份为限对公司承担责任，公司以其全部资产对其债务承担责任”的股份公司。股票是一种有价证券，它是股份有限公司签发的证明股东所持股份的凭证。股票具有收益性、风险性、流动性、永久性、参与性五个方面的特征。

股票按照股东享有的权利不同分为普通股票和优先股票；按是否记载股东姓名分为记名股票和无记名股票；按是否在股票票面上标明金额分为有面额股票和无面额股票。

股票价格指数是用很多种股票的平均价格及其变动趋势来体现股票市场行情的指标，现在常用的股票价格指数主要有：道·琼斯股票价格平均数指数、标准普尔股票价格指数、NASDAQ 指数、伦敦金融时报股票价格指数、日经平均股价指数、恒生股票价格指数等。

复习思考题

一、选择题

1. 股票的收益主要来源于（　　）。

A. 股息　　B. 红利

C. 董事劳务费　　D. 买卖股票的差价收益

2. 关于股票性质描述正确的有（　　）。

A. 股票是设权证券

B. 股票只是把已存在的股东权利表现为证券的形式

C. 股票所代表的权利本来不存在

D. 股票所代表的权利的发生是以股票的制作和存在为条件的

3. 境内上市的股份公司向外国和我国香港、澳门、台湾地区投资者发行的股票，称为（　　）。

A. 社会公众股　　B. 外资股

C. 法人股　　D. 国家股

4. 普通股票股东享有的权利有（　　）。

A. 优先股股权　　B. 公司盈余分配权

C. 公司经理提名权　　D. 剩余资产分配权

5. 下列关于有面额股票的说法中，正确的有（　　）。

A. 股票票面上记载有一定金额

B. 可以明确表示每一股所代表的股权比例

C. 为股票发行价格的确定提供依据

D. 我国《公司法》规定，发行价不得低于票面金额

6. 外资股按上市地域可以分为（　　）。

A. 境内上市外资股　　B. 境外上市外资股

C. 上证外资股　　D. 深证外资股

7. 境外上市外资股主要由（　　）股构成。

A. S　　B. H

C. N　　D. B

8. 股票未来收益的现值是股票的（　　）。

A. 账面价值　　B. 票面价值

C. 清算价值　　D. 内在价值

9. 股份有限公司因破产或解散进行清算时，公司剩余资产清偿的先后顺序是（　　）。

A. 优先股东、普通股东、债权人　　B. 普通股东、优先股东、债权人

C. 债权人、普通股东、优先股东　　D. 债权人、优先股东、普通股东

10. 我国《公司法》规定，股份有限公司向发起人、法人发行的股票应当为

( )。

A. 记名股票　　B. 优先股票

C. 记名股票或无记名股票　　D. 无记名股票

二、判断题

1. 无记名股票是指在股票票面和股份公司的股东名册上均不记载股东姓名的股票。 ( )

2. 我国《公司法》规定，股份有限公司向发起人、法人发行的股票，应当为记名股票。 ( )

3. 有面额股票比无面额股票更易于股票分割。 ( )

4. 在公开募集方式下，股份公司发行的股份应该全部向社会公众公开发行。 ( )

5. 股票的内在价值也就是每股股票所代表的实际资产的价值。 ( )

6. 股票的市场价格主要由股票的内在价值所决定，同时也受许多其他因素的影响，其中最直接的影响因素是心理因素。 ( )

7. 社会公众股就是个人认购的股份。 ( )

8. 能发行股票的经济主体只有股份有限公司。 ( )

9. 股票虽然具有永久性特征，但股东构成并不具有永久性特征。 ( )

10. 优先股收益一般高于普通股。 ( )

三、简答题

1. 股票具有哪些特征？

2. 优先股票具有哪些特征？

3. 简述股价指数的编制方法。

4. 简述股价指数的功能。

第三章

债　　券

学习目标：

通过本章的学习，掌握债券的概念、性质、票面要素和特征；理解债券和股票的异同点；熟悉债券的分类；了解债券的信用评级。

关键概念：

债券　政府债券　金融债券　企业债券　债券评级

第一节

债券概述

一、债券的概念

债券是一种有价证券，是社会各类经济主体为筹集资金而向债券投资者出具的、承诺按一定利率定期支付利息并到期偿还本金的债权债务凭证。债券所规定的资金借贷双方的权责关系主要有：第一，所借贷货币资金的数额；第二，借贷的时间；第三，在借贷时间内的资金成本或应有的补偿（即债券的利息）。

债券所规定的借贷双方的权利义务关系包含四个方面的含义：第一，发行人是借入资金的经济主体；第二，投资者是出借资金的经济主体；第三，发行人必须在约定的时间付息还本；第四，债券反映了发行者和投资者之间的债权债务关系，而且是这一关系的法律凭证。

二、债券的基本性质

（一）债券属于有价证券

首先，债券反映和代表一定的价值。债券本身有一定的面值，通常它是债券投资者投入资金的量化表现；同时，持有债券可按期取得利息，利息也是债券投资者收益的价值表现。其次，债券与其代表的权利联系在一起，拥有债券就拥有了债券所代表的权利，转让债券也就将债券代表的权利一并转移。

（二）债券是一种虚拟资本

债券尽管有面值，代表了一定的财产价值，但它也只是一种虚拟资本，而非真实资本。因为债券的本质是证明债权债务关系的证书，在债权债务关系建立时所投入的资金已被债务人占用，债券是实际运用的真实资本的证书。债券的流动并不意味着它所代表的实际资本也同样流动，债券独立于实际资本之外。

（三）债券是债权的表现

债券代表债券投资者的权利，这种权利不是直接支配财产权，也不以资产所有权表现，而是一种债权。拥有债券的人是债权人，债权人不同于公司股东，是公司的外部利益相关者。

三、债券的票面要素

债券作为证明债权债务关系的凭证，一般以有一定格式的票面形式来表现。通常，债券票面上有四个基本要素。

（一）债券的发行人

这一要素指明了该债券的债务主体，既明确了债券发行人应履行对债权人偿还本息的义务，也为债权人到期追索本金和利息提供了依据。

（二）债券的票面价值

债券的票面价值是债券票面标明的货币价值，是债券发行人承诺在债券到期日偿还给债券持有人的金额。在债券的票面价值中，首先要规定票面价值的币种，即以何种货币作为债券价值的计量标准，确定币种主要考虑债券的发行对象。一般来说，在本国发行的债券通常以本国货币作为面值的计量单位；在国际金融市场筹资，则通常以债券发行地所在国家的货币或以国际通用货币为计量标准。此外，确定币种还应考虑债券发行者本身对币种的需要。币种确定后，则要规定债券的票面金额。票面金额大小不同，可以适应不同的投资对象，同时也会产生不同的发行成本。票面金额定得较小，有利于小额投资者购买，持有者分面广，但债券本身的印刷及发行工作量大，费用可能较高；票面金额定得较大，有利于少数大额投资者认购，且印刷费用等也会相应减少，但使小额投资者无法参与。因此，债券票面金额的确定也要根据债券的发行对象、市场资金供给情况及债券发行费用等因素综合考虑。

（三）债券的期限

债券的期限是指债券从发行之日起至清偿本息之日止的时间，也是债券发行人承诺履行合同义务的全部时间。各种债券有不同的偿还期限，短则几个月，长则几十年，习惯上有短期债券、中期债券和长期债券之分。发行人在确定债券期限时，要考虑多种因素的影响，主要有：

1. 资金使用方向

债务人借入资金可能是为了弥补临时性资金周转之短缺，也可能是为了满足对长期资金的需要。在前者情况下可以发行短期债券，在后者情况下可以发行中长期债券。这样安排的好处是既能保证发行人的资金需要，又不因占用资金时间过长而增加利息负担。

2. 市场利率变化

债券偿还期限的确定应根据对市场利率的预期，相应选择有助于减少发行者筹资成本的期限。一般来说，当未来市场利率趋于下降时，应选择发行期限较短的债券，可以避免市场利率下跌后仍须支付较高的利息；而当未来市场利率趋于上升时，应选择发行期限较长的债券，这样能在市场利率趋高的情况下保持较低的利息负担。

3. 债券的变现能力

这一因素与债券流通市场发育程度有关，如果流通市场发达，债券容易变现，长期债券较能被投资者接受；如果流通市场不发达，投资者买了长期债券而又急需资金时不易变现，长期债券的销售就可能不如短期债券。

（四）债券的票面利率

债券票面利率也称名义利率，是债券年利息与债券票面价值的比率，通常年利率用百分数表示。利率是债券票面要素中不可缺少的内容。

在实际经济生活中，债券利率有多种形式，如单利、复利和贴现利率等。债券利率亦受很多因素影响，主要有：

1. 借贷资金市场利率水平

市场利率较高时，债券的票面利率也相应较高，否则，投资者会选择其他金融投资而舍弃债券；反之，市场利率较低时，债券的票面利率也相应较低。

2. 筹资者的资信

如果债券发行人的资信状况好，债券信用等级高，投资者的风险小，债券票面利率可以定得比其他条件相同的债券低一些；如果债券发行人的资信状况差，债券信用等级低，投资者的风险大，债券票面利率就需要定得高一些。此时的利率差异反映了信用风险的大小，高利率是对高风险的补偿。

3. 债券期限长短

一般来说，期限较长的债券流动性差，风险相对较大，票面利率应该定得高一些；而期限较短的债券流动性强，风险相对较小，票面利率就可以定得低一些。但是，债券票面利率与期限的关系较复杂，它们还受其他因素的影响，所以有时也会出现短期债券票面利率高而长期债券票面利率低的现象。

需要说明的是，以上四个要素虽然是债券票面的基本要素，但它们并非一定在债券票面上印制出来。在许多情况下，债券发行者是以公布条例或公告形式向社会公开宣布某债券的期限与利率，只要发行人具备良好的信誉，投资者也会认可接受。

此外，债券票面上有时还包含一些其他要素，如，有的债券具有分期偿还的特征，在债券的票面上或发行公告中附有分期偿还时间表；有的债券附有一定的选择权，即发行契约中赋予债券发行人或持有人具有某种选择的权利，包括附有赎回选择权条款的债券、附有出售选择权条款的债券、附有可转换条款的债券、附有交换条款的债券、附有新股认购权条款的债券等。附有赎回选择权条款的债券表明债券发行人具有在到期日之前买回全部或部分债券的权利；附有出售选择权条款的债券表明债券持有人具有在指定的日期内以票面价值将债券卖回给发行人的权利；附有可转换条款的债券表明债券持有人具有按约定条件将债券转换成发行公司普通股股票的选择权；附有交换条款的债券是指债券持有人具有按约定条件将债券与债券发行公司以外的其他公司的普通股票交换的选择权；附有新股认购权条款的债券表明债券持有人具有按约定条件购买债券发行公司新发行的普通股股票的选择权。

四、债券的特征

（一）偿还性

偿还性是指债券有规定的偿还期限，债务人必须按期向债权人支付利息和偿还本金。债券的偿还性使资金筹措者不能无期限地占用债券购买者的资金，换言之，他们之间的借贷经济关系将随偿还期结束、还本付息手续完毕而不复存在。这一特征与股票的永久性有很大的区别。在历史上，债券的偿还性也有例外，曾有国家发行过无期公债或永久性公债。这种公债无固定偿还期，持券者不能要求政府清偿，只能按期取息。当然，这只能视为特例，不能因此而否定债券具有偿还性的一般特性。

（二）流动性

流动性是指债券持有人可按需要和市场的实际情况，灵活地转让债券，以提前收回本金和实现投资收益。流动性首先取决于市场为转让所提供的便利程度；其次取决于债券在迅速转变为货币时，是否在以货币计算的价值上蒙受损失。

（三）安全性

安全性是指债券持有人的收益相对稳定，不随发行者经营收益的变动而变动，并且可按期收回本金。一般来说，具有高度流动性的债券同时也是较安全的，因为它不仅可以迅速地转换为货币，而且还可以按一个较稳定的价格转换。债券不能收回投资的风险有两种情况：一是债务人不履行债务，即债务人不能按时足额按约定的利息支付或者偿还本金。不同的债务人不履行债务的风险程度是不一样的，一般政府债券不履行债务的风险最低。二是流通市场风险，即债券在市场上转让时因价格下跌而承受损失。许多因素会影响债券的转让价格，其中较重要的是市场利率水平。

（四）收益性

收益性是指债券能为投资者带来一定的收入，即债权投资的报酬。在实际经济活动中，债券收益可以表现为三种形式：一是利息收入，即债权人在持有债券期间按约定的条件分期、分次取得利息或者到期一次取得利息。二是资本损益，即债权人到期收回的本金与买入债券或中途卖出债券与买入债券之间的价差收入。从理论上说，如果市场利率在持有债券期间一直不变，这一价差就是自买入债券或者自上次付息至卖出债券这段时间的利息收益表现形式。但是，由于市场利率会不断变化，债券在市场上的转让价格将随市场利率的升降而上下波动。债券持有者能否获得转让价差、转让价差的多少，要视市场情况而定。三是再投资收益，即投资债券所获现金流量再投资的利息收入，受市场收益率变化的影响。

五、债券与股票的比较

（一）债券与股票的相同点

1. 债券与股票都属于有价证券

尽管债券和股票有各自的特点，但它们都属于有价证券。债券和股票作为有价证券体系中的一员，是虚拟资本，它们本身无价值，但又都是真实资本的代表。持有债券或股票，都有可能获取一定的收益，并能行使各自的权利和流通转让。债券和股票都在证券市场上交易，是各国证券市场的两大支柱类交易工具。

2. 债券与股票都是筹措资金的手段

债券和股票都是有关经济主体为筹资需要而发行的有价证券。经济主体在社会经济活动中必然会产生对资金的需要，从资金融通角度看，债券和股票都是筹资手段。与向银行贷款间接融资相比，发行债券和股票筹资的数额大，时间长，成本低，且不受贷款银行的条件限制。

3. 债券与股票收益率相互影响

从单个债券和股票看，它们的收益率经常会发生差异，而且有时差距还很大。但是，总体而言，如果市场是有效的，则债券的平均收益率和股票的平均收益率会大体保持相对稳定的关系，其差异反映了二者风险程度的差别。这是因为，在市场规律的作用下，证券市场上一种融资手段收益率的变动，会引起另一种融资手段收益率发生同向变动。

（二）债券与股票的区别

1. 权利不同

债券是债权凭证，债券持有者与债券发行人之间的经济关系是债权债务关系，债券持有者只可按期获得利息及到期收回本金，无权参与公司的经营决策。股票则不同，股票是所有权凭证，股票所有者是发行股票公司的股东，股东一般拥有表决权，可以通过参加股东大会选举董事，参与公司重大事项的审议和表决，行使对公司的经营决策权和监督权。

2. 目的不同

发行债券是公司追加资金的需要，它属于公司的负债，不是资本金。发行股票则是股份公司创立和增加资本的需要，筹措的资金列入公司资本。而且发行债券的经济主体很多，中央政府、地方政府、金融机构、公司企业等一般都可以发行债券，但能发行股票的经济主体只有股份有限公司。

3. 期限不同

债券一般有规定的偿还期，期满时债务人必须按时归还本金，因此，债券是一种有期证券。股票通常是无须偿还的，一旦投资入股，股东便不能从股份公司抽回本金，因此，股票是一种无期证券，或称永久证券。但是，股票持有者可以通过市场转让收回投资资金。

4. 收益不同

债券通常有规定的票面利率，可获得固定的利息。股票的股息红利不固定，一般视公司经营情况而定。

5. 风险不同

股票风险较大，债券风险相对较小。这是因为：第一，债券利息是公司的固定支出，属于费用范围；股票的股息红利是公司利润的一部分，公司有盈利才能支付，而且支付顺序列在债券利息支付和纳税之后。第二，倘若公司破产，清理资产有余额偿还时，债券偿付在前，股票偿付在后。第三，在二级市场上，债券因其利率固定、期限固定、市场价格也较稳定；而股票无固定期限和利率，受各种宏观因素和微观因素的影响，市场价格波动频繁，涨跌幅度较大。

第二节

债券的类型

债券种类很多，在债券的历史发展过程中出现过许多不同品种的债券，各种债券共同构成了一个完整的债券体系。债券可以依据不同的标准进行分类。

一、按发行主体分类

（一）政府债券

政府债券是指各级政府或由政府提供信用担保的单位发行的债券，也被称为公债。如果是由中央政府发行的债券，又称为国债。政府债券在所有的债券中，信用等级最高。发行国债的目的在于弥补国家预算赤字，建设大中型工程项目等。而地方政府发行的债券，所筹资金和还本付息纳入政府的财政预算，主要用于发展区域经济建设。国债对于投资者吸引力很强，安全性、流动性都强于其他种类的债券，而且收益稳定，还能享受免税待遇，因而被称为“金边债券”。

新中国成立后，我国国债的发展可以分为两个主要阶段。第一阶段（1950～1958年）。1950年发行了“人民胜利折实公债”，成为新中国历史上第一种国债。“一五”计划期间，又于1954～1958年每年发行了一期“国家经济建设公债”。1958年后国债的发行被停止。第二阶段（1981年至今）。我国于1981年恢复了国债发行。1996年以后，国债市场出现了由托管走向集中和银行间债券市场与非银行间债券市场相分离的变化，呈现出全国银行间债券交易市场、深沪证交所国债市场和场外国债市场“三足鼎立”之势。

我国地方政府债券发行始于1950年，由当时的东北人民政府发行东北生产建设折实公债。1981年我国恢复国债发行后，在相当长一段时间内没有发行过地方政府债券。1995年起实施的《预算法》明确表示，地方政府不得发行地方政府债券（中国香港、澳门特别行政区除外）。从1998年开始，我国对地政府发行债券开始逐步放松，使其成为调节地方政府财政收支、支持地方政府经济发展的工具，主要经历了如下变化：

1998～2008年，转贷模式。1998年，为应对东南亚金融危机，我国启动了扩张性的财政政策，即通过国债资金来建设基础设施项目。由于《预算法》规定地方政府不得发行地方政府债券，为支持地方经济建设，1998年以后中央财政将部分新增国债项目资金转贷给地方，用于国家确定的国债资金建设项目；由地方政府还本付息，不列入中央预算，也不作财政赤字处理。2006年起，中央政府转向稳健性财政政策，不再把国债资金转贷给地方政府。

2009～2011年，代发代还模式。为应对2009年国际金融危机，经国务院批准开始由财政部每年代理发行2 000亿元地方政府债券，采取记账式国债发行渠道，由中央财政统一代办偿还。《2009年地方政府债券预算管理办法》还明确给出地方政府债券定义，是指“经国务院批准同意，以省、自治区、直辖市和计划单列市政府为发行和偿还主体，由财政部代理发行并代办还本付息和支付发行费的债券”。地方政府债券纳入地方财政预算管理，但代发代还不能体现各地方政府的偿债能力和财政状况差异。

2011～2013年，地方政府自行发债“试点”。2011年10月，财政部发布《2011年地方政府自行发债试点办法》，批准上海市、浙江省、广东省、深圳市试点自行发债。试点发行规模含在2011年度财政部代发地方政府债2 000亿元额度内，仍由国务院批准；发行规模229亿元，占国务院批准的发债规模的50%；期限分为3年和5年，为记账式固定利率付息债券，实行年度发行额管理制度。此次试点中，地方政府不仅自己组建承销团，还自行确定定价机制和管理招标现场，让发行行为更加市场化。不过，试点省（市）政府债券仍由财政部代办还本付息，享有隐性担保，风险权重为零。2013年6月，财政部发布《2013年地方政府自行发债试点办法》，自行发债试点范围扩大，增加江苏省和山东省。

2014年，自发自还试点。2014年5月，财政部印发《2014年地方政府债券自发自还试点办法》，上海、浙江、广东、深圳、江苏、山东、北京、江西、宁夏、青岛试点地方政府债券自发自还，继续推进地方政府债券改革。由于地方政府债务的快速增长，可能触发信贷泡沫破裂，为此，2014年9月，《国务院关于加强地方政府性债务管理的意见》（国发〔2014〕43号）明确，赋予地方政府举债权限，政府不得通过平台融资，对地方政府债务实行规模控制；建立“借、用、还”相统一的地方政府性债务管理机制。

2015年至今，进入全面规范阶段。2015年1月1日，新《预算法》正式实施，地方政府债务的规范管理进入了新的阶段。核心内容主要包括：（1）允许政府直接发行债券。（2）地方政府不能再通过地方政府融资平台或企业渠道举债，且现有地方政府融资平台债务须于2016年前逐渐退出，并公布了3万亿元的地方债务置换计划。（3）地方政府债券只能用于偿还当前债务或指定的公共服务或项目的债务。（4）地方政府债券必须纳入地方财政预算。（5）预算计划必须在获批后20天内对外公布。

2015年，置换债券和专项债券推出，《国务院关于强地方政府性债务管理的意见》（国发〔2014〕43号）规定，纳入预算管理的地方政府存量债务可以发行一定规模的地方政府债券置换。地方政府存量债务是新预算法实施之前形成的，以一定规模的政府债券置换部分债务，是规范预算管理的有效途径。发行地方政府债券置换存量债务，只是债务形式变化，不增加债务余额，因此，不会增加今年每年财政赤字。截至2017年底，累计置换存量政府债务10.9万亿元，累计为地方政府节约利息支出约1.2万亿元。2014年及其之前，地方政府债只有一种，即地方政府债。2015年推出专项债，新增专项债规模为1 000亿元，专项债不计入财政赤字，自此地方政府债分为两个小类，一般债券与专项债券（原来的地方政府债改名为一般债）。2015年3月12日和4月7日，财政部分别发布了《地方政府一般债券发行管理暂行办法》和《地方政府专项债券发行管理暂行办法》，对两种债券给出了明确的定义，明确募集资金用途和偿债资金来源。

新预算法和《国务院关于加强地方政府性债务管理的意见》（43号文）实施以来，尽管各级地方政府加快建立健全规范的融资机制，但也仍在通过政府购买服务、政府与社会资本合作（PPP）、政府引导基金等方式隐性举债。《关于进一步规范地方政府举债融资行为的通知财预〔2017〕50号》《关于坚决制止地方以政府购买服务名义违法违规融资的通知（财预〔2017〕87号）》以及《地方政府土地储备专项债券管理办法（试行）》等政策的相继出台，亦开始为地方债划出一个清晰的边界。

2018年5月8日，财政部发布《关于做好2018年地方政府债券发行工作的意见》（财库〔2018〕61号），布置2018年地方政府债券发行工作，并提出要加强发行计划管理，提升定价市场化水平，合理设置债券期限结构，丰富投资者类型等指导意见。61号文一方面意在规范地方政府债券发行，使管理工作不断趋于精细化；另一方面，针对当前我国地方政府债券运行中存在的问题进行补缺补漏。

（二）金融债券

金融债券是由银行和非银行金融机构为筹措资金而发行的债务凭证。金融机构发行债券，有利于对资产和负债进行科学管理，实现资产和负债的最佳组合。

金融机构的主要业务包括负债业务和资产业务。负债业务包括吸收存款、同业拆借、向中央银行再贷款、发行金融债券等。存款是银行的重要资金来源，但资金的稳定性差，在经济动荡时，易发生挤兑风险；同业拆借和向中央银行借款，只能形成短期的资金来源；比较而言，发行金融债券，期限灵活，并且由于到期以前债券持有人不能要求提前兑付，只能在市场转让，资金稳定性好。因此，发行各种不同期限的金融债券，是金融机构筹措资金的重要渠道，并且有助于扩大长期投资性质的资产业务。对于投资者来说，金融机构信誉较好，资金雄厚，因此，安全性、流动性、收益性均较好，信用仅次于政府债券，所以金融债券也受到投资者的青睐。

目前，我国的金融债券按发行主体分，有政策性银行发行的债券和商业银行发行的债券。政策性银行债券由国家开发银行、中国进出口银行、中国农业发展银行等政策性银行发行，发行对象是经中国人民银行批准的金融机构和其他认购人，同时，其交易必须通过全国银行间拆借市场进行。我国首只政策性银行债券于2004年12月24日由中国国家开发银行发行。

商业银行发行的债券有次级债和混合资本债。商业银行次级债是指商业银行发行的、本金和利息的清偿顺序列于商业银行其他负债之后、先于商业银行股权资本的债券。经中国银行业监督管理委员会批准，次级债券可以计入附属资本。混合资本债券是一种混合资本工具，它比普通股股票和债券更加复杂。我国的混合资本债券是指商业银行为补充附属资本发行的、清偿顺序位于股权资本之前但列在一般债务和次级债务之后、期限在15年以上、发行之日起10年内不可赎回的债券。

（三）企业债券（公司债券）

企业债券，是指企业按照法定程序发行，约定在一定期限内还本付息的有价证券。在国际资本市场，企业债券也是公司债券。而在我国，由于历史原因，企业债券是指企业向国家发展与改革委员会申请获得批准而发行的债券；公司债券则是指依照《公司法》在中国境内设立的有限责任公司和股份有限公司，在符合《公司法》《证券法》和中国证监会2014年11月发布的《公司债券发行与交易管理办法》规定的条件的情形下，向中国证券监督管理委员会申请并获得核准而发行的债券。其实二者本质是相同的，发行条件也基本一致，只是在我国的主管机构不同而形成分割而已。因此，在不再区分企业债券和公司债券，认为两个概念是通用的。

一般而言，公司债券包括信用公司债券、不动产抵押公司债券、保证公司债券、收益公司债券、可转换公司债券、附认股权证的公司债券、可交换公司债券等。

信用公司债券是一种不以公司任何资产作担保而发行的债券，属于无担保证券范畴。一般来说，政府债券无须提供担保，因为政府掌握国家资源，可以征税，所以政府债券安全性最高。金融债券大多数也可免除担保，因为金融机构作为信用机构，本身就具有较高的信用。由于一般公司的信用状况要比政府和金融机构差，所以，大多数公司发行债券被要求提供某种形式的担保。少数大公司经营良好，信誉卓著，也发行信用公司债券。为了保护投资者的利益，可要求信用公司债券附有某些限制性条款，如公司债券不得随意增加资金用途，债券未清偿之前股东的分红要限制等。

不动产抵押债券是以土地、设备、房屋等不动产为抵押担保品所发行的公司债券，是抵押证券的一种。公司以房契或地契作抵押，如果发生了公司不能偿还债务的情况，抵押的财产将被出售，所得款项用来偿还债务。另外，用作抵押的财产价值不一定与发生的债务额相等，如果同一抵押品价值较大，可多次抵押，设立若干个抵押权，按发行程序分为第一抵押公司债和第二抵押公司债等，前者称优先抵押，后者称一般抵押。如果发行公司到期不能偿付债券本息，债权人有权处理抵押品来抵偿。此种债券是公司债券中最重要的一种类型。

保证公司债券是公司发行的由第三者作为还本付息担保人的债券，是担保证券的一种。担保人是发行人以外的其他人，如政府、信誉好的银行或举债公司的母公司等。一般来说，投资者比较愿意购买保证公司债券，因为一旦公司到期不能偿还债务，担保人将负清偿之责。实践中，保证行为常见于母子公司之间。

收益公司债券是一种具有特殊性质的债券。与一般债券不同，其利息只在公司有盈利时才支付，即发行公司的利润扣除各项固定支出后的余额用作债券利息的来源。如果余额不足支付，未付利息可以累加，待公司收益增加后再补发。所有应付利息付清后，公司才可对股东分红。

可转换公司债券是指发行人依照法定程序发行，在一定期限内依据约定的条件可以转换成股份的公司债券。这种债券附加转换选择权，兼有债权投资和股权投资的双重优势。与一般债券一样，在转换前投资者可以定期得到利息收入，但此时不具有股东的权利。当发行公司的经营业绩取得显著增长时，持有人可以在约定期限内，按预定的转换价格转换成公司的股份，以分享公司业绩增长带来的收益。可转换公司债券一般要经股东大会或董事会的决议通过才能发行，而且在发行时，应在发行条款中规定转换期限和转换价格。

附认股权证的公司债券是公司发行的一种附有认购该公司股票权利的债券。这种债券的购买者可以按预先规定的条件在公司发行股票时享有优先购买权。预先规定的条件主要是指股票的购买价格、认购比例和认购期间。按照附新股认股权和债券本身能否分开来划分，可将其分为可分离型和非分离型。可分离型是债券与认股权可以分开，可独立转让，即可分离交易的附认股权证公司债券；非分离型是不能把认股权从债券上分离，认股权不能成为独立买卖的对象。按照行使认股权的方式可将其分为现金汇入型与抵缴型。现金汇入型是指当持有人行使认股权时，必须再拿出现金来认购股票；抵缴型是指公司债券票面金额本身可按一定比例直接转股。

可交换公司债券，全称为“可交换他公司股票的债券”，是指上市公司股份的持有者通过抵押其持有的股票给托管机构进而发行的公司债券，该债券的持有人在将来的某个时期内，能按照债券发行时约定的条件用持有的债券换取发债人抵押的上市公司股权。可交换债券和其转股标的股票分别属于不同的发行人，一般来说可交换债券的发行人为控股母公司，而转股标的发行人则为上市子公司。

二、按付息方式分类

（一）附息债券

附息债券是在债券上附有各期息票的中、长期债券。债券持有人于息票到期时，凭从债券上剪下的息票领取利息。息票到期前，持票人不能要求兑现。持票人不一定是债券持有人，因为息票本身也是一种有价证券，可以单独自由转让。可以根据息票将支付的利息和支付的时间来计算出息票的价值。自 1993 年我国第一次发行附息国债以来，附息国债已成为我国国债的一个重要品种。

（二）贴现债券

这种债券发行时不规定利息率，在票面上也不附有息票，发行时按规定的折旧率，以低于票面价值的价格出售，到期按票面价值偿还本金，这种债券也称为零息债券。发行价格与票面价值之间的差额即为利息，所以实质上，贴现债券是一种以利息预付方式发行的债券。

（三）累进利率债券

累进利率债券是指债券的利率按照债券的期限分为不同的等级，每一个时间段按相应利率支付利息，然后将几个时间段的利息相加，便可以得出该债券总的利息收入。一般发行后的时间越长，适用的利率就越高。这种债券会使投资者延长债券的持有时间，但在发行前应该予以事先约定。

三、按利率是否固定分类

（一）固定利率债券

固定利率债券就是在偿还期内利率不变的债券。在该偿还期内，无论市场利率如何变化，债券持有人将按债券票面载明的利率获取债息。这种债券有可能为债券持有人带来风险，当偿还期内的市场利率上升且超过债券票面利率时，债券持有人就要承担相对利率较低或债券价格下降的风险；当然，在偿还期内如果市场利率下降且低于债券票面利率，债券持有人也就相当于获得了由于利率下降而带来的额外收益。

（二）浮动利率债券

浮动利率债券是指利率可以变动的债券。这种债券利率的确定与市场利率挂钩，一般高于市场利率一定的百分点。当市场利率上升时，债券的利率也相应上浮；反之，当市场利率下降时，债券的利率就相应下调。这样，浮动利率债券就可以避开因市场利率波动而产生的风险。

四、按债券形态分类

（一）实物债券

实物债券是一种具有标准格式实物券面的债券。在标准格式的债券券面上，一般印有债券面额、债券利率、债券期限、债券发行人全称、还本付息方式等各种债券票面要素。有时债券利率、债券期限等要素也可以通过公告向社会公布，而不在债券券面上注明。无记名国债就属于这种实物债券，它以实物券的形式记录债权、面值等，不记名，不挂失，可上市流通。实物债券是一般意义上的债券，很多国家通过法律或者法规对实物债券的格式予以明确规定。

（二）凭证式债券

凭证式债券的形式是债权人认购债券的一种收款凭证，而不是债券发行人制定的标准格式的债券。我国的国债有凭证式国债和电子式国债两种。我国于 1994 年开始发行凭证式债券。凭证式国债通过各银行储蓄网点和财政部门国债服务部面向社会发行，券面上不印制票面金额，而根据认购者的认购额填写实际的缴款金额，是一种国家储蓄债，可记名、挂失，以凭证式国债收款凭证记录债权，不能上市流通。电子式国债是指财政部利用计算机网络系统，通过承办银行营业网点柜台面向个人投资者发行的，以电子记账方式记录债权的凭证式国债。投资者购买凭证式国债如需变现，可以到原购买网点提前兑取。提前兑取时，除偿还本金外，利息按实际持有天数及相应的利率档次计算，经办机构按兑付本金的 2‰收取手续费。对于提前兑取的凭证式国债，经办网点还可以二次卖出。凭证式国债和电子式国债都属于储蓄国债。

（三）记账式债券

记账式债券是没有实物形态的债券，利用证券账户通过电脑系统完成债券发行、交易及兑付的全过程。我国 1994 年开始发行记账式国债。目前，上海证券交易所和深圳证券交易所已为证券投资者建立了电子证券账户，发行人可以利用证券交易所的交易系统来发行债券。投资者进行记账式债券买卖，必须在证券交易所设立账户。记账式国债可以记名、挂失，安全性较高，同时由于记账式债券的发行和交易均无纸化，所以发行时间短，发行效率高，交易手续简便，成本低，交易安全。

五、其他分类

（一）按偿还期限分类

按照债券的偿还期限，债券可以分为短期债券、中期债券和长期债券。对于具体年限的划分，不同的国家有不同的标准。一般来说，期限在一年或一年以下的债券为短期债券，偿还期限在1～10年的是中期债券，偿还期在10年以上的则属于长期债券。在日本，长期附息债券的期限为10年，偿还期15年左右的债券则被称为超长期债券。未设定偿还期的债券叫做永久债券，也称为无期债券，这种债券没有到期期限，持有人也不能要求清偿本金。但可以按期取得利息。永久债券一般仅限于政府债券，而且是在不得已的情况下采用。一般情况下，债券的期限越短，利率越低；期限越长，利率越高。

（二）按保证方式分类

按照保证方式对债券进行分类，可以将债券分为信用债券、抵押债券、质押债券和保证债券。信用债券仅依靠发行者的信誉担保，没有任何的实物抵押品。政府债券就是一种以政府信用作为担保发行的信用债券。信用债券的发行受到相当严格的控制，对发行者的要求非常高，一般只有信誉卓著的大公司才能发行信用债券。这些公司在发行信用债券时必须签订信托契约，对债务人的有关行为进行约束，由受托的信托公司监督执行，以保障投资者的利益。抵押债券指债务人为了保证债券的还本付息，以土地、设备、房屋等不动产作为抵押担保物而发行的债券。如果债务人到期不能还本付息，债权人（或受托人）有权处理抵押担保物作为抵偿。一般担保实物的现行价值总值是要高于债券发行总额的。抵押债券在现代企业债券中的比重最大，是企业债券中最重要的一种。质押债券也称作抵押信托债券，是以公司的其他有价证券，如股票和其他债券作为担保品而发行的债券。发行质押债券的公司通常要将作为担保品的有价证券委托信托机构保管，当公司到期不能还本付息时，即由信托机构处理质押的有价证券并代为清偿，这样做能够更有效地保障投资者的利益。保证债券是由第三方担保偿还本息的债券，担保人一般是政府、信誉好的银行、举债公司的母公司等。

（三）按是否记名分类

按照是否记名，债券可分为记名债券和不记名债券。记名债券是指在票面上注明债权人姓名，同时在发行公司的名册上进行同样的登记的债券。债券持有人凭印鉴领取本息，转让时须向债券发行人登记过户，同时要在债券上背书和在公司名册上更换债权人的姓名。由于需要持有人的印鉴才能领取本息，所以可以防止冒领现象，且在债券被窃取或遗失时，可以向发行人挂失。记名债券的优点在于比较安全，但是转让手续复杂，流动性较差。不记名债券是不预留债券持有人的印鉴的债券。这种债券可以自由转让，不需要背书，所以流通比较方便。但缺点在于债券遗失或损失时，不能挂失和补发，安全性较差。

（四）按计量单位分类

按照计量单位分，债券可分为货币国债、实物国债和折实国债。货币国债是指以货币为计量单位发行的国债，可以分为本币、外币、黄金三种；实物国债，是指以实物为计量单位发行并以实物还本付息的国债；折实国债，是指以若干种类和数量的实物作为综合计量单位，折合市价发行国债并归还本息。新中国成立初期，我国曾经发行了人民胜利折实公债。

（五）按发行范围分类

以上所介绍到的各种债券品种，其发行面向的对象都是国内的投资者，包括机构投资者和个体投资者，但是国际债券就有所不同。国际债券是一国政府、金融机构、工商企业或国家组织为筹措和融通资金，在国外金融市场上发行的，以外国货币为面值的债券。国际债券的重要特征，是发行者和投资者属于不同的国家，筹集的资金来源于国外金融市场。国际债券的发行和交易，既可用来平衡发行国的国际收支，也可用来为发行国政府或企业引入资金从事开发和生产。依发行债券所用货币与发行地点的不同，国际债券又可分为外国债券和欧洲债券。

外国债券是指甲国发行人或国际机构在乙国债券市场上以乙国货币面值发行的债券。外国债券是传统的国际金融市场的业务，已存在几个世纪，它的发行必须经发行地所在国政府的批准，并受该国金融法令的管辖。在美国发行的外国债券（美元）称为扬基债券；在日本发行的外国债券（日元）称为武士债券；在中国发行的外国债券（人民币）称为熊猫债券。

欧洲债券是指一国政府、金融机构和工商企业在国际市场上以可以自由兑换的第三国货币标明面值并还本付息的债券，第三国是指其票面金额货币并非发行国家当地货币。例如，法国一家机构在英国债券市场上发行的以美元为面值的债券即是欧洲债券。欧洲债券的发行人、发行地以及面值货币分别属于三个不同的国家。

第三节

债券的信用评级

一、债券信用评级的概念和目的

债券信用评级是以企业或经济主体发行的债券为对象进行的信用评级。债券信用评级大多是企业债券信用评极，是对具有独立法人资格企业所发行某一特定债券，按期还本付息的可靠程度进行评估，并标示其信用程度的等级。这种信用评级，是为投资者购买债券和证券市场债券的流通转让活动提供信息服务。国家财政发行的国债和国家银行发行的金融债券，由于有政府的保证，因此可不进行债券信用评级。地方政府或非国家银行金融机构发行的某些有价证券，则有必要进行评级。

债券评级本质上是一种建立在客观基础上的定性判断，它关注的对象是债券本息偿还的可靠程度和风险程度，并用简单的符号表现出来。需要说明的是，债券评级并不是评价债券发行方的整体实力，也不是对债券市场的价格或某种证券是否适合某个投资者、向债券投资者推荐购买、销售或持有某一债券进行评估，信用评级的目的是迅速、方便地为市场提供评级机构的信用风险分析结果，降低市场参与者的信息成本。

债券信用评级有利于降低信息成本，控制市场风险，使资本市场更好地发挥合理配置资源的作用。债券信用评级对投资者、筹资者、金融中介机构和监管部门都有重要的意义。对投资者来说，信用评级结果可用于迅速判断某些债券的风险程度，减少不确定性，方便投资者根据自己风险收益的偏好选择投资对象。对筹资者来说，债券评级可扩大筹资渠道，并使之更稳定。因为评级结果广为传播，其被大投资机构接受后，小投资者就会跟进，有助于债券销售。筹资者获得高信用级别还可以降低发行成本。对金融中介机构来说，信用评级可帮助银行证券公司等金融中介机构为其客户发行的债券找到更好投资者，还有助于债券的风险管理和市场定价。对监管部门来说，信用评级可用于机构的风险管理。

二、国内外债券信用评级的概况

债券评级制度源于20世纪初的美国，经过一个世纪的发展，在美国已形成了一套完整的制度，成为保持金融制度的稳定中成为不可缺少的环节，并已在发达国家资本市场深深扎根。目前国际影响力最大的信用评级公司是美国标准·普尔公司和穆迪投资服务公司。标准·普尔公司和穆迪投资服务公司负责评级的债券很广泛，包括地方政府债券、公司债券、外国债券等，由于它们占有详尽的资料，采用先进科学的分析技术，又有丰富的实践经验和大量专门人才，而且都是独立的私人企业，独立于政府、证券交易所和证券公司，因此他们所做出的信用评级理论上具有一定的客观公正性，具有较高的权威性。但是需要注意的是任何信用评级机构所做出的信用评级不具有向投资者推荐这些债券的含义，只是供投资者决策时参考，因此，他们对投资者负有道义上的义务，但并不承担任何法律上的责任。

在我国，国务院于1987年颁布了《企业债券管理暂行条例》，开始对企业债券及评级进行统一管理。但发展相对缓慢。自2005年以来，资产证券化等各种固定收益类债券产品的创新，促进了我国信用评级业的快速发展，传统的债券评级业务和创新性结构融资证券化评级业务迅速发展，信用评级市场展现了前所未有的发展前景。据大公国际官网数据披露，大公国际、中诚信、联合资信三家评级机构所占市场份额超过90%，这表明我国评级市场在逐渐整合，评级业务也在集中。但是，与我国银行业和资本市场近几年的发展相比，总体而言，我国的信用评级滞后且缺乏国际话语权。

2018年8月17日，中国证监会新闻发言人常德鹏表示，暂停大公国际证券评级业务一年，限期整改。缘由在于证监会在检查中发现，一是大公国际与关联公司公章公用，内部管理混乱；二是为多家发行人发行服务的同时，开展咨询服务收取高额费用；三是委员资格不符合要求；四是部分评级项目底稿缺失。这种现象说明，我国信用评级业务水平、管理、监管还有待进一步提高。

三、债券信用评级的等级

按国际惯例，债券信用评级等级的设置一般是三等九级、两大类。两大类是指投资类和投机类，其中投资类包括一等的AAA、AA、A级和二等的BBB级、投机类包括二等的BB、B级和三等的CCC、CC、C级。

表3－1列出了美国著名的穆迪公司和标准·普尔公司的债券评级标准。我国债券信誉等级（见表3－2）基本符合国际惯例，也按三等九级设置，只是各个级别的含义稍有不同。

表 3-1　　标准普尔和穆迪公司的债券评级标准

标准普尔		穆迪	
债券级别	级别含义	债券级别	级别含义
AAA	最高信用等级	Aaa	判定为最高质量，风险程度小
AA	偿还能力强，只是在很大程度上不属于最高等级	Aa	高质量但低于 AAA，因为保护程度不够大，或可能有其他长期风险成分
A	偿还能力强，但是借款人在环境和经济条件变化时易受不利影响	A	债券具有足够的投资性，但未来易受风险影响
BBB	有足够的偿还能力，但不利的经济条件变化环境很可能导致风险	Baa	既无高度保护，也没有足够担保，但偿还能力足够
BB	有投机因素	Ba	判断有投机成分，未来没希望
B	中等质量	B	一般缺乏合乎需要的投资特点，支付能力弱
CCC	质量差	Caa	地位差和可能拖欠，或含有危险成分
CC	高度投机	Ca	非常投机，发行的债券往往拖欠
C	低质量，可能无法偿还	C	高度投机，往往拖欠
D	已违约		

表 3-2　　我国债券信用级别设置

级别分类	级别划分	级别次序	级别含义
投资级	一等	AAA	极高的还本付息能力，投资者没有风险
		AA	很高的还本付息能力，投资者基本没有风险
		A	一定的还本付息能力，经采取保护措施后有可能按期还本付息能力，投资者风险较低
	二等	BBB	还本付息资金来源不足，发债企业对经济形势变化的应变能力差，有可能延期支付本息，有一定的投资风险
投机级		BB	还本付息能力脆弱，投资风险较大
		B	还本付息能力低，投资风险大
	三等	CCC	还本付息能力很低，投资风险极大
		CC	还本付息极低，投资风险最大
		C	企业濒临破产，到期没有还本付息能力，绝对有风险

本章小结

债券是一种有价证券，是社会各类经济主体为筹集资金而向债券投资者出具的、承诺按一定利率定期支付利息并到期偿还本金的债权债务凭证。通常，债券票面上有票面价值、到期期限、票面利率、发行者名称四个要素。债券具有偿还性、流动性、安全性和收益性四个特征。

债券的种类很多，根据发行主体不同，债券可分为政府债券、金融债券和企业债券；根据付息方式分类，债券可分为附息债券、贴现债券、累进利率债券和浮动利率债券。

债券信用评级就是专业化的信用评级机构对发行人如约还本付息能力和可信任程度的综合评价。债券信用评级有利于降低信息成本，控制市场风险，是资本市场更好地发挥合理配置资源的作用。按国际惯例，债券信用评级等级的设置一般是三等九级、两大类。两大类是指投资类和投机类，其中投资类包括一等的 AAA、AA、A 级和二等的 BBB 级、投机类包括二等的 BB、B 级和三等的 CCC、CC、C 级。

复习思考题

一、选择题

1. 将债券与股票相比较，下列说法正确的是（　　）。
A. 两者都属于有价证券　　B. 两者都是筹措资金的手段
C. 两者期限不同　　D. 两者风险不同

2. 债券按照其券面形态可分为（　　）。
A. 实物债券　　B. 附息债券
C. 凭证式债券　　D. 记账式债券

3. 与股票相比，债券风险相对较小，是因为（　　）。
A. 债券利息固定　　B. 债券有固定的本金偿还期
C. 债券价格波动小　　D. 债券品种多

4. 下列关于债券的性质的说法中，正确的是（　　）。
A. 债券属于有价证券　　B. 债券是一种虚拟资本
C. 债券是债权的表现　　D. 债券是一种实际资本

5. 筹资者在确定债券期限时，主要需要考虑的因素为（　　）。
A. 偿还能力　　B. 资金使用方向
C. 市场利率变化　　D. 债券变现能力

6. 股票是（　　）凭证，债券是（　　）凭证。
A. 所有权　　B. 使用权
C. 债权　　D. 管理权

7. 保证公司债券的担保人可以是（　　）。
A. 信誉好的银行　　B. 政府
C. 发行人　　D. 举债公司的母公司

8. 债券所规定的资金借贷双方的权责关系主要有（　　）。
A. 所借贷资金数额　　B. 借贷的时间
C. 借贷双方的名称　　D. 在借贷时间内的资金成本或应有补偿

9. 地方政府债券以当地政府的（　　）作为还本付息的担保。
A. 税收能力　　B. 到期续发收入

C. 公共设施收入　　D. 国企收入

10. 我国储蓄国债（电子式）是指财政部面向境内中国公民储蓄类资金发行的、以电子方式记录债权的（　　）的人民币债券。

A. 可以在商业银行柜台流通　　B. 可在银行间债券市场转让

C. 可以证券交易所上市交易　　D. 不可流通

二、判断题

1. 政府债券的利息收入可以免交个人所得税。（　　）
2. 债券利率是债券利息与债券发行价格的比率。（　　）
3. 贴现债券是属于折价方式发行的债券。（　　）
4. 浮动利率债券可以避开利率风险。（　　）
5. 实物债券是一般意义上的债券，我国发行的无记名国债即属此类。（　　）
6. 记账式国债不可以记名、挂失。（　　）
7. 流通国债的转让要通过证券交易所进行。（　　）
8. 贴现债券在票面上仍标明利率，只是在发行收款时预先扣除了利息。（　　）

三、简答题

1. 简述债券的票面要素。
2. 影响债券利率的因素有哪些？

第四章

证券投资基金

学习目标：

通过本章的学习，了解证券投资基金的定义、特点、作用与证券投资基金发展概况，掌握证券投资基金与股票、债券的区别与联系，掌握证券投资基金的类型，熟悉证券投资基金的交易。

关键概念：

开放式基金　封闭式基金　契约型基金　公司型基金　LOF　ETF

第一节

证券投资基金概述

一、证券投资基金的概念

证券投资基金是指通过公开发售基金份额募集资金，由基金托管人托管，由基金管理人管理和运用资金，为基金份额持有人的利益，以资产组合方式进行证券投资的一种利益共享、风险共担的集合投资方式。

作为一种大众化的信托投资工具，各国对证券投资基金的称谓不尽相同，如美国称共同基金，英国和我国香港地区称单位信托基金，日本和我国台湾地区则称证券投资信托基金等。虽然称谓有所不同，但内涵却无本质差别，即投资基金是通过信托契约或公司的形式，借助发行受益凭证或入股凭证的方式，将社会上的闲散资金集中起来，委托给专门的投资机构按资产组合原理进行分散投资，获得的收益由投资者按出资比例分享，并承担相应风险的一种投资制度。

二、证券投资基金的特点

证券投资基金之所以在许多国家受到投资者的广泛欢迎，发展迅速，与证券投资基金本身的特点有关。作为一种现代化投资工具，证券投资基金所具备的特点是十分明显的。证券投资基金的特点有以下三个方面。

（一）集合投资

基金的特点是将零散的资金汇集起来，交给专业机构投资于各种金融工具，以谋取资产的增值。基金对投资的最低限额要求不高，投资者可以根据自己的经济能力决定购买数量，有些基金甚至不限制投资额大小，因此，基金可以最广泛地吸收社会闲散资金，集腋成裘，汇成规模巨大的投资资金。在参与证券投资时，资本越雄厚，优势越明显，而且可能享有大额投资在降低成本上的相对优势，从而获得规模效益的好处。

（二）分散风险

以科学的投资组合降低风险、提高收益是基金的另一大特点。在投资活动中，风险和收益总是并存的，因此，“不能将鸡蛋放在一个篮子里”。但是，要实现投资资产的多样化，需要一定的资金实力。对小额投资者而言，由于资金有限，很难做到这一点，而基金则可以帮助中小投资者解决这个困难，即可以凭借其集中的巨额资金，在法律规定的投资范围内进行科学的组合，一方面借助于资金庞大和投资者众多的优势使每个投资者面临的投资风险变小，另一方面，利用不同投资对象之间收益率变化的相关性，达到分散投资风险的目的。

（三）专业理财

将分散的资金集中起来以信托方式交给专业机构进行投资运作，既是证券投资基金的一个重要特点，也是它的一个重要功能。基金实行专业理财制度，由受过专门训练、具有比较丰富的证券投资经验的专业人员运用各种技术手段收集、分析各种信息资料，预测金融市场上各个品种的价格变动趋势，制订投资策略和投资组合方案，从而可避免投资决策失误，提高投资收益。对于那些没有时间，或者对市场不太熟悉的中小投资者来说，投资于基金可以分享基金管理人在市场信息、投资经验、金融知识和操作技术等方面所拥有的优势，从而尽可能地避免盲目投资带来的失误。

三、证券投资基金的起源与发展

一般认为，基金起源于英国。是在18世纪末、19世纪初产业革命的推动下出现的。当时，产业革命的成功使英国生产力水平迅速提高，工商业都取得较大的发展，其殖民地和海外贸易遍及全球，大量的资金为追逐高额利润而涌向其他国家。可是大多数投资者缺乏国际投资知识，又不了解外国的情况，难以直接参加海外投资，于是，人们便萌发了众人集资、委托专人经营和管理的想法。这一想法得到了英国政府的支持。

1868 年由政府出面组建了海外和殖民地政府信托组织，公开向社会发售受益凭证。海外和殖民地政府信托组织是公众的最早的基金机构，以分散投资于国外殖民地的公司债为主，其投资地区遍及南北美洲、中东、中南亚地区和意大利、葡萄牙、西班牙等国，当时的投资总额共达 48 万英镑。该基金类似股票，不能退股，也不能兑现，认购者的权益仅限于分红和派息。

100 多年来，随着社会经济的发展，世界基金产业从无到有，从小到大，尤其是 20 世纪 70 年代以来，随着世界投资规模的剧增、现代金融业的创新，品种繁多、名目各异的基金风起云涌，形成了一个庞大的产业。以美国为例，2006 年底，美国共同基金的净资产总额已达 10.4 万亿美元，超过了商业银行的资产规模；2007 年，达到 12 万亿美元。基金产业已经与银行业、证券业、保险业并驾齐驱，成为现代金融体系的四大支柱之一。

证券投资基金在我国发展的时间还比较短，但在证券监管机构的大力扶植下，在短短几年时间里获得了突飞猛进的发展。1997 年 11 月，国务院颁布《证券投资基金管理暂行办法》；1998 年 3 月，两只封闭式基金——基金金泰、基金开元设立，分别由国泰基金管理公司和南方基金管理公司管理；2004 年 6 月 1 日，我国《证券投资基金法》正式实施，以法律形式确认了证券投资基金在资本市场及社会主义市场经济中的地位和作用，成为中国证券投资基金业发展史上的一个重要里程碑。2012 年 6 月，中国证券投资基金业协会正式成立。同年 12 月，第十一届全国人大常委会第三十次会议审议通过了修订后的《中华人民共和国证券投资基金法》，新基金法于 2013 年 6 月 1 日正式实施。法律的修订完善，夯实了基金业的制度基础，优化了基金业的发展环境，拓展了基金业改革创新的空间，强化了依法治市、依法监管和投资者保护。证券投资基金业从此进入崭新的发展阶段，基金数量和规模迅速增长，市场地位日趋重要，呈现出下列特点：

（一）基金规模快速增长，开放式基金成为主流形式

1998 年～2001 年 9 月是我国封闭式基金发展阶段，在此期间，我国证券市场只有封闭式基金。2000 年 10 月 8 日，中国证监会发布了《开放式证券投资基金试点办法》；2001 年 9 月，我国第一只开放式基金诞生。此后，我国基金业进入开放式基金发展阶段，开放式基金成为基金设立的主要形式。而封闭式基金由于一直处于高折价交易状态，2002 年 8 月后的 5 年内没有发行新的封闭式基金，封闭式基金的发展陷入停滞状态。且自 2006 年开始，随着我国早期发售的封闭式基金到期日的逐步临近，陆续有到期封闭式基金转为开放式基金。截至 2018 年 3 月，我国共有证券投资基金 5 085 只，净值总额合计约为 123 663.64 亿元。在 5 085 只基金中，有 554 只封闭式基金，基金净值总额约为 7 189.02 亿元；有 4 531 只开放式基金，基金净值总额合计约 116 474.62 亿元，占全部基金净值总额的 94.2%。

表 4－1　　我国证券投资基金的数量及结构

类别	基金数量（只）（2018/03/31）	份额（亿份）2018/03/31	净值（亿元）2018/03/31）
封闭式基金	554	6 938.82	7 189.02
开放式基金	4 531	111 410.75	116 474.62

续表

类别	基金数量（只）（2018/03/31）	份额（亿份）2018/03/31	净值（亿元）2018/03/31）
其中：股票基金	817	6 006.96	7 848.07
其中：混合基金	2 212	14 689.24	17 143.39
其中：货币基金	348	73 157.32	73 218.83
其中：债券基金	1 017	16 725.58	17 353.98
其中：QDII 基金	137	831.65	910.35
合计	5 085	118 349.57	123 663.64

资料来源：中国证券投资基金业协会。

（二）“放松管制、加强监管”

基金监管机构不断坚持市场化改革方向，贯彻“放松管制、加强监管”的思路，近些年来，允许基金管理公司开展专户管理等私募业务、设立子公司开展专项资产管理和销售业务、设立香港子公司从事 RQFII 等国际化业务，基金产品的审批也逐步放松，取消产品发行数量的限制，审核程序也大大简化。在放松管制的同时，加强了行为监管，打击违法活动，设立“不能搞利用非公开信息获利、不能进行非公平交易、不能搞各种形式的利益输送”三条底线。

监管机构还推动了《证券投资基金法》的修改。2012 年 12 月 28 日，全国人大常委会审议通过了修订后的《证券投资基金法》并于 2013 年 6 月 1 日正式实施。新《证券投资基金法》对私募基金监管、基金公司准入门槛、投资范围、业务运作等多个方面进行了修改和完善，主要修订内容包括：①扩大调整范围，将私募基金产品纳入管制范围。②放宽机构准入，松绑基金业务运作。在市场准入、基金募集审批、基金投资范围、业务运作限制等方面取消或者简化了限制规定。③规范服务机构，定义了基金服务机构的种类和监管要求。④防范业务风险，加强投资者保护。在市场主体行为和责任追究等方面同步加强了监管要求。⑤强调自我约束和自律管理。促进中介服务机构和行业自律的作用发挥，强化市场自我规范、自我调整和自我救济的内在约束机制。新《证券投资基金法》后，监管机构配套出台了众多的基金业改革措施，这些新措施的推出，在拓宽基金公司业务范围、扩大基金投资标的、松绑投资运作限制、优化公司治理、规范行业服务行为等方面，取得了较大进展。2012 年 6 月 6 日，中国证券投资基金业协会正式成立。伴随法律法规的修订完善，我国基金业的制度基础得以夯实，基金业的发展环境进一步得到优化，拓展了基金业改革创新的空间。

（三）基金管理公司业务和产品创新多元化

随着行业管制的放松和市场化改革，基金管理公司业务范围得到极大拓展。业务和产品创新热情得到释放。除了传统的公募基金业务外，企业年金业务、社保基金、特定客户资产管理等业务有了较快发展。子公司投资于非上市股权、债权和收益权资产的专项资产管理计划开始大量出现，一些基金管理公司还开始涉足财富管理业务。基金产品创新也得到较快发展，基金产品更加精细化，覆盖范围更广。出现了各类股票型、债券型分级基金产品，行业、债券、黄金、跨市场和跨境等 ETF 产品，短期理财债券型基金产品，T+0 和具有支付功能的货币市场基金和场内货币市场基金等新产品。

（四）互联网金融与基金业有效结合

互联网金融与货币市场基金领域成功融合，凭借在投资回报和资金运用便捷性方面的综合竞争优势，成为公募基金行业快速成长的新生力量代表。2013 年 6 月，与天弘赠利宝货币基金对接的余额宝产品推出，规模及客户数迅速爆发增长，成为市场关注的新焦点。此外，淘宝网店、好买基金网、天天基金网等网上销售基金的创新方式也逐渐兴起。

（五）专业化分工推动行业服务体系创新

修订后的《证券投资基金法》的实施为基金服务机构大发展提供了空间，加速了行业外包市场的发展。特别在基金销售方面，一批城市商业银行和农村商业银行获得基金代销资格，依托互联网的独立销售机构和支付机构得到壮大。

（六）混业化与大资产管理的局面初步显现

修订后的《证券投资基金法》以及配套政策的颁布实施，搭建了大资产管理行业基本制度框架。私募基金纳入统一监管，基金管理公司可以通过设立子公司从事专项资产管理业务，证券公司、保险资产管理公司及其他资产管理机构可以申请开展公募基金业务。各类金融机构交叉持股现象更加普遍，发行各类资产管理产品，形成相互关联的业务网络，同时伴随着互联网金融的发展，互联网企业的逐渐进入，一个更加开放、竞争的资产管理时代已经到来。

截至 2017 年底，基金管理公司及其子公司、证券公司、期货公司、私募基金管理机构资产管理业务总规模约 53.6 万亿元。其中，公募基金管理机构管理的公募基金 4 841只，份额 11 万亿，规模 11.6 万亿元。私募资产管理业务规模总计约 30.9 万亿元。

四、证券投资基金的作用

证券投资基金在经济和金融的发展过程中发挥了重要的作用，尤其是对于证券市场并不发达的发展中国家来说，投资基金在下述两个方面有着重要的意义。

（一）基金为中小投资者拓宽了投资渠道

对中小投资者来说，存款或买债券较为稳妥，但收益率较低；投资于股票有可能获得较高收益，但风险较大。证券投资基金作为一种新型的投资工具，将众多投资者的小额资金汇集起来进行组合投资，由专家来管理和运作，经营稳定，收益可观，为中小投资者提供了较为理想的间接投资工具，大大拓宽了中小投资者的投资渠道。在美国，有 50% 左右的家庭投资于基金，基金占所有家庭资产的 40% 左右。因此可以说，基金已进入寻常百姓家，成为大众化的投资工具。

（二）有利于证券市场的稳定和发展

尽管证券投资基金是证券市场发展到一定阶段的产物，但投资基金的产生和发展又对证券市场的发展起到一定的促进作用。这主要表现在：第一，基金的发展有利于证券市场的稳定。证券市场的稳定与否同市场的投资者结构密切相关。基金的出现和发展，能有效地改善证券市场的投资者结构。基金由专业投资人士经营管理，其投资经验比较丰富，收集和分析信息的能力较强，投资行为相对理性，客观上能起到稳定市场的作用。同时，基金一般注重资本的长期增长，多采取长期的投资行为，较少在证券市场上频繁进出，能减少证券市场的波动。第二，基金作为一种主要投资于证券市场的金融工具，它的出现和发展增加了证券市场的投资品种，扩大了证券市场的交易规模，起到了丰富和活跃证券市场的作用。随着基金的发展壮大，它已成为推动证券市场发展的重要动力。

五、证券投资基金与股票、债券的区别

（一）投资者地位不同

股票持有人是公司的股东，有权对公司重大决策发表自己的意见；债券的持有人是债券发行人的债权人，享有到期收回本息的权利；证券投资基金（下文简称基金）单位的持有人是基金的受益人，体现的是信托关系。

（二）风险程度不同

一般情况下，股票的风险大于基金。对中小投资者而言，由于受可支配资产总量的限制，只能直接投资于少数几只股票，这就犯了"把所有鸡蛋放在一个篮子里"的投资禁忌，当其所投资的股票因股市下跌或企业财务状况恶化时，资本金有可能化为乌有；而基金的基本原则是组合投资、分散风险，把资金按不同的比例分别投资于不同期限、不同种类的有价证券，把风险降至最低程度；债券在一般情况下，本金得到保证，收益相对固定，风险比基金还要小。

（三）收益情况不同

基金和股票的收益是不确定的，而债券的收益是确定的。一般情况下，基金收益比债券高。以美国投资基金为例，国际投资者基金等 25 种基金 1976～1981 年 5 年间的收益增长率，平均为 301.6%，其中最高的 20 世纪增长投资者基金为 465%，最低的普利特伦德基金为 243%。而 1996 年我国国内发行的两种 5 年期政府债券，利率也只有 13.06% 和 8.8%。

（四）投资方式不同

与股票、债券的投资者不同，证券投资基金是一种间接的证券投资方式，基金的投资者不直接参与有价证券的买卖活动，不再直接承担投资风险，而是由专家具体负责投资方向的确定和投资对象的选择。

（五）价格取向不同

在宏观政治、经济环境一致的情况下，基金的价格主要决定于资产净值；而影响债券价格的主要因素是利率；股票的价格则受供求关系的影响较大。

（六）投资回收方式不同

债券投资是有一定期限的，期满后收回本金。股票投资是无期限的，除非公司破产、进入清算，否则投资者不得从公司收回投资，如要收回，只能在证券交易市场上按市场价格变现。投资基金则要视所持有的基金形态不同而有区别：封闭式基金有一定的期限，期满后，投资者可按持有的份额分得相应的剩余资产，在封闭期内还可以在交易市场上变现；开放型基金一般没有期限，但投资者可随时向基金管理人要求赎回。

第二节

证券投资基金的类型

证券投资基金的种类，根据不同的标准，可以有多种划分方法。

一、契约型基金和公司型基金

按基金的组织形式不同，基金可分为契约型基金和公司型基金。

契约型基金又称为单位信托基金，是指将投资者、管理人、托管人三者作为信托关系的当事人，通过签订基金契约的形式发行受益凭证而设立的一种基金。契约型基金起源于英国，后来在中国香港、新加坡、印度尼西亚等国家和地区十分流行。契约型基金是基于信托原理而组织起来的代理投资方式，没有基金章程，也没有公司董事会，而是通过基金契约来规范三方当事人的行为。基金管理人负责基金的管理操作；基金托管人作为基金资产的名义持有人，负责基金资产的保管和处置，对基金管理人的运作实行监督。

公司型基金是依据基金公司章程设立，在法律上具有独立法人地位的股份投资公司。公司型基金以发行股份的方式募集资金，投资者购买基金公司的股份后，以基金持有人的身份成为基金公司的股东，凭其持有的股份依法享有投资收益。公司型基金在组织形式上与股份有限公司类似，由股东选举董事会，由董事会选聘基金管理公司，基金管理公司负责管理基金的投资业务。公司型基金的特点：第一，基金的设立程序类似于一般股份公司，并依法注册为法人。但不同于股份公司的是，它是委托基金管理公司作为专业的财务顾问经营管理公司。第二，基金的组织机构与一般股份公司类似，设有董事会和持有人大会，基金资产由公司所有，投资者是公司的股东，承担风险并通过股东大会行使权利。

契约型基金与公司型基金相比，其不同点有以下几个方面：

（一）资金的性质不同

契约型基金的资金是通过发行受益凭证筹集起来的信托财产；公司型基金的资金是通过发行普通股票筹集起来的公司法人的资本。

（二）投资者的地位不同

契约型基金的投资者购买基金份额后成为基金契约的当事人之一，投资者既是基金的委托人，即基于对基金管理人的信任，将自己的资金委托给基金管理人管理和营运，又是基金的受益人，即享有基金的受益权。公司型基金的投资者购买基金公司的股票后成为该公司的股东，因此，公司型基金的投资者对基金运作的影响比契约型基金的投资者大。

（三）基金的营运依据不同

契约型基金依据基金契约营运基金，公司型基金依据基金公司章程营运基金。

由此可见，契约型基金和公司型基金在法律依据、组织形式以及有关当事人的地位等方面是不同的，但它们都是把投资者的资金集中起来，按照基金设立时所规定的投资目标和策略，将基金资产分散投资于众多的金融产品上，获取收益后再分配给投资者的投资方式。

二、封闭式基金和开放式基金

根据基金是否可以赎回，证券投资基金可分为封闭式基金和开放式基金。

封闭式基金是指经核准的基金份额总额在基金合同期限内固定不变，基金份额可以在依法设立的证券交易场所交易，但基金份额持有人不得申请赎回的基金。由于封闭式基金在封闭期内不能追加认购或赎回，投资者只能通过证券经纪商在二级市场上进行基金的买卖。封闭式基金的期限是指基金的存续期，即基金从成立起至终止之间的时间。决定基金期限长短的因素主要有两个：一是基金本身投资期限的长短。一般来说，如果基金的目标是进行中长期投资，其存续期就可长一些；反之，如果基金的目标是进行短期投资（如货币市场基金），其存续期就可短一些。二是宏观经济形势。一般来说，如果经济稳定增长，基金存续期就可长一些，否则应相对短一些。当然，在现实中，存续期还应依据基金发起人和众多投资者的要求来确定。基金期限届满即为基金终止，管理人应组织清算小组对基金资产进行清产核资，并将清产核资后的基金净资产按照投资者的出资比例进行公正合理的分配。

开放式基金是指基金份额总额不固定，基金份额可以在基金合同约定的时间和场所申购或者赎回的基金。为了满足投资者赎回资金、实现变现的要求，开放式基金一般都从所筹资金中拨出一定比例，以现金形式保持这部分资产。这虽然会影响基金的盈利水平，但作为开放式基金来说是必需的。

封闭式基金与开放式基金的区别有以下几点。

（一）期限不同

封闭式基金有固定的存续期，通常在5年以上，一般为10年或15年，经受益人大会通过并经主管机关同意可以适当延长期限。开放式基金没有固定期限，投资者可随时向基金管理人赎回基金份额，若大量赎回甚至会导致清盘。

（二）发行规模限制不同

封闭式基金的基金规模是固定的，在封闭期限内未经法定程序认可不能增加发行。开放式基金没有发行规模限制，投资者可随时提出申购或赎回申请，基金规模随之增加或减少。

（三）基金份额交易方式不同

封闭式基金的基金份额在封闭期限内不能赎回，持有人只能在证券交易场所出售给第三者，交易在基金投资者之间完成。开放式基金的投资者则可以在首次发行结束一段时间后，随时向基金管理人或其销售代理人提出申购或赎回申请，绝大多数开放式基金不上市交易，交易在投资者与基金管理人或其销售代理人之间进行。

（四）基金份额的交易价格计算标准不同

封闭式基金与开放式基金的基金份额除了首次发行价都是按面值加一定百分比的购买费计算外，以后的交易计价方式不同。封闭式基金的买卖价格受市场供求关系的影响，常出现溢价或折价现象，并不必然反映单位基金份额的净资产值。开放式基金的交易价格则取决于每一基金份额净资产值的大小，其申购价一般是基金份额净资产值加一定的购买费，赎回价是基金份额净资产值减去一定的赎回费，不直接受市场供求影响。

（五）基金份额资产净值公布的时间不同

封闭式基金一般每周或更长时间公布一次，开放式基金一般在每个交易日连续公布。

（六）交易费用不同

投资者在买卖封闭式基金时，在基金价格之外要支付手续费；投资者在买卖开放式基金时，则要支付申购费和赎回费。

（七）投资策略不同

封闭式基金在封闭期内基金规模不会减少，因此可进行长期投资，基金资产的投资组合能有效地在预定计划内进行。开放式基金因基金份额可随时赎回，为应付投资者随时赎回兑现，所募集的资金不能全部用来投资，更不能把全部资金用于长期投资，必须保持基金资产的流动性，在投资组合上须保留一部分现金和高流动性的金融工具。

三、债券基金、股票基金、货币市场基金等

根据投资标的划分，投资基金可分为债券基金、股票基金、货币市场基金、指数基金、黄金基金、衍生证券投资基金、混合基金。

（一）债券基金

债券基金是一种以债券为主要投资对象的证券投资基金。由于债券的年利率固定，因而这类基金的风险较低，适合于稳健型投资者。债券基金的收益会受市场利率的影响，当市场利率下调时，其收益会上升；反之，若市场利率上调，其收益将下降。除此以外，如果基金投资于境外市场，汇率也会影响基金的收益，管理人在购买国际债券时，往往还需要在外汇市场上进行套期保值。

在我国，根据《公开募集证券投资基金运作管理办法》规定，80%以上的基金资产投资于债券则为债券基金。

（二）股票基金

股票基金是指以上市股票为主要投资对象的证券投资基金。股票基金的投资目标侧重于追求资本利得和长期资本增值。基金管理人拟定投资组合，将资金投放到一个或几个国家、甚至全球的股票市场，以达到分散投资、降低风险的目的。

股票基金是最重要的基金品种，它的优点是资本的成长潜力较大，投资者不仅可以获得资本利得，还可以通过股票基金将较少的资金投资于各类股票，从而实现在降低风险的同时保持较高收益的投资目标。按基金投资的分散化程度，可将股票基金划分为一般股票基金和专门化股票基金。前者分散投资于各种普通股票，风险较小；后者专门投资于某一行业、某一地区的股票，风险相对较大。由于股票投资基金聚集了巨额资金，几支甚至一支大规模的基金就可以引发股市动荡，所以各国政府对股票基金的监管都十分严格，不同程度地规定了基金购买某一家上市公司的股票总额不得超过基金资产净值的一定比例，以防止基金过度投机和操纵股市。

在我国，根据《公开募集证券投资基金运作管理办法》规定，80%以上的基金资产投资于股票的，为股票基金。

（三）货币市场基金

货币市场基金是以货币市场工具为投资对象的一种基金，其投资对象期限在1年以内，包括银行短期存款、国库券、公司短期债券、银行承兑票据及商业票据等货币市场工具。货币市场基金的优点是资本安全性高，购买限额低，流动性强，收益较高，管理费用低，有些还不收取赎回费用。因此，货币市场基金通常被认为是低风险的投资工具。

对于货币市场基金的投资运作，我国证券监管部门作出了较为严格的规定。按照中国证监会发布的《货币市场基金管理暂行办法》以及其他有关规定，目前我国货币市场基金能够进行投资的金融工具主要包括：（1）现金。（2）1年以内（含1年）的银行定期存款、大额存单。（3）剩余期限在397天以内（含397天）的债券。（4）期限在1年以内（含1年）的债券回购。（5）期限在1年以内（含1年）的中央银行票据。（6）剩余期限在397天以内（含397天）的资产支持证券。（7）中国证监会、中国人民银行认可的其他具有良好流动性的货币市场工具。

货币市场基金不得投资于以下金融工具：（1）股票。（2）可转换债券。（3）剩余期限超过397天的债券。（4）信用等级在AAA级以下的企业债券。（5）国内信用评级机构评定的A－1级或相当于A－1级的短期信用级别及该标准以下的短期融资券。（6）流通受限的证券。（7）中国证监会、中国人民银行禁止投资的其他金融工具。

（四）指数基金

指数基金是20世纪70年代以来出现的新的基金品种。其特点是：投资组合模仿某一股价指数或债券指数，收益随着即期的价格指数上下波动。当价格指数上升时，基金收益增加；反之，收益减少。基金因始终保持即期的市场平均收益水平，因而收益不会太高，也不会太低。指数基金的优势是：（1）费用低廉。指数基金的管理费较低，尤其交易费用较低。（2）风险较小。由于指数基金的投资非常分散，可以完全消除投资组合的非系统风险，而且可以避免由于基金持股集中带来的流动性风险。（3）在以机构投资者为主的市场中，指数基金可获得市场平均收益率，可以为股票投资者提供比较稳定的投资回报。（4）指数基金可以作为避险套利的工具。对于投资者尤其是机构投资者来说，指数基金是他们避险套利的重要工具。由于指数基金收益率的稳定性、投资的分散性以及高流动性，特别适于社保基金等数额较大、风险承受能力较低的资金投资。

（五）黄金基金

黄金基金是指以黄金或其他贵金属及其相关产业的证券为主要投资对象的基金。其收益率一般随贵金属的价格波动而变化。

（六）衍生证券投资基金

衍生证券投资基金是一种以衍生证券为投资对象的基金，包括期货基金、期权基金、认股权证基金等。这种基金风险大，因为衍生证券一般是高风险的投资品种。

（七）混合基金

混合基金是指投资于股票、债券以及货币市场工具，且不符合股票基金和债券基金的分类标准的基金。根据股票、债券投资比例以及投资策略的不同，混合基金又可以分为偏股型基金、偏债型基金、股债平衡型基金和灵活配置型基金等类型。偏股型基金中股票的配置比例较高，配置比例范围是50%～70%，债券的配置比例较低，配置比例范围是20%～40%。偏债型基金中债券的配置比例较高，股票的配置比例较低，债券配置比例在50%以上。股债平衡型基金中，股票和债券的配置比例较为均衡，基本都处于40%～60%之间。灵活配置型基金中，股票和债券的投资比例没有固定范围，随着基金经理对股票市场和债券市场未来趋势判断的不同而动态调整组合中股票和债券的配置比例。

四、成长型基金、收入型基金和平衡型基金

按投资目标划分，投资基金可分为成长型基金、收入型基金和平衡型基金。

（一）成长型基金

成长型基金追求的是基金资产的长期增值。为了达到这一目标，基金管理人通常将基金资产投资于信誉度较高、有长期成长前景或长期盈余的所谓成长公司的股票。成长型基金又可分为稳健成长型基金和积极成长型基金。

（二）收入型基金

收入型基金主要投资于可带来现金收入的有价证券，以获取当期的最大收入为目的。收入型基金资产的成长潜力较小，损失本金的风险相对也较低，一般可分为固定收入型基金和股票收入型基金。固定收入型基金的主要投资对象是债券和优先股，因而尽管收益率较高，但长期成长的潜力很小，而且当市场利率波动时，基金净值容易受到影响。股票收入型基金的成长潜力比较大，但易受股市波动的影响。

（三）平衡型基金

平衡型基金将资产分别投资于两种不同特性的证券上，并在以取得收入为目的的债券及优先股和以资本增值为目的的普通股之间进行平衡。这种基金一般将25%～50%的资产投资于债券及优先股，其余的投资于普通股。平衡型基金的主要目的是从其投资组合的债券中得到适当的利息收益，与此同时又可以获得普通股的升值收益。投资者既可获得当期收入，又可得到资金的长期增值。平衡型基金的特点是风险比较低，缺点是成长的潜力不大。

五、交易所交易型开放式基金

交易所交易型开放式基金是传统封闭式基金的交易便利性与开放式基金可赎回性相结合的一种新型基金。目前，我国沪、深证券交易所已经分别推出交易型开放式指数基金和上市开放式基金两种二者结合的基金。

（一）ETF

ETF是英文“Exchange Traded Funds”的简称，常被译为“交易所交易基金”，上海证券交易所则将其定名为“交易型开放式指数基金”。ETF是一种在交易所上市交易的、基金份额可变的一种基金运作方式。ETF结合了封闭式基金与开放式基金的运作特点，一方面可以像封闭式基金一样在交易所二级市场进行买卖，另一方面又可以像开放式基金一样申购、赎回。不同的是，它的申购是用一揽子股票换取ETF份额，赎回时也是换回一揽子股票而不是现金。这种交易方式使该类基金存在一、二级市场之间的套利机制，可有效防止类似封闭式基金的大幅折价现象。

1. ETF 的产生

ETF 出现于 20 世纪 90 年代初期。加拿大多伦多证券交易所于 1991 年推出的指数参与份额（TIPs）是严格意义上最早出现的 ETF，但于 2000 年终止。现存最早的 ETF 是美国证券交易所（AMEX）于 1993 年推出的标准普尔存托凭证（SPDRs）。尽管出现的时间不长，但其发展非常迅速。2004 年 12 月中国推出第一只 ETF 产品——上证 50ETF。2011 年 11 月 25 日，七只 ETF 基金（50ETF、180ETF、红利 ETF、治理 ETF、深 100ETF、中小 ETF 和深成 ETF）纳入融资融券标的的范畴。2012 年 4 月 5 日，上交所联合华泰柏瑞基金管理公司推出了首只 T+0 模式跨市场 ETF——上交所沪深 300ETF。2013 年 5 月 15 日，由国泰基金推出的纳斯达克 100 指数 ETF 基金正式在上海证券交易所开始交易。2015 年上证 50ETF 期权上市交易，是 ETF 衍生产品的一大创新。截至 2017 年底，中国市场上 ETF 的数量共 141 只，总规模为 2 320.65 亿元人民币。

2. ETF 的特点

ETF 是以某一选定的指数所包含的成分证券为投资对象，依据构成指数的证券种类和比例，采用完全复制或抽样复制的方法进行被动投资的指数型基金。根据 ETF 跟踪的指数不同，可分为股票型 ETF、债券型 ETF 等，并且还可以进一步细分。ETF 的特点有以下两个方面：

（1）实物申购、赎回机制。ETF 最大的特点是实物申购、赎回机制，即它的申购是用一篮子股票换取 ETF 份额，赎回时是以基金份额换回一篮子股票而不是现金。ETF 有“最小申购、赎回份额”的规定，通常最小申购、赎回单位是 50 万份或 100 万份，申购、赎回必须以最小申购、赎回单位的整数倍进行，一般只有机构投资者才有实力参与一级市场的实物申购和赎回交易。

（2）一级市场和二级市场并存的制度。ETF 实行一级市场和二级市场并存的交易制度。在一级市场，机构投资者可以在交易时间内以 ETF 指定的一篮子股票申购 ETF 份额或以 ETF 份额赎回一篮子股票。在二级市场，ETF 与普通股票一样在证券交易所挂牌交易，基金买入申报数量为 100 份或其整数倍，不足 100 份的基金可以卖出，机构投资者和中小投资者都可以按市场价格进行 ETF 份额交易。这种双重交易机制使 ETF 的二级市场价格不会过度偏离基金份额净值，因为一、二级市场的价差会产生套利机会，而套利交易会使二级市场价格回复到基金份额净值附近。

（二）LOF

上市开放式基金（Listed Open-ended Funds，LOF）是一种可以同时在场外市场进行基金份额申购、赎回，在交易所进行基金份额交易，并通过份额转托管机制将场外市场和场内市场有机地联系在一起的一种开放式基金。

与 ETF 相区别，LOF 不一定采用指数基金模式，也可以是主动管理型基金；同时，申购和赎回均以现金进行，对申购和赎回没有规模上的限制，可以在交易所申购、赎回，也可以在代销网点进行。LOF 所具有的可以在场内外申购、赎回，以及场内外转托管的制度安排，使 LOF 不会出现封闭式基金大幅度折价交易的现象。

2004 年 10 月 14 日，南方基金管理公司募集设立了南方积极配置证券投资基金（LOF），并于 2004 年 12 月 20 日在深圳证券交易所上市交易，深圳证券交易所推出的南方积极配置基金是我国在全球首创的第一支上市开放式基金。截止到 2018 年 6 月 21

日，公募基金市场共有 LOF 产品 273 只，规模合计约 2 258.56 亿元。

第三节

证券投资基金当事人

一、证券投资基金份额持有人

基金份额持有人即基金投资者，是基金的出资人、基金资产的所有者和基金投资回报的受益人。

（一）基金份额持有人的权利

基金份额持有人的基本权利包括对基金收益的享有权、对基金份额的转让权和在一定程度上对基金经营决策的参与权。对于不同类型的基金，持有人对投资决策的影响方式是不同的。在公司型基金中，基金份额持有人通过股东大会选举产生基金公司的董事会来行使对基金公司重大事项的决策权，对基金运作的影响力大些。而在契约型基金中，基金份额持有人只能通过召开基金受益人大会对基金的重大事项作出决议，但对基金日常决策一般不能施加直接影响。我国《证券投资基金法》规定，基金份额持有人享有下列权利：分享基金财产收益；参与分配清算后的剩余基金财产；依法转让或者申请赎回其持有的基金份额；按照规定要求召开基金份额持有人大会；对基金份额持有人大会审议事项行使表决权；查阅或者复制公开披露的基金信息资料；对基金管理人、基金托管人、基金份额发售机构损害其合法权益的行为依法提起诉讼；基金合同约定的其他权利。

（二）基金份额持有人的义务

基金份额持有人必须承担一定的义务，这些义务包括：遵守基金契约；缴纳基金认购款项及规定的费用；承担基金亏损或终止的有限责任；不从事任何有损基金及其他基金投资人合法权益的活动；在封闭式基金存续期间，不得要求赎回基金份额；在封闭式基金存续期间，交易行为和信息披露必须遵守法律、法规的有关规定；法律、法规及基金契约规定的其他义务。

二、证券投资基金管理人

（一）基金管理人的概念

基金管理人是负责基金发起设立与经营管理的专业性机构，不仅负责基金的投资管理，而且承担着产品设计、基金营销、基金注册登记、基金估值、会计核算和客户服务等多方面的职责。我国《证券投资基金法》规定，基金管理人由依法设立的基金管理公司担任。基金管理公司通常由证券公司、信托投资公司或其他机构等发起设立，具有独立法人地位。基金管理人作为受托人，必须履行“诚信义务”。基金管理人的目标是受益人利益的最大化，因而，不得出于自身利益的考虑损害基金持有人的利益。

（二）基金管理人的资格

基金管理人的主要业务是发起设立基金和管理基金。由于基金份额持有人通常是人数众多的中小投资者，为了保护这些投资者的利益，必须对基金管理人的资格作出严格规定，使基金管理人更好地负起管理基金的责任。对基金管理人需具备的条件，各个国家和地区有不同的规定。我国对基金管理公司实行市场准入管理，《证券投资基金法》规定："设立基金管理公司，应当具备下列条件，并经国务院证券监督管理机构批准：有符合本法和《中华人民共和国公司法》规定的章程；注册资本不低于人民币一亿元，且必须为实缴货币资本；主要股东具有从事证券经营、证券投资咨询、信托资产管理或者其他金融资产管理的较好的经营业绩和良好的社会信誉，最近三年没有违法记录，注册资本不低于三亿元人民币；取得基金从业资格的人员达到法定人数；有符合要求的营业场所、安全防范设施和与基金管理业务有关的其他设施；有完善的内部稽核监控制度和风险控制制度；法律、行政法规定的和经国务院批准的国务院证券监督管理机构规定的其他条件。"

（三）基金管理人的职责

我国《证券投资基金法》规定："基金管理人应当履行下列职责：依法募集基金，办理或者委托经国务院证券监督管理机构认定的其他机构代为办理基金份额的发售、申购、赎回和登记事宜；办理基金备案手续；对所管理的不同基金财产分别管理、分别记账，进行证券投资；按照基金合同的约定确定基金收益分配方案，及时向基金份额持有人分配收益；进行基金会计核算并编制基金财务会计报告；编制中期和年度基金报告；计算并公告基金资产净值，确定基金份额申购、赎回价格；办理与基金财产管理业务活动有关的信息披露事项；召集基金份额持有人大会；保存基金财产管理业务活动的记录、账册、报表和其他相关资料；以基金管理人名义，代表基金份额持有人利益行使诉讼权利或者实施其他法律行为；国务院证券监督管理机构规定的其他职责。"

我国《证券投资基金法》规定："基金管理人不得有下列行为：将其固有财产或者他人财产混同于基金财产从事证券投资；不公平地对待其管理的不同基金财产；利用基金财产为基金份额持有人以外的第三人牟取利益；向基金份额持有人违规承诺收益或者承担损失；依照法律、行政法规有关规定，由国务院证券监督管理机构规定禁止的其他行为。"

（四）基金管理人的更换条件

我国《证券投资基金法》规定："有下列情形之一的，基金管理人职责终止：被依法取消基金管理资格；被基金份额持有人大会解任；依法解散、被依法撤销或者被依法宣告破产；基金合同约定的其他情形。"

三、证券投资基金托管人

为充分保障基金投资者的权益，防止基金资产被挪作他用，各国的证券投资信托法规都规定必须由某一托管机构，即基金托管人来对基金管理机构的投资操作进行监督和保管基金资产。如美国1940年《投资公司法》规定，投资公司（即基金公司）应将基金的证券、资产以及现金存放于托管公司，托管公司应为基金设立独立账户，分别管理，定期检查。

（一）基金托管人的概念

基金托管人又被称为“基金保管人”，是根据法律法规的要求，在证券投资基金运作中承担资产保管、交易监督、信息披露、资金清算与会计核算等相应职责的当事人。基金托管人是基金持有人权益的代表，通常由有实力的商业银行或信托投资公司担任。基金托管人与基金管理人签订托管协议，在托管协议规定的范围内履行自己的职责并收取一定的报酬。

（二）基金托管人的条件

基金托管人的作用决定了它对所托管的基金承担着重要的法律及行政责任，因此，有必要对托管人的资格作出明确规定。概括地说，基金托管人应该是完全独立于基金管理机构、具有一定的经济实力、实收资本达到一定规模、具有行业信誉的金融机构。

我国《证券投资基金法》规定，基金托管人由依法设立并取得基金托管资格的商业银行担任。

申请取得基金托管资格，应当具备下列条件，并经国务院证券监督管理机构和国务院银行业监督管理机构核准：净资产和资本充足率符合有关规定；设有专门的基金托管部门；取得基金从业资格的专职人员达到法定人数；有安全保管基金财产的条件；有安全高效的清算、交割系统；有符合要求的营业场所、安全防范设施和与基金托管业务有关的其他设施；有完善的内部稽核监控制度和风险控制制度；法律、行政法规规定的和经国务院批准的国务院证券监督管理机构、国务院银行业监督管理机构规定的其他条件。

（三）基金托管人的职责

我国《证券投资基金法》规定，基金托管人应当履行下列职责：安全保管基金财产；按照规定开设基金财产的资金账户和证券账户；对所托管的不同基金财产分别设置账户，确保基金财产的完整与独立；保存基金托管业务活动的记录、账册、报表和其他相关资料；按照基金合同的约定，根据基金管理人的投资指令，及时办理清算、交割事项；办理与基金托管业务活动有关的信息披露事项；对基金财务会计报告、中期和年度基金报告出具意见；复核、审查基金管理人计算的基金资产净值和基金份额申购、赎回价格；按照规定召集基金份额持有人大会；按照规定监督基金管理人的投资运作；国务院证券监督管理机构规定的其他职责。

（四）基金托管人的更换条件

我国《证券投资基金法》规定，有下列情形之一的，基金托管人职责终止：被依法取消基金托管资格；被基金份额持有人大会解任；依法解散、被依法撤销或者被依法宣告破产；基金合同约定的其他情形。

四、证券投资基金当事人之间的关系

（一）持有人与管理人之间的关系

在基金的当事人中，基金份额持有人通过购买基金份额或基金股份，参加基金投资并将资金交给基金管理人管理，享有基金投资的收益权，是基金资产的终极所有者和基金投资收益的受益人。基金管理人则是接受基金份额持有人的委托，负责对所筹集的资金进行具体的投资决策和日常管理，并有权委托基金托管人保管基金资产的金融中介机构。因此，基金份额持有人与基金管理人之间的关系是委托人、受益人与受托人的关系，也是所有者和经营者之间的关系。

（二）管理人与托管人之间的关系

基金管理人与托管人的关系是相互制衡的关系。基金管理人是基金的组织者和管理者，负责基金资产的经营，是基金运营的核心；托管人由主管机关认可的金融机构担任，负责基金资产的保管，依据基金管理机构的指令处置基金资产并监督管理人的投资运作是否合法合规。对基金管理人而言，处理有关证券、现金收付的具体事务交由基金托管人办理，就可以专心从事资产的运用和投资决策。基金管理人和基金托管人均对基金份额持有人负责。他们的权利和义务在基金合同或基金公司章程中已预先界定清楚，任何一方有违规之处，对方都应当监督并及时制止，直至请求更换违规方。这种相互制衡的运行机制，有利于基金信托财产的安全和基金运作的绩效。但是这种机制的作用得以有效发挥的前提是基金托管人与基金管理人必须严格分开，由不具有任何关联关系的不同机构或公司担任，两者在财务上、人事上、法律地位上应该完全独立。

（三）持有人与托管人之间的关系

基金份额持有人与托管人的关系是委托与受托的关系，也就是说，基金份额持有人将基金资产委托给基金托管人保管。对持有人而言，将基金资产委托给专门的机构保管，可以确保基金资产的安全；对基金托管人而言，必须对基金份额持有人负责，监管基金管理人的行为，使其经营行为符合法律法规的要求，为基金份额持有人的利益而勤勉尽责，保证资产安全，提高资产的报酬。

第四节

证券投资基金的价值及交易

一、证券投资基金的费用

基金从设立到终止都要支付一定的费用。通常情况下，基金所支付的费用主要有以下几个方面：

（一）基金管理费

基金管理费是指从基金资产中提取的、支付给为基金提供专业化服务的基金管理人的费用，即管理人为管理和操作基金而收取的费用。基金管理费通常按照每个估值日基金净资产的一定比率（年率）逐日计提，累计至每月月底，按月支付。管理费率的大小通常与基金规模成反比，与风险成正比。基金规模越大，风险越小，管理费率就越低；反之，则越高。不同的国家及不同种类的基金，管理费率不完全相同。我国基金的年管理费率最初为2.5%，随着基金规模的扩大和竞争的加剧，管理费有逐步调低的倾向。目前，我国股票基金大部分按照1.5%的比例计提基金管理费，债券基金的管理费率一般低于1%，货币基金的管理费率为0.33%。管理费通常从基金的股息、利息收益中或从基金资产中扣除，不另向投资者收取。

（二）基金托管费

基金托管费是指基金托管人为保管和处置基金资产而向基金收取的费用。托管费通常按照基金资产净值的一定比率提取，逐日计算并累计，按月支付给托管人。托管费从基金资产中提取，费率也会因基金种类不同而异。目前，我国封闭式基金按照0.25%的比率计提基金托管费，开放式基金根据基金合同的规定比率计提，通常低于0.25%；股票型基金的托管费率要高于债券型基金及货币市场基金的托管费率。我国规定，基金托管人可磋商酌情调低基金托管费，经中国证监会核准后公告，无须为此召开基金持有人大会。

（三）基金交易费

基金交易费是指基金在进行证券买卖交易时所发生的相关交易费用。目前，我国证券投资基金的交易费用主要包括印花税、交易佣金、过户费、经手费、证管费。交易佣金由证券公司按成交金额的一定比例向基金收取，印花税、过户费、经手费、证管费等则由登记公司或交易所按有关规定收取。参与银行间债券交易的，还需向中央国债登记结算有限责任公司支付银行间账户服务费，向全国银行间同业拆借中心支付交易手续费等服务费用。

（四）基金运作费

基金运作费是指为保证基金正常运作而发生的应由基金承担的费用，包括审计费、律师费、上市年费、信息披露费、分红手续费、持有人大会费、开户费、银行汇划手续费等。按照有关规定，发生的这些费用如果影响基金份额净值小数点后第5位的，即发生的费用大于基金净值十万分之一，应采用预提或待摊的方法计入基金损益。发生的费用如果不影响基金份额净值小数点后第5位的，即发生的费用小于基金净值十万分之一，应于发生时直接计入基金损益。

（五）基金销售服务费

目前只有货币市场基金以及其他经中国证监会核准的基金产品收取基金销售服务费，基金管理人可以依照相关规定从基金财产中持续计提一定比例的销售服务费。收取销售服务费的基金通常不再收取申购费。

二、证券投资基金的净值

基金资产净值是指在某一时点一个基金单位实际代表的价值。基金资产净值既是投资者评估基金表现的依据，也是基金交易的依据，封闭式基金的市场价格主要与其净值有关，开放式基金则按单位基金净值申购和赎回，因此如何公平计算基金净值价值，对于投资者的利益保护有重要的意义。一般来讲，各个基金的净值都必须按照相关的规定在公开的媒体上定期加以公布。

按照概念，我们可以得到基金资产净值的计算公式：

基金资产净值 = （总资产 − 总负债） ÷ 基金份额总数

其中，基金的总资产是指基金拥有的所有资产的价值，包括现金、股票、债券和其他的有价证券；总负债则包括基金付给基金管理人的管理费和基金托管人的托管费以及其他的一些负债。

对于基金资产价值的估算，主要有两种方法：已知价法和未知价法。已知价法又称事前价，或者是历史计价，是指基金公司根据上一个交易日的收盘价来计算基金所拥有的金融资产的总价值。所以，在这种方法下，投资者在当天就可以知道基金的交易价格，及时办理交割手续。同时，采用已知定价，有可能加剧股市的波动，损害其他持有人的利益。因为在这种方法下，基金的内部人具有一定的套利机会，例如，在开放日基金资产的价值实际上已经上涨时，基金的内部人知晓内情，却仍可以以前一天的较低价格买入基金单位。未知价法又称事后价，或者预约价，它是根据当日的证券市场上各种金融资产的收盘价计算出来的。在这种方法下，投资者必须在当天交易结束后的第二天才能知道基金单位的价格。相对于已知定价，未知定价可以增加基金投资者进行基金单位交易的不确定性，从而在股市上涨（下跌）的时候减轻来自投资者的申购（赎回）压力，对股市的剧烈波动起到一定的缓和作用。所以，世界上绝大多数国家和地区对于开放式基金的申购和赎回采用未知价法，我国也是如此。

三、证券投资基金的价格

（一）封闭式基金的价格

封闭式基金一般按面值发行，在我国，基金发行时一般按照1.01元/单位基金的价格发行，其中的0.01元为发行费用。封闭式基金发行结束后就封闭起来，不再增加基金单位，投资者也不能向基金管理公司赎回基金。如前所述，封闭式基金在交易所上市交易，市场价格的高低主要与其净值有关，当然也受到其他供求因素的影响；封闭式基金一般表现为折价交易，少数情况下出现溢价交易。折/溢价率的计算公式为：

折/溢价率 =（基金市价 - 基金净值）÷基金净值 ×100%

显然，计算结果为正值，基金处在溢价交易状态；为负值，基金处在折价交易状态。由于封闭式基金折价交易时常态，通常所说的折价率的高低是指绝对值，如 -40%的折价率比 -30%的折价率高。在我国市场，封闭式基金折价率的高低主要与以下因素有关：（1）基金的剩余年限。封闭式基金临近到期日期，市场价格将逐渐向净值回归。因此，封闭式基金剩余年限越短，折价率越低。（2）基金的历史净值增长率。投资者一般用封闭式基金的净值增长率来衡量基金的绩效，对未来基金净值增长比较有指导意义的是过去1个月和过去3个月的净值增长率。近期净值增长率较高的基金，折价率较低。（3）基金当前持有的组合。封闭式基金当前持有的组合增值潜力较大，如市场热点板块的股票、目前停牌但复牌后会大涨的股票，折价率较低。（4）基金近期分红。封闭式基金分红除权会导致折价率的上升，因此，近期每份基金分红较多的基金折价率较低。

（二）开放式基金的价格

开放式基金的交易表现为认购、申购和赎回，认购是指在开放式基金设立募集期内，投资者申请购买基金的行为；申购是指开放式基金成立后，投资者申请购买基金的行为；赎回是指基金持有人按基金契约规定的条件要求基金管理人购回基金的行为。开放式基金认购价在我国是一份基金的面值1元，开放式基金申购和赎回的价格是建立在每份基金净值基础上的，以基金净值加上或减去必要的费用，就构成了开放式基金的申购和赎回价格。基金的申购价格，是指基金申购申请日当天每份基金单位净值再加上一定比例的申购费所形成的价格，它是投资者申购每份基金时所要付出的实际金额。基金的赎回价格，是指基金赎回申请日当天每份基金单位净资产值减去一定比例的赎回费所形成的价格，它是投资者赎回每份基金时可实际得到的金额。买入开放式基金时，投资者要承担认购费或申购费，卖出时要承担赎回费，这些费用是投资者的交易成本。认购费或申购费的收取可分为前端收费与后端收费，前端收费指认购或申购时就支付认购费或申购费，后端收费指认购或申购时不收费，赎回时才补交认购费或申购费，而且投资者持有基金的时间越长，赎回时补交的认购费率或申购费率越低，甚至费率降为0。一般而言，“前端收费”促进投资者长期持有基金，“后端收费”促使投资者购买基金。

四、证券投资基金的交易

（一）基金的交易方式

基金交易方式因基金的性质不同而不同。为满足投资者的变现需要，封闭式基金成立后通常申请在证券交易所挂牌。开放式基金的交易方式为场外交易，在投资者与基金管理人或其代理人之间进行交易，投资者可在基金管理公司或其代理机构的营业网点进行基金证券的买卖，办理基金单位的随时申购与赎回。

（二）封闭式基金的交易及交易规则

1. 封闭式基金的上市

封闭式基金的交易方式为在证券交易所挂牌上市，因此，封闭式基金在募集成立后，应及时向证券交易所申请上市。上市申请及主管机关审批的主要内容包括：基金的管理和投资情况；基金管理人提交的上市可能性报告；信息披露的充分性；内部机制是否健全，能否确保基金章程及信托契约的贯彻实施等。上述材料必须真实可靠，无重大遗漏。

2. 封闭式基金的交易规则

封闭式基金的交易遵循如下规则：（1）基金单位的买卖应遵循“公开、公平、公正”的“三公”原则和“价格优先、时间优先”的原则。（2）以标准手数为单位进行集中无纸化交易，电脑自动撮合，跟踪过户。（3）基金单位的价格以基金单位净值为基础，受市场供求关系的影响而波动，行情即时揭示。（4）基金单位的交易成本相对低廉。

（三）开放式基金的交易

1. 开放式基金的申购与赎回的原则

开放式基金申购与赎回应遵循如下原则：（1）未知价原则。所谓未知价是申购、赎回价格以申请当日的基金单位资产净值为基准进行计算，在交易时间申购和赎回时单位资产净值还没有计算出来。（2）金额申购、份额赎回原则。金额申购、份额赎回是指投资者申购投资基金时以金额申请，赎回基金时以份额申请的做法。

2. 开放式基金的认（申）购与赎回的计算

2007年3月，中国证监会基金部发出《关于统一规范证券投资基金认（申）购费用及认（申）购份额计算方法有关问题的通知》，并要求基金管理公司统一采用“外扣法”计算认（申）购费用和认（申）购份数，外扣法的计算方法如下：

（1）开放式基金认购费用及认购基金份额的计算方法：

净认购金额 = 认购金额 ÷（1 + 认购费率）

认购费用 = 认购金额 - 净认购金额

认购份数 = （净认购金额 + 认购利息） ÷ 基金份额面值

（2）开放式基金申购费用及申购基金份额的计算方法：

净申购金额 = 申购金额 ÷ （1 + 认购费率）

申购费用 = 申购金额 - 净申购金额

申购份数 = 净申购金额 ÷ 申购日基金单位净值

（3）开放式基金赎回费用及投资者赎回金额的计算方法：

赎回金额 = 赎回总额 - 赎回费用 - 后端支付的认（申）购费用

赎回总额 = 赎回数量 × 赎回日基金份额净值

赎回费用 = 赎回总额 × 赎回费率

【例4-1】 某投资者投资40 000元申购某开放式基金，申购费率为1.5%，赎回费率为0.5%。申购当日基金份额净值为1.0400元，赎回当日净值为1.6350元，那么：

净申购金额 = 40 000 ÷ （1 + 1.5%） = 39 408.87（元）

申购费用 = 40 000 - 40 000 ÷ （1 + 1.5%） = 591.13（元）

申购份数 = 39 408.87 ÷ 1.0400 = 37 893.14（份）

赎回总额 = 37 893.14 × 1.6350 = 61 955.28（元）

赎回费用 = 61 955.28 × 0.5% = 309.78（元）

赎回金额 = 61 955.28 - 309.78 = 61 645.5（元）

3. 开放式基金日常申购和赎回的程序

开放式基金日常申购和赎回一般应符合以下程序：（1）投资者开户。投资者要想对开放式基金进行投资，必须具有证券账户或开放式基金账户，可以在证券公司处开立，也可以在银行等代销机构开立。（2）投资者提出申请。投资者必须根据基金销售网点规定的程序，在工作日的交易时间段内向基金销售网点提出申购或赎回的申请。（3）登记机构的确认。投资基金登记机构收到申购和赎回申请的当天作为申购或赎回申请日（T日），并在T+2工作日前（包括该日），对该交易的有效性进行确认。投资者可在T+2工作日之后（包括该日）的工作日向基金销售网点进行成交查询。

4. 巨额赎回

如果一个工作日内的基金单位净赎回申请（赎回申请总数扣除申购总数后的余额）超过当日基金单位总份数的10%，即认为是发生了巨额赎回。当出现巨额赎回时，基金管理人可以根据该基金当时的资产组合状况决定全额赎回、部分顺延赎回和暂停赎回。

本章小结

证券投资基金是指通过公开发售基金份额募集资金，由基金托管人托管，由基金管理人管理和运用资金，为基金份额持有人的利益，以资产组合方式进行证券投资的一种利益共享、风险共担的集合投资方式。作为一种现代化投资工具，证券投资基金所具备集合投资、分散风险和专业理财的特点。

证券投资基金按基金的组织形式不同，可分类契约型基金和公司型基金；按基金运作方式不同，可分为封闭式基金和开放式基金；按投资标的划分，可分为国债基金、股票基金、货币市场基金等；按投资目标划分，可分为成长型基金、收入型基金和平衡型基金。

基金资产净值是指在某一时点一个基金单位实际代表的价值，其计算公式为：基金资产净值 =（总资产 − 总负债）÷基金份额总数。在我国，封闭式基金发行时一般按照 1.01 元/单位基金的价格发行，其中的 0.01 元为发行费用。开放式基金认购价在我国是一份基金的面值 1 元，开放式基金申购和赎回的价格是建立在每份基金净值基础上的，以基金净值加上或减去必要的费用，就构成了开放式基金的申购和赎回价格。

复习思考题

一、选择题

1. 基金与股票的重要区别在于（　　）。

A. 反映的经济关系不同　　B. 所筹资金的投向不同

C. 风险水平不同　　D. 投资数量不同

2. 契约型与公司型基金的不同点主要表现在（　　）。

A. 法律依据　　B. 设立目的

C. 当事人角色　　D. 组织形态

3. 封闭式基金的交易价格（　　）。

A. 并不必然反映基金净资产值　　B. 债券有固定的本金偿还期

C. 固定不变　　D. 会出现折价现象

4. 下列关于 LOF 的说法中，正确的有（　　）。

A. 可以在场外市场进行基金份额的申购、赎回

B. 申购、赎回均以现金的形式进行

C. 申购、赎回均以一揽子股票的形式进行

D. 深圳证券交易所推出的 LOF 在世界范围内具有首创性

5. 证券投资基金份额持有人享有基金的（　　）。

A. 收益权　　B. 表决权

C. 信息知情权　　D. 经营管理权

6. 契约型基金的当事人有（　　）。

A. 托管人　　B. 管理人

C. 证券公司　　D. 投资人

7. 货币市场基金的投资对象包括（　　）。

A. 银行中长期存款　　B. 银行短期存款、国库券

C. 公司短期存款　　D. 银行承兑票据及商业票据

8. 在各种基金中，管理费率最低的是（　　）。

A. 认股权证基金　　B. 债券基金

C. 货币市场基金　　D. 股票基金

9. ETF的基金管理人（　　）方式发售基金份额。

A. 只能通过网上　　B. 只能通过网下

C. 可通过网上和网下　　D. 只能通过柜台

10. 公司型基金反映的经济关系是（　　）。

A. 所有权关系　　B. 债务关系

C. 信托关系　　D. 全面债权关系

二、判断题

1. 封闭式基金通常有规定的封闭期，通常在5年以上。（　　）

2. 指数基金的管理费用比较低。（　　）

3. 货币市场基金的投资对象包括国库券、商业票据、银行短期存款、短期公司债务等金融工具。（　　）

4. 封闭式基金与开放式基金相比，后者适宜于进行长期投资。（　　）

5. 我国《证券投资基金法》规定，计算并公告基金资产净值，确定基金份额申购、赎回价格属于基金托管人应当履行的职责。（　　）

6. 公司型基金的投资者是基金公司的股东，但无权参与基金公司的管理。（　　）

7. 开放式基金的价格与资产净值常发生偏离。（　　）

8. 基金资产的估值对象是基金的单位净值。（　　）

三、简答题

1. 简述证券投资基金与股票、债券的区别。

2. 简述契约型基金与公司型基金的区别。

3. 简述开放式基金与封闭式基金的区别。

第五章

金融衍生工具

学习目标：

通过本章的学习，了解金融衍生工具的概念、分类及特征，金融期货和金融期权的特征及分类；掌握金融衍生工具的功能，金融期货与金融期权的概念、基本要素以及两者的区别；理解并掌握金融期权交易的盈亏分析，可转换公司债券的特征、转换价值以及转换平价。

关键概念：

金融期货　金融期权　权证　可转换公司债券

第一节

金融衍生工具概述

由美国次贷危机引发的全球性金融危机引发了人们对金融衍生工具的密切关注。金融衍生工具的滥用是导致全球性金融危机的“祸根”之一。然而我们不能因此而否认金融衍生工具在现代金融中的重要作用。自20世纪60年代以来，金融衍生工具作为一种金融创新，极大地提高了金融市场的流动性，满足了金融机构在较低成本下筹集资金、锁定收益、转移金融风险的要求。金融衍生工具已经变成了金融市场中不可或缺的重要组成部分。

一、金融衍生工具的概念

"金融衍生工具"，也称"金融衍生产品"，是与基础金融产品相对应的一个概念，是从已经存在的基础产品或基础变量基础上衍变而来的派生金融产品。金融衍生工具的价值依赖于基础金融产品价值的变动。这里所说的基础金融工具是一个相对的概念，不仅包括现货金融产品（如债券、股票、银行定期存款单等），也包括金融衍生工具，例如期货期权，就是以期货合约为标的物的期权交易。

金融衍生工具的本质是一种合约，这种合约可以是标准化的，也可以是非标准化的。标准化合约是指其标的物（基础资产）的交易单位、交易时间、资产特征、交易方式等都是事先标准化的。因此，此类合约大多在交易所上市交易，如期货。非标准化合约是指以上各项由交易的双方自行约定，因此具有很强的灵活性，比如远期协议。

二、金融衍生工具的分类

（一）按照产品类型，可以将金融衍生工具分为远期、期货、期权和互换

远期合约和期货合约都是交易双方约定在未来某一特定时间、以某一特定价格、买卖某一特定数量和质量资产的交易形式。期货合约是期货交易所制定的标准化合约，对合约到期日及其买卖的资产的种类、数量、质量作出了统一规定。远期合约是根据买卖双方的特殊需求由买卖双方自行签订的合约。因此，期货交易流动性较高，远期交易流动性较低。期权交易是买卖权利的交易。期权合约规定了在某一特定时间、以某一特定价格买卖某一特定种类、数量、质量基础资产的权利。期权合约有在交易所上市的标准化合约，也有在柜台交易的非标准化合约。互换合约是当事人之间签订的在未来某一期间内相互交换他们认为具有相等经济价值的现金流的合约。较为常见的是利率互换合约和货币互换合约。互换合约中规定的交换货币是同种货币，则为利率互换；是异种货币，则为货币互换。

（二）按照衍生工具的基础资产性质，将金融衍生工具大致分为三类：股权类、利率类、汇率类

股权类衍生工具包括股票类衍生工具（如股票期货、股票期权合约等）和股票指数类衍生工具（如股票指数期货、股票指数期权合约等）；利率类衍生工具是以短期存款和长期债券作为基础资产的衍生工具，包括利率期货、利率远期、利率期权、利率掉期合约和债券期货、债券期权合约等；汇率类衍生工具是以各类现汇作为基础资产的衍生工具，包括外汇远期、外汇期货、外汇期权、货币互换合约等。

三、金融衍生工具的基本特征

1. 跨期性

金融衍生工具是交易双方通过对利率、汇率、股价等因素变动趋势的预测，约定在未来某一时间按照一定条件进行交易或选择是否交易的合约。无论是哪一种金融衍生工具，都会影响交易者在未来一段时间内或未来某时点上的现金流。跨期交易的特点十分突出。这就要求交易双方对利率、汇率、股价等价格因素的未来变动趋势作出判断，而

判断的准确与否直接决定了交易者的交易盈亏。

2. 杠杆性

杠杆性是金融衍生产品市场的主要特征之一。金融衍生工具交易普遍采用保证金制度，一般只需要支付少量的保证金或权利金就可签订远期大额合约或互换不同的金融工具。例如，若期货交易保证金为合约金额的5%，则期货交易者可以控制20倍于所投资金额的合约资产，实现以小搏大的效果。在收益可能成倍放大的同时，投资者所承担的风险与损失也会成倍放大，基础工具价格的轻微变动也许就会带来投资者的大盈大亏。

3. 高风险性

金融衍生工具的交易后果取决于交易者对基础工具（变量）未来价格（数值）的预测和判断的准确程度。基础工具价格的变幻莫测决定了金融衍生工具交易盈亏的不稳定性，这是金融衍生工具有高风险性的重要诱因。

四、金融衍生工具的基本职能

1. 转移风险

金融衍生工具诞生的原动力就是风险管理，因此，转移和分散风险是金融衍生工具市场最基本的功能，也是金融衍生工具市场赖以存在和发展的基础。金融衍生工具可以使投资者有效地转移和分散市场风险、信用风险及流动性风险等。套期保值是衍生金融市场的主流交易方式，交易主体通过衍生金融工具的交易实现对持有资产头寸的风险对冲，将风险转移给愿意且有能力承担风险的投资者，同时也将潜在的利润转移了出去，从而起到了传统避险工具无法起到的保值作用。

2. 价格发现

金融衍生工具市场能反映各种金融商品的内在价格信息。通过交易所内激烈的公开竞价形成了市场均衡价格，综合反映了交易者当时和未来对某种金融商品价格的观点和预期，使未来价格得以发现。金融衍生工具市场形成的价格也为市场以外的金融商品的交易提供了有用的价格信息，成为指导生产、合理配置社会生产要素的重要依据。这种价格不仅有指示性功能，而且有助于金融产品价格的稳定。

3. 提高市场流动性

金融衍生工具市场由于具有转移风险和价格发现机制，明显增强了市场流动性，吸引了众多的套期保值者、投机者以及套利者，交易数量大大增加，从而提高了资本运用速度和效率。金融衍生工具市场的投机力量对市场价格的发现和传播、市场风险的转移、市场流动性的提高，使基础市场得以正常运作。

第二节

主要金融衍生工具

在金融市场中，有两种金融衍生工具最为重要，即金融期货和金融期权。市场上存在的其他金融衍生工具通常都是以期货或期权为基础创造的。这一节将重点介绍金融期货和金融期权。

一、金融期货

20世纪70年代，世界期货市场发生了重大变革，其标志就是金融期货的兴起和发展。金融期货一经产生，即显示了强大的生命力，交易额迅速上升，并远远超过了商品期货的发展，从而确立了金融期货在期货市场中的重要地位。目前金融期货占整个期货市场交易量的80%以上。

（一）金融期货的概念

金融期货是指以金融工具作为标的物的标准化期货合约。金融期货交易是指交易者在特定的交易所通过公开竞价方式成交，承诺在未来特定日期或期间内，以事先约定的价格买入或卖出特定数量的某种金融商品的交易方式。金融期货具有期货交易的一般特征，但其交易标的物不是一般商品，而是股票、债券、外汇、债券、股票价格指数、利率等金融商品。

（二）金融期货的主要品种

与金融相关联的期货合约品种很多。目前已经开发出来的品种主要有三大类：股票价格指数期货、利率期货和货币期货。

1. 股票价格指数期货

股票价格指数期货是指以股票价格指数为标的物的期货合约。股票价格指数期货是目前金融期货市场最热门和发展最快的期货交易。由于股票价格指数是根据股票市场上有代表性的股票价格加权平均计算出来的代表市场总体价格水平的指标，因此购买股指期货可使投资者既享受指数涨跌带来的价差好处，又免去实际购买指数中的一揽子股票的负担。目前全球比较有影响力的股票价格指数期货有美国的标准·普尔500股指期货、英国的金融时报100股指期货、中国香港的恒生股指期货以及日本的日经225股指期货等。2011年4月16日，中国金融期货交易所推出了中国内地资本市场首个金融期货品种沪深300股票价格指数期货合约。

2. 利率期货

利率期货是以一定数量的与利率相关的某种金融工具为标的物的期货合约，主要针对市场上各类固定收益金融工具的利率波动而设计。通常，按照合约标的期限的不同，利率期货又可分为短期利率期货和长期利率期货两大类。美国短期国库券期货、美国中期国库券期货、美国长期国库券期货都是世界上著名的利率期货品种。

3. 货币期货

货币期货又称外汇期货，它是以一定数量外汇为标的物的期货合约，用来回避汇率风险。目前国际上货币期货合约交易所涉及的货币主要有英镑、美元、日元、瑞士法郎、加拿大元、澳大利亚元以及欧洲货币单位等。

（三）金融期货合约的基本要素

期货合约通常在交易所进行交易。为了便利交易，交易所将期货合约的某些特征标准化，使其成为标准化的合约，对合约到期日及其买卖的资产的种类、数量、质量、交割地点做出了统一规定。金融期货品种一般不存在质量问题。金融期货合约的标准化条款一般包括以下几个方面：

1. 合约标的

合约标的是指金融期货合约交易的对象。例如，沪深 300 股指期货合约的合约标的为沪深 300 股票价格指数。

2. 交易单位

期货合约交易单位是指由期货交易所规定的统一的、标准化的数量和数量单位。例如英镑期货合约的交易单位为 25 000 英镑。如果交易者在交易所买进一份（也称一手）英镑期货合约，意味着在合约到期日需买进 25 000 英镑。

3. 最小变动价位

最小变动价位，通常也被称为一个刻度，是指由交易所规定的，在金融期货交易中每一次价格变动的最小幅度。以股指期货为例，S&P500 指数期货合约的最小变动价位是 0.1 点，只有报 1478.2 点或 1478.3 点进行交易才有效，而 1478.25 点的报价是无效的。而我国沪深 300 股指期货合约的最小变动价位是 0.2 点。例如，沪深 300 股指期货合约在 2011 年 8 月 18 日的收盘价位为 2839.2 点。

4. 每日价格波动限制

为了防止期货价格发生过分剧烈的波动，并引起期货市场交易的混乱，各交易所通常对某些金融期货合约的每日价格波动的最大幅度做出一定的限制，这种限制就叫做每日价格波动限制，俗称“每日涨跌停板”。涨跌停板通常是与前一交易日的结算价相联系的。如果出现了在涨跌停板交易的情况，随后的交易只允许在这个范围内进行。如果出现连续几天涨跌停板，交易就会被暂停。我国沪深 300 股指期货合约的每日价格最大波动限制为上一个交易日结算价的 ±10%。

5. 合约月份与交易时间

合约月份是指期货合约到期交割所在的月份。金融期货的合约月份大多是三个月、六个月、九个月或十二个月，最长的是二年，合约月份内的交割时间随交易对象而定。例如，香港恒生指数期货和我国沪深 300 股指期货的合约月份有当月、下月以及随后两个季月（季月指 3 月、6 月、9 月、12 月）。

交易时间是指由交易所规定的各种合约在每一交易日可以交易的具体时间。一些期货交易所规定交易时间为每周营业 5 天，周六、周日及国家法定节假日休息。一般每个交易日分为两盘，即上午盘和下午盘。一些交易所已经实现了全天候交易。

6. 最后交易日

最后交易日是指由交易所规定的各种合约在到期月份中的最后一个交易日。例如，S&P500 股指期货合约的最后交易日为合约到期月份第三个周五之前的那个周四。我国沪深 300 股指期货合约的最后交易日为合约到期月份的第三个周五，遇到法定节假日顺延。

7. 最低交易保证金

在期货市场上，交易者只需按期货合约价值的一定比率交纳少量资金作为履行期货合约的财力担保，便可参与期货合约的买卖，这种资金就是期货保证金。期货保证金具有“以小博大”的杠杆效应。期货保证金按其性质与作用不同，可以分为结算保证金和交易保证金。结算保证金一般是由会员单位按固定标准向交易所缴纳，为交易结算预先准备的资金。交易保证金是会员单位或客户在期货交易中因持有期货合约而实际支付的保证金。例如，我国沪深300股指期货合约的最低交易保证金标准为合约价值的12%。

8. 交割方式

所谓交割是指由交易所规定的各种金融期货合约因到期未平仓而进行实际交割的各项条款。金融期货合约的交割大都采用差价结算的现金交割方式。

（四）金融期货市场的参与者

按交易动机不同，可以将金融期货市场上的参与者分成三类，分别是套期保值者、投机者和套利者。

1. 套期保值者

套期保值者是金融期货市场上的主要参与者，其主要目的是通过在期货市场上建立与现货市场相反的仓位，以锁定其所需金融资产的价值或负债的成本。其本质是通过金融期货规避现货市场上的种种不可预测的风险，包括利率风险、汇率风险和股票价格风险等。

2. 投机者

投机者是指那些利用金融期货交易的高杠杆性，进行“以小博大”的高风险投资的短线投资者，其目的不是为其所持资产或负债进行保值，而是借助较小的保证金和专门的投资知识、丰富的投资经验，预测期货市场走势，获取较高收益。

买入期货常被称为“多头”，卖出期货常被称为“空头”。通过做多或做空，投机者对价格走势打赌，因此承担了价格风险。

3. 套利者

套利者是指利用相关市场或者相关合约之间的价差变化，在相关市场或者相关合约上进行交易方向相反的交易，以期在价差发生有利变化而获利的交易行为。当期货价格偏离现货资产价格过多时，套利者就会同时持有现货多头和期货空头或者是现货空头和期货多头，以获取无风险利润。套利者的存在为期货的定价确定了基础，使得期货价格不会过分偏离于现货价格。

（五）金融期货交易的主要特征

金融期货具有以下几方面的基本特征：

1. 交易合约的标的物是金融商品

与商品期货不同，金融期货交易的对象大多是无形的、虚拟化了的证券，例如外汇、债券、股票指数等。

2. 金融期货合约标准化

作为金融期货合约交易对象的金融商品，其收益率和数量都具有同质性和标准性。金融期货合约主要包括以下四个标准：标准化的合同标的物；标准化的货币币种和交易单位；标准化的交割时间；实行涨跌停限制，规定价格的最大波幅和价格的最小变化幅度。期货合约唯一不确定的是成交价格。

3. 交易所组织交易

金融期货交易必须在高度组织化的有严格规则的金融期货交易所进行的。期货交易所直接介入每一笔期货交易，充当期货买卖双方的相对方，即买方的卖方和卖方的买方。期货交易所采取公开竞价决定期货合约的买卖价格。

4. 期货合约可通过对冲平仓了结履约责任

期货合约到期时，买卖双方必须按合同规定进行实物交割。不过实践中一般合约是在到期前通过数额相等、方向相反的交易对冲掉。

5. 实行保证金交易，放大了收益也放大了风险

在期货市场上，交易者只需按期货合约价值的一定比率交纳少量资金作为履行期货合约的财力担保，便可参与期货合约的买卖，这种资金就是期货保证金。保证金比率因期货合约和交易所不同而有所区别，但一般都低于100%，因此期货交易是一种以小搏大的杠杆投资工具。例如，我国沪深300股指期货合约的最低交易保证金标准为合约价值的12%，意味着12%的资金可以做100%金额的交易，放大了收益，也放大了风险。

二、金融期权

（一）金融期权概述

1. 期权与金融期权的定义

期权，也称选择权，是指其持有者能在一段特定时间内以特定的价格买或卖（取决于期权的类型）某种特定资产的权利，期权交易就是对这种选择权的交易。

金融期权是指其持有者能在规定的期限内按交易双方协定的价格购买或出售一定数量的某种金融工具的权利，其标的物是一定数量的金融工具，例如股票、外汇等。金融期权是最重要的期权种类之一。

2. 期权的基本特征

（1）期权是一种权利的交易，期权的买方必须为获得期权支付期权费。期权实质上是一种权利的有偿使用，因此期权买方为获得期权所赋予的权利必须向期权卖方支付期权费。期权费一经支付，则不论期权买者是否执行期权卖者均不予退回。

（2）期权的买方与期权的卖方在合约中的权利义务具有不对称性。期权的买方（又被称为期权的多头）拥有在期权合约中规定的在将来某一特定时间，以交易双方约定的某一执行价格，买入或卖出某一特定标的资产的权利。期权表现为一种选择权，作为期权的买方，既可以行使这一权利，也可以放弃这一权利。而期权的卖方（又被称为期权的空头）在期初收取期权费后，只要期权的买方要求行使权利，就必须无条件服从买方的选择并履行期权合约所规定的义务。

（3）期权给予合约买方的权利既可以是买入资产的权利，也可以卖出资产的权利。其中买入资产的权利称为买入期权，卖出资产的权利称为卖出期权。

（4）期权具有一定的时间限制

期权合约赋予买方执行期权通常具有一定的限制，期权买方取得的权利是在未来某一特定日期，并非无限有效，过期无效。在行权上，美式期权允许其持有者在到期日或之前任何时间行使买入或卖出标的资产的权利。欧式期权只允许在到期日当天执行，期权在到期后不执行将自动作废。

（二）期权市场的产生、发展

1973年，期权市场发生了历史性的变化，芝加哥期货交易所（CBOT）组织了一个以股票为标的物的期权交易所——芝加哥期权交易所（CBOE），这堪称是期权发展史中划时代意义的事件。这个期权交易所的正式成立，标志着以股票期权交易为代表的真

正意义上的期权交易，开始进入了完全统一化、标准化以及管理规范化的全面发展新阶段。合约的标准化使得原来买（卖）期权的交易者可以在到期日前对冲平仓，大大增加了市场的流动性。更为重要的是 CBOE 增加了一个结算所，保证了买卖双方合约的履行，这样，交易者无须担心卖方的信用风险，因此吸引了大量的期权经纪商以及投资者。

随着世界经济及世界期货市场的发展，美国、英国、日本、加拿大、法国、新加坡、荷兰、德国、瑞士、澳大利亚、芬兰乃至中国香港等地都建立了期权交易所或交易所期权交易市场。期权交易也从最初的股票扩展到目前包括大宗商品（农副产品、金融产品）、金融证券、外汇以及黄金白银在内的近 100 个品种。可以这么说，几乎所有任何形式的资产和负债都有期权交易存在。

最近几年，世界期权交易量增长很快。2000 年全球期权交易量占期货和期权总交易量的 48%。2001 年全球期权交易量（42.816 亿张，其中个股 10 亿多张）占期货和期权总交易量的 58%，全球期权交易量已超过期货交易量。

（三）金融期权的分类

1. 按期权交易的方向分，金融期权可以分为买入期权和卖出期权

买入期权，也叫看涨期权，是指期权的买方具有在约定期限内按约定价格买入一定数量金融资产的权利。如果期权购买者买入了看涨期权，那么无论未来标的资产的市场价格上升到什么程度，他都有权利按照事先确定的某一执行价格买入标的资产。

卖出期权，也叫看跌期权，是指期权的买方具有在约定期限内按约定价格卖出一定数量金融资产的权利。如果期权购买者买入了看跌期权，那么无论未来标的资产的市场价格下跌到什么程度，他都有权利按照事先确定的某一执行价格卖出标的资产。

2. 根据期权执行形式不同，金融期权可以分为欧式期权、美式期权和百慕大式期权

欧式期权的买方只能在期权到期日才能执行期权。目前中国的外汇期权交易都是采用的欧式期权合同方式。

美式期权的买方可以在期权到期日以前的任何时间执行期权。在美国交易的期权大部分是美式的。由于美式期权比对应的欧式期权的余地大，因此在其他情况下美式期权的期权费通常比欧式期权的期权费更高。

百慕大期权是一种介于欧式期权和美式期权之间的期权交易方式。百慕大期权允许持有人在期权有效期内某几个特定日期执行期权。比如，期权可以有 3 年的到期时间，但只有在 3 年中每一年的最后一个月才能被执行，它的应用常常与固定收益市场有关。

3. 按照期权合约中的标的不同，可以分为金融现货期权和金融期货期权

金融现货期权是以各种金融工具本身作为标的资产的期权，例如各种股票期权、股票指数期权、利率期权、外汇期权等。金融期货期权是指以各种金融期货合约作为标的资产的期权，它赋予其持有者在规定时间内以协议价格买卖特定金融期货合约的权利。常见的金融期货期权有股票指数期货期权、利率期货期权以及外汇期货期权等。

（四）金融期权合约要素

与期货合约一样，期权合约也是标准化的，为交易和报价提供了便利。1 份标准的金融期权合约至少应包括以下几个要素：

1. 标的资产的名称

以股票期权为例，例如 IBM 股票期权是以 IBM 股票为标的资产的期权。

2. 执行价格

期权执行价格是指期权的买方行使权利时事先规定的买卖价格。这一价格一经确定，则在期权有效期内，无论期权之标的物的市场价格上涨或下跌到什么水平，只要期权买方要求执行该期权，期权卖方都必须以此执行价格履行其必须履行的义务。

3. 期权合约的数量

期权合约的数量是指每手期权合约所代表标的资产的数量。例如，以股票期权为例，一张标准的期权合约所买卖股票的数量为 100 股，但在一些交易所亦有例外，如在香港交易所交易的期权合约，其标的股票的数量等于该股票每手的买卖数量。

4. 期权到期日

期权到期日是指期权买方能够行使权利的最后日期。期权必须在到期日之前被行使，如果期权在最后到期日截至之时仍未执行，将自动作废。

（五）期权的价值分析

在期权交易中，期权的价格（也称为期权费），是指期权买方为获得期权合约所赋予的权利而向期权卖方支付的费用。期权价格受多种因素影响，（理论上）由两部分组成：内在价值和时间价值。

1. 期权的内在价值

内在价值是期权合约本身所具有的价值，即期权的买方如果立即行权可以获得的收益。就看涨期权而言，其内在价值是指标的资产现行市场价格减去期权执行价格得到的差价与零之间的较大值。就看跌期权而言，其内在价值是期权行权价格减去标的资产现行市场价格得到的差价与零之间的较大值。若以 S 表示标的资产的价格，X 表示期权的执行价格，则看涨期权的内在价值为 max（S－X，0），看跌期权的内在价值为 max（X－S，0）。max 表示两者之中较大者。

对于看涨期权而言，只有当 $S>X$ 时，内在价值 >0（称为实值期权），此时，期权买方会行使期权。反之，如果 $S<X$，内在价值 <0（称为虚值期权）投资者可以直接从市场上购买标的资产而没必要以价格更高的执行价格从期权卖方手中购买标的资产，因此，期权买方不会行使期权。期权的内在价值等于 0（称为平值期权），此时投资者行权也是没利的。对于看跌期权而言，则刚好相反。

表 5－1　　实值、平值与虚值期权的关系表

	看涨期权	看跌期权
实值期权	期权执行价格＜标的物价格	期权执行价格＞标的物价格
虚值期权	期权执行价格＞标的物价格	期权执行价格＜标的物价格
平值期权	期权执行价格＝标的物价格	期权执行价格＝标的物价格

2. 期权的时间价值

期权的时间价值（也称为外在价值），是指期权购买者为购买期权而实际付出的期权费超过期权的内在价值那部分价值。购买者之所以乐于支付这部分费用，是因为他希望随着时间的推移和市场价格的变动，该期权的内在价值会得以增加。因此，期权的时间价值实质上是期权在到期日之前具备获利潜力的价值。

一般而言，期权的时间价值与期权有效期的时间长短成正比。期权的时间价值随到期日的临近而递减，在到期日时，期权的时间价值降为0。具有时间价值是期权区别于股票的显著特征。美式期权由于在存续期可以随时行权，比欧式期权的相对价格要高。

（六）金融期权交易的盈亏分析

期权交易的盈亏分析就是综合期权交易的收益和成本，以确定盈亏水平的分析。下面通过具体案例来分析期权交易双方的盈利与亏损：

1. 看涨期权的盈亏分析

看涨期权的最大特点是期权的买方预期标的资产的市场价格将会在有效期内上涨，而期权的卖方则预期标的资产的市场价格将会在有效期内下跌。以股票看涨期权为例，我们用 P 表示期权费，K 表示期权的执行价格，ST 代表期权到期日时标的股票的市场价格。

由于看涨期权赋予了期权买方以执行价格向卖方购买一定数量的标的股票的权利，因此一旦期权买方执行期权合约，就可以以协定价格 K 买入标的股票，再将标的股票以其到期日市场价格 ST 卖出。因此对于看涨期权的买方而言，其行权每股成本为 K + P。

对期权买方而言：

当 ST > K 时，即只要执行价格小于标的股票到期日现价，期权买方就应当执行期权合约，其每股净盈利 = ST − K − P

其中，又可以分为三种情形：

情形 1：当 ST > K + P 时，期权买方取得正的应盈利。股票价格上涨得越多，期权买方的盈利就越大。因此，随着股票市场价格的上涨，期权买方的盈利是无限的。

情形 2：当 ST = K + P 时，期权买方的每股净盈利 = 0，该点被称为盈亏平衡点。

情形 3：当 K < ST < K + P 时，期权买方的净盈利为负值。即使如此，期权的买方应当执行期权。这是因为如果不执行期权，期权买方将损失全部期权费，其每股净盈利 = − P，而执行期权的每股净盈利 = ST − K − P，由于 ST > K，因此执行期权可以减少期权买方的损失。

当 ST < K 时，期权买方会放弃行权，因为此时期权的买方可以以比执行价格更低的市场价格购买到需要的股票。因此，ST < K 时，期权买方的每股净盈利 = − P。由此可以看出，期权买方的损失是有限的，最大亏损为期权费。看涨期权买卖双方的盈亏分析如图 5 − 1 所示。

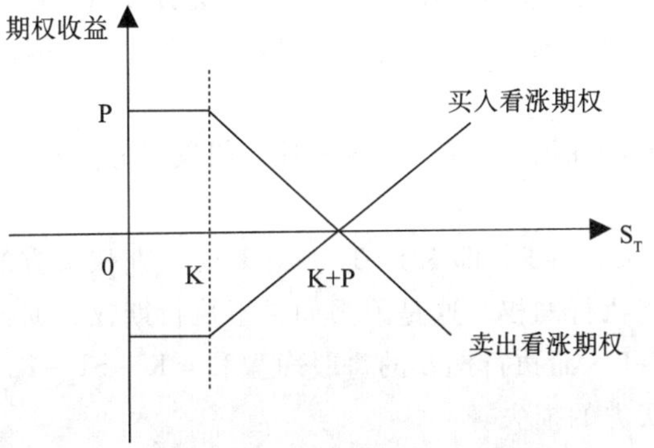

图 5 − 1　看涨期权盈亏分析图

由于每份股票期权对应100股股票，因此，期权买方的总盈利 = 每股净盈利 ×100 × 期权份数。

【例5－1】 假定你买入了5份执行价格是80美元的IBM股票买入期权，这是一份欧式期权，期权费是每股4美元。合约期限为3个月。如果合约到期日当天IBM股票价格是90美元，那么期权买方是否会行使期权，其盈亏水平如何？如果合约到期日当天IBM股票价格是70美元，那么期权买方是否会行使期权，其盈亏水平如何？期权买方盈亏平衡点对应的股票价格是多少？

合约到期日当天IBM股票价格为90美元时，由于股票市场价格 > 执行价格，期权买方应当行权。其每股净盈利 = 90 － 80 － 4 = 6（美元）。由于一份股票期权合约对应100股股票，因此，期权买方的总盈利 = 6 ×100 ×5 = 3 000（美元）。

当合约到期日当天IBM股票价格为70美元时，由于股票市场价格 < 执行价格，期权买方应当放弃行权。其每股净盈利 = －4美元，由于一份股票期权合约对应100股股票，因此，期权买方的总盈利 = －4 ×100 ×5 = －2 000（美元），即期权买方亏损2 000美元。

当股票价格 = 期权执行价格 + 期权费时，期权买方处于盈亏平衡状态。所以，盈亏平衡点对应的股票价格 = 80 + 4 = 84（元）。

由于期权交易是零和交易，期权买方的盈利等于期权卖方的亏损；期权买方的亏损等于期权卖方的盈利。因此看涨期权卖方的盈亏分析这里不再赘述。

2. 看跌期权的盈亏分析

看跌期权的最大特点是期权的买方预期标的物的市场价格将会在有效期内下跌，而期权的卖方则预期标的物的市场价格将会在有效期内上涨。以股票看跌期权为例，我们用P表示期权费，K表示期权的执行价格，ST代表期权到期日时标的股票的市场价格。

由于看跌期权赋予了期权买方以执行价格向卖方出售一定数量的标的股票的权利，因此一旦期权买方执行期权合约，就需要以期权到期日时标的股票的市场价格ST买入标的股票，再以协定价格K卖给期权的卖方。因此对于看跌期权的买方而言，其行权每股收入为K，每股成本为ST + P。

看跌期权买方的盈亏分析如下：

当ST < K时，期权买方执行期权合约，其每股净盈利 = K － ST － P

其中，又可以分为三种情形：

情形1： 当K > ST + P，即ST < K － P时，期权买方取得正的应盈利。股票价格下跌得越多，期权买方的盈利就越大，由于股票价格的下限是0，因此期权买方的最大盈利 = K － P。

情形2： 当K = ST + P时，即ST = K － P时，期权买方的每股净盈利 = 0，该点被称为盈亏平衡点。

情形3： 当ST < K < ST + P，即K > ST > K － P时，期权买方的净盈利为负值。即使如此，期权的买方应当执行期权。这是因为如果不执行期权，期权买方将损失全部期权费，其每股净盈利 = －P，而执行期权的每股净盈利 = K － ST － P，由于ST < K，故而执行期权可以减少期权买方的损失。

当ST > K时，期权买方会放弃行权，因为此时期权的买方可以以比执行价格更高的市场价格出售标的股票。因此，当 ST > K 时，期权买方的每股净盈利 = － P。由此可以看出，期权买方的损失是有限的，最大亏损为期权费。看跌期权买卖双方的盈亏分析如图 5－2 所示。

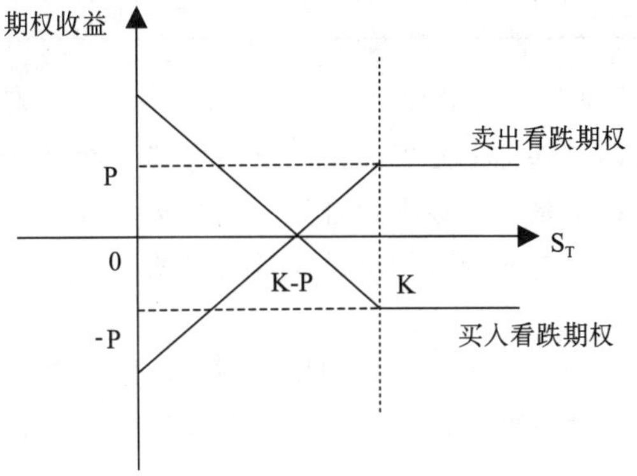

图 5－2　看跌期权盈亏

由于每份股票期权对应 100 股股票，因此，期权买方的总盈利 = 每股净盈利 ×100 × 期权份数。

【例 5－2】 假定你购买了 8 份微软公司股票的看跌期权合约，执行价格是 30 美元，期权费是 4 美元 1 股。如果期满时，微软股票的市场价格为 21 美元，那么你是否应该执行期权合约，你的净盈利是多少？盈亏平衡点对应的股票价格是多少？

当合约到期日当天 IBM 股票价格为 21 美元时，股票市场价格 < 执行价格，期权买方应当行权。其每股净盈利 =30 －21 －4 =5（美元）。由于一份股票期权合约对应 100 股股票，因此，期权买方的总盈利 =5 ×100 ×8 =4 000（美元）。

当期权执行价格 = 股票价格 － 期权费时，期权买方处于盈亏平衡状态。所以，盈亏平衡点对应的股票价格 =30 －4 =26（美元）。

由于期权交易是零和交易，期权买方的盈利等于期权卖方的亏损；期权买方的亏损等于期权卖方的盈利。因此看跌期权卖方的盈亏分析这里不再赘述。

3. 期权投资盈亏分析总结

综合上述对看涨期权和看跌期权的盈亏分析，我们可以得出以下结论：

（1）对于期权交易的买卖双方而言，收益和成本是不对称的。期权合约买方的损失和期权合约卖方的收益都是有限的，最多是期权费。

（2）看涨期权对于购买者来说，收益可以无限高，因为资产价格上涨是无限的；对于出售方风险是非常大的，因此看涨期权的价格一般较高。

（3）看跌期权对于购买者来说，收益是有限的。因为资产价格下跌是有限的，最低为 0，对于出售者损失也是有限的。

（4）选择何种期权的买方还是卖方取决于投资者对标的资产市场价格未来走势的判断。其中，看涨期权的买方和看跌期权的卖方均对标的资产行情看多，即认为期权到期日时股票价格会上涨，并超过执行价格。与此相反，看涨期权的卖方和看跌期权的买方均对标的资产行情看空，即认为期权到期日时标的资产价格会下跌，并低于执行价格。

表 5－2　　期权买卖双方的多空判断

期权种类	买方	卖方
看涨期权	看多	看空
看跌期权	看空	看多

（七）金融期权与金融期货的异同

金融期权是在金融期货基础上发展而来的交易方式。两者之间很多相似之处，例如它们都是金融衍生工具；都是一种标准化合约；都是买卖合约在前，实际交割在后；都具有杠杆功能。然而，它们之间的区别也是非常明显的，主要体现在以下几个方面：

1. 基础资产不同

凡可作期货交易的金融工具都可用作期权交易。可用作期权交易的金融工具却未必可作期货交易。只有金融期货期权，而没有金融期权期货。一般而言，金融期权的基础资产多于金融期货的基础资产。

2. 投资者权利与义务的对称性不同

金融期货交易的双方权利与义务是对称的。期货合约的购买者有义务以特定价格购买对应的资产，期货合约的出售者也有义务以规定的价格卖出对应的资产。金融期权交易双方的权利与义务存在着明显的不对称性。对于期权的买方只有权利没有义务，对于期权的卖方只有义务没有权利。

3. 盈亏特征不同

金融期货交易双方都无权违约、也无权要求提前交割或推迟交割，而只能在到期前的任一时间通过反向交易实现对冲或到期进行实物交割。其盈利或亏损的程度决定于价格变动的幅度。因此，金融期货交易中买卖双方潜在的盈利和亏损是有限的。在金融期权交易中，期权买卖双方在权利和义务上不对称，买方的损失仅限于他所支付的期权费，而他可能取得的盈利却是无限的，相反，期权出售者在交易中所取得的盈利是有限的，仅限于他所收取的期权费，损失是无限的。因此，期货的风险具有对称性，期权的风险具有不对称性。

4. 履约保证不同

金融期货交易双方均需开立保证金账户，并按规定缴纳履约保证金。在金融期权交易中，只有期权出售者，尤其是无担保期权的出售者才需开立保证金账户，并按规定缴纳保证金，以保证其履约的义务。至于期权购买者，因期权合约未规定其义务，其无需开立保证金账户，也就无须缴纳任何保证金。

5. 交割价格不同

期货交割价格在到期前是个变量，这个价格的形成来自市场上所有参与者对该合约标的物到期日价格的预期，交易各方注意的焦点就在这个预期价格上；而期权到期交割的价格是提前约定的执行价格。

6. 现金流转不同

金融期货交易双方在成交时不发生现金收付关系，但在成交后，由于实行逐日结算制度，交易双方将因价格的变动而发生现金流转。而在金融期权交易中，在成交时，期权购买者为取得期权合约所赋予的权利，必须向期权出售者支付一定的期权费，但在成交后，除了到期履约外，交易双方将不发生任何现金流转。

7. 价格风险不同

在期货交易中交易双方所承担的价格风险都是巨大的。而在期权交易中，期权买方的亏损是有限的，亏损不会超过权利金；而盈利则可能是巨大的；期权卖方的亏损是可能巨大的；而盈利则是有限的（仅权利金）。

8. 投资者获利机会不同

在期货交易中，做套期保值就意味着保值者放弃了当市场价格出现对自己有利时获利的机会，做投机交易则意味着既可获厚利，又可能损失惨重。但在期权交易中，由于期权的买方可以执行其买进或卖出期货合约的权利，也可放弃这一权利，所以，对买方来说，做期权交易的盈利机会就比较大，如果在套期保值交易和投机交易中配合使用期权交易，无疑会增加盈利的机会。

9. 合约种类数不同

期货价格由市场决定，在任一时间仅能有一种期货价格，故在创造合约种类时，仅有交割月份可供变化；期权的执行价格虽由交易所决定，但在任一时间，可能有多种不同执行价格的合约存在，再搭配不同的合约月份，便可产生数倍于期货合约种类数的期权合约，而且又由于权利义务的不对称，而形成看涨期权、看跌期权。比如，期货合约有 6 种不同的交割月份，即 6 种不同的合约；若期权有 6 种不同的合约月份，5 种不同的执行价格，则可形成 30 个看涨期权、30 个看跌期权，共 60 个不同的期权合约，为期货合约的 10 倍。

第三节

可转换公司债券

一、可转换公司债券概述

（一）可转换公司债券的概念

可转换公司债券是一种介于普通债券与普通股票之间的混合型金融衍生产品，是一种复合证券。它赋予债券持有人以下权利：在将来某一时间，可根据自身的投资偏好，选择是否依据约定的条件将持有的可转换公司债券按约定的转换价格将债券转换为发行公司的普通股票。

（二）可转换公司债券的性质

从可转换公司债券的概念可以看出，可转换公司债券具有债权性和期权性双重属性：

1. 债权性质

可转换公司债券首先是一种公司债券，属于固定收益类证券，具有确定的债券期限和固定的利息率，可以为投资者提供稳定的利息收入和还本保证。当标的股票市场行情较差时，债券持有人仍然可以获取利息锁定基本收益。因此可转换公司债券具有较充分的债权性质。此外，与股票相比，可转换公司债券属于次等信用债券，在清偿顺序上，同银行贷款等长期负债具有同等追索权利，但排在一般公司债券之后，同可转换优先股，普通股和优先股相比，可得到优先清偿的地位，因此是一种较为安全的投资方式。

2. 股票期权性质

可转换公司债券实质是一张债券加上一份由发行人给予持有人的股票看涨期权。与一般债券相比，可转换公司债券赋予了债券持有人在规定的时间范围内将其购买的债券转换成指定公司的股票的转换权。这种权利具有选择权的含义。如果股票价格上涨，债券持有人可以行使转换权，将可转换公司债券转换为股票，以获得标的股票上涨所带来的好处；如果股票价格低于转换价格，那么债券持有人不会转股，而是放弃这种转换权，持有债券到期。

二、可转换公司债券的基本要素

1. 票面利率

与普通债券一样，可转换公司债券也设有票面利率。可转换公司债券的票面利率通常要比普通债券的低，有时甚至还低于同期银行存款利率，这是因为可转换公司债券的价值除了利息之外还有股票期权这部分价值，该部分的价值可以弥补股票红利的损失，这也正是吸引投资者的主要原因。对于发行公司而言，低息票利率有利于降低公司融资成本，因此是一种便捷的融资工具。

2. 债券面值

我国可转换公司债券面值是100元，最小交易单位1手是1 000元面值。

3. 债券期限

可转换公司债券发行公司通常根据自己的偿债计划、偿债能力以及股权扩张的步伐来制定可转换公司债券的期限，国际市场上可转换公司债券期限通常较长，一般在5～10年左右。根据《上市公司证券发行管理办法》，我国发行的可转换公司债券的期限最短为1年，最长为6年。

4. 债券发行规模

可转换公司债券的发行规模不仅影响企业的偿债能力，而且要影响未来企业的股本结构，因此发行规模是可转换公司债券的重要条款之一。根据《上市公司证券发行管理办法》，我国可转换公司债券本次发行后累计公司债券余额不超过最近一期末净资产额的40%。

5. 转换期限

转换期限是指可转换公司债券转换为普通股票的起始日至结束日的期间。根据《上市公司证券发行管理办法》，我国可转换公司债券自发行结束之日起6个月后方可转换为公司股票，转股期限由公司根据可转换公司债券的存续期限及公司财务状况确定。债券持有人对转换股票或者不转换股票有选择权，并于转股的次日成为发行公司的股东。

6. 标的股票

标的股票，也称为正股。对于股票期权而言，正股是指投资者行权时要买卖的股票。对于可转换公司债券而言，正股是指可以转换的发行公司的股票。

7. 转换比例与转换价格

发行可转换公司债券时，发行人一般都明确规定“一张可转换公司债券能够兑换的标的股票的股数”或“一张可转换公司债券按面额兑换成标的股票所依据的价格”。前者被称为转换比例，后者被称为转换价格。根据《上市公司证券发行管理办法》，转股价格应不低于募集说明书公告日前20个交易日该公司股票交易均价和前1个交易日的均价。转换比例与转换价格之间的关系可用公式表示为：

转换比例=1张可转换公司债券的面值/转换价格

8. 转换价格调整条款

转换价格修正是指发行公司在发行可转换公司债券后，由于公司的送股、配股、增发股票、分立、合并、拆细及其他原因导致发行公司股本发生变动，引起公司股票名义价格下降时而对转换价格所作的必要调整，以保证转债持有人的利益。

9. 赎回条款

赎回条款是指发行人在发行一个时期以后，可以提前按约定价格买回所有未转股的可转换公司债券的条款。发行公司设立赎回条款的主要目的是降低发行公司的发行成本，避免因市场利率下降而给自己造成利率损失，同时也是出于加速转股过程、减轻财务压力的考虑。因此，赎回条件是一个对可转换公司债券发行人有利的条款。赎回实质上是买权，是赋予发行公司的一种权利，发行公司可以根据市场的变化而选择是否行使这种权利。

10. 回售条款

回售条款是指发行公司股票价格在一段时间内连续低于转换价格后达到一定的幅度时，债券持有人依据一定的条件可以要求发行公司以面额加计利息补偿金的价格收回可转换公司债券。为了降低投资风险吸引更多的投资者，发行公司通常设置该条款。它在一定程度上保护了投资者的利益，是投资者向发行公司转移风险的一种方式，可以有效控制投资者一旦转股失败带来的收益风险。回售实质上是一种卖权，是赋予投资者的一种权利，投资者可以根据市场的变化而选择是否行使这种权利。

三、可转换公司债券的转换价值、转换平价

1. 转换价值

转换价值是指可转换公司债券实际转换时按转换成普通股的市场价格计算的理论价值，它等于标的股票每股市场价格与转换比例的乘积，用公式表示：

可转换债券的转换价值=转换比例×标的股票市场价格

2. 转换平价

转换平价是指使可转换债券市场价值（即市场价格）等于该可转换债券转换价值时的标的股票的每股价格。用公式表示：

转换平价=可转换债券的市场价格/转换比例

当转换平价>标的股票市场价格时，可转换债券的市场价格>可转换债券的转换价值。反之，当转换平价<标的股票市场价格时，可转换债券的市场价格<可转换债券的转换价值。

转换平价可被视为已将可转换债券转换为标的股票的投资者的盈亏平衡点，只有当转换平价<标的股票市场价格时，投资者转股才可获利。

【例 5－3】某公司发行面值为 100 元人民币的可转换公司债券，可以转换成发行公司的 8 股普通股。目前，公司普通股每股的市价是 15 元，每张可转换债券的市场价格为 105 元。求该可转换公司债券的转换比例、转换价格和转换价值，并判断投资者现在以市场价买入转债转股出售股票是否有利？

转换比例 = 8

转换价格 = 100/8 = 12.5（元）

转换价值 = 标的股票市场价格 × 转换比例 = 15 × 8 = 120（元）

转换平价 = 可转换债券的市场价格/转换比例 = 104/8 = 13

由于转换平价 13 元 < 标的股票市场价格 15 元，可转债的市场价格 104 元 < 转换价值 120 元，因此，投资者现在以市场价买入可转换公司债券，进行转股后出售股票可获利。

本章小结

“金融衍生工具”，也称“金融衍生产品”，是与基础金融产品相对应的一个概念，是从已经存在的基础产品或基础变量基础上衍变而来的派生金融产品。常见的金融衍生工具包括远期、期货、期权和互换。金融期货是指交易双方约定在未来某一特定时间、以某一特定价格买卖某一特定数量和质量的金融资产的标准化合约；金融期货主要包括股票价格指数期货、外汇期货、利率期货。金融期权是指其持有者能在规定的期限内按交易双方协定的价格购买或出售一定数量的某种金融工具的权利，其本质上是一种选择权，其价值包括内在价值和时间价值；按期权交易的方向分，金融期权可以分为买入期权和卖出期权。可转换公司债券实质上是债券加上一份由发行人给予持有人的股票看涨期权。

复习思考题

一、选择题

1. 金融衍生工具交易一般只需要支付少量的保证金或权利金就可签订远期大额合约或互换不同的金融工具指的是金融衍生工具的（　　）特性。

A. 跨期性　　B. 联动性

C. 杠杆性　　D. 不确定性

2. 金融期货市场中承担价格波动风险的是（　　）。

A. 套期保值者　　B. 投机者

C. 套利者　　D. 金融监管机构

3. 期货合约的标准化是指除（　　）外，期货合约的所有条款都是预先订好的，具有标准化的特点。

A. 交易品种　　B. 成交价格

C. 交割地点　　D. 最小变动价位

4. 根据（　　）划分，金融期权可以分为欧式期权、美式期权和百慕大期权。

A. 选择权的性质　　　　　　　　　B. 合约所规定的履约时间的不同

C. 金融期权基础资产性质的不同　　D. 协定价格与基础资产市场价格的关系

5. 如果某可转换公司债券的面值为100元，可转债的市场价格为98元，规定其转换比例为10，则转换价格为（　　）元。

A. 9.8　　　　　　　　B. 10

C. 5　　　　　　　　　D. 20

二、判断题

1. 金融衍生工具最基本的职能是价格发现。（　　）

2. 金融衍生工具的杠杆效应在一定程度上决定了它的高投机性和高风险性。（　　）

3. 从理论上说，期权出售者在交易中所取得的盈利是有限的，仅限于他所收取的期权费，而他可能遭受的损失却是无限的。（　　）

4. 对看涨期权而言，若到期日标的资产的市场价格低于执行价格，期权的买方执行期权将有利可图。（　　）

5. 美式期权只能在期权到期日执行。（　　）

6. 备兑权证通常由上市公司发行，行权时会增加上市公司的总股本，致使每股净值稀释。（　　）

7. 可转换公司债券实质上嵌入了普通股票的看跌期权，正是从这个意义上说，我们将其列为期权类衍生产品。（　　）

8. 可转换公司债券由于附带了转换权，所以可转债的票面利率都要高于一般债券的票面利率。（　　）

9. 期货交易需要缴纳保证金，其中结算保证金是会员单位或客户在期货交易中因持有期货合约而实际支付的保证金。（　　）

三、简答题

1. 金融衍生工具的功能。

2. 金融期货与金融期权的区别？

四、计算题

假定某投资者购买了A公司股票的看跌期权合约，执行价格是50元/股，期权费是3元/股，有效期为4个月。请分析该看跌期权盈亏平衡点对应的股票价格是多少？设有效期限内该股票的市价为p，请分析在有效期内，随着p的变化，期权买方与卖方的盈亏情况，并图示。

第六章

证券发行市场

学习目标：

通过本章的学习，了解常见的证券发行方式以及我国股票、各类债券公开发行应具备的条件和核准程序，掌握两种证券发行审核制度的不同以及股票的估值方法，掌握我国证券发行保荐制度以及股票 IPO 的发行制度。

关键概念：

核准制　注册制　市盈率　保荐制度　累计投标询价　荷兰式招标　美国式招标

第一节

证券发行审核制度与发行方式

一、证券发行审核制度

证券发行是发行人进入证券市场的第一道闸门，发行人及其证券的优劣直接影响证券交易市场的发展和稳定、投资者的权益保障以及整个证券市场的资源配置效率。因此，证券发行审核制度是对证券发行实行监督管理的最重要内容之一，世界各国都非常注重对证券发行的监管，建立专门的机构对发行人的证券发行申请进行审核。从20世纪30年代开始，全球逐渐形成了两种基本的发行审核制度：一是发行注册制，二是发行核准制，这两种制度的差异主要是证券发行决定权的归属不同。

（一）核准制

证券发行核准制又称为“准则制”或“实质审查制”，是指发行人在申请发行证券时，不仅要充分公开企业的真实情况，而且还必须符合有关法律和证券管理机关规定的必备条件，证券主管机关有权否决不符合规定条件的股票发行申请。证券主管机关除了进行形式审查外，还对发行人的营业性质、发行人财力、素质及发展前景、发行价格、发行数量等条件进行实质审核，并由此作出发行人是否符合发行实质条件的价值判断。在核准制下，发行人的发行权由审核机构以法定方式授予。

核准制具有如下特征：①证券发行权利是通过证券监管机构的批准获得的；证券监管机构有权否决不符合实质性条件的证券发行申请；②核准制并不排除发行人信息的公开披露；③核准制规定证券发行的实质条件，强调实质管理原则。

欧洲大陆多数国家的证券发行是实行核准制，英国和中国香港因为没有柜台市场，证券发行实际上等同于在交易所上市，法律对发行有相应的实质要求，因此，也实行核准制。近些年来，新兴市场在证券发行上市监管方面往往采用核准制。采用核准制的主要意图是：通过政府干预的加强，运用实质性的管理力图剔除不良证券，保持证券市场的较高品质信用，从而稳定证券市场秩序，维护投资者利益，弥补相对薄弱的法律环境和投资者素质有待提高所产生的监管不足。

1998年出台的《中华人民共和国证券法》（简称《证券法》），确立了我国证券发行的核准制，2001年3月，我国股票发行核准制正式启动，经过多年的落实和深化，我国已初步形成符合中国资本市场发展水平的证券发行核准制度，我国发行审核制度的发展方向是逐步创造条件，从核准制向注册制过度。

审批制比一般核准制更强调政府的控制，因此也称为“严格核准制”。

（二）注册制

证券发行注册制也称“登记制”或“申报制”，是指发行人申请发行证券时，必须依法将公开的各种资料完全准确地向证券监管机构申报，证券监管机构的职责是对申报文件的全面性、准确性、真实性和及时性作形式审查，而将发行公司证券的良莠留给市场来决定。发行人在提交申请后的法定期限内，只要证券监管机构未提出不同意见，则发行注册自动生效，发行人即可着手发行证券。这种制度市场化程度较高，像商品市场一样，只要将产品信息真实全面地公开，至于产品能否卖出去，以什么价格卖出去，完全由市场需求来决定。

注册制具有如下特征：①证券发行的权利是法律赋予的，而非政府授予；②证券监管机构对申报材料仅作形式审查，而非实质审查。③公开原则是注册制的精髓和根基。采取注册制应具备以下的条件：一是较高的市场化程度；二是要有较完善的法律法规作保障；三是发行人和承销商及其他的中介机构要有较强的行业自律能力；四是投资者素质较高，有良好的投资理念；五是管理层的市场化监管手段较完善。美国、日本等发达国家的证券市场采用证券发行注册制。

近年来，我国正在不断努力推进股票发行由核准制向注册制的转变，例如加强承销商承销能力的培育、一些审核权力下放证券交易所与证券业协会、改革新股发行制度、加强投资者教育等。作为新兴市场国家的资本市场，尽管发展速度较快，但推出注册制的条件还有待进一步成熟。

二、证券发行方式

证券发行是发行人以筹集资金为目的，按照一定的法律规定和发行程序，向投资者出售证券的行为，是证券进入证券市场的第一道环节。根据不同的标准，证券发行方式主要有以下几种划分：

（一）按发行对象：可分为公募发行和私募发行

1. 公募发行

公募发行也称公开发行，是指发行人向不特定的社会公众投资者按统一条件公开发售证券的方式。公募发行面向众多投资者，其社会责任和影响很大，因此，为保障投资者权益，世界各国对公募发行都有严格的要求，如要求发行人有较高的信用，经营状况良好，具备监管部门规定的条件，严格的信息披露制度等。

采用公募发行的有利之处在于：①以众多投资者为发行对象，证券发行的数量多筹集资金的潜力大。②公募发行的证券可申请在证券交易所上市，具有较高的流动性，易于为广大投资者所接受，有利于提高发行人的知名度，扩大社会影响。公募发行的不足之处主要是发行程序比较复杂，登记核准的时间较长，通常委托证券承销商代理发行，发行费用较高。

我国《证券法》第十条规定：公开发行证券，必须符合法律、行政法规规定的条件，并依法报经国务院证券监督管理机构或者国务院授权的部门核准；未经依法核准，任何单位和个人不得公开发行证券。有下列情形之一的，为公开发行：①向不特定对象发行证券的。②向特定对象发行证券累计超过二百人的。③法律、行政法规规定的其他发行行为。

2. 私募发行

私募发行也称不公开发行、内部发行，是指以少数特定投资者为对象发售证券的方式。发行对象一般是与发行者有特定关系的投资者，如发行人的职工和老股东以及与发行人有密切关系的金融机构、公司、企业等。私募发行有确定的投资者，发行程序简单，不必委托中介机构办理承销，可以节省发行时间和发行费用。但私募发行的数额一般较小，由于没有经过严格的审查和批准，所以一般上市流通有限制，流动性较差。目前，在西方成熟的证券市场上，随着养老基金、共同基金和保险公司等专业机构投资者的迅速崛起，私募发行近年来呈现出逐渐增长的趋势。在我国，境内上市外资股（B股）的发行几乎全部采用私募的方式。

公募发行和私募发行各有优势。公募发行是证券发行中最常见、最基本的发行方式，适合于证券发行数量多、筹资额大、准备申请上市的发行人。然而在西方成熟的证券市场中，随着投资基金、养老基金、保险公司等机构投资者的增加，私募发行也呈逐年增长的趋势。

（二）按有无发行中介参与：可分为直接发行和间接发行

1. 直接发行

直接发行又称自营发行，是指发行人不是通过证券承销机构，而是自己直接面向投资人发售证券的方式。直接发行证券，多是私募发行。如股份有限公司采用发起设立方式募集股份，由于首次发行的股票全部由发起人直接认购，属直接发行之列。另外，一些公司为了调整资本结构或积累资本，只需在公司内部以某种转化的方式无偿发行新股，包括股票分红、公积金转增股本、股份分割以及债转股等，也都属于直接发行之列。直接发行证券有利之处是：不须向社会公众提供发行人的有关资料，发行成本较低；不足之处是：发行量小，其投资者主要面向与发行者有业务往来关系的机构，社会影响面不大；由于没有证券承销商的参与，一旦发行失败，则风险全部由发行人承担。

2. 间接发行

间接发行，又称承销发行，是指发行人委托证券承销商代其向投资人发售证券的方式。承销商一般为投资银行、证券公司、信托投资机构等。间接发行对于发行人而言，虽然要支付一定的发行费用，但是可以得到承销商专业化的营销服务，有利于提高发行人的知名度，筹资时间短；由于承销商承担了相应的发行责任和风险，因而发行风险也较低。一般而言，公募发行大都采取间接发行的方式。间接发行根据受托承销商发行责任的不同，又可以分为以下几种具体方式：

（1）代销。代销是指证券承销商代理发行人发售证券，发行期结束时将收入的资金连同未售出的证券全部退回给发行人的证券发行方式。使用这种发行方式，证券发行中的全部风险由发行人承担，代销者对证券能否售出不承担任何责任，因而承销费用在以上三种方式中是最低的，通常与实际发售数额挂钩。我国《证券法》规定证券的代销、包销期最长不得超过 90 日。

（2）包销。包销是指证券承销商将发行人的证券按照协议全部购入或者在承销期结束时将售后剩余证券全部自行购入的承销方式。包销一般可分为全额包销和余额包销两种。

全额包销又称承购包销或全额包销，是由证券承销商以协定的价格将所发行的证券全部买下，然后再转售给社会公众投资者的证券发行方式。使用这种发行方式，无论承销商能否将证券全部发行出去，发行人都可以及时、全额取得所筹资金，发行风险全部由受托承销商承担。同时，使用该种发行方式发行人付出的承销费也是最高的，因为证券承销商在向社会公众发行前，已将全部金额支付给发行人，构成资金垫付行为，所以承销费用必然提高。

余额包销发行方式，又称助销，是指证券承销商按照规定的发行额和发行条件，在约定的期限内向投资者发售证券，到发售截止日，如投资者实际认购总额低于预定发行总额，未售出的证券由承销商全部认购，并按约定时间向发行人支付全部证券款项。这种方式实际是代销和全额包销的结合，发行风险也是全部由承销商承担，发行人的筹资金额有保障，因此它的承销费用比代销高，但比全额包销低。

全额包销与余额包销在发行人获得资金的时间上是不同的，在余额包销方式下，发行人在发行期结束时才能获得资金，而在全额包销方式下，发行人在发行协议签订以后，发行期开始之前即可获得承销商垫付的资金。目前余额包销发行方式在我国运用得比较多。

我国《证券法》第三十二条和第三十三条规定：向不特定对象发行的证券票面总

值超过人民币五千万元的，应当由承销团承销。承销团应当由主承销和参与承销的证券公司组成。证券的代销、包销期限最长不得超过九十日。

（三）按发行价与面额的关系，可分为平价发行、溢价发行与折价发行

1. 平价发行

平价发行也称为等额发行或面额发行，是指发行人以票面金额作为证券的发行价格。平价发行方式较为简单易行，但其主要缺陷是发行人筹集资金量较少。目前，面额发行在发达证券市场中用得很少，多在证券市场不发达的国家和地区采用。我国最初发行股票时，就曾采用过面额发行，如1987年深圳发展银行发行股票时，每股面额为20元，发行价也为每股20元。

2. 溢价发行

溢价发行是指发行人按高于面额的价格发行股票，相比于平价发行，溢价发行筹集到较多的资金，同时还可降低筹资成本。溢价发行又可以分为时价发行和中间价发行两种方式。时价发行也称市价发行，是指以同类证券的流通价格为基准来确定证券发行价格，股票公开发行通常采用这种形式。中间价发行是指介于面额和时价之间的价格来发行股票，比如我国股份公司对老股东配股时可以认为是采用中间价发行。

3. 折价发行

折价发行是指以低于面额的价格出售新股，即按面额打一定折扣后发行证券。很多债券，尤其是零息债券就采用折价发行的方式。股票的发行很少采用折价发行。

第二节

股票的发行方式与发行价格的估值方法

一、股票的发行方式

股票的发行方式除上一节中提到的公募发行与私募发行、直接发行与间接发行外，根据发行的目的不同，还可以分为初次发行与增资发行。

（一）股票的初次发行

股票的初次发行又称为首次发行，有私募发行与公募发行之分。股票的私募发行主要是新组建股份有限公司时发起的股份发行和原非股份有限公司改组为股份有限公司时的股份发行；公募发行的初次发行，也称为股票的首次公开发行（Initial Public Offering，简称IPO）。在我国，私募和公募的初次发行股票都需在工商行政管理部门办理公司注册登记手续，而公募的初次发行股票还需获得国务院证券监督管理部门的核准才可以首次公开发行股票。

（二）股票的增资发行

股票的增资发行又称股票的再次发行，是股份公司为扩大经营规模，扩充资本金为目的而发行新股的方式。公司增资新股的发行方法按股东取得新股票时是否缴纳股款来划分，可分为有偿增资发行、无偿增资发行以及并行增资发行三种形式。形式不同，标志着公司增资来源的差异，同时也会对原股东的利益和股票的市价格造成较大影响。

1. 有偿增资发行

有偿增资是公司新股的认购者必须按照股票的发行价格支付现款才能获得股票的发行方式。这种发行方式可以使公司从外界获得资本，增加公司的资本。有偿增资发行一般包括三种方式：

（1）向老股东配股。是公司按照老股东的持股比例分配该公司的新股认购权，准予老股东以优惠的价格认购公司新发行股票的发行方式。这种发行方式不引入新股东，是对老股东权益的一种保护，老股东可以行使这项权利，也可以放弃配股，因此，配股发行的增资规模是有限的。

（2）公募增资发行。是指股份有限公司以向社会公开发行新股的方式而实现的增资发行。公募增资发行的股票以市场价格发行，在发行对象上突破了配股发行只向老股东发行的限制，筹资范围广，可以扩大股东的人数，避免股权的集中，增强股票的流动性，是许多上市公司采用的增资发行股票方式。

（3）私募增资发行。是指股份有限公司向特定的投资者定向以优惠价格增资发行股票的方式，特定的投资者往往与公司有战略合作关系，这种发行方式由于发行对象特定，因此手续简单。

在我国，上市公司有偿增资发行股票需获得国务院证券监督管理部门的核准。

2. 无偿增资

无偿增资是指股东不缴纳现金即可取得新股的增资发行方式，发行对象仅限于老股东。无偿增资的方式主要包括送股和公积金转增股本，从公司的角度来讲，这样的增资扩股并未使公司自外界获得更多的资本来源，而只是依靠公司的盈余结存、公积金等增加资本，表现为改变资本结构或充实内部的资本保留额，在一定程度上可以增强股东的信心和公司的信誉。

3. 并行增资

并行增资是指同时实行有偿增资的无偿增资，比如在将公司公积金转入注册资本时，同时分配原股东优先承购新股权。股东在购买新股时，其应缴纳股款的一部分会以相应公积金抵充，余款才由股东缴付现金。例如，新股的认购金额为 100 元，规定其中的 25 元为无偿部分，属于是以转增的公积金抵充，其余有偿部分的 75 元则令股东付现。并行增资的做法实际上含有催促迅速缴纳股款的作用。

二、股票发行价格的估值方法

股票发行价格指股份有限公司将股票公开发售给特定或非特定投资者所采用的价格。我国《公司法》（2013 年 12 月第四次修订）第一百二十七条：股票发行价格可以按票面金额，也可以超过票面金额，但不得低于票面金额。《证券法》（2014 年 8 月第四次修订）第三十四条：股票发行采取溢价发行的，其发行价格由发行人与承销的证券公司协商确定。

一般而言，在确定股票发行价格时应综合考虑公司的盈利水平、公司发展潜力、发行数量、行业特点以及股市状态等影响股价的基本因素。对拟发行股票的合理估值是定价的基础。股票通常的估值方法有两大类：一类是相对估值法，另一类是绝对估值法。

（一）相对估值法

亦称可比公司法，是指对股票进行估值时，对可比较的或代表性的公司进行分析，尤其注意有着相似业务的公司的新近发行以及相似规模的其他新近的首次公开发行，以获得估值基础。主承销商审查可比较的发行公司的初次定价和它们二级市场的表现，然后根据发行公司的特质进行价格调整，为新股发行进行估价。在运用可比公司法时，可以采用比率指标进行比较，最常用的比率指标是市盈率（PE）和市净率（PB）。

1. 市盈率法

（1）市盈率的理解。市盈率（Price－Earnings Ratio，简称 PE）亦称本益比，是指一个考察期内（通常一个会计年度），股票市场价格除以每股盈利的比率，市盈率反映了在每股盈利不变的情况下，当派息率为100%时，在所得股息没有进行再投资的条件下，经过多少年我们的投资可以通过股息全部收回。其基本计算公式为：

市盈率＝股票市场价格÷每股收益（每股净利润）

市盈率法中每股净利润有全面摊薄法和加权平均法两种计算方式。计算公式分别为：

每股净利润＝全年净利润÷发行后总股本；

每股净利润＝全年净利润÷［发行前总股本数＋本次公开发行股本数×（12－发行月份）÷12］

市盈率是一个反映股票收益与风险的重要指标，体现的是企业按现在的盈利水平要花多少钱才能收回成本，表明投资人愿意用盈利的多少倍的货币来购买某种股票，是市场对该股票的评价，这个值通常被认为在10～20之间是一个合理区间。一般来说，市盈率指标数值越低越小越好，越小说明投资回收期越短，风险越小，投资价值一般就越高；倍数大则意味着翻本期长，风险大。但从另一个角度来说，市盈率高，在一定程度上也反映了投资者对公司增长潜力的认同，表明投资者对公司的未来充满信任，愿意为每1元盈利多付买价，在欧美、香港成熟的股票市场上同样如此。从这个角度去分析，投资者就不难理解为什么高科技板块的股票市盈率接近或超过100倍，而摩托车制造、钢铁行业的股票市盈率只有20倍了。由于行业的不同，PE也会不同，一般使用行业平均值来看待个股的PE。

（2）市盈率的两种计算方法

市盈率有两种计算方法。一是股价同过去一年每股盈利的比率，二是股价同本年度每股盈利的比率。

①市盈率＝股票市场价格÷上年度每股收益（每股净利润）

②市盈率＝股票市场价格÷本年度每股收益（每股净利润）

以上年度的每股收益作为标准计算的市盈率，不能反映股票因本年度及未来每股收益的变化而使股票投资价值发生变化这一情况，因而具有一定滞后性；以本年度每股收益作为标准计算的市盈率反映了股票现实的投资价值，投资股票是投资公司的未来，上市公司当年的盈利水平才具有较大的参考价值，因此，如何准确估算上市公司当年的每股盈利水平，就成为利用市盈率分析股票投资价值的关键。

（3）运用市盈率对股票进行估价

如果我们能分别估计出股票的市盈率和每股收益，那么我们就能间接地由公式估计出股票价格，这种评价股票价格的方法，就是“市盈率估价方法”。

根据公式：市盈率 = 股票市场价格 ÷ 每股收益（每股净利润）

股票合理价值 = 可比公司的市盈率 × 发行公司每股收益

【例6-1】某发行公司经过科学预测的本年度每股收益是1.2元，当前股票市场可比公司最近的股票发行市盈率为15倍，利用市盈率计算该发行公司的股票发行价。

根据公式，该公司股票的发行价 = 1.2 × 15 = 18（元）

2. 市净率法

（1）市净率的理解。市净率（Price - Bookvalue Ratio，简称PB）亦称本益比，是指一个考察期内（通常一个会计年度），股票市场价格除以每股净资产的比率，每股净资产，又称“账面价值”，指每股股票所含的实际资产价值，是支撑股票市场价格的物质基础，每股净资产的数额越大，表明公司内部积累越雄厚，抵御外来因素影响的能力越强。同时也代表公司解散时股东可分得的权益，通常被认为是股票价格下跌的底线。正因为如此，市净率反映的是相对于净资产，股票当前市场价格是处于较高水平还是较低水平。一般来讲，市净率越低的股票，风险越低，投资价值越高。相反，其投资价值就越小。但从另一个角度来说，市净率高，在一定程度上也反映了投资者对公司增长潜力的认同，市价高于账面价值时企业资产的质量较好，有发展潜力，受到投资者追捧；反之则资产质量差，没有发展前景。优质股票的市价都超出每股净资产许多，一般来说市净率达到3倍可以树立较好的公司形象。其计算公式为：

市净率 = 股票市场价格 ÷ 每股净资产

市净率与市盈率相比，市净率通常用于考察股票的内在价值，多为长期投资者所重视；市盈率通常用于考察股票的供求状况，更为短期投资者所关注。

（2）运用市净率对股票进行估价。市净率的作用还体现在可以作为确定新发行股票初始价格的参照标准。股票按照溢价发行，要考虑按市场平均投资潜力状况来定溢价幅度，这时股市各种类似股票的平均市净率便可作为参照标准，其原理与市盈率估价相同。

相对估值法简单易用，可迅速获得被评估资产的价值，尤其是当证券市场存在大量“可比”股票在进行交易时，且市场对它们定价相对稳定的时候。缺点是：“可比公司”的选择是个主观概念，世界上没有风险和成长性方面完全相同的两个公司；同时，该方法通常忽略了决定资产最终价值的内在因素和假设前提；另外，该方法容易将市场对“可比公司”的错误定价（高估或低估）引入对目标公司的估值中。

（二）绝对估值法

绝对估值法，亦称贴现法，基本原理是任何资产的价值等于其预期未来产生的全部现金流量的现值之和。贴现法主要包括公司贴现现金流量法（Discount Cash Flow，DCF）、现金分红折现法（Dividend Discount Model，DDM）。相对估值法反映的是市场供求决定的股票价格，绝对估值法体现的是内在价值决定价格，即通过对企业估值，而后计算每股价值，从而估算股票的价值。以下以公司贴现现金流量法（DCF）为例介绍绝对估值法。

贴现现金流量法是通过预测公司未来的现金流量，按照一定的贴现率计算公司的整体价值，从而进行股票估值的方法，运用贴现现金流量法的计算步骤如下：

1. 预测公司未来的自由现金流量

预测的前提是本次发行成功地筹集到必要的现金并运用于相关项目投资。公司自有现金流量，是指公司在持续经营的基础上除了在库存、厂房、设备、长期股权等类似资产上所需投入外，能够产生的额外现金流量。现金流量的预测期一般为5～10年，预测期越长，预测的准确性越差。公司自由现金流（Free Cash Flow For The Firm）为美国学者拉巴波特提出，基本概念为公司产生的、在满足了再投资需求之后剩余的、不影响公司持续发展前提下的、可供公司资本供应者（即各种利益要求人，包括股东、债权人）分配的现金。

2. 预测公司的永续价值

永续价值是公司预测时期末的市场价值，可以参照公司的账面残值和当时的收益情况，选取适当的行业平均市盈率倍数或者市净率倍数进行估算。

3. 计算加权平均资本成本

$$WACC = \sum K_i \times b_i$$

WACC为加权平均资本成本，K_i 为各单项资本成本，b_i 为各单项资本成本所占的比重。

4. 计算公司的整体价值

$$公司整体价值 = \sum_{t=1}^{n} \frac{FCF_t}{(1 + WACC)^n} + \frac{V_n}{(1 + WACC)^n}$$

式中，FCF_t 为企业自由现金流；V_n 为n时刻目标企业的终值。

5. 公司股权价值

公司股权价值＝公司整体价值－净债务值

6. 计算公司每股股票价值

公司每股股票价值＝公司股权价值÷发行后总股本

贴现现金流量法需要比较可靠地估计未来现金流量（通常为正值），同时根据现金流量的风险特征又能确定出恰当的贴现率。但实际操作中情况往往与假设条件相距甚远，影响了该方法的正确使用。在以下情况下，使用贴现现金流量法进行估值时将遇到较大困难，需要进行相应的调整。

（1）陷入财务困境状态的公司。公司处于财务困境状态下，当前的收益和现金流量通常为负，并且无法预期公司未来何时会出现好转。对于此类公司，由于破产的可能性很大，所以预测未来现金流量就十分困难。

（2）周期性公司。周期性公司的收益和现金流量往往随宏观经济环境的变化而变化。经济繁荣时，公司收益上升，经济萧条时则下降。很多周期性公司在宏观经济极度萧条时，会与处于困境中的公司一样，具有负的收益和现金流量。如果对这些公司运用现金流量折现法进行估值，通常要对预期未来现金流量进行平滑处理。对于此类公司，在估值前对宏观经济环境进行预测是必不可少的，但这种预测必然会导致分析人员的主观偏见，并且成为影响估值结果的一个因素。

（3）正在进行重组的公司。正在进行重组的公司通常会出售它们的一些已有的资产，购买新的资产，并且改变它们的资本结构和股利政策，一些公司进行重组时还会改变其所有权结构和管理层的激励方案，每种变化都将使公司未来现金流量的预测变得更为困难，并且会影响未来现金流量的风险特征，并进而影响折现率。历史数据会对这类公司的估值产生误导作用。但是，即使是对于投资和融资政策发生重大变化的公司，如果预测的未来现金流量已经反映了这些变化的影响，并且折现率已经根据公司新的业务和财务风险进行了适当的调整，那么仍然可以使用现金流量折现法。

（4）拥有未被利用资产的公司。现金流量折现法反映了公司当前所有产生现金流量的经营性资产的价值。如果公司有尚未利用的经营性资产（当前不产生任何现金流量），这些资产的价值就不会体现在公司总价值中。同样，当前未被充分利用的资产也会产生类似问题。通常可以从公司外部得到此类资产的价值，然后将其加到现金流量折现法计算出的价值之中。

国际主要股票市场对新上市公路、港口、桥梁、电厂等基建公司的估值和发行定价一般采用现金流量折现法。这类公司的特点是前期投资大，初期回报不高，上市时的利润一般偏低，如果采用市盈率法发行定价则会低估其真实价值，而对公司未来收益（现金流量）的分析和预测能比较准确地反映公司的整体和长远价值。

股票发行的估值和定价既有理性的计算，更有对市场供求的敏感性判断，如果仅仅依赖公式计算，认为计算的结果才是公司的合理价值，就过于武断。事实上，股票的价格是随着股票市场景气程度不断变化的，定价的艺术体现在定价的过程之中。主承销商在定价之前，需要确定恰当的市场时机，因为在不恰当的情况下发行，估值结论和定价结果难以体现真正的价值，既可能影响发行人的利益，也可能损害投资者利益。在我国的发行市场中，首次公开发行股票的承销风险相对较小，因此，主承销商往往重制作材料而轻视定价的过程，但随着市场的规范化发展，科学合理的定价将越来越重要。

第三节

我国股票的公开发行

一、我国股票公开发行的审核制度

我国股票发行制度的发展经历了审批制和核准制两个阶段。

（一）行政审批制度：1990 年 ~2000 年

2001 年以前，我国一直采用股票发行规模和发行数量双重控制的监管方式，即每年先由证券主管部门下达公开发行股票的数量总规模，各地方政府和国务院各部委在此限额内切分额度，再由地方或部委确定预选企业，上报证监会审批。审批制经历了从“额度控制”到“总量控制、限报家数”的变化。

审批制在我国股票市场的发展初期有一定的积极作用，一方面，证券市场建立初期，各行业、各地区发展不平衡，要求上市的企业质量参差不齐，因此需要加以宏观调控和严格审查；另一方面，由于我国的股票发行刚刚起步，对于如何有效地监管，国家还处于摸索阶段，因此实行审批制对抑制当时过分的地方经济扩张冲动、维护市场秩序、培育投资人和证券中介机构都发挥了积极作用，同时也给证券市场法制建设提供了必要的时间和空间。但不可否认的是，无论“额度控制”还是“总量控制、限制家数”，都仍然属于计划性质的管理体系，注定了只能是一项过渡性的制度安排：首先，“总量控制、限制家数”的措施在支持大型企业上市的同时，强化了对国有企业的支持，客观上限制了其他经济成分的企业，使在国民经济中活跃并占有重要地位的民营和外商投资企业难以进入市场，造成了证券市场上市公司结构性的矛盾；其次，在产业政策方面，重点支持农业、能源、交通、通讯、重要原材料等基础产业和高技术产业的企业，而金融、房地产、商品流通业受到严格限制；再次，优先鼓励和支持国有企业发行股票收购兼并有发展前景但暂时亏损的企业的政策，在实际操作中变异为单纯为国有企业解困，客观上影响了上市公司的质量。随着我国证券市场不断规范发展，实行股票发行核准制的条件已基本成熟。

（二）核准制：**2001** 年至今

1999 年 7 月 1 日正式实施的《中华人民共和国证券法》，确立了核准制的法律地位。2000 年 3 月 16 日，中国证监会发布了《关于发布〈中国证监会股票发行核准程序〉通知》，标志着我国股票发行体制开始由审批制向核准制转变。2001 年 3 月 17 日，我国股票发行核准制正式启动，正式取消了行政审批制下的股票发行额度和指标，实行核准制下的“通道制”，核准制取代了行政审批制。我国推行核准制前后经历了两个阶段：

1. 通道制：2001 年 ~2004 年 1 月

2001 年 3 月实行了核准制下的“通道制”，也就是由证券监管部门向综合类券商下达可以推荐拟公开发行股票的企业家数。只要具有主承销商资格，就可获得 2 至 8 个通道，具体通道数主要以 2000 年该主承销商所承销的项目数为基准，其中，规模较大的券商拥有 8 个通道，规模较小的券商拥有 2 个通道，主承销商的通道数也就是其可以推荐申报的拟公开发行股票的企业家数，所推荐企业每核准并结束发行一家后才可再申报一家。这一阶段共有 200 多家企业筹资 2000 多亿元。通道制下股票发行“名额有限”的特点未变，但通道制改变了过去行政机制遴选和推荐发行人的做法，使主承销商在一定程度上承担起股票发行风险，同时也获得了遴选和推荐股票发行的权力。

2. 保荐制：2004 年 2 月至今

2003 年以来，围绕核准制的落实和深化，中国证监会进行了一系列的制度性建设，推行了证券发行上市保荐制度。所谓保荐制度，是有保荐资格的证券经营机构推荐符合条件的公司发行和上市，并对所推荐的证券及发行人所披露信息的质量和所做出的承诺提供法规规定的持续指导、督促和信用担保。也就是让保荐券商和相关保荐代表人对其保荐发行承销的股票，负有一定的持续性的连带担保责任。2003 年 12 月，中国证监会正式出台了《证券发行上市保荐制度暂行办法》，2008 年 10 月，中国证监会对已经实施 5 年的保荐制度进行修改与完善，发布了《证券发行上市保荐业务管理办法》，新的《保荐管理办法》，进一步强化和细化了保荐机构的责任，尤其是以保荐代表人为代表的证券从业人员的个人责任，将进一步促进上市公司规范运作和可持续发展，提高上市公司的信息披露质量，推动证券市场诚信建设。2009 年 4 月修订的《证券发行上市保荐业务管理办法》[①]，将保荐制度从主板扩展到创业板。

根据《证券发行上市保荐业务管理办法》，发行人应当就首次公开发行股票并上市，上市公司发行新股、可转换公司债券，中国证券监督管理委员会认定的其他情形等事项，聘请具有保荐机构资格的证券公司履行保荐职责。在保荐制度下，企业发行上市不但要有保荐机构进行保荐，还需要具有保荐代表人资格的从业人员具体负责保荐工作。保荐工作分为两个阶段，即尽职推荐和持续督导阶段。从中国证监会正式受理公司申请文件到完成发行上市为尽职推荐阶段。证券发行上市后，首次公开发行股票并在主板上市的，持续督导期间为上市当年剩余时间及其后 2 个完整会计年度；上市公司发行新股、可转换公司债券的，持续督导期间为上市当年剩余时间及其后 1 个完整会计年度。首次公开发行股票并在创业板上市的，持续督导期间为上市当年剩余时间及其后 3 个完整会计年度；上市公司发行新股、可转换公司债券的，持续督导期间为上市当年剩余时间及其后 2 个完整会计年度。

保荐机构和保荐代表人在向中国证监会推荐企业发行上市前，要对发行人进行尽职调查和专业辅导培训，保荐机构要在推荐文件中对发行人是否符合发行上市条件、申请文件不存在虚假记载、误导性陈述或重大遗漏等事项作出承诺。证券发行上市后，保荐机构要持续督导发行人履行规范运作、信守承诺、信息披露等义务。

作为证券发行上市市场化约束机制的重要步骤，保荐制度的实施确立了保荐机构及其保荐代表人在发行上市环节的角色和独特作用，明确了中介机构及其从业人员的责任。保荐机构及其保荐代表人须以尽责和诚信为出发点，推荐企业发行上市，从源头上保障上市公司的质量基础，增强市场的安全性。实施证券发行上市保荐制度是深化发行审核制度改革的重大举措，是对证券发行上市建立市场约束机制的重要制度探索，对推动我国证券发行制度从核准制向注册制转变具有重要的意义。

二、我国首次公开发行股票的条件

（一）法律条件

我国首次公开发行股票的基本条件规定于证券市场的两大基本法律当中，即《公司法》与《证券法》。《证券法》第十三条规定：公司公开发行新股，应当符合下列条件：①具备健全且运行良好的组织机构。②具有持续盈利能力，财务状况良好。③最近三年财务会计文件无虚假记载，无其他重大违法行为。④经国务院批准的国务院证券监督管理机构规定的其他条件。《证券法》主要从发行人的盈利能力、公司治理、财务制度等方面做纲要性的规定，而将具体细则的制定权赋予了中国证监会。《公司法》第一百二十五条和一百二十六条规定：股份有限公司的资本划分为股份，每一股的金额相等。股份的发行，实行公平、公正的原则，同种类的每一股份应当具有同等权利。同次发行的同种类股票，每股的发行条件和价格应当相同；任何单位或者个人所认购的股份，每股应当支付相同价额。《公司法》要求股份的发行体现同一次发行的股票“同股同价，同股同权”。

---

① 根据 2017 年 12 月 7 日中国证券监督管理委员会《关于修改〈证券登记结算管理办法〉等七部规章的决定》，《证券发行上市保荐业务管理办法》于 2017 年 12 月进行了部分修改。

（二）中国证监会制定的主板市场发行条件

经过股权分置改革后，我国重新启动了股份全流通条件下的 IPO，2006 年 5 月 17 日，中国证券监督管理委员会审议通过了《首次公开发行股票并上市管理办法》（2015 年 12 月、2018 年 6 月两次修改），该办法对我国证券市场新时期的主板市场 IPO 条件作了具体的规定。《首次公开发行股票并上市管理办法》要求：在我国境内首次公开发行股票并上市，拟发行人应在符合《证券法》《公司法》条件下，具备本办法规定的发行条件。具体条件如下：

1. 主体资格

（1）发行人应当是依法设立且合法存续的股份有限公司。经国务院批准，有限责任公司在依法变更为股份有限公司时，可以采取募集设立方式公开发行股票；

（2）发行人自股份有限公司成立后，持续经营时间应当在 3 年以上，但经国务院批准的除外。有限责任公司按原账面净资产值折股整体变更为股份有限公司的，持续经营时间可以从有限责任公司成立之日起计算；

（3）发行人的注册资本已足额缴纳，发起人或者股东用作出资的资产的财产权转移手续已办理完毕，发行人的主要资产不存在重大权属纠纷；

（4）发行人的生产经营符合法律、行政法规和公司章程的规定，符合国家产业政策；

（5）发行人最近 3 年内主营业务和董事、高级管理人员没有发生重大变化，实际控制人没有发生变更；

（6）发行人的股权清晰，控股股东和受控股股东、实际控制人支配的股东持有的发行人股份不存在重大权属纠纷。

2. 规范运行

（1）发行人已经依法建立健全股东大会、董事会、监事会、独立董事、董事会秘书制度，相关机构和人员能够依法履行职责。

（2）发行人的董事、监事和高级管理人员已经了解与股票发行上市有关的法律法规，知悉上市公司及其董事、监事和高级管理人员的法定义务和责任。

（3）发行人的董事、监事和高级管理人员符合法律、行政法规和规章规定的任职资格，且不得有下列情形：①被中国证监会采取证券市场禁入措施尚在禁入期的。②最近 36 个月内受到中国证监会行政处罚，或者最近 12 个月内受到证券交易所公开谴责。③ 因涉嫌犯罪被司法机关立案侦查或者涉嫌违法违规被中国证监会立案调查，尚未有明确结论意见。

（4）发行人的内部控制制度健全且被有效执行，能够合理保证财务报告的可靠性、生产经营的合法性、营运的效率与效果。

（5）发行人不得有下列情形：①最近 36 个月内未经法定机关核准，擅自公开或者变相公开发行过证券；或者有关违法行为虽然发生在 36 个月前，但目前仍处于持续状态。②最近 36 个月内违反工商、税收、土地、环保、海关以及其他法律、行政法规，受到行政处罚，且情节严重。③最近 36 个月内曾向中国证监会提出发行申请，但报送的发行申请文件有虚假记载、误导性陈述或重大遗漏；或者不符合发行条件以欺骗手段骗取发行核准；或者以不正当手段干扰中国证监会及其发行审核委员会审核工作；或者伪造、变造发行人或其董事、监事、高级管理人员的签字、盖章。④本次报送的发行申请文件有虚假记载、误导性陈述或者重大遗漏。⑤涉嫌犯罪被司法机关立案侦查，尚未有明确结论意见。⑥严重损害投资者合法权益和社会公共利益的其他情形。

（6）发行人的公司章程中已明确对外担保的审批权限和审议程序，不存在为控股股东、实际控制人及其控制的其他企业进行违规担保的情形。

（7）发行人有严格的资金管理制度，不得有资金被控股股东、实际控制人及其控制的其他企业以借款、代偿债务、代垫款项或者其他方式占用的情形。

3. 财务与会计

（1）发行人资产质量良好，资产负债结构合理，盈利能力较强，现金流量正常。

（2）发行人的内部控制在所有重大方面是有效的，并由注册会计师出具了无保留结论的内部控制鉴证报告。

（3）发行人会计基础工作规范，财务报表的编制符合企业会计准则和相关会计制度的规定，在所有重大方面公允地反映了发行人的财务状况、经营成果和现金流量，并由注册会计师出具了无保留意见的审计报告。

（4）发行人编制财务报表应以实际发生的交易或者事项为依据；在进行会计确认、计量和报告时应当保持应有的谨慎；对相同或者相似的经济业务，应选用一致的会计政策，不得随意变更。

（5）发行人应完整披露关联方关系并按重要性原则恰当披露关联交易。关联交易价格公允，不存在通过关联交易操纵利润的情形。

（6）发行人应当符合下列条件：①最近3个会计年度净利润均为正数且累计超过人民币3 000万元，净利润以扣除非经常性损益前后较低者为计算依据。②最近3个会计年度经营活动产生的现金流量净额累计超过人民币5 000万元。或者最近3个会计年度营业收入累计超过人民币3亿元。③发行前股本总额不少于人民币3 000万元。④最近一期末无形资产（扣除土地使用权、水面养殖权和采矿权等后）占净资产的比例不高于20%。⑤最近一期末不存在未弥补亏损。

中国证监会根据《关于开展创新企业境内发行股票或存托凭证试点的若干意见》[①]等规定认定的试点企业（以下简称试点企业），可不适用前款第①项、第⑤项规定。

（7）发行人依法纳税，各项税收优惠符合相关法律法规的规定。发行人的经营成果对税收优惠不存在严重依赖。

（8）发行人不存在重大偿债风险，不存在影响持续经营的担保、诉讼以及仲裁等重大或有事项。

（9）发行人申报文件中不得有下列情形：①故意遗漏或虚构交易事项或者其他重要信息。②滥用会计政策或者会计估计。③操纵、伪造或篡改编制财务报表所依据的会计记录或者相关凭证。

（10）发行人不得有下列影响持续盈利能力的情形：①发行人的经营模式、产品或服务的品种结构已经或者将发生重大变化，并对发行人的持续盈利能力构成重大不利影响。②发行人的行业地位或发行人所处行业的经营环境已经或者将发生重大变化，并对

① 国务院办公厅2018年3月22日发布。

发行人的持续盈利能力构成重大不利影响。③发行人最近1个会计年度的营业收入或净利润对关联方或者存在重大不确定性的客户存在重大依赖。④发行人最近1个会计年度的净利润主要来自合并财务报表范围以外的投资收益。⑤发行人在用的商标、专利、专有技术以及特许经营权等重要资产或技术的取得或者使用存在重大不利变化的风险。⑥其他可能对发行人持续盈利能力构成重大不利影响的情形。

（三）中国证监会制定的创业板市场发行条件

2018年6月6日，中国证券监督管理委员会审议通过修订的《首次公开发行股票并在创业板上市管理办法》① 第三条规定：发行人申请首次公开发行股票并在创业板上市，应当符合《证券法》《公司法》和本办法规定的发行条件。具体发行条件如下：

1. 基本条件：

（1）发行人是依法设立且持续经营3年以上的股份有限公司；有限责任公司按原账面净资产值折股整体变更为股份有限公司的，持续经营时间可以从有限责任公司成立之日起计算。

（2）最近两年连续盈利，最近两年净利润累计不少于1 000万元；或最近一年营业收入不少于5 000万元，净利润以扣除非经常性损益前后孰低者为计算依据。

（3）最近一期末净资产不少于2 000万元，且不存在未弥补亏损。

（4）发行后股本总额不少于3 000万元。

中国证监会根据《关于开展创新企业境内发行股票或存托凭证试点的若干意见》等规定认定的试点企业（以下简称试点企业），可不适用前款第（2）项规定和第（3）项“不存在未弥补亏损”的规定。

2. 规范运行

（1）发行人的注册资本已足额缴纳，发起人或者股东用作出资的资产的财产权转移手续已办理完毕。发行人的主要资产不存在重大权属纠纷。

（2）发行人应当主要经营一种业务，其生产经营活动符合法律、行政法规和公司章程的规定，符合国家产业政策及环境保护政策。

（3）发行人最近两年内主营业务和董事、高级管理人员均没有发生重大变化，实际控制人没有发生变更。

（4）发行人的股权清晰，控股股东和受控股股东、实际控制人支配的股东所持发行人的股份不存在重大权属纠纷。

（5）发行人具有完善的公司治理结构，依法建立健全股东大会、董事会、监事会以及独立董事、董事会秘书、审计委员会制度，相关机构和人员能够依法履行职责。

发行人应当建立健全股东投票计票制度，建立发行人与股东之间的多元化纠纷解决机制，切实保障投资者依法行使收益权、知情权、参与权、监督权、求偿权等股东权利。

（6）发行人会计基础工作规范，财务报表的编制符合企业会计准则和相关会计制

---

① 2009年1月，中国证券监督管理委员审议通过《首次公开发行股票并在创业板上市管理暂行办法》。2014年2月，中国证券监督管理委员会审议通过《首次公开发行股票并在创业板上市管理办法》，上述《暂行办法》废止。《首次公开发行股票并在创业板上市管理办法》后经2015年12月、2018年6月两次修订。

度的规定，在所有重大方面公允地反映了发行人的财务状况、经营成果和现金流量，并由注册会计师出具无保留意见的审计报告。

（7）发行人内部控制制度健全且被有效执行，能够合理保证公司财务报告的可靠性、生产经营的合法性、营运的效率与效果，并由注册会计师出具无保留结论的内部控制鉴证报告。

（8）发行人的董事、监事和高级管理人员应当忠实、勤勉，具备法律、行政法规和规章规定的资格，且不存在下列情形：

①被中国证监会采取证券市场禁入措施尚在禁入期的；

②最近三年内受到中国证监会行政处罚，或者最近一年内受到证券交易所公开谴责的；

③因涉嫌犯罪被司法机关立案侦查或者涉嫌违法违规被中国证监会立案调查，尚未有明确结论意见的。

（9）发行人及其控股股东、实际控制人最近三年内不存在损害投资者合法权益和社会公共利益的重大违法行为。

发行人及其控股股东、实际控制人最近三年内不存在未经法定机关核准，擅自公开或者变相公开发行证券，或者有关违法行为虽然发生在三年前，但目前仍处于持续状态的情形。

三、我国首次公开发行股票的程序

（一）发行人首次公开发行股票的申请准备工作

1. 发行人接受保荐机构的辅导

根据《证券发行上市保荐业务管理办法》的规定，保荐机构在推荐发行人首次公开发行股票并上市前，应当对发行人进行辅导，对发行人的董事、监事和高级管理人员、持有5%以上股份的股东和实际控制人（或者其法定代表人）进行系统的法规知识、证券市场知识培训，使其全面掌握发行上市、规范运作等方面的有关法律法规和规则，知悉信息披露和履行承诺等方面的责任和义务，树立进入证券市场的诚信意识、自律意识和法制意识。保荐机构辅导工作完成后，应由发行人所在地的中国证监会派出机构进行辅导验收。

2. 召开董事会与股东大会，形成股票发行决议

股份公司拟公开发行股票，必然会增加公司的资本，根据《公司法》的运作要求，公司资本的增减变化要履行法律程序，即由董事会提出议案，提请股东大会表决通过，公司的经营机构董事会才能着手进行股票的发行事宜。

根据《首次公开发行股票并上市管理办法》的规定，发行人董事会应当依法就本次股票发行的具体方案、本次募集资金使用的可行性及其他必须明确的事项作出决议，并提请股东大会批准。发行人股东大会就本次发行股票作出的决议，至少应当包括下列事项：

（1）本次发行股票的种类和数量。

（2）发行对象。

（3）价格区间或者定价方式。

（4）募集资金用途。

（5）发行前滚存利润的分配方案。

（6）决议的有效期。

（7）对董事会办理本次发行具体事宜的授权。

（8）其他必须明确的事项。

3. 保荐机构（主承销商）帮助发行人制作申请文件

保荐制度的实施使得发行人申请股票的公开发行，必须由一家具有保荐资格的券商向中国证监会保荐，而且还需有指定的保荐代表人负责要对发行人进行尽职调查和专业辅导培训，帮助发行人制作申请文件，对推荐文件中对发行人是否符合发行上市条件、申请文件不存在虚假记载、误导性陈述或重大遗漏等事项作出承诺。证券发行上市后，保荐代表人还要持续督导发行人履行规范运作、信守承诺、信息披露等义务。因此。发行人计划公开发行股票，必须找到一家信任的保荐机构进行合作。

4. 保荐机构向中国证监会保荐并申报申请文件

发行人要在保荐机构的指导下完成 IPO 申请文件的准备，IPO 申请文件的准备是一项系统工程，中国证监会专门制定了《公开发行证券的公司信息披露内容与格式准则第9号——首次公开发行股票并上市申请文件》（2006 年修订），发行人要按照 9 号准则的要求制作申请文件。下面列举部分主要申请文件的目录：

第一章　招股说明书与发行公告

1－1　招股说明书（申报稿）

1－2　招股说明书摘要（申报稿）

1－3　发行公告（发行前提供）

第二章　发行人关于本次发行的申请及授权文件

2－1　关于本次发行的申请报告

2－2　董事会有关本次发行的决议

2－3　股东大会有关本次发行的决议

第三章　保荐人关于本次发行的文件

3－1　发行保荐书

第四章　会计师关于本次发行的文件

4－1　财务报表及审计报告

4－2　盈利预测报告及审核报告（如有）

第五章　发行人律师关于本次发行的文件

5－1　法律意见书

5－2　律师工作报告

第六章　发行人的设立文件

6－1　发行人的企业法人营业执照

6－2　发起人或主要股东的营业执照或有关身份证明文件

6－3　发行人公司章程（草案）

第七章　关于本次发行募集资金运用的文件

7－1　募集资金投资项目的审批、核准或备案文件

7-2 发行人拟收购资产（或股权）的合同或合同草案

第八章 其他文件

8-1 产权和特许经营权证书

8-2 重要合同

8-3 保荐协议和承销协议

8-4 发行人全体董事对发行申请文件真实性、准确性和完整性的承诺书

特定行业的发行人应当提供管理部门的相关意见。

上述文件中，招股说明书是最重要的法律文件，招股说明书是指发行人发行股票时，就发行中的有关事项向公众作出披露，并向非特定投资人提出购买或销售其股票的要约邀请性文件。公司首次公开发行股票必须制作招股说明书，并按照中国证监会的有关规定编制和披露招股说明书。

（二）首次公开发行股票的核准

发行人应当按照中国证监会的有关规定制作申请文件，由保荐人保荐并向中国证监会申报；中国证监会收到申请文件后，在5个工作日内作出是否受理的决定；中国证监会受理申请文件后，由相关职能部门对发行人的申请文件进行初审。根据《证券法》第二十一条的规定，发行人申请首次公开发行股票实务在提交申请文件后，应当按照国务院证券监督管理机构的规定预先披露有关申请文件。发行人申请文件受理后，发行审核委员会审核之前，发行人当将招股说明书（申报稿）在中国证监会网站预先披露。有关职能部门对发行人的申请文件初审完成后，由股票发行审核委员会通过发审委会议进行审核；根据发审委的意见，中国证监会对发行人发行申请依照法定条件作出予以核准或不予核准的决定，并出具相关文件。自中国证监会核准发行之日起，发行人应在6个月内发行股票，超过6个月未发行的，核准文件失效，须重新经过中国证监会核准后方可发行。

（三）首次公开发行股票的发行程序

1. 公告招股说明（意向书）及其摘要

发行人股票发行前只需在一种中国证监会指定报刊刊登提示性公告，告知投资者网上刊登的地址。同时将招股说明书全文和摘要刊登于中国证监会指定的网站并将招股说明书全文置于发行人住所、拟上市证券交易所、保荐人、主承销商和其他承销机构的住所，以备公众查阅。保荐人出具的发行保荐书、证券服务机构出具的有关文件应当作为招股说明书的备查文件，在中国证监会指定的网站上披露，并置备于发行人住所、拟上市证券交易所、保荐人、主承销商和其他承销机构的住所，以备公众查阅。

2. 推介、确定发行价

首次公开发行股票招股意向书刊登后，发行人和主承销商可以向网下投资者进行推介和询价，并通过互联网等方式向公众投资者进行推介、按照相关规定确定股票发行价格。根据2018年6月中国证监会修订的《证券发行与承销管理办法》① 第四条规定：首次公开发行股票，可以通过向网下投资者询价的方式确定股票发行价格，也可以通过

① 2006年9月19日起施行的《证券发行与承销管理办法》，是股权分置改革后，股份全流通下的证券发行与承销办法。该《办法》在2013年做了较大改动，后经2014年、2015年、2017年、2018年多次修订。

发行人与主承销商自主协商直接定价等其他合法可行的方式确定发行价格。公开发行股票数量在2 000万股（含）以下且无老股转让计划的，可以通过直接定价的方式确定发行价格。发行人和主承销商应当在招股意向书（或招股说明书）和发行公告中披露本次发行股票的定价方式。

3. 刊登发行公告

发行人及其主承销商应在T－1日（T日为发行申购日）刊登网上、网下发行公告，对发行方案进行详细的说明，发行公告是对投资者做出发行的事实通知。

4. 向投资者发售股票

根据询价结果或已确定的发行价，主承销商将承销发行的股票通过网上发行与网下发行相结合的方式向投资者发售股票，其中参与询价的机构投资者网下申购新股，其他投资者网上申购新股。网上发行是指利用上海证券交易所或深圳证券交易所的交易系统，新股发行主承销商在证券交易所挂牌销售，投资者通过证券公司营业部交易系统申购的发行方式。

四、我国首次公开发行股票的定价

股票是一种特殊的商品，在境外成熟的资本市场，中大型公司新股发行价格通常是通过向机构为主的投资者市场化询价形成，小规模公司新股发行价一般由发行人与主承销商协商定价。机构投资者拥有一批专业的投资研究和分析人员，能够对发行人销售的股票提出反映市场需求的报价，其报价对新股发行价格的确定有较强的约束作用。境外资本市场多年的实践证明，通过询价、报价、形成价格是股票市场化定价的有效形式。

我国股票市场IPO定价机制经历了行政化、市场化、半市场化、准市场化等多次探索，市场化定价是我国股票发行的市场化改革的目标。目前，我国基金等机构投资者的力量显著扩大，机构投资者的定价分析能力和参与确定新股发行价格的意愿不断增强，在市场中的地位和作用日益突出，因而具备了在首次公开发行股票中引入向机构投资者询价机制的条件。

为了完善新股发行定价机制，根据市场发展的要求，我国于2005年开始试行询价制度，经过多年运行，目前已形成中大型公司新股发行向机构投资者询价、小型公司新股发行定价由发行人与主承销商协商定价的定价模式。询价为主的IPO定价制度主要依靠市场机制形成新股发行价，通过询价、报价，机构投资者以及少量具有专业能力的个人投资者参与新股发行定价过程，由市场供需双方直接协商，按企业质量、市场状况定价，并将部分股票配售给参与询价的投资者，将参与询价投资者的利益、风险与发行价格直接挂钩，防止随意报价，使新股发行价格能够正确反映企业的市场价值和市场的实际需求，达到维护广大公众投资者利益的目的。

中国证监会出台的《证券发行与承销管理办法》，规范了首次公开发行股票的询价、定价以及股票配售等环节。具体要点如下：

（一）询价（网下发行）对象

首次公开发行股票，网下投资者须具备丰富的投资经验和良好的定价能力，应当接受中国证券业协会的自律管理，遵守中国证券业协会的自律规则。

网下投资者参与报价时，应当持有一定金额的非限售股份。发行人和主承销商可以根据自律规则，设置网下投资者的具体条件，并在发行公告中预先披露。主承销商应当对网下投资者是否符合预先披露的条件进行核查，对不符合条件的投资者，应当拒绝或剔除其报价。

（二）向询价对象提供投资价值研究报告

主承销商可以在刊登招股意向书后向询价对象提供投资价值研究报告。投资价值研究报告应当对影响发行人投资价值的因素进行全面分析，至少包括下列内容：发行人的行业分类、行业政策；发行人与主要竞争者的比较及其在行业中的地位；发行人经营状况和发展前景分析；发行人盈利能力和财务状况分析；发行人募集资金投资项目分析；发行人与同行业可比上市公司的投资价值比较；宏观经济走势、股票市场走势以及其他对发行人投资价值有重要影响的因素。投资价值研究报告应当在上述分析的基础上，运用行业公认的估值方法对发行人股票的合理投资价值进行预测。

（三）询价与定价

首次公开发行股票时，发行人股东拟进行老股转让的，发行人和主承销商应于网下网上申购前协商确定发行价格、发行数量和老股转让数量。采用询价方式且无老股转让计划的，发行人和主承销商可以通过网下询价确定发行价格或发行价格区间。

发行人和主承销商可以自主协商确定参与网下询价投资者的条件、有效报价条件、配售原则和配售方式，并按照事先确定的配售原则在有效申购的网下投资者中选择配售股票的对象。根据主承销商的申请，证券交易所可以提供网下发行电子平台进行初步询价、网下申购及网下配售工作。

首次公开发行股票采用询价方式定价的，符合条件的网下机构和个人投资者可以自主决定是否报价，主承销商无正当理由不得拒绝。网下投资者应当遵循独立、客观、诚信的原则合理报价，不得协商报价或者故意压低、抬高价格。网下投资者报价应当包含每股价格和该价格对应的拟申购股数，且只能有一个报价。非个人投资者应当以机构为单位进行报价。首次公开发行股票价格（或发行价格区间）确定后，提供有效报价的投资者方可参与申购。

首次公开发行股票采用询价方式的，网下投资者报价后，发行人和主承销商应当剔除拟申购总量中报价最高的部分，剔除部分不得低于所有网下投资者拟申购总量的10%，然后根据剩余报价及拟申购数量协商确定发行价格。剔除部分不得参与网下申购。公开发行股票数量在4亿股（含）以下的，有效报价投资者的数量不少于10家；公开发行股票数量在4亿股以上的，有效报价投资者的数量不少于20家。剔除最高报价部分后有效报价投资者数量不足的，应当中止发行。

（四）股票网上网下配售

1. 配售方式

首次公开发行股票的网下发行应和网上发行同时进行，网下和网上投资者在申购时无须缴付申购资金。投资者应当自行选择参与网下或网上发行，不得同时参与。持有一定数量非限售股份的投资者才能参与网上申购，网上投资者申购时仅公告发行价格区间、未确定发行价格的，主承销商应当安排投资者按价格区间上限申购。首次公开发行股票采用直接定价方式的，全部向网上投资者发行，不进行网下询价和配售。

2. 配售比例

首次公开发行股票采用询价方式的，公开发行股票后总股本4亿股（含）以下的，网下初始发行比例不低于本次公开发行股票数量的60%；发行后总股本超过4亿股的，网下初始发行比例不低于本次公开发行股票数量的70%。其中，应当安排不低于本次网下发行股票数量的40%优先向通过公开募集方式设立的证券投资基金（以下简称公募基金）、全国社会保障基金（以下简称社保基金）和基本养老保险基金（以下简称养老金）配售，安排一定比例的股票向根据《企业年金基金管理办法》设立的企业年金基金和符合《保险资金运用管理暂行办法》等相关规定的保险资金（以下简称保险资金）配售。公募基金、社保基金、养老金、企业年金基金和保险资金有效申购不足安排数量的，发行人和主承销商可以向其他符合条件的网下投资者配售剩余部分。

首次公开发行股票网下投资者申购数量低于网下初始发行量的，发行人和主承销商不得将网下发行部分向网上回拨，应当中止发行。网上投资者申购数量不足网上初始发行量的，可回拨给网下投资者。

五、投资者申购新股

根据沪深交易所《首次公开发行股票网上、网下发行实施细则》（2018年修订）的规定：新股网上发行申购日与网下发行申购日为同一日。对于通过网下初步询价确定新股发行价格的，网下配售和网上发行均按照定价发行方式进行。对于通过网下累计投标询价确定新股发行价格的，参与网上发行的投资者按询价区间的上限进行申购。

（一）网下投资者申购新股

网下发行，目前是通过证券交易所网下发行电子平台及中国证券登记结算有限责任公司登记结算系统进行发行配售。

1. 市值计算

持有沪深市场（两个市场分别计算，不能合计）非限售A股和非限售存托凭证总市值不少于1 000万元（含）的配售对象方可参与网下询价和申购。配售对象持有的市值，按照X-2日（X日为初步询价开始日，下同）前20个交易日（含X-2日）的日均持有市值计算。配售对象持有多个证券账户的，多个证券账户市值合并计算。

2. 申购流程

主承销商应当在T-1（网下申购日为T日）日15:00前在网下发行电子平台完成有效报价投资者确定，启动申购。网下投资者可通过网下发行电子平台查询其管理的配售对象的有效报价入围数量。

T日9:30—15:00期间，参与网下发行的有效报价投资者应通过网下发行电子平台为其管理的配售对象录入申购价格、申购数量及主承销商在发行公告中规定的其他信息。申购时，网下投资者无须为其管理的配售对象缴付申购资金。

T+1日15:00前，主承销商将新股网下初步配售结果通过网下发行电子平台交中国结算公司。

T+2日，主承销商在指定媒体刊登网下初步配售结果公告。

T+2日8:30—16:00，网下投资者应根据发行价格和其管理的配售对象获配股份数量，从配售对象在协会备案的银行账户向中国结算公司网下发行专户足额划付认购资金，认购资金应当于 T+2 日 16:00 前到账。

T+3 日 15:00 前，主承销商通过网下发行电子平台制作新股网下最终配售结果文件，并将新股网下配售结果通过网下发行电子平台交中国结算公司。

T+4 日 9:00 前，中国结算公司将网下发行新股认购款项划至主承销商的资金交收账户。主承销商收到中国结算公司划转的新股认购款项后，应当及时依据承销协议将有关款项划转到发行人指定的银行账户。

网下发行结束后，中国结算公司根据主承销商通过网下发行电子平台提供的网下配售结果数据办理股份初始登记。

（二）网上投资者申购新股

目前的网上发行，是通过证券交易所交易系统并采用网上按市值申购和配售方式进行的发行配售。

1. 市值计算

持有沪深市场（两个市场分别计算，不能合计）非限售 A 股和非限售存托凭证总市值 1 万元以上（含 1 万元）的投资者方可参与网上发行。

投资者持有的市值以投资者为单位，按其 T－2 日（T 日为发行公告确定的网上申购日，下同）前 20 个交易日（含 T－2 日）的日均持有市值计算。

2. 基本规则

投资者根据持有的市值确定其网上可申购额度。

沪市每 1 万元市值可申购一个申购单位，不足 1 万元的部分不计入申购额度。新股申购单位为 1 000 股。新股网上申购数量应当为 1 000 股或其整数倍，但最高不得超过当次网上初始发行股数的千分之一，且不得超过 9 999.9 万股。存托凭证申购单位应当为 100 份或其整数倍，具体由发行人和主承销商协商确定并事先披露。每一存托凭证申购单位由发行人与主承销商协商确定并预先披露。申购数量应当为一个申购单位或其整数倍，但最高不得超过当次网上初始发行存托凭证份数的千分之一，且不得超过 9 999.9万份。

深市每 5 000 元市值可申购一个申购单位，不足 5 000 元的部分不计入申购额度。新股申购单位为 500 股。新股网上申购数量应当为 500 股或其整数倍，但最高不得超过当次网上初始发行股数的千分之一，且不得超过 999 999 500 股。存托凭证申购单位应当为 100 份或其整数倍，具体由发行人和主承销商协商确定并事先披露。存托凭证网上申购数量应当为一个申购单位或其整数倍，但最高不得超过当次网上初始发行存托凭证份数的千分之一，且不得超过 999 999 500 份。

证券交易所接受申购申报的时间为 T 日 9:15～11:30、13:00～15:00。投资者在进行申购时无须缴付申购资金。

新股申购一经交易系统确认，不得撤销。每只新股发行，每一证券账户只能申购一次。

3. 申购流程

T－1（网上申购日为 T 日）日，中国结算公司计算沪深两市投资者 T－2 日前 20 个交易日（含 T－2 日）的日均持有市值及可申购额度，并于申购日前一个交易日（T－1 日）将可申购额度向各证券公司发送。

T 日，投资者根据其持有的市值数据，在申购时间内通过与交易所联网的各证券公司进行申购委托。

T 日 15:00 后，中国结算公司确认有效申购总量，按每申购单位配一个号，对所有有效申购按时间先后顺序连续配号，直到最后一笔有效申购，并按以下原则配售新股：

（1）网上有效申购量小于或等于本次网上发行量，不需进行摇号抽签，所有配号都是中签号码，投资者按其有效申购量认购新股。

（2）网上有效申购量大于本次网上发行量，则通过摇号抽签，确定有效申购中签号码，每一中签号码认购一个申购单位新股。

中国结算公司将于 T 日盘后向各参与申购的结算参与人（证券公司）发送配号结果数据，各结算参与人营业部应于 T+1 日向投资者发布配号结果。

T+1 日，主承销商在指定媒体公布中签率，如有效申购量大于本次网上发行量，在公证部门的监督下，由主承销商主持摇号抽签，确认摇号中签结果，并于 T+2 日在指定媒体上公布中签结果。

T+1 日，中国结算公司于当日收市后向各参与申购的结算参与人发送中签数据。结算参与人应据此要求投资者准备认购资金。

T+2 日日终，中签的投资者应确保其资金账户有足额的新股认购资金，不足部分视为放弃认购。

T+3 日 16:00，中国结算公司将对认购资金进行交收处理，结算参与人需保证其资金交收账户有足额资金用于新股认购的资金交收。并于当日将认购资金划至主承销商的资金交收账户。

T+4 日，主承销商在收到中国结算公司划转的认购资金后，依据承销协议将该资金扣除承销费用后划转到发行人指定的银行账户。并于 T+4 日在指定媒体公布网上发行结果。

中国结算公司根据新股认购资金交收结果完成网上发行股份登记。

4. 投资者多次中签未足额缴款的处理

投资者连续 12 个月内累计出现 3 次中签但未足额缴款的情形时，自结算参与人最近一次申报其放弃认购的次日起 6 个月（按 180 个自然日计算，含次日）内不得参与新股、存托凭证、可转换公司债券、可交换公司债券网上申购。

第四节

债券的发行

一、债券的发行方式

债券的发行方式除公募发行与私募发行、直接发行与间接发行外，还可以根据债券发行条件及投资者的决定方式划分为：招标发行和议价发行。

（一）招标发行

招标发行是指通过招标的方式来确定债券的承销商和发行条件的发行方法。由于招标是公开进行的，属于公募性质，因而也称为“公募招标”。招标发行条件由发行者与投标者双方通过市场竞争来决定，这样确定的发行条件最能体现公平的市场原则，也能真实地反映供求关系决定的市场利率，此外，招标发行还有利于缩短发行时间，促进债券一级市场、二级市场之间的衔接，所以招标发行是一种市场化程度高、效率高、低成本的发行方式。基于这些优点，世界各国一般广泛采用招标方式发行国家债券，招标发行已成为我国国债发行体制改革的主要方向，近年来，财政部对国债的发行较多地采取了招标发行的方式。

招标发行按不同性质有如下分类：

1. 竞争投标与非竞争投标

竞争投标是通过投标人的竞价来确定发行价格（或利率）的招标方式。投标人（认购者）根据自己的判断提出愿接受的价格或利率以及认购的数量进行投标，发行者则按价格由高到低，或者按照利率由低到高的顺序决定中标者，直到完成预定的发行数量。通常所提的投标方式都是竞争投标，也叫多种价格中标方式。

非竞争投标是指认购者只报认购证券数量，发行者按当天成交的竞争性出价的最高价与最低价的平均价格出售。这种投标方式，只有在认购数量不大时，才允许认购者采用。

2. 缴款期招标、价格招标、利率招标

在竞争投标中，根据招标竞争标的物的不同，招标发行又可分为缴款期招标、价格招标和收益率招标三种形式。

（1）缴款期招标。是指在国债的票面利率和发行价格已经确定的条件下，发行者按照承销机构（认购者）缴款的先后时间顺序确定的中标权者，直至满足预定发行额为止。缴款期招标一般适用于招标机制不健全的环境。

（2）价格招标。是指在债券利率已确定的条件下，由认购者根据利率与票面价格提出发行价格进行招标，发行者则按照由高到低的次序决定中标者，直到完成预定数量。价格招标主要用于贴现国债的发行，如果附息债券或采用价格招标，必须先将票面利率确定。

（3）利率招标。是指发行者按照认购者以百分比表示的利率（即收益率），由低到高确定中标者与中标额的招标方法。不管是附息债券还是贴现债券，都可以采取收益率招标的方式。其实所有招标方式在本质上都是收益率招标，对于附有票面利率的债券，通过招标过程确定的票面利率，一般为所有招标收益率的加权平均数。

3. 荷兰式招标和美国式招标

在竞争投标中，根据中标规则的不同，招标又可分为荷兰式招标和美国式招标两种形式。

（1）荷兰式招标。又称单一价格招标，是指发行者按照募满发行额为止的最低价格或最高的利率作为全体中标商的中标价格或中标利率发行债券的方式。

（2）美国式招标。又称多种价格招标，是指发行者按照投标商各自的中标价格或中标利率确定中标者及招标认购数量的债券发行方式。美国式招标使同一种债券发行的中标者所接受的发行条件不同，中标成本直接取决于投标技巧。

（二）议价发行

议价发行也称非招标发行，是指证券发行者与证券承销商就证券发行价格、手续费等权责事项充分商讨后再发行的一种发行方式。

议价发行的优点有两个方面：第一，承销商与发行人直接商洽，可以更多地了解发行人的真实情况，从而减少承销的风险；第二，对于证券承销商而言，议价发行比招标发行更合理，证券的推销和利润的把握性更大。

二、企业债券的发行

我国企业债券的由来主要根据是 1993 年出台的《企业债券管理条例》。当时《公司法》尚未出台，股份有限公司和有限责任公司也尚未成为国有企业组织制度改革的主要方式。1994 年之后，虽然相当多国有企业进行了公司制改革，名称上也挂上了“公司”二字，但事实上，由于原国家计委只管政府部门和国有企业的投融资安排，不管非国有企业的类似活动，所以，企业债券自起始就限制在国有经济部门，与众多的公司相比，它所涉及的发债主体比公司债券要窄得多。鉴于 20 世纪 90 年代中期，一些地方发生了企业债券到期难以兑付本息的风险，原国家计委上收了企业债券的审批权，从而形成了企业债券由原国家计委即现国家发改委集中管理和审批的格局。这一历史过程表明，在我国，企业债券与公司债券是有一定的差异的。

企业债券在国外通常称为公司债券，其原因在于国外企业法人多为公司形式，公司是发行债券的主体，我国企业债券的发行主体主要为境内国有经济部门具有法人资格的非公司制企业和一些虽采用公司名称但并非依照《公司法》规范设立与运作的企业，当然也包括国有企业改制为公司组织形式的企业发行的债券。目前的发债主体主要包括由中央政府部门所属机构、国有独资企业或国有控股企业发行的债券。

（一）企业债券发行条件

1. 基本条件

根据 1993 年出台的《企业债券管理条例》第十二条和第十六条的规定，企业发行企业债券必须符合以下条件：（1）企业规模达到国家规定的要求。（2）企业财务会计制度符合国家规定。（3）具有偿债能力。（4）企业经济效益良好，发行企业债券连续 3 年盈利。（5）企业发行企业债券的总面额不得大于该企业的自有资产净值。（6）所筹资金用途符合国家产业政策。

根据《证券法》第十六条和 2008 年 4 月发布的《国家发展改革委关于推进企业债券市场发展、简化发行核准程序有关事项的通知》规定，企业公开发行企业债券必须符合下列条件：（1）股份有限公司的净资产额不低于人民币 3 000 万元，有限责任公司和其他类型企业的净资产不低于人民币 6 000 万元。（2）累计债券余额不超过发行人净资产（不包括少数股东权益）的 40%。（3）最近 3 年平均可分配利润（净利润）足以支付债券 1 年的利息。（4）筹集的资金投向符合国家产业政策，所需相关手续齐全。（5）债券的利率由企业根据市场情况确定，但不得超过国务院限定的利率水平。（6）已发行的企业债券或者其他债务未处于违约或延迟支付本息的状态。（7）最近 3 年没有重大违法违规的行为。

2. 募集资金的投向

《企业债券管理条例》第二十条规定：企业发行企业债券所筹集的资金不得用于房地产买卖、股票买卖和期货交易等与本企业生产经营无关的风险性投资。《证券法》第十六条规定：公开发行公司债券筹集的资金不得用于弥补亏损和非生产性支出。《国家发展改革委关于推进企业债券市场发展、简化发行核准程序有关事项的通知》规定：企业发行企业债券所筹集的资金可用于固定资产投资项目、收购产权（股权）、调整债务结构和补充营运资金。

（二）企业债券发行条款设计要求及其他安排

1. 发行规模

《企业债券管理条例》：企业发行企业债券的总面额不得大于该企业的自有资产净值；《证券法》第十六条和《国家发展改革委关于推进企业债券市场发展、简化发行核准程序有关事项的通知》规定：公开发行企业债券，发行人累计债券余额不超过企业净资产（不包括少数股东权益）的40%。在此限定规模内，具体的发行规模由发行人根据其资金使用计划和财务状况自行确定。企业债券每份面值100元，以1 000元人民币为1个认购单位。

2. 期限

《企业债券管理条例》和《证券法》对于企业债券的期限均没有明确的规定。在实际具体操作中，原则上不能低于1年。

3. 利率及付息规定

《企业债券管理条例》第十八条规定：企业债券的利率不得高于银行相同期限居民储蓄定期存款利率的40%。

4. 债券的评级

发行人应当聘请具有企业债券评估从业资格的信用评级机构对其债券进行信用评级。

5. 债券的担保

为债券发行提供担保的，保证人应当具有代为清偿债务的能力，保证应当是连带责任担保。

6. 法律意见书

发行人应当聘请具有从业资格的律师事务所，对发行人发行企业债券的条件和合规性进行法律鉴证，并出具法律意见书。

7. 债券的承销

企业债券的发行应组织承销团以余额包销的方式承销。根据发改委《关于下达2006年第一批企业债券发行规模及发行核准有关问题的通知规定》：企业债券应由具备从事企业债券承销业务资格的金融机构代理发行，现阶段，承销机构主要是商业银行与证券公司。

（三）企业债券发行的申报与核准

1. 申报与核准

根据《国家发改委关于推进企业债券市场发展，简化发行核准程序有关事项的通知》，为进一步推进企业债券市场发展，扩大发行规模，经国务院同意，对企业债券发行核准程序进行改革，将先核定规模（额度），后核准发行两个环节，简化为直接核准发行一个环节。在发行的具体申报上，仍然采取如下方式：中央直接管理企业的申请材料直接申报；国务院行业管理部门所属企业的申请材料由行业管理部门转报；地方企业的申请材料由所在省、自治区、直辖市、计划单列市发展改革部门转报。企业债券得到国家发改委核准并经中国人民银行和中国证监会会签后，即可进行具体的发行工作。

2. 企业债券发行申请材料

根据《国家发改委关于推进企业债券市场发展，简化发行核准程序有关事项的通知》的要求，企业（公司）申请发行债券应当向发改委报送的主要文件有：

（1）国务院行业管理部门或省级发展改革部门转报发行企业债券申请材料的文件。（2）发行人关于本次发行的申请文件。（3）主承销商对本次发行债券的推荐意见。（4）发行企业债券可行性研究报告。（5）发债资金投向的有关原始合法文件。（6）发行人最近3年的财务报告和审计报告及最近1期的财务报告。（7）企业（公司）债券募集说明书及其摘要。（8）承销协议及承销团协议。（9）担保函（如有）。（10）企业债券信用评级报告。（11）法律意见书等。

三、公司债券的发行

本节内容所指的公司债券，是指符合《证券法》《公司法》和中国证监会2014年11月发布的《公司债券发行与交易管理办法》[①] 所发行的债券。《公司债券发行与交易管理办法》所称的公司债券，是指我国境内公司依照法定程序发行、约定在一定期限内还本付息的有价证券。《管理办法》规定了公司债券发行主体的适用范围：在中华人民共和国境内，公开发行公司债券并在证券交易所、全国中小企业股份转让系统交易或转让，非公开发行公司债券并按照本办法规定承销或自行销售，或在证券交易所、全国中小企业股份转让系统、机构间私募产品报价与服务系统、证券公司柜台转让。与原《公司债券发行试点办法》规定的公司债券发行主体仅限于沪深证券交易所上市的公司及发行境外上市外资股的境内股份有限公司相比，《管理办法》将发行范围扩大至所有公司制法人。但依照《国务院关于加强地方政府性债务管理的意见》（国发〔2014〕43号），交易所市场公司债券发债主体排除地方政府融资平台公司。商业银行发行的金融债、次级债等在银行间交易市场进行，仍然需要执行《全国银行间债券市场金融债券发行管理办法》等现有规定，报中国人民银行、中国银监会审批。下文关于公司债券的发行内容，摘录于《公司债券发行与交易管理办法》。

（一）公司债券发行的一般规定

发行公司债券，发行人应当依照《公司法》或者公司章程相关规定对以下事项作出决议：发行债券的数量、发行方式、债券期限、募集资金的用途、决议的有效期、其他按照法律法规及公司章程规定需要明确的事项。发行公司债券，如果对增信机制、偿债保障措施作出安排的，也应当在决议事项中载明。

上市公司、股票公开转让的非上市公众公司发行的公司债券，可以附认股权、可转换成相关股票等条款。上市公司、股票公开转让的非上市公众公司股东可以发行附可交

---

① 是对2007年8月发布的《公司债券发行试点办法》运行7年后的修改。

换成上市公司或非上市公众公司股票条款的公司债券。商业银行等金融机构可以按照有关规定发行附减记条款的公司债券。

公开发行公司债券，募集资金应当用于核准的用途；非公开发行公司债券，募集资金应当用于约定的用途。除金融类企业外，募集资金不得转借他人。发行人应当指定专项账户，用于公司债券募集资金的接收、存储、划转与本息偿付。

（二）公开发行

1. 发行条件

公开发行公司债券，应当符合《证券法》[①]《公司法》《公司债券发行与交易管理办法》的相关规定。

《公司债券发行与交易管理办法》规定：存在下列情形之一，不得公开发行公司债券：①最近三十六个月内公司财务会计文件存在虚假记载，或公司存在其他重大违法行为。②本次发行申请文件存在虚假记载、误导性陈述或者重大遗漏。③对已发行的公司债券或者其他债务有违约或者迟延支付本息的事实，仍处于继续状态。④严重损害投资者合法权益和社会公共利益的其他情形。

资信状况符合以下标准的公司债券可以向公众投资者公开发行，也可以自主选择仅面向合格投资者[②]公开发行：

（1）发行人最近三年无债务违约或者迟延支付本息的事实。

（2）发行人最近三个会计年度实现的年均可分配利润不少于债券一年利息的1.5倍。

（3）债券信用评级达到AAA级。

（4）中国证监会根据投资者保护的需要规定的其他条件。未达到上述规定标准的公司债券公开发行应当面向合格投资者；仅面向合格投资者公开发行的，中国证监会简化核准程序。

2. 申请文件及信用评级

发行人应当按照中国证监会信息披露内容与格式的有关规定编制和报送公开发行公司债券的申请文件。债券募集说明书及其他信息披露文件所引用的审计报告、资产评估报告、评级报告，应当由具有从事证券服务业务资格的机构出具。债券募集说明书所引用的法律意见书，应当由律师事务所出具，并由两名执业律师和所在律师事务所负责人

---

① 《证券法》规定公开发行公司债券应符合以下条件：a. 股份有限公司的净资产不低于人民币3 000万元，有限责任公司的净资产不低于人民币6 000万元。b. 累计债券余额不超过公司净资产的40%。c. 最近三年平均可分配利润足以支付公司债券一年的利息。d. 筹集的资金投向符合国家产业政策。e. 债券的利率不超过国务院限定的利率水平。f. 国务院规定的其他条件。

② 合格投资者，是指具备相应的风险识别和承担能力，知悉并自行承担公司债券的投资风险，并符合下列资质条件：a. 经有关金融监管部门批准设立的金融机构，包括证券公司、基金管理公司及其子公司、期货公司、商业银行、保险公司和信托公司等，以及经中国证券投资基金业协会（以下简称基金业协会）登记的私募基金管理人。b. 上述金融机构面向投资者发行的理财产品，包括但不限于证券公司资产管理产品、基金及基金子公司产品、期货公司资产管理产品、银行理财产品、保险产品、信托产品以及经基金业协会备案的私募基金。c. 净资产不低于人民币1 000万元的企事业单位法人、合伙企业。d. 合格境外机构投资者（QFII）、人民币合格境外机构投资者（RQFII）。e. 社会保障基金、企业年金等养老基金，慈善基金等社会公益基金。f. 名下金融资产不低于人民币300万元的个人投资者。g. 经中国证监会认可的其他合格投资者。

签署。公开发行公司债券，应当委托具有从事证业务资格的资信评级机构进行信用评级。

3. 核准

中国证监会受理申请文件后，依法审核公开发行公司债券的申请，自受理发行申请文件之日起3个月内，作出是否核准的决定，并出具相关文件。

公开发行公司债券，可以申请一次核准，分期发行。自中国证监会核准发行之日起，发行人应当在12个月内完成首期发行，剩余数量应当在24个月内发行完毕。公开发行公司债券的募集说明书自最后签署之日起6个月内有效。采用分期发行方式的，发行人应当在后续发行中及时披露更新后的债券募集说明书，并在每期发行完成后5个工作日内报中国证监会备案。

4. 发行价及利率确定

公司债券公开发行的价格或利率以询价或公开招标等市场化方式确定。发行人和主承销商应当协商确定公开发行的定价与配售方案并予公告，明确价格或利率确定原则、发行定价流程和配售规则等内容。

5. 交易市场

公开发行的公司债券，应当在依法设立的证券交易所上市交易，或在全国中小企业股份转让系统或者国务院批准的其他证券交易场所转让。

证券交易所、全国中小企业股份转让系统对公开发行公司债券的上市交易或转让实施分类管理，实行差异化的交易机制，建立相应的投资者适当性管理制度，健全风险控制机制。

（三）非公开发行

1. 发行条件

与公开发行相比，《公司债券发行与交易管理办法》未明确规定非公开发行公司债券的相关发行条件，是否进行信用评级也由发行人确定，并在债券募集说明书中披露。由此可见，非公开发行公司债券条件相对宽松，给了发行人较大的自主权。

2. 发行对象

非公开发行的公司债券应当向合格投资者发行，不得采用广告、公开劝诱和变相公开方式，每次发行对象不得超过200人。发行人的董事、监事、高级管理人员及持股比例超过5%的股东，可以参与本公司非公开发行公司债券的认购与转让，不受合格投资者资质条件的限制。

发行人、承销机构应当按照中国证监会、证券自律组织规定的投资者适当性制度，了解和评估投资者对非公开发行公司债券的风险识别和承担能力，确认参与非公开发行公司债券认购的投资者为合格投资者，并充分揭示风险。

3. 备案

非公开发行公司债券，承销机构或依照《管理办法》规定自行销售的发行人应当在每次发行完成后5个工作日内向中国证券业协会备案。备案不代表中国证券业协会实行合规性审查，不构成市场准入，也不豁免相关主体的违规责任。

4. 转让市场

非公开发行公司债券，可以申请在证券交易所、全国中小企业股份转让系统、机构间私募产品报价与服务系统、证券公司柜台转让。非公开发行的公司债券仅限于合格投资者范围内转让。转让后，持有同次发行债券的合格投资者合计不得超过200人。

（四）债券持有人权益保护

发行公司债券的，发行人应当为债券持有人聘请债券受托管理人，并订立债券受托管理协议；在债券存续期限内，由债券受托管理人按照规定或协议的约定维护债券持有人的利益。发行人应当在债券募集说明书中约定，投资者认购或持有本期公司债券视作同意债券受托管理协议、债券持有人会议规则及债券募集说明书中其他有关发行人、债券持有人权利义务的相关约定。

（五）债券持有人会议

发行公司债券，应当在债券募集说明书中约定债券持有人会议规则。债券持有人会议规则应当明确债券持有人通过债券持有人会议行使权利的范围，债券持有人会议的召集、通知、决策机制和其他重要事项。债券持有人会议按照相关规定及会议规则的程序形成的决议对全体债券持有人有约束力。

存在下列情形的，债券受托管理人应当召集债券持有人会议：①拟变更债券募集说明书的约定。②拟修改债券持有人会议规则。③拟变更债券受托管理人或受托管理协议的主要内容。④发行人不能按期支付本息。⑤发行人减资、合并、分立、解散或者申请破产。⑥保证人、担保物或者其他偿债保障措施发生重大变化。⑦发行人、单独或合计持有本期债券总额10%以上的债券持有人书面提议召开。⑧发行人管理层不能正常履行职责，导致发行人债务清偿能力面临严重不确定性，需要依法采取行动的。⑨发行人提出债务重组方案的。⑩发生其他对债券持有人权益有重大影响的事项。在债券受托管理人应当召集而未召集债券持有人会议时，单独或合计持有本期债券总额10%以上的债券持有人有权自行召集债券持有人会议。

四、上市公司可转换公司债券的发行

根据中国证监会2006年5月发布实施的《上市公司证券发行管理办法》，可转换公司债券，是指上市公司依法发行、在一定期间内依据约定的条件可以转换成股份的公司债券。

（一）发行条件

1. 基本条件

根据《上市公司证券发行管理办法》，上市公司发行可转换公司债券应当符合下列基本条件：

（1）具备健全的法人治理结构，符合下列规定：①公司章程合法有效，股东大会、董事会、监事会和独立董事制度健全，能够依法有效履行职责。②公司内部控制制度健全，能够有效保证公司运行的效率、合法合规性和财务报告的可靠性。③内部控制制度的完整性、合理性、有效性不存在重大缺陷。④现任董事、监事和高级管理人员具备任职资格，能够忠实和勤勉地履行职务。⑤上市公司与控股股东或实际控制人的人员、资产、财务分开，机构、业务独立，能够自主经营管理。⑥最近12个月内不存在违规对外提供担保的行为。

（2）上市公司的盈利能力具有可持续性，符合下列规定：①最近3个会计年度连续盈利，扣除非经常性损益后的净利润与扣除前的净利润相比，以低者作为计算依据。②最近3个会计年度实现的年均可分配利润不少于公司债券1年的利息。③业务和盈利来源相对稳定，不存在严重依赖于控股股东、实际控制人的情形。④现有主营业务或投资方向能够可持续发展，经营模式和投资计划稳健，主要产品或服务的市场前景良好，行业经营环境和市场需求不存在现实或可预见的重大不利变化。⑤高级管理人员和核心技术人员稳定，最近12个月内未发生重大不利变化。⑥公司重要资产、核心技术或其他重大权益的取得合法，能够持续使用，不存在现实或可预见的重大不利变化。⑦不存在可能严重影响公司持续经营的担保、诉讼、仲裁或其他重大事项。⑧最近24个月内曾公开发行证券的，不存在发行当年营业利润比上年下降50%以上的情形。

（3）上市公司的财务状况良好，符合下列规定：①会计基础工作规范，严格遵循国家统一会计制度的规定。②最近3年及一期财务报表未被注册会计师出具保留意见、否定意见或无法表示意见的审计报告；被注册会计师出具带强调事项段的无保留意见审计报告的，所涉及的事项对发行人无重大不利影响或者在发行前重大不利影响已经消除。③资产质量良好，不良资产不足以对公司财务状况造成重大不利影响。④经营成果真实，现金流量正常。营业收入和成本费用的确认严格遵循国家有关企业会计准则的规定，最近3年资产减值准备计提充分合理，不存在操纵经营业绩的情形。⑤最近3年以现金或股票方式累计分配的利润不少于最近3年实现的年均可分配利润的20%。

（4）财务会计文件无虚假记载且无重大违法行为。上市公司最近36个月内财务会计文件无虚假记载，且不存在违反法律、行政法规或规章，受到中国证监会或工商、税收、土地、环保等部门的行政处罚、刑事处罚的重大违法行为。

（5）募集资金的用途。符合下列规定：①募集资金数额不超过项目需要量。②募集资金用途符合国家产业政策和有关环境保护、土地管理等法律和行政法规的规定。③除金融类企业外，本次募集资金使用项目不得为持有交易性金融资产和可供出售的金融资产、借予他人、委托理财等财务性投资，不得直接或间接投资于以买卖有价证券为主要业务的公司。④投资项目实施后，不会与控股股东或实际控制人产生同业竞争或影响公司生产经营的独立性。⑤建立募集资金专项存储制度，募集资金必须存放于公司董事会决定的专项账户。

2. 其他条件

（1）净资产要求。《证券法》第十六条规定：公开发行公司债券，股份有限公司的净资产不低于人民币3 000万元。

（2）净资产收益率要求。《上市公司证券发行管理办法》规定：公开发行可转换公司债券的公司，最近3个会计年度加权平均净资产收益率平均不低于6%。扣除非经常性损益后的净利润与扣除前的净利润相比，以低者作为加权平均净资产收益率的计算依据。

（二）可转换债券发行条款设计要求

根据《上市公司证券发行管理办法》，发行可转换公司债券的主要发行条款有如下要求：

1. 发行规模

可转换公司债券发行规模由发行人依据其投资计划和财务状况确定，但发行后累计公司债券余额不得超过最近1期末净资产的40%。

2. 期限

可转换公司债券的期限最短为1年，最长为6年。

3. 面值与利率

可转换公司债券每张面值100元的利率由发行公司与主承销商协商确定，但必须符合国家的有关规定。

4. 转股期或行权期

可转换公司债券自发行结束之日起6个月后方可转换为公司股票，转股期限由公司根据可转换公司债券的存续期限及公司财务状况确定。

5. 转股价格或行权价格

转股价格，是指募集说明书事先约定的可转换公司债券转换为每股股份所支付的价格。转股价格（行权价格）应不低于募集说明书公告日前20个交易日该公司股票交易均价和前1个交易日的均价。募集说明书应约定转股价格向下修正条款。

6. 赎回与回售

募集说明书可以约定赎回条款与回售条款，规定上市公司可按事先约定的条件和价格赎回尚未转股的可转换公司债券，债券持有人可按事先约定的条件和价格将所持债券回售给上市公司。

7. 担保要求

公开发行可转换公司债券，应当提供担保，但最近一期末经审计的净资产不低于人民币15亿元的公司除外。提供担保的，应当为全额担保，担保范围包括债券的本金及利息、违约金、损害赔偿金和实现债权的费用。

8. 信用评级

公开发行可转换公司债券，应当委托具有资格的资信评级机构进行信用评级和跟踪评级。

（三）可转换公司债券申报核准

可转换公司债券申报核准程序与发行股票的申报核准程序基本相同，发行人需召开董事会与股东大会，形成转债发行决议，聘请保荐人按照中国证监会的要求制作和报送申请文件，中国证监会进行核准后，发行人可以发行转债。保荐机构对发行人负有保荐责任。

（四）可转换公司债券的发行方式

目前，国内可转债的发行方式主要有四种：一是全部网上定价发行；二是网上定价发行与网下向机构投资者配售相结合；三是部分向原社会公众股股东优先配售，剩余部分网上定价发行；四是部分向原社会公众股股东优先配售，剩余部分采用网上定价发行和网下向机构投资者配售相结合的方式。采取何种发行方式由发行人和主承销商确定。

本章小结

根据证券发行决定权的归属不同，全球有两种基本的证券发行审核制度：一是发行注册制，二是发行核准制，我国现阶段实行的是核准制。证券的发行方式主要可以分为公募发行与私募发行、直接发行与间接发行。股票常见的估值方法有绝对估值法与相对估值法，前者计算复杂，后者简单易懂，因而一般投资者多采用相对估值法去估算股票的价值。我国股票的主板市场与创业板市场各有不同的发行上市条件，IPO及上市公司发行新股、可转换公司债券的实行保荐制度，发行采取网下询价和网上定价发行的模式。

我国的国债多采用招标发行方式，企业债券与公司债券在发行条件上基本相近，但发行核准分别由国家发改委与中国证监会负责，公司债券、上市公司可转换公司债的公开发行由中国证监会核准。

复习思考题

一、选择题

1. 关于股份发行的说法中，正确的是（　　）。

A. 发行实行公平、公正原则

B. 同股同权

C. 同次发行的同种类股票每股应根据发行条件设定不同价格

D. 同次发行的同种类股票，每股的发行条件和价格应当相同

2. 根据《证券发行与承销管理办法》的规定，下列关于IPO发行表述正确的是（　　）。

A. 发行人及其主承销商网下配售股票，应当与网上发行同时进行

B. 网上询价发行时价格尚未确定的，投资者应当按价格区间上限进行申购

C. 发行人与承销商必须以询价方式为股票定价

D. 公开发行股票数量在2 000万股（含）以下且无老股转让计划的，可以通过直接定价的方式确定发行价格

3. 下列关于企业债券的发行叙述正确的有（　　）。

A. 企业发行企业债券所筹集的资金不得用于房地产买卖、股票买卖和期货交易等与本企业生产经营无关的风险性投资

B. 公开发行企业债券，发行人累计债券余额不超过企业净资产（不包括少数股东权益）的40%

C. 企业债券的利率不得高于银行相同期限居民储蓄定期存款利率的30%

D. 发行人应当聘请具有企业债券评估从业资格的信用评级机构对其债券进行信用评级

4. 上市公司发行可转换公司债券，属于具有可持续盈利能力的条件有（　　）。

A. 最近3个会计年度连续盈利

B. 最近3个会计年度实现的年均可分配利润不少于公司债券1年的利

C. 高级管理人员和核心技术人员稳定，最近24个月内未发生重大不利变化

D. 最近24个月内曾公开发行证券的，不存在发行当年营业利润比上年下降50%以上的情形

5. 投资者申购新股的规则有（　　）。
A. 申购时间为交易日上午9:30～11:30，下午13:00～15:00
B. 沪市每一申购单位为500股，超过500股的必须是其倍数
C. 投资者网上可以先申购，中签后再将资金存入资金账户
D. 一经申报，不得撤单
6. 关于招标发行，下列表述正确的是（　　）。
A. 招标发行是一种市场化程度高、效率高、低成本的发行方式
B. 近年来，我国财政部对国债的发行较多地采取了招标发行的方式
C. 美国式招标，又称单一价格招标
D. 荷兰式招标，又称多种价格招标
7. 下列关于公司债券叙述正确的有（　　）。
A. 发行范围仅限于沪深交易所上市公司
B. 公开发行公司债券，应当委托具有从事证业务资格的资信评级机构进行信用评级，并达到AAA级
C. 公开发行公司债券，可以申请一次核准，分期发行
D. 非公开发行的公司债券应当向合格投资者发行

二、判断题

1. 我国发行审核制度的发展方向是逐步向注册制过渡。（　　）
2. 对新上市公路、港口、桥梁、电厂等基建公司，如果采用市盈率法发行定价则会低估其真实价值，而对公司未来收益（现金流量）的分析和预测能比较准确地反映公司的整体和长远价值。（　　）
3. 一般来说，市盈率指标数值越低越小越好。（　　）
4. 美国式招标以募满发行额为止的中标商各自价格上的中标价作为各中标商的最终中标价，各中标商的认购价格是不同的。（　　）
5. 股份公司拟公开发行股票，应由董事会提出议案，并负责股票的发行事宜。（　　）
6. 发行人申请股票的公开发行，必须由一家具有保荐资格的券商向中国证监会保荐。（　　）
7. 首次公开发行股票并在主板上市的，持续督导的期间为证券上市当年剩余时间及其后2个会计年度。（　　）
8. 贴现现金流量法是通过预测公司未来的现金流量，按照一定的贴现率计算公司的整体价值，从而进行股票估值的一种方法。（　　）
9. 可转换公司债券自发行结束之日起12个月后方可转换为公司股票。（　　）
10. 我国推行了首次公开发行股票向机构投资者询价制度，主要依靠市场机制形成新股发行价，个人投资者也可参与询价。（　　）

三、简答题

1. 核准制与注册制各有何特点？

2. 公募发行与私募发行有何不同？
3. 解释配股的含义。
4. 解释 IPO 的含义。
5. 解释保荐制的含义。
6. 股票增资发行的方式有哪些？

第七章

证券交易市场

学习目标：

通过本章的学习，了解证券交易的方式与原则、我国股票与债券的上市、暂停上市、终止上市等制度；掌握交易所证券交易流程与机制；理解股票上市后对上市公司的影响，为后续章节的学习奠定基础。

关键概念：

指令驱动交易　做市商交易驱动交易　集合竞价　连续竞价

第一节

证券交易的方式和原则

一、证券交易方式

证券交易方式是证券买卖的方法和形式，任何证券流通都是通过一定的具体交易方式去实现的。在商品经济的发展过程中，随着证券流通市场规模的扩大，流转交易额的增长，证券交易方式不断丰富，经历了从简单到复杂、从低级到高级、从单一到复杂的过程。根据不同的标准，证券交易方式可以有不同的分类。

（一）根据证券交易完成交割期限及标的物划分交易的性质

1. 现货交易

现货交易是市场上最普遍、最古老的交易方式，也是证券市场上最传统的交易方式。是“一手交钱、一手交货”的即时交易方式，即证券交易双方在成交后即时清算交割证券和价款的交易方式。现货交易最初是在成交后即时交割证券和钱款，但随着交易品种的增加和交易数量的扩大，证券交易机构要有足够的时间来处理账务，所以所谓的“即时”也并不是成交后马上就交割，人们认为只要从成交到清算交割的时间内，证券或资金处于冻结状态，也可以称为现货交易。

在现代现货交易中，证券成交与交割间通常都有一定时间间隔，时间间隔长短依证券交易所规定的交割日期确定。证券成交与交割日期可在同一日，也可不是同一日期。在国际上，现货交易的成交与交割的时间间隔一般不超过 20 日。证券交易所为了确保证券交易所和证券公司有合理时间处理财务事宜（包括准备证券交付和款项往来），都会对证券成交和交割的时间间隔作出规定。但为防止该时间间隔过长而影响交割安全性，交割日期主要有当日交割、次日交割和例行交割。当日交割，也称“T+0”交割，为成交当日进行交割；次日交割则称“T+1”交割，为成交完成后下一个营业日办理交割；例行交割，则依照交易所规定确定，往往是成交后 5 个营业日内进行交割。如果交割营业日正逢法定休假日，则交割日期顺延至该法定休假日开始后的第一个营业日。

在现货交易中，证券出卖人必须持有证券，证券购买人必须持有相应的货币，成交日期与交割日期相对比较接近，交割风险较低。现货交易作为历史上最古老的证券交易方式，适应信用制度相对落后和交易规则相对简单的社会环境，有助于减少交易风险，是一种较安全的证券交易形式，也是目前场内交易和场外交易中广泛采用的证券交易形式。

2. 远期交易和期货交易

远期交易是双方约定在未来某时刻（或时间段内）按照现在确定的价格进行交易。期货交易是在交易所进行的标准化的远期交易，即交易双方在集中性的市场以公开竞价方式所进行的期货合约的交易。而期货合约则是由交易双方订立的、约定在未来某日期按成交时约定的价格交割一定数量的某种商品的标准化协议。

期货交易与远期交易有类似的地方，都是现在定约成交，将来交割。但远期交易是非标准化的，在场外市场进行；期货交易则是标准化的，有规定格式的合约，多数在场内市场进行。另外，现货交易和远期交易以通过交易获取标的物为目的；而期货交易在多数情况下不进行实物交收，而是在合约到期前进行反向交易、平仓了结。

3. 回购交易

回购交易更多地具有短期融资的属性，从运作方式看，它结合了现货交易和远期交易的特点，通常在债券交易中运用。债券回购交易就是指债券买卖双方在成交的同时，约定于未来某一时间以某一价格双方再进行反向交易的行为。在债券回购交易中，当债券持有者有短期的资金需求时，就可以将持有的债券作抵押或卖出而融进资金；反过来，资金供应者则因在相应的期间内让渡资金使用权得到一定的利息回报。由于债券回购的期限一般不超过 1 年，所以从性质上看，它可以归属于货币市场。

4. 信用交易

对证券信用交易，学术上有多种解释，一般认为：信用交易是投资者凭借自己提供的保证金和信誉，取得经纪人信用，在买进证券时由经纪人提供贷款，在卖出证券时由经纪人贷给证券而进行的交易。因此，凡符合以下条件的证券交易，均属于信用交易：

（1）典型的信用交易必须是保证金交易，即投资者向经纪人交付一定数额的保证金，并在此基础上进行交易，故信用交易也称保证金交易。

（2）经纪人向投资者提供借款购买证券或者经纪人提供证券以供出售。据此，可将信用交易分为融资信用交易和融券信用交易，故证券信用交易也可称为“融资融券交易”。其中，融资信用交易又称保证金买空交易，融券信用交易又称保证金卖空交易。

广义的融资融券包括证券公司对投资者的融资、融券和金融机构对证券公司的融资、融券，狭义的融资融券是指券商对投资者的融资、融券。

我国过去是禁止信用交易的。2005 年 10 月，十届全国人大常委会第十八次会议审议通过了《证券法》修订案，取消了证券公司不得为客户交易融资融券的规定。随后，中国证券监督管理委员会（以下简称“中国证监会”）发布了《证券公司融资融券业务试点管理办法》，上海证券交易所和深圳证券交易所也公布了融资融券交易试点的实施细则。根据《证券公司融资融券业务试点管理办法》的规定，融资融券业务是指证券公司向客户出借资金供其买入上市证券或者出借上市证券供其卖出，并收取担保物的经营活动。2010 年 3 月 31 日，沪深交易所开始接受融资融券交易的申报，2012 年 8 月、2013 年 2 月转融资、转融券业务陆续推出，有效地扩大了融资融券发展所需资金和证券的来源。

（二）根据证券交易价格形成机制的不同

1. 指令驱动交易

指令驱动交易是一种竞价市场，也称为“订单驱动市场”。在竞价市场中，证券交易价格是由市场上的买方订单和卖方订单竞价共同驱动的。如果采用经纪商制度，投资者在竞价市场中将自己的买卖指令报给自己的经纪商，然后经纪商持买卖订单进入市场，市场交易中心以买卖双向价格为基准进行撮合。指令驱动交易是一种集中竞价交易，其特征是：开市价格由集合竞价形成，随后交易系统对不断进入的投资者交易指令，按价格与时间优先原则排序，将买卖指令连续配对竞价成交。集中竞价交易是目前我国证券市场最主要的交易方式。

2. 做市商报价驱动交易

做市商报价驱动交易是不同于竞价交易方式的一种证券交易制度。做市商是指在证券市场上，由具备一定实力和信誉的证券经营机构作为特许交易商，不断地根据市场的买卖力量和自身情况向公众投资者报出特定证券的买卖价格（即双边报价），并在该价位上接受公众投资者的买卖要求，以其自有资金和证券与投资者进行证券交易。做市商通过这种不断买卖来维持市场的流动性，满足公众投资者的投资需求。由于这种连续性交易靠做市商的报价来驱动，因此，被称为报价驱动交易。做市商通过买卖报价的适当差额来补偿所提供服务的成本费用，并实现一定的利润。

指令驱动交易与做市商报价驱动交易的不同之处组要在于：①价格的形成机制不同。指令驱动交易中，证券交易价格由买方和卖方的力量直接决定；报价驱动交易中，证券成交价格的形成由做市商决定。②交易对手不同。指令驱动交易中，投资者买卖证券的对手是其他投资者；报价驱动交易中，投资者买卖证券都以做市商为对手，与其他投资者不发生直接关系。

从本源上来讲，集中竞价交易和做市商交易是金融市场两种最基本的交易模式，目前世界各国各个层次的金融市场（包括股票市场、债券市场、外汇市场、金融衍生品市场、黄金市场等）所实行的交易机制其实都是这两种基本运行模式的混合体，只是这两种交易机制在各个市场各有侧重罢了。一般来说，以柜台交易（OTC）为特征的市场通常属于做市商市场，而集中交易的交易所往往属于竞价市场。目前世界上规模较大的交易所市场几乎都是竞价交易机制，如纽约证券交易所、东京证券交易所、香港证券交易所和巴黎交易所等（伦敦证券交易所也于1997年引入了辅助性的指令驱动交易系统）。我国两大证券交易所也都属于集中竞价市场的范畴。而美国的NASDAQ股票市场和伦敦股票交易所市场则属于偏重做市商特征的市场，在发达国家占有重要地位的OTC（柜台交易）资本市场也是标准的做市商市场。另外，世界上大部分债券市场、货币市场（包括银行市场）和外汇市场都是以做市商制度作为基本交易制度的市场。

（三）根据证券交易的场所

1. 场内交易

场内交易即在证券交易所完成的交易，证券交易所的交易方式以集中竞价交易为主，近些年来一些国家的证券交易所实行集中竞价交易与做市商交易同时并存的混合交易制度，以提高交易的效率。

根据我国《证券交易所管理办法》规定，证券交易所是指依法设立的，不以赢利为目的，为证券的集中和有组织的交易提供场所、设施，履行国家有关法律、法规、规章、政策规定的职责，实行自律性管理的会员制事业法人。与证券公司等证券经营机构不同，证券交易所本身并不从事证券买卖业务，只是为证券交易提供场所和各项服务，并履行对证券交易的监管职能。

从组织形式上看，国际上的证券交易所可分为会员制证券交易所和公司制证券交易所。会员制证券交易所是以会员协会形式成立的不以赢利为目的的组织，主要由证券商组成。只有会员及享有特许权的经纪人，才有资格在交易所中进行交易。会员制证券交易所实行会员自治、自律，自我管理。会员制证券交易所最高权力机构是会员大会，理事会是执行机构，理事会聘请经理人员负责日常事务。世界上很多国家的证券交易所均实行会员制，目前我国的上海、深圳证券交易所都实行会员制。公司制证券交易所以赢利为目的、它是由各类出资人共同投资入股建立起来的公司法人。公司制证券交易所对在本所内的证券交易负有担保责任，必须设有赔偿基金。公司制证券交易所的证券商及其股东，不得担任证券交易所的董事、监事或经理，以保证交易所经营者与交易参与者的分离。瑞士的日内瓦证券交易所、美国的纽约证券交易所都是公司制。

根据我国《证券交易所管理办法》规定，证券交易所的职能包括：

（1）提供证券交易的场所和设施。

（2）制定证券交易所的业务规则。

（3）接受上市申请、安排证券上市。

（4）组织、监督证券交易。

（5）对会员进行监管。

(6) 对上市公司进行监管。
(7) 设立证券登记结算机构。
(8) 管理和公布市场信息。
(9) 证监会许可的其他职能。
2. 场外交易
场外交易是指在证券交易所以外的其他合法场所进行的证券交易，场外交易的基本交易制度是做市商交易制度。比如纳斯达克市场（NASDAQ）是最典型的场外证券市场，其做市商制度也最为著名和完善。

二、证券交易的原则

证券交易的原则是反映证券交易宗旨的一般法则，证券交易遵循三公原则：
（一）公开原则
公开原则又称信息公开，指证券交易是一种面向社会的公开交易活动，其核心要求是实现市场信息的公开化。即证券交易的参与各方应依法及时、真实、准确、完整地向社会发布有关信息。1934 年美国《证券交易法》确定公开原则后，它就一直为许多国家的证券交易所借鉴。
（二）公平原则
公平原则是指参与交易的各方应当获得平等的机会。它要求证券交易活动中的所有参与者都有平等的法律地位，各自的合法权益都能得到公平保护。证券交易中，交易主体的资金数量、交易能力各不相同，但不能因此而给予不公平的待遇或者使其受到某些方面的歧视。
（三）公正原则
公正原则是指应当公正地对待交易的参与各方，公正地处理证券交易事务。比如公正地办理证券交易中的各项手续，公正地处理证券交易中的违法、违规行为等。

第二节

证券上市制度

证券上市是指证券交易所依据一定的标准承认并接纳发行人的有价证券在交易所市场上交易，进行自由公开买卖。证券上市是连接证券发行市场与证券交易所的中间环节，由于上市的证券比在场外交易的证券更具有流动性，对于投资者和上市公司而言，都具有十分重要的意义。世界上大多数国家对于证券上市要求是比较严格的。非上市证券一般不允许在证券交易所场内交易。

一、证券上市对发行公司的利弊

（一）证券上市对发行公司的有利之处
1. 有利于公司筹集资金

公司通过首次发行可以筹集到发展所需要的资金。当公司的股票挂牌交易后，市场会对公司的业绩形成一种评价机制。那些成长性好，业绩优良的上市公司会保持较高的股价和较好的流动性，这将使得他们可以通过资本市场进行低成本的融资。如果发行公司能够在产品经营和资本运营上形成良性的循环，那么公司的竞争优势将得以加强，这样就会在市场竞争中处于较为有利的位置。

2. 有利于提高公司的资信

发行公司在申请上市的时候必然会接受证券交易所对其的审核，审核的内容主要包括申请公司的经营业绩，发展前景，经营管理和财务状况等多个方面。这种外部审核的通过意味着发行公司具有一定的资质，也意味着社会的一种认可。反过来看，发行公司的上市也会引起公众的关注，从而增加供应商及客户对其的了解，这将有利于公司步入新的市场区域。如果公司采取的是境外上市，那么它将有利于公司对国际市场的进一步开拓。

3. 有利于改善公司治理结构

股票上市后，股权结构会在一定程度上趋于分散，这将有效防止“一股独大”的现象，中小股东“用手投票”或者“用脚投票”的机制都将使得公司对于自身的经营给予足够的重视。同时，国外的研究也表明：股票上市后机构投资者的比例开始上升，同时，由于他们开始越来越积极地行使表决权，公司的治理结构也会在一定程度上得到改善。综合分析，公司治理结构的改善缘于公司的运作开始以市场为导向，其规范化程度得到了大大的提高。同时，由于公司披露的定期报告会对自身的经营状况与财务状况进行一定的说明，这就使得公司运作的透明度得到了改善，而公司也自然而然地处在了社会的监督之下。

4. 有助于建立员工激励机制

在高科技得到广泛应用的今天，人力资本的作用日渐重要，许多公司都开始通过员工持股计划等激励机制来改善公司的劳资关系并增加公司的凝聚力。由于上市证券具有较好的流动性，因此，即便是各个公司都实行员工持股计划，上市公司的这种激励机制也仍会显得更贴近现实，而其对于员工的激励作用自然也就会更为明显。上市意味着财富的增加已经成为一种共识，而员工也需要通过市场的评价机制来衡量自身的价值。因此以激励员工为目的的各种创新越来越多的出现，而他们也把员工与公司连接在一起，这对公司的发展也会具有更为积极的作用。

5. 可以提供收购兼并的支付手段

在成熟的资本市场中，一个公司的价值可以通过公司的市场价值来进行衡量，而公司的市场价值同时也可以充当公司兼并收购的基准价格。例如，当一家公司收购另外一家公司或者两家公司进行合并时，如果采取的是非现金支付方式，则通常是以市价总值和股价衡量换股的比例；而当一家上市公司对非上市公司进行收购时，也可以采取定向增发新股的方法进行吸收合并。1998 年，在中国证券市场上出现了清华同方对鲁颖电子的吸收合并，这标志着中国证券市场的运作开始与国际证券市场接轨。

（二）证券上市对发行公司的压力

证券的上市也会在一定程度上对公司构成压力，主要有以下几个方面：

1. 增大经营者的压力

由于公司的价值可以通过市场价值进行衡量，因此公司的经理层对于股价会非常关心。通常情况下，他们会希望公司的股价维持在一个较高的水平，这样既可以使自己通过员工持股计划获得更多的利益，同时也会使公司被收购的风险降低。但是，由于市场未必能够准确地评价一家公司，同时也由于操纵市场行为的存在，当公司的股价被严重低估时，公司的经理层将面临巨大的压力。例如，在亚洲金融危机发生之后，亚洲地区上市公司的股价狂跌，外资乘虚而入并以低廉的成本控制了一些有潜质的上市公司。

2. 控制权的分散

股票上市很有可能带来控制权分散和转让的可能。股权的分散化虽然能够化解“一股独大”带来的一系列弊病，但是它同时也使得经营队伍的稳定性和公司发展策略的连续性受到了影响。由于股东的频繁更换，上市公司的主营业务甚至经营方针都会发生变化，这就会加大公司的运行成本，而公司在这种频繁的变动中也会逐渐丧失自身的核心竞争力以及发展的机遇。

3. 信息的公开披露

由于上市公司必须准确，及时，完整地披露公司的经营状况，财务状况以及其他的一些重要信息，这就使得公司在保守商业秘密方面处于非常不利的地位。信息的公开披露不但增加了公司的经营压力，同时也会使得竞争对手能够有机会了解公司的发展现状和对未来的规划并进而掌握竞争中的先机。因此，在西方发达国家，尽管一些大公司实力雄厚，但是他们在是否上市的问题上非常谨慎。

4. 运作费用加大

在上市的过程中，发行公司需要向证券经营机构，律师、会计师和审计师支付相应的费用；同时，公司还需要向证券交易所支付上市初费以及每年必交的年费。此外，公司还需要支付登记费用，召开股东大会的费用以及进行信息披露的费用。这些费用都在很大程度上增加了公司的运作成本。

二、我国的证券上市

（一）股票、可转换公司债券上市

股票上市是指经核准同意股票在证券交易所挂牌交易。具体要求体现在《证券法》及沪深交易所《股票上市规则》（2018 年修订）、《深圳证券交易所创业板股票上市规则》（2018 年修订）之中。

1. 主板市场股票的上市条件

股份有限公司申请其股票在主板市场上市必须符合下列条件：

（1）股票经中国证监会核准已公开发行。

（2）公司股本总额不少于人民币 5 000 万元。

（3）公开发行的股份达公司股份总额的 25% 以上；公司股本总额超过人民币 4 亿元的，公开发行股份的比例为 10% 以上。

（4）公司在最近 3 年内无重大违约行为，财务会计报告无虚假记载。

（5）交易所要求的其他条件。

2. 创业板市场股票的上市条件

发行人申请股票在创业板上市，应当符合下列条件：

（1）股票已公开发行。

（2）公司股本总额不少于 3 000 万元。

（3）公开发行的股份达到公司股份总数的 25% 以上；公司股本总额超过 4 亿元的，公开发行股份的比例为 10% 以上。

（4）公司股东人数不少于 200 人。

（5）公司最近 3 年无重大违法行为，财务会计报告无虚假记载。

（6）交易所要求的其他条件。

3. 可转换公司债券上市条件

根据《证券法》及沪深交易所股票上市规则，上市公司申请可转换公司债券在证券交易所上市，应当符合下列条件：

（1）可转换公司债券的期限为 1 年以上。

（2）可转换公司债券实际发行额不少于人民币 5 000 万元。

（3）申请上市时仍符合法定的可转换公司债券发行条件。

4. 股票、可转换公司债券的上市保荐

根据我国沪深证券交易所股票上市规则，交易所实行股票和可转换公司债券的上市保荐制度。发行人（上市公司）申请其首次公开发行的股票、上市后发行的新股和可转换公司债券上市，以及公司股票被暂停上市后申请恢复上市的，应当由保荐人保荐，向证券交易所提出上市申请。保荐机构应当在签订保荐协议时指定两名保荐代表人具体负责保荐工作，作为保荐机构与上市公司及证券交易所之间的指定联络人。

保荐人保荐股票上市（股票恢复上市除外）时，应当向证券交易所提交的文件主要包括：上市保荐书、保荐协议以及与上市保荐有关的其他文件。其中上市保荐书应当包括以下内容：发行股票、可转换公司债券的公司概况；申请上市的股票、可转换公司债券的发行情况；保荐人是否存在可能影响其公正履行保荐职责的情形的说明；保荐人按照有关规定应当承诺的事项；对公司持续督导工作的安排；保荐人和相关保荐代表人的联系地址、电话和其他通信方式；保荐人认为应当说明的其他事项；交易所要求的其他内容。保荐人应当自持续督导工作结束后 10 个交易日内向交易所报送保荐总结报告书。

（二）公司债券上市

根据《证券法》第五十七条规定，公司申请公司债券证券交易所上市交易，应当符合下列条件：

（1）公司债券的期限为一年以上。

（2）公司债券实际发行额不少于人民币 5 000 万元。

（3）公司申请债券上市时仍符合法定的公司债券发行条件。

三、股票交易的风险警示

分为警示存在终止上市风险的特别处理和其他风险警示。目前，沪深两市主板市场股票交易的风险警示情形大致相同。

（一）主板市场警示存在终止上市风险的特别处理

2003 年 5 月 8 日，上海证券交易所和深圳证券交易所开始退市风险警示制度。所谓退市风险警示制度，就是指由证券交易所对存在股票终止上市风险的公司股票交易实行“警示存在终止上市风险的特别处理”。

1. 退市风险警示的处理措施

退市风险警示的处理措施包括：第一，在公司股票简称前冠以“＊ST”字样，以区别于其他股票；第二，股票报价的日涨跌幅限制为5%。

2. 退市风险警示的上市公司情形

以上海证券交易所为例，上海证券交易所2018年修订的《股票上市规则》规定，上市公司出现以下情形之一，证券交易所对其股票交易实行退市风险警示：

（1）最近两个会计年度经审计的净利润连续为负值或者被追溯重述后连续为负值。

（2）最近一个会计年度经审计的期末净资产为负值或者被追溯重述后为负值。

（3）最近一个会计年度经审计的营业收入低于1 000万元或者被追溯重述后低于1 000万元。

（4）最近一个会计年度的财务会计报告被会计师事务所出具无法表示意见或者否定意见的审计报告。

（5）因财务会计报告存在重大会计差错或者虚假记载，被中国证监会责令改正但未在规定期限内改正，且公司股票已停牌两个月。

（6）未在法定期限内披露年度报告或者中期报告，且公司股票已停牌两个月。

（7）因股权分布发生变化导致连续20个交易日不具备上市条件，公司股票及其衍生品种被交易所实施停牌，公司在停牌后一个月内向本所提交解决股权分布问题的方案，并获得交易所同意。

（8）因首次公开发行股票申请或者披露文件存在虚假记载、误导性陈述或者重大遗漏，致使不符合发行条件的发行人骗取了发行核准，或者对新股发行定价产生了实质性影响，受到中国证监会行政处罚，或者因涉嫌欺诈发行罪被依法移送公安机关（简称“欺诈发行”）。

（9）因信息披露文件存在虚假记载、误导性陈述或者重大遗漏，受到中国证监会行政处罚，并且因违法行为性质恶劣、情节严重、市场影响重大，在行政处罚决定书中被认定构成重大违法行为，或者因涉嫌违规披露、不披露重要信息罪被依法移送公安机关（简称“重大信息披露违法”）。

（10）公司可能被依法强制解散。

（11）法院依法受理公司重整、和解或者破产清算申请。

（12）交易所认定的其他情形。

（二）主板市场其他风险警示的特别处理

其他风险警示是指上市公司的财务状况或运营状况出现异常，但还未达到退市风险处理标准时采取的特别处理措施。

1. 其他风险警示的处理措施

包括：第一，在公司股票简称前冠以“ST”字样，以区别于其他股票；第二，股票报价的日涨跌幅限制为5%。特别处理不是对上市公司的处罚，只是对上市公司目前状况的一种揭示，是要提示投资者注意风险。

2. 其他风险警示上市公司的情形

根据上海证券交易所2018年6月部分修订后的《股票上市规则》，上市公司出现以下情形之一的，证券交易所对其股票交易实行其他风险警示：

（1）被暂停上市的公司股票恢复上市后或者被终止上市的公司股票重新上市后，公司尚未发布首份年度报告。

（2）生产经营活动受到严重影响且预计在三个月内不能恢复正常。

（3）主要银行账号被冻结。

（4）董事会会议无法正常召开并形成决议。

（5）公司被控股股东及其关联方非经营性占用资金或违反规定决策程序对外提供担保，情形严重的。

（6）中国证监会或本所认定的其他情形。

（三）创业板市场退市风险提示

《深圳证券交易所创业板股票上市规则》（2012年修订）中，改进了创业板退市风险提示方式，取消“＊ST”风险提示方式，主要通过强化上市公司退市风险信息披露以及深化投资者适当性管理的方式充分揭示退市风险。《深圳证券交易所创业板股票上市规则》2014年、2018年再一次部分修订延续了以强化上市公司退市风险信息披露以及深化投资者适当性管理的方式替代“＊ST”的风险提示方式。

1. 暂停上市风险提示

《创业板上市规则》（2018年修订）规定：上市公司可能出现暂停上市风险的，应当在以下时点首次发布公司股票可能被暂停上市的风险提示公告，之后每5个交易日发布一次，直至暂停上市风险消除或者本所作出公司股票暂停上市的决定：

（1）公司连续2年亏损的，在披露其后首个半年度报告时。

（2）因财务会计报告存在重要的前期差错或者虚假记载，须对以前年度财务会计报告进行追溯调整的，在知悉追溯调整导致最近3年连续亏损时。

（3）公司知悉年末净资产为负时。

（4）因财务会计报告存在重要的前期差错或者虚假记载，须对以前年度财务会计报告进行追溯调整的，在知悉追溯调整导致最近一年年末净资产为负时。

（5）公司最近一个会计年度的财务会计报告被注册会计师出具否定或者无法表示意见的审计报告的，在披露其后首个半年度报告时。

（6）因本规则12.4条①或者12.6条②所述情形财务会计报告被中国证监会或者本所责令改正但未在规定期限内改正的，在规定期限届满后次一交易日。

（7）未能在法定披露期限内披露年度报告或者半年度报告的，在定期报告法定披

① 12.4 上市公司的财务会计报告被注册会计师出具非标准无保留审计意见涉及事项属于明显违反企业会计准则、制度及相关信息披露规范性规定的，上市公司应当对有关事项进行纠正，重新审计，并在本所规定的期限内披露纠正后的财务会计报告和有关审计报告。未在本所规定的期限内披露经纠正和调整的财务会计报告和有关审计报告的，本所将于规定期限届满后次一交易日对公司股票及其衍生品种实施停牌一天后复牌。

② 12.6 上市公司财务会计报告因存在重要的前期差错或者虚假记载，中国证监会或者本所责令其改正但未在规定期限内改正的，本所于规定期限届满后次一交易日对公司股票及其衍生品种实施停牌一天后复牌。公司因财务会计报告存在重要的前期差错或者虚假记载，对以前年度财务会计报告进行追溯调整，导致最近两年年末净资产为负的，公司股票及其衍生品种自披露经调整的财务会计报告和有关审计报告之日起停牌。

露期限届满后次一交易日。

（8）披露公司因涉嫌欺诈发行被中国证监会立案稽查的公告时。

（9）披露公司因涉嫌重大信息披露违法被中国证监会立案稽查的公告时。

（10）公司因股权分布或者股东人数发生变化导致连续10个交易日不具备上市条件的，在其后首个交易日。

（11）知悉股本总额发生变化不再具备上市条件时。

（12）预计可能出现本规则暂停上市所述情形之一时。

（13）本所认定的其他时点。

2. 终止上市风险提示

上市公司可能出现终止上市风险的，应当在以下时点首次发布公司股票可能被终止上市的风险提示公告，之后每5个交易日发布一次，直至终止上市风险消除或者本所作出公司股票终止上市的决定：

（1）出现强制终止上市[①]第（2）、（4）、（6）项情形的，应当自披露相关定期报告时。

（2）因财务会计报告存在重要的前期差错或者虚假记载，对以前年度财务会计报告进行追溯调整，导致最近两年净资产为负的，在知悉追溯调整导致最近两年净资产为负时。

（3）最近36个月内受到本所公开谴责两次，第二次被公开谴责时。

（4）知悉出现《公司法》第一百八十条[②]规定的导致解散的情形时。

（5）收到法院受理公司重整、和解或者破产清算申请的裁定文件时。

（6）出现终止上市第（14）或者第（15）项情形时。

（7）预计出现终止上市所述情形之一时。

（8）交易所认定的其他时点。

上市公司出现股票连续90个交易日通过本所交易系统实现的累计成交量低于75万股的，在次一交易日发布公司股票可能被终止上市的风险提示公告，其后每个交易日披露一次，直至自上述起算时点起连续120个交易日内通过本所交易系统实现的累计成交量高于100万股或者本所作出公司股票终止上市的决定。

上市公司股票出现连续10个交易日每日收盘价低于每股面值的，在次一交易日发布公司股票可能被终止上市的风险提示公告，其后每个交易日披露一次，直至收盘价低于每股面值情形消除或本所作出公司股票终止上市的决定。

四、主板市场股票的暂停、恢复和终止上市

沪深两市主板市场证券的暂停、恢复和终止上市条件基本相同，下文以上海证券交

---

① 终止上市条件见本节“创业板市场证券的暂停、恢复和终止上市”。

② 《公司法》第一百八十条：公司因下列原因解散：

（1）公司章程规定的营业期限届满或者公司章程规定的其他解散事由出现。

（2）股东会或者股东大会决议解散。

（3）因公司合并或者分立需要解散。

（4）依法被吊销营业执照、责令关闭或者被撤销。

（5）人民法院依照《公司法》第一百八十三条的规定予以解散。

易所 2018 年 6 月修订后的《股票上市规则》为例介绍。

（一）暂停上市

上市公司出现以下情形之一，由交易所决定暂停其股票上市：

（1）因最近两个会计年度的净利润触及退市风险警示第（1）项规定的标准，其股票被实施退市风险警示后，公司披露的最近一个会计年度经审计的净利润继续为负值。

（2）因最近一个会计年度的净资产触及退市风险警示第（2）项规定的标准，其股票被实施退市风险警示后，公司披露的最近一个会计年度经审计的期末净资产继续为负值。

（3）因最近一个会计年度的营业收入触及退市风险警示第（3）项规定的标准，其股票被实施退市风险警示后，公司披露的最近一个会计年度经审计的营业收入继续低于 1 000 万元。

（4）因最近一个会计年度的审计意见类型触及退市风险警示第（4）项规定的标准，其股票被实施退市风险警示后，公司披露的最近一个会计年度的财务会计报告被会计师事务所出具无法表示意见或者否定意见的审计报告。

（5）因未在规定期限内改正财务会计报告中的重大差错或者虚假记载触及第退市风险警示第（5）项规定的标准，其股票被实施退市风险警示后，公司在两个月内仍未按要求改正财务会计报告。

（6）因未在法定期限内披露年度报告或者中期报告触及退市风险警示第（6）项规定的标准，其股票被实施退市风险警示后，公司在两个月内仍未披露应披露的年度报告或者中期报告。

（7）公司股本总额发生变化不具备上市条件。

（8）因股权分布发生变化不具备上市条件，其股票被实施停牌后，未在停牌后一个月内向本所提交解决股权分布问题的方案，或者提交了方案但未获本所同意，或者因股权分布发生变化不具备上市条件触及退市风险警示第（7）项规定的标准，其股票被实施退市风险警示后，公司在 6 个月内其股权分布仍不具备上市条件。

（9）因出现退市风险警示第（8）项规定的欺诈发行情形，其股票被实施退市风险警示后交易满 30 个交易日。

（10）因出现退市风险警示第（9）项规定的重大信息披露违法情形，其股票被实施退市风险警示后交易满 30 个交易日。

（11）交易所认定的其他情形。

（二）恢复上市

股票暂停上市的公司，在暂停上市期间符合以下条件，可向证券交易所申请恢复上市。

（1）上市公司因净利润、净资产、营业收入或者审计意见类型触及暂停交易第（1）至（4）项规定的标准，其股票被暂停上市后，向交易所提出恢复上市申请的，应当同时符合下列条件：

①在法定期限内披露了最近一年年度报告。

②最近一个会计年度经审计的扣除非经常性损益前后的净利润均为正值。

③最近一个会计年度经审计的营业收入不低于 1 000 万元。

④最近一个会计年度经审计的期末净资产为正值。

⑤最近一个会计年度的财务会计报告未被会计师事务所出具保留意见、无法表示意见或者否定意见的审计报告。

⑥保荐机构经核查后发表明确意见，认为公司具备持续经营能力。

⑦保荐机构经核查后发表明确意见，认为公司具备健全的公司治理结构、运作规范、无重大内控缺陷。

⑧不存在本规则规定的暂停上市或者终止上市情形。

⑨本所认为需具备的其他条件。

符合前款规定条件的上市公司可以在最近一年年度报告披露后的5个交易日内，以书面形式向交易所提出恢复上市的申请。

（2）上市公司因触及第（5）（6）项暂停上市标准的，在暂停上市后两个月内披露了改正后的财务会计报告或相关定期报告，可以在披露之日后的5个交易日内，以书面形式向交易所提出恢复上市的申请。

（3）上市公司因出触及第（7）项规定的股本总额发生变化不具备上市条件情形，其股票被暂停上市，在交易所规定的期限内上述情形已消除的，可以在事实发生之日后的5个交易日内，以书面形式向本所提出恢复上市的申请。

（4）上市公司因触及暂停上市第（8）项规定的标准，在暂停上市后6个月内，其股权分布重新具备上市条件的，可以在事实发生之日后的5个交易日内，以书面形式向交易所提出恢复上市的申请。

（5）上市公司因触及第（9）项规定的欺诈发行或者第（10）项规定的重大信息披露违法情形，其股票被暂停上市后，在交易所作出终止其股票上市决定前，出现第13.2.17①条规定的情形之一的，交易所在收到相关法律文书后5个交易日内，作出撤销原暂停公司股票上市的决定。上市公司出现情形的，可以在5个交易日内以书面形式向交易所提出恢复上市的申请。

（6）上市公司因触及第（10）项规定的重大信息披露违法情形，其股票被暂停上市后，在交易所作出终止其股票上市决定前，如同时具备已全面纠正重大违法行为、重大信息披露违法行为可能引发的与公司相关的风险因素已消除、已撤换下列与重大信息披露违法行为有关的责任人员、已对相关民事赔偿承担做出妥善安排等条件时，公司可以在5个交易日内以书面形式向交易所提出恢复上市的申请。

上市公司申请恢复上市，应当聘请具有主办券商业务资格的保荐人保荐。

（三）强制终止上市

上市公司出现下列情形之一的，由交易所决定终止其股票上市：

（1）上市公司触及暂停上市第（1）项至第（4）项规定的标准，其股票被暂停上市后，公司披露的最近一个会计年度经审计的财务会计报告存在扣除非经常性损益前后的净利润孰低者为负值、期末净资产为负值、营业收入低于1 000万元或者被会计师事

---

① 一是行政处罚决定被依法撤销或者确认无效，或者因对违法行为性质的认定发生根本性变化，行政处罚决定被依法变更；二是公安机关决定不予立案或者撤销案件，或者人民检察院作出不起诉决定，或者人民法院作出无罪判决或者免于刑事处罚，且中国证监会未作出行政处罚。

务所出具保留意见、无法表示意见、否定意见的审计报告等四种情形之一。

（2）上市公司触及暂停上市第（1）项至第（4）项规定的标准，其股票被暂停上市后，公司未能在法定期限内披露最近一年的年度报告。

（3）上市公司触及暂停上市第（5）项规定的标准，其股票被暂停上市后，公司在两个月内仍未按要求改正财务会计报告。

（4）上市公司触及暂停上市第（6）项规定的标准，其股票被暂停上市后，公司在两个月内仍未按要求披露相关定期报告。

（5）在交易所仅发行A股股票的上市公司，通过本所交易系统连续120个交易日（不包含公司股票停牌日）实现的累计股票成交量低于500万股，或者连续20个交易日（不包含公司股票停牌日）的每日股票收盘价均低于股票面值。

（6）在交易所仅发行B股股票的上市公司，通过本所交易系统连续120个交易日（不包含公司股票停牌日）实现的累计股票成交量低于100万股，或者连续20个交易日（不包含公司股票停牌日）的每日股票收盘价均低于股票面值。

（7）在本所既发行A股股票又发行B股股票的上市公司，其A、B股股票的成交量或者收盘价同时触及本条第5项和第6项规定的标准。

（8）上市公司股东数量连续20个交易日（不含公司首次公开发行股票上市之日起的20个交易日和公司股票停牌日）每日均低于2 000人。

（9）公司股本总额发生变化不再具备上市条件，在本所规定的期限内仍不能达到上市条件。

（10）因股权分布发生变化不具备上市条件触及暂停上市第（8）项规定的标准，公司股票在暂停上市6个月内股权分布仍不具备上市条件。

（11）公司被依法强制解散。

（12）公司被法院宣告破产。

（13）因出现暂停上市第（9）项规定的欺诈发行或者第（10）项规定的重大信息披露违法情形，其股票已被暂停上市，且未在规定期限内恢复上市。

（14）因净利润、净资产、营业收入、审计意见类型触及暂停上市第（1）项至第（4）项，其股票被暂停上市后，公司在法定期限内披露了最近一年年度报告，但未在其后的5个交易日内提出恢复上市申请。

（15）触及暂停上市第（5）项至第（10）项，其股票被暂停上市后，具备了恢复上市条件，但未在其后的5个交易日内提出恢复上市申请。

（16）恢复上市申请未被受理、未获同意。

（17）本所认定的其他情形。

（四）主动终止上市

上市公司出现下列情形之一的，可以向交易所申请主动终止上市：

（1）上市公司股东大会决议主动撤回其股票在交易所的交易，并决定不再在交易所交易。

（2）上市公司股东大会决议主动撤回其股票在交易所的交易，并转而申请在其他交易场所交易或转让。

（3）上市公司向所有股东发出回购全部股份或部分股份的要约，导致公司股本总额、股权分布等发生变化不再具备上市条件。

（4）上市公司股东向所有其他股东发出收购全部股份或部分股份的要约，导致公司股本总额、股权分布等发生变化不再具备上市条件。

（5）除上市公司股东外的其他收购人向所有股东发出收购全部股份或部分股份的要约，导致公司股本总额、股权分布等发生变化不再具备上市条件。

（6）上市公司因新设合并或者吸收合并，不再具有独立主体资格并被注销。

（7）上市公司股东大会决议公司解散。

（8）中国证监会和交易所认可的其他主动终止上市情形。

已在上海证券交易所发行 A 股和 B 股股票的上市公司，根据前述规定申请主动终止上市的，应当申请其 A、B 股股票同时终止上市，但存在特殊情况的除外。

前条第（1）项、第（2）项规定的股东大会决议事项，除须经出席会议的全体股东所持有效表决权的三分之二以上通过外，还须经出席会议的除下列股东以外的其他股东所持有效表决权的三分之二以上通过：

（1）上市公司的董事、监事、高级管理人员。

（2）单独或者合计持有上市公司 5% 以上股份的股东。

（五）风险警示板

上海证券交易所设立风险警示板，上市公司股票被实施风险警示或者处于退市整理期的，进入该板进行交易。自交易所公告对上市公司股票作出终止上市的决定之日后的 5 个交易日届满的下一交易日起，公司股票进入退市整理期。退市整理期的交易期限为 30 个交易日。

公司股票因强制终止上市在本所风险警示板进行交易的，上市公司应当在前 25 个交易日内每 5 个交易日发布一次股票将被终止上市的风险提示公告，在最后 5 个交易日内每日发布一次股票将被终止上市的风险提示公告。

公司股票因强制终止上市进入退市整理期交易的，交易所在退市整理期届满后 5 个交易日内对其予以摘牌，公司股票终止上市，并应当转入全国中小企业股份转让系统挂牌转让。

五、创业板市场股票的暂停、恢复和终止上市

《深圳证券交易所创业板股票上市规则》（2018 年 4 月修订），对创业板市场的暂停、恢复和终止上市做了详细的规定。

（一）暂停上市

上市公司出现下列情形之一的，本所可以决定暂停其股票上市：

（1）最近 3 年连续亏损（以最近 3 年的年度财务会计报告披露的当年经审计净利润为依据）。

（2）因财务会计报告存在重要的前期差错或者虚假记载，对以前年度财务会计报告进行追溯调整，导致最近 3 年连续亏损。

（3）最近一个年度的财务会计报告显示当年年末经审计净资产为负。

（4）因财务会计报告存在重要的前期差错或者虚假记载，对以前年度财务会计报告进行追溯调整，导致最近一年年末经审计净资产为负。

（5）最近2个年度的财务会计报告均被注册会计师出具否定或者无法表示意见的审计报告。

（6）因本规则12.4条或者12.6条[①]所述情形财务会计报告被中国证监会或者本所责令改正但公司未在规定期限内披露改正后的财务会计报告和审计报告，并在规定期限届满之日起4个月内仍未改正。

（7）在法定披露期限届满之日起2个月内仍未披露年度报告或者半年度报告。

（8）因欺诈发行受到中国证监会行政处罚，或者因涉嫌欺诈发行罪被依法移送公安机关。

（9）因重大信息披露违法受到中国证监会行政处罚，或者因涉嫌违规披露、不披露重要信息罪被依法移送公安机关。

（10）因本规则12.11条[②]或者12.12条[③]所述情形，公司股权分布或者股东人数不具备上市条件，公司在本所规定的期限内提交了股权分布或者股东人数问题的解决方案并实施，但公司股票被复牌后的6个月内其股权分布或者股东人数仍不具备上市条件。

（11）股本总额发生变化不再具备上市条件，在本所规定期限内仍未达到上市条件的。

（12）公司有重大违法行为。

（13）本所规定的其他情形。

（二）恢复上市

上市公司在其股票被暂停上市后申请恢复上市的，至少应当符合以下条件：

（1）具备完善的公司治理结构。

（2）具有可持续的盈利能力。

（3）内控制度健全且运作规范。

（4）暂停上市期间主营业务未发生重大变化。

（5）财务会计文件无虚假记载，且不存在重大违法违规行为。

（6）不存在暂停上市所述情形。

上市公司可以在暂停上市的情形消除的法定期限内，向交易所提出恢复股票上市的书面申请。

（三）强制终止上市

上市公司出现下列情形之一的，本所有权决定终止其股票上市：

（1）因暂停上市第（1）、（2）、（3）、（4）项情形其股票被暂停上市后，未能在法定披露期限内披露暂停上市后首个年度报告。

（2）因暂停上市第（1）、（2）项情形其股票被暂停上市后，在法定披露期限内披露的暂停上市后首个年度报告显示公司净利润为负（以公司扣除非经常性损益前后的净利润孰低者为计算依据）。

---

① 12.4、12.6见创业板暂停上市风险提示中的脚注。

② 12.11上市公司因股权分布或者股东人数发生变化导致连续二十个交易日不具备上市条件的，本所将于上述交易日期满后次一交易日对该公司股票及其衍生品种实施停牌。公司可以在停牌后一个月内，向本所提出解决股权分布问题或者股东人数问题的具体方案及书面申请，经本所同意后，公司股票及其衍生品种可以复牌。

③ 由于收购使上市公司股权分布或者股东人数不具备上市条件。

（3）因暂停上市第（1）、（2）、（3）、（4）项情形其股票被暂停上市后，在法定披露期限内披露了暂停上市后相关定期报告，但未能在日内提出恢复上市申请。

（4）因暂停上市第（3）、（4）项情形其股票被暂停上市后，在法定披露期限内披露的暂停上市后首个年度报告显示公司年末净资产仍为负；或者因财务会计报告存在重要的前期差错或者虚假记载，对以前年度财务会计报告进行追溯调整，导致最近2年年末净资产为负。

（5）因暂停上市第（5）项情形其股票被暂停上市后，未能在法定披露期限内披露暂停上市后首个半年度报告。

（6）因暂停上市第（5）项情形其股票被暂停上市后，披露的暂停上市后首个半年度财务会计报告被注册会计师出具否定或者无法表示意见的审计报告。

（7）因暂停上市第（5）项情形其股票被暂停上市后，披露的暂停上市后首个半年度报告显示该项情形已消除，但未能在其后5个交易日内提出恢复上市申请。

（8）因暂停上市第（6）项情形其股票被暂停上市后，在2个月内仍未能披露经改正的有关财务会计报告。

（9）因暂停上市第（6）项情形其股票被暂停上市后的2个月内披露了经改正的有关财务会计报告，但未能在其后的5个交易日内提出恢复上市申请。

（10）因暂停上市第（7）项情形其股票被暂停上市后，在1个月内仍未能披露相关年度报告或者半年度报告。

（11）因暂停上市第（7）项情形其股票被暂停上市后的1个月内披露了相关年度报告或者半年度报告，但未能在其后的5个交易日内提出恢复上市申请。

（12）因暂停上市第（8）项、第（9）项情形其股票被暂停上市后，在中国证监会作出行政处罚决定、移送决定之日起的12个月内被法院作出有罪判决或者在前述规定期限内未满足恢复上市条件。

（13）因暂停上市第（8）项、第（9）项情形其股票被暂停上市后，符合本规则规定的恢复上市申请条件但未在规定期限内向本所提出恢复上市申请。

（14）因本规则12.11条或者12.12条[①]所述情形，公司股权分布或者股东人数不具备上市条件，公司未在本所规定的期限内提交股权分布或者股东人数问题的解决方案；或者因暂停上市第（10）项情形其股票被暂停上市后，在其后的6个月内公司股权分布或者股东人数仍不具备上市条件。

（15）因暂停上市第（11）项情形公司股票被暂停上市后，在本所规定的期限内仍未消除相关情形，或虽已消除相关情形但未在规定期限内向本所提出恢复上市申请。

（16）恢复上市申请未被受理。

（17）恢复上市申请未被核准。

（18）公司最近36个月内累计受到本所3次公开谴责。

（19）公司股票连续120个交易日通过本所交易系统实现的累计成交量低于100万股（因本所对新股交易采取特别交易或者停牌制度所导致的除外）。

（20）公司股票连续20个交易日每日收盘价均低于每股面值。

---

① 12.11条、12.12条见暂停上市中的脚注。

（21）公司被依法强制解散。

（22）法院宣告公司破产。

（23）本所规定的其他情形。

（四）主动终止上市

深交所创业板主动终止上市的情形与上海证券交易所得规定大致相似。

（五）退市整理板

为了保证投资者在创业板公司退市前拥有必要的交易机会，使投资者有更加充足的时间处理手中持有的股票，有充裕的时间来实现退市公司股价的回归，化解高价退市的风险，《深圳证券交易所创业板上市规则》为将要强制终止上市的创业板股票设了“退市整理期”和“退市整理板”。

在深交所做出公司股票终止上市决定后，未提出复核申请的，自交易所作出上市公司股票终止上市的决定后15个交易日届满的次一交易日起，公司股票交易进入退市整理期；若公司提出复核申请且上诉复核委员会作出维持终止上市决定的，自上诉复核委员会作出该决定后的次一交易日起，公司股票交易进入退市整理期。退市整理期交易期限为30个交易日。

六、上市公司退市

上市公司退市是指公司股票在证券交易所终止上市交易。上市公司退市制度是资本市场重要的基础性制度。一方面，上市公司基于实现发展战略、维护合理估值、稳定控制权以及成本效益法则等方面的考虑，认为不再需要继续维持上市地位，或者继续维持上市地位不再有利于公司发展，可以主动向证券交易所申请其股票终止交易。另一方面，证券交易所为维护公开交易股票的总体质量与市场信心，保护投资者特别是中小投资者合法权益，依照规则要求交投不活跃、股权分布不合理、市值过低而不再适合公开交易的股票终止交易，特别是对于存在严重违法违规行为的公司，证券交易所可以依法强制其股票退出市场交易。

要充分尊重并保护市场主体基于其意思自治作出的退市决定，而不是将退市与否作为评判一家公司好坏的绝对标准。进一步改革完善并严格执行退市制度，有利于健全资本市场功能，降低市场经营成本，增强市场主体活力，提高市场竞争能力，有利于实现优胜劣汰，惩戒重大违法行为，引导理性投资，保护投资者特别是中小投资者合法权益。为贯彻落实《国务院关于进一步促进资本市场健康发展的若干意见》的有关要求，根据《证券法》的有关规定，按照市场化、法治化、常态化的原则，2014年2月7日中国证券监督管理委员会第24次主席办公会议审议通过了《关于改革完善并严格实施上市公司退市制度的若干意见》，经过几年的实施，已初步形成包括重大违法强制退市在内的多元化退市指标体系以及较为稳定的退市实施机制。为进一步完善重大违法强制退市的内容，提高规则的可操作性，强化证券交易所的一线监管职能，证监会在总结《退市意见》实施以来的经验基础上，于2018年7月27日发布了《关于修改〈关于改革完善并严格实施上市公司退市制度的若干意见〉的决定》。具体看，这次备受市场关注的退市制度升级完善主要包括三个方面：

一是完善重大违法强制退市的主要情形，明确上市公司构成欺诈发行、重大信息披露违法或者其他涉及国家安全、公共安全、生态安全、生产安全和公众健康安全等领域的重大违法行为的，证券交易所应当严格依法作出暂停、终止公司股票上市交易的决定的基本制度要求。

二是强化证券交易所的退市制度实施主体责任，明确证券交易所应当制定上市公司因重大违法行为暂停上市、终止上市实施规则。

三是落实因重大违法强制退市公司控股股东、实际控制人、董事、监事、高级管理人员等主体的相关责任，强调其应当配合有关方面做好退市相关工作、履行相关职责的要求。

此次证监会发布《决定》的最大亮点是：将重大违法强制退市的具体情形从之前的欺诈发行、重大信息披露违法两类扩张为七类，增加了国家安全、公共安全、生态安全、生产安全、公众健康安全重大违法。2018 年 7 月，因狂犬病假疫苗事件而卷入舆论、法律漩涡的 ST 长生（002680），或将成为涉“公众健康安全”重大违法退市第一股。目前，根据证监会发布的《关于修改〈关于改革完善并严格实施上市公司退市制度的若干意见〉的决定》，上交所、深交所正在加紧制定《证券交易所上市公司重大违法强制退市实施办法》，意味着我国上市公司退市制度进入了市场化、法治化、常态化的新时期。

第三节

我国证券交易流程

在证券交易活动中，投资者在证券市场上买卖已发行的证券要按照一定的流程进行。所谓证券交易流程，也就是投资者在二级市场上买进或卖出已上市证券遵循的规定过程。本节主要针对证券交易所场内的集中竞价交易作介绍。

投资者参与证券交易所的交易流程一般包括以下几个环节：开户、委托、竞价与成交、清算与交收、过户等。

一、开户

证券交易所场内交易实行经纪商制度，只有会员资格的经纪商才有资格入场交易。目前，我国证券交易所只有会员才有入场交易的资格，而会员必须是依法设立并具有法人地位的证券公司，因此，投资者在交易之前必须在证券公司开立相应账户，并与证券公司签订《证券交易委托代理协议》，双方建立委托代理关系，使证券公司成为自己的经纪人方能参与证券交易所的交易。证券公司接受客户委托，代理客户在证券交易所买卖证券并收取佣金的业务称为经纪业务，从事经纪业务是证券公司的一项基本业务。

由于证券交易时，交易双方的证券与资金通过各自的证券账户与资金账户分别转入与转出，因此，投资者必须开立两个账户，即证券账户与资金账户。

（一）开立证券账户

根据《证券法》的规定，中国证券登记结算公司负责证券账户的设立，对证券账户实施统一管理。证券账户是中国证券登记结算公司为申请人开出的记载其证券持有及变更的账册，是认定投资者身份的重要法律凭证，开立证券账户是投资者进行证券交易的前提条件。根据中国结算公司《证券账户管理规则》，投资者的证券账户由中国结算公司上海分公司、深圳分公司及中国证券登记结算公司委托的开户代理机构负责开立，其中，开户代理机构是中国结算公司委托的证券公司、商业银行及中国结算公司境外B股结算会员证券公司、基金公司特殊法人机构开立证券账户，由中国结算公司上海分公司、深圳分公司直接受理；自然人和一般机构可通过证券公司等开户代理机构办理。

1. 证券账户的种类

目前，我国证券账户的种类有两种划分依据：一是按交易场所划分，证券账户分为上海证券账户和深圳证券账户分别用于记载在上海证券交易所和深圳证券交易所上市交易的证券以及中国结算公司认可的其他证券；二是按用途划分，证券账户可分为人民币普通股票账户、人民币特种股票账户、证券投资基金账户和其他账户等。

（1）人民币普通股票账户。人民币普通股票账户简称“A股账户”，其开立仅限于国家法律法规和行政规章允许买卖A股的境内投资者。A股账户按持有人还可以分为：自然人证券账户（上海为A字头账户）、一般机构证券账户（上海为B字头账户）、证券公司自营证券账户和基金管理公司的证券投资基金专用证券账户（上海均为D字头账户）等。A股账户是我国目前用途最广、数量最多的一种证券账户，可买卖A股，债券、上市基金、权证。

（2）人民币特种股票账户。人民币特种股票账户简称“B股账户”（上海为C字头账户），是专门用于为投资者买卖人民币特种股票而设置的。B股账户按持有人可以分为境内投资者证券账户（上海以C90打头）和境外投资者证券账户（上海以C99打头）。深圳的证券账户以不同的数字区别不同种类及不同投资者的账户。

（3）证券投资基金账户。证券投资基金账户简称“基金账户”（上海为F字头账户），是只能用于买卖上市基金的一种专用型账户，是随着我国证券投资基金的发展为方便投资者买卖证券投资基金而专门设置的。该账户也可用于买卖上市的国债、公司债券、企业债券和可转换公司债券。

2. 开立证券账户的基本原则

（1）合法性。合法性是指只有国家法律允许进行证券交易的自然人才能开立证券账户。比如《证券法》第43条规定：证券交易所、证券公司和证券登记结算机构的从业人员、证券监督管理机构的工作人员以及法律、行政法规禁止参与股票交易的其他人员，在任期或者法定限期内，不得直接或者以化名、借他人名义持有、买卖股票，也不得收受他人赠送的股票。以上人员开立证券账户会受到法律的限制。

根据中国证券登记结算公司发布的《证券账户管理规则》，一个自然人、法人可以开立不同类别和用途的证券账户、特殊法人机构可按规定向中国结算公司申请开立多个证券账户。长期以来，对于同一类别的证券账户，规定原则上一个自然人、一般法人只能开立一个。从2015年4月13日起，证券登记结算公司取消自然人投资者开立A股账户的一人一户限制，允许自然人投资者根据实际需要开立多个沪、深A股账户及场内封闭式基金账户，上限为20户。2016年10月，中国证券登记结算公司发布关于修订《证券账户业务指南》的通知，将一个投资者开立证券账户数量上限调整为3户，即同一市场最多可以申请开立3个A股账户、封闭式基金账户，只能申请开立1个信用账户、B股账户。

（2）真实性。真实性是指投资者开立证券账户时所提供的材料必须真实有效，不得虚假隐匿。目前，投资者在我国证券市场上进行证券交易采取实名制，比如《证券法》第166条规定：投资者委托证券公司进行证券交易，应当申请开立证券账户。证券登记结算机构应当按照规定以投资者本人的名义为投资者开立证券账户。投资者申请开立账户，必须持有证明中国公民身份或者中国法人资格的合法证件。国家另有规定的除外。

上交所证券账户当日开立，次一交易日生效；深交所证券账户当日开立当日可用。

（二）开立资金账户

资金账户是投资者在证券公司（经纪商）处开立的用于存放与记录投资者证券交易资金的币种、余额和变动情况的账户。自我国证券市场建立以来，在一个较长的时期，客户的证券交易结算资金是由其经纪商即证券公司负责管理的，这种资金管理模式为证券公司私自挪用客户交易结算资金提供了便利。2006年实施的《证券法》第139条规定：证券公司客户的交易结算资金应当存放在商业银行，以每个客户的名义单独立户管理。中国证监会明确要求证券公司在2007年全面实施“客户交易结算资金第三方存管”，第三方存管使客户的证券交易结算资金由其经纪商负责管理改变为由存管银行管理，这种管理模式改变了从制度上保护了投资者资金的安全，控制了证券行业风险。

“客户交易结算资金第三方存管”，是指证券公司将客户交易结算资金存放在指定的商业银行，并以每个客户名义单独立户管理，商业银行负责资金存取，发挥第三方监督作用，以保障客户资金安全为目的的资金存管模式。在该模式下，客户开立资金账户时，还需在证券公司合作的存管银行中指定一家作为其交易结算资金的存管银行，并与其指定的存管银行、证券公司三方共同签署《客户交易结算资金第三方存管协议书》。存管银行需为每位投资者开立银行结算账户，用于资金存取；为每位投资者开立客户交易结算资金管理账户，用于记录客户资金明细变动及余额；存管银行还必须为证券公司开立客户交易结算资金汇总账户，用于客户证券交易交收资金的划付。该账户以证券公司的名义开立，但其资金全部为客户所有，投资者的“管理账户”为证券公司开立“客户交易结算资金汇总账户”的二级明细记录账户；证券公司需为投资者开立客户证券资金账户（也称客户证券资金台账），证券公司通过该账户对客户的证券买卖交易、证券交易资金的支取进行前端控制，对客户证券交易结算资金进行清算交收与计付利息等。

二、委托买卖

当投资者成为证券公司的客户后，便可以通过向证券公司下达委托指令来进行证券交易所的证券交易，下达委托指令涉及到委托形式、委托内容、委托的受理与执行及委托撤销等环节的内容。

（一）委托形式

投资者发出委托指令的形式有柜台委托和非柜台委托两大类。

1. 柜台委托

柜台委托是指委托人亲自或由其代理人到证券营业部交易柜台，根据委托程序和必需的证件采用书面方式表达委托意向，由本人填写委托单并签章的形式。采用柜台委托方式，投资者和证券经纪商面对面办理委托手续，加强了委托买卖双方的了解和信任，比较稳妥可靠。

2. 非柜台委托

非柜台委托主要有电话委托、传真委托和函电委托、自助终端委托、网上委托（即互联网委托）等形式。另外，如果投资者的委托指令是直接输入证券经纪商电脑系统并申报进场，而不通过证券经纪商人工环节申报，就可以称为“投资者自助委托”。证券公司提供电话、自助等非柜台委托的，应当在与客户签订的《证券交易委托买卖协议书》中明确，由客户自由选择，或与客户另行签订非柜台委托协议。

（1）电话委托。这是目前常见的自助委托形式之一。在实际操作中，电话委托又可分为电话转委托与电话自动委托两种。电话转委托是指投资者将委托要求通过电话报给证券经纪商；证券经纪商根据电话委托内容代为填写委托书，并将委托内容输入交易系统申报进场；委托人应于成交后办理交割时补盖签章。电话自动委托属于自助委托方式，是指证券经纪商把电脑交易系统和普通电话网络连接起来，构成一个电话自动委托交易系统；投资者通过普通的双音频电话，按照该系统发出的指示，借助电话机上的数字和符号键输入委托指令，以完成证券买卖的一种委托形式。

（2）传真委托和函电委托。它们是指委托人填写委托内容后，将委托书采用传真或函电方式表达委托意向，提出委托要求；证券经纪商接到传真委托书或函电委托书后，代为填写委托书，并经核对无误以后，及时将委托内容输入交易系统申报进场，同时将传真件或函电作为附件附于委托书后。

（3）自助终端委托。这是指委托人通过证券营业部设置的专用委托电脑终端，凭证券交易磁卡和交易密码进入电脑交易系统委托状态，自行将委托内容输入电脑交易系统，以完成证券交易的一种委托形式。证券经纪商的委托系统应对自助终端委托过程有详细记录，并在代理协议中充分说明自助终端委托的风险，明确证券经纪商与投资者各自的责任。

（4）网上委托。近年来，随着互联网技术的发展，许多证券公司纷纷开展网上经纪业务。一种全新且方便快捷的委托方式，即网上委托应运而生。网上委托就是证券经纪商的电脑交易系统与互联网连接，委托人利用任何可上网的电脑终端，通过互联网凭交易密码进入证券经纪商电脑交易系统委托状态，自行将委托内容输入电脑交易系统，完成证券交易。

（二）委托内容

投资者办理委托买卖证券时，必须向证券经纪商下达委托指令。因此，委托指令是投资者要求证券经纪商代理买卖证券的指示。在委托指令中，需要反映投资者买卖证券的基本要求或具体内容，这些主要体现在委托指令的基本要素中。

1. 委托指令的基本要素

委托指令的内容有多项，如证券账户号码、证券代码、买卖方向、委托数量、委托价格等。以委托单为例，委托指令的基本要素包括：

（1）证券账号。投资者在买卖上海证券交易所上市的证券时，必须填写在中国结算上海分公司开设的证券账户号码；买卖深圳证券交易所上市的证券时，必须填写在中国结算深圳分公司开设的证券账户号码。

（2）日期。日期即投资者委托买卖的日期，填写年、月、日。

（3）品种。这是指投资者委托买卖证券的名称，也是填写委托单的第一要点。填写证券名称的方法有全称、简称和代码三种（有些证券品种没有全称和简称的区别，仅有一个名称）。通常的做法是填写代码及简称，这种方法比较方便快捷，且不容易出错。上海、深圳的证券代码统一为一组6位数字。

（4）买卖方向。投资者在委托指令中必须明确表明委托买卖的方向，即是买进证券还是卖出证券。

（5）数量。买卖证券的数量可分为整数委托和零数委托。整数委托是指委托买卖证券的数量为1个交易单位或交易单位的整数倍。1个交易单位俗称“1手”。零数委托是指投资者委托证券经纪商买卖证券时，买进或卖出的证券不足证券交易所规定的1个交易单位。目前，我国只在卖出证券时才有零数委托。

根据2006年沪深交易所发布的交易规则，两个交易所交易规则在有关证券买卖申报数量方面大致相同，只有个别的差异。

《上海证券交易所交易规则》规定：通过竞价交易买入股票、基金、权证，申报数量应当为100股（份）或其整数倍。卖出股票、基金、权证时，余额不足100股（份）的部分，应当一次性申报卖出。在竞价交易中，债券交易的申报数量应当为1手或其整数倍，1手为1 000元面值。股票、基金、权证交易单笔申报最大数量应当不超过100万股（份），债券单笔申报最大数量为1万手。

《深圳证券交易所交易规则》规定：通过竞价交易买入股票或基金的，申报数量应当为100股（份）或其整数倍。卖出股票或基金时，余额不足100股（份）的部分，应当一次性申报卖出。通过竞价交易买入债券的，以10张或其整数倍进行申报。卖出债券时，余额不足10张部分，应当一次性申报卖出。债券以人民币100元面额为1张。股票、基金、权证竞价交易单笔申报最大数量应当不超过100万股（份），债券交易单笔申报最大数量应当不超过10万张。

（6）价格。委托买卖证券的价格。在我国上海、深圳证券交易所的交易规则中，设计委托买卖证券价格的内容包括委托价格的形式、证券价格的计价单位、申报价格最小变动单位等，这些内容在后文进一步说明。

（7）时间。这是指投资者填写委托单的具体时点，也可由证券经纪商填写委托时点，即上午×时×分或下午×时×分。这是检查证券经纪商是否执行时间优先原则的依据。

（8）有效期。这是指委托指令的有效期间。委托指令有效期一般有当日有效与约定日有效两种。当日有效是指从委托之时起至当日证券交易所营业终了之时止的时间内有效；约定日有效是指委托人与证券公司约定，从委托之时起到约定的营业日证券交易所营业终了之时止的时间内有效。如不在委托单上特别注明，均按当日有效处理。我国现行规定的委托期为当日有效。

（9）签名。投资者签名以示对所作的委托负责。若预留印鉴，则应盖章。

（10）其他内容。其他内容涉及委托人的身份证号码、资金账号等。

2. 委托价格相关规定

（1）委托价格的形式。根据委托价格的限制形式，委托价格一般分为市价委托和限价委托。

市价委托是指投资者向证券经纪商发出买卖某种证券的委托指令时，要求证券经纪商按证券交易所内当时的市场价格买进或卖出证券。市价委托的优点是：没有价格上的限制，证券经纪商执行委托指令比较容易，成交迅速且成交率高。市价委托的缺点是：只有在委托执行后才知道实际的执行价格。尽管场内交易员有义务以最有利的价格为投资者买进或卖出证券，但成交价格有时会不尽如人意，尤其是当市场价格变动较快时。

限价委托是指投资者要求证券经纪商在执行委托指令时，必须按限定的价格或比限定价格更有利的价格买卖证券，即必须以限价或低于限价买进证券，以限价或高于限价卖出证券。限价委托方式的优点是：证券可以投资者预期的价格或更有利的价格成交，有利于投资者实现预期投资计划，谋求最大利益。但是，采用限价委托时，由于限价与市价之间可能有一定的距离，故必须等市价与限价一致时才有可能成交。此时，如果有市价委托出现，市价委托将优先成交。因此，限价委托成交速度慢，有时甚至无法成交。在证券价格变动较大时，投资者采用限价委托容易坐失良机，遭受损失。

根据2006年沪深交易所发布的交易规则，两个交易所都接受客户采用限价委托或市价委托的方式委托会员买卖证券。

《上海证券交易所交易规则》规定：根据市场需要，上海证券交易所可以接受下列方式的市价申报：

①最优五档即时成交剩余撤销申报，即该申报在对手方实时最优5个价位内以对手方价格为成交价逐次成交，剩余未成交部分自动撤销。

②最优五档即时成交剩余转限价申报，即该申报在对手方实时5个最优价位内以对手方价格为成交价逐次成交，剩余未成交部分按本方申报最新成交价转为限价申报；如该申报无成交的，按本方最优报价转为限价申报；如无本方申报的，该申报撤销。

③上海证券交易所规定的其他方式。《深圳证券交易所交易规则》同样规定，接受会员的限价申报和市价申报。深圳证券交易所根据市场需要，接受下列类型的市价申报：

a. 对手方最优价格申报。对手方最优价格申报是指以申报进入交易主机时集中申报簿中对手方队列的最优价格为其申报价格。

b. 本方最优价格申报。本方最优价格申报是指以申报进入交易主机时集中申报簿中本方队列的最优价格为其申报价格。

c. 最优5档即时成交剩余撤销申报。最优5档即时成交剩余撤销申报，指以对手方价格为成交价格，与申报进入交易主机时集中申报簿中对手方最优5个价位的申报队列依次成交，未成交部分自动撤销。

d. 即时成交剩余撤销申报。即时成交剩余撤销申报，指以对手方价格为成交价格，与申报进入交易主机时集中申报簿中对手方所有申报队列依次成交，未成交部分自动撤销。

e. 全额成交或撤销申报。全额成交或撤销申报，指以对手方价格为成交价格，如与申报进入交易主机时集中申报簿中对手方所有申报队列依次成交能够使其完全成交的，则依次成交；否则申报全部自动撤销。

f. 深圳证券交易所规定的其他类型。

本方最优价格申报进入交易主机时，集中申报簿中本方无申报的，申报自动撤销。其他市价申报类型进入交易主机时，集中申报簿中对手方无申报的，申报自动撤销。

沪深两交易所都规定市价申报只适用于有价格涨跌幅限制证券连续竞价期间的交易，其他交易时间，交易所交易主机不接受市价申报。限价申报指令应当包括证券账号、营业部代码、证券代码、买卖方向、数量、价格等内容。市价申报指令应当包括申报类型、证券账号、营业部代码、证券代码、买卖方向、数量等内容。

（2）证券价格的计价单位。另外，我国证券交易所还规定，不同证券的交易采用不同的计价单位。股票为“每股价格”，基金为“每份基金价格”，权证为“每份权证价格”，债券为“每百元面值债券的价格”。

（3）申报价格最小变动单位。在申报价格最小变动单位方面，《上海证券交易所交易规则》规定：A股、债券交易和债券买断式回购交易的申报价格最小变动单位为0.01元人民币，基金、权证交易为0.001元人民币，B股交易为0.001美元。《深圳证券交易所交易规则》规定：A股、债券的申报价格最小变动单位为0.01元人民币，基金交易为0.001元人民币，B股交易为0.01港元。另外，根据市场需要，我国证券交易所可以调整各类证券单笔买卖申报数量和申报价格的最小变动单位。

（4）价格涨跌幅限制。投资者委托报价必须在当日证券涨跌幅范围之内，超过涨跌幅限制的申报为无效申报。沪深交易所对股票、基金交易实行价格涨跌幅限制，涨跌幅比例为上一交易日收盘价的10%，其中ST和*ST股票价格涨跌幅比例为5%，股票上市首日不受涨跌幅限制。

（5）债券交易报价。对于债券交易报价来说，投资者还需要注意债券标价的内涵。从交易价格的组成看，债券交易有两种：全价交易和净价交易。全价交易是指买卖债券时，以含有应计利息的价格申报并成交的交易。净价交易是指买卖债券时，以不含有应计利息的价格申报并成交的交易。在净价交易的情况下，成交价格与债券的应计利息是分解的，价格随行就市，应计利息则根据票面利率按天计算。

过去，我国证券交易所国债交易采用全价交易。从2002年3月25日开始，根据财政部、中国人民银行和中国证监会《关于试行国债净价交易有关事宜的通知》，国债交易采用净价交易。实行净价交易后，采用净价申报和净价撮合成交，报价系统和行情发布系统同时显示净价价格和应计利息额。目前，两交易所除可转换公司债券外，其他债券都已实行了净价交易，全价结算。

【例7-1】 如某国债面值为100元，票面利率为5%，起息日是8月6日，交易日是12月18日，则已计息天数是136天（算头不算尾）。交易日挂牌显示的应计利息额为：

应计利息额=100（元）×5%÷365（天）×133（天）=1.82（元）

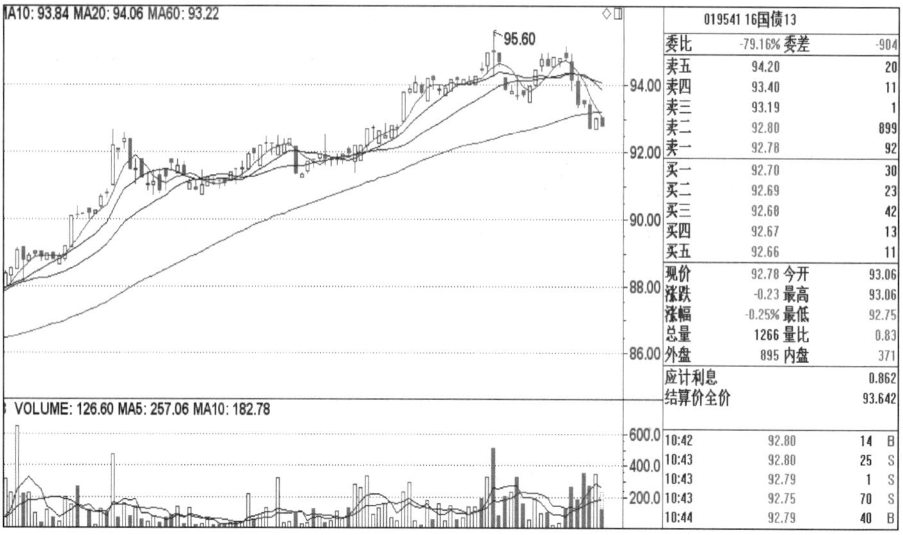

图 7-1 16 国债 13 日 k 线图

图 7-1 是 2016 年记账式 50 年期（第十三期）附息国债 2018 年 8 月 15 日的日 k 线图，起息日期是 2016 年 5 月 23 日，年利率 3.7%，每半年付息一次，右侧盘面行情信息显示，该债券当日市场价为 92.78 元/100 元面值（净价），100 元面值应计利息为 0.862 元，结算全价为 93.642 元。

三、委托受理、执行与委托撤销

（一）委托受理

证券经纪商收到客户委托后，应对委托人身份、委托内容、委托买卖的资金及证券经审查符合要求后，才能接受委托。

1. 验证与审单

验证主要是对客户委托时递交的相关证件进行核实，审单主要是检查客户填写的委托单。证券经纪商要根据证券交易所的交易规则，对客户的证件和委托单在合法性和同一性方面进行审查。

2. 查验资金及证券

在非信用交易的情况下，投资者的账户中，买入时要有足够资金，卖出时要有足够证券。如果客户采用自助委托方式，则当其输入相关账号和正确密码后，即视同确认了身份。证券经纪商的电脑系统会自动检测客户的证券买卖申报数量和价格等是否符合证券交易所的交易规则。

（二）委托执行

证券经纪商在受理客户的委托后，应将客户的委托指令报盘至证券交易所交易撮合主机。

1. 申报原则

申报原则为时间优先、客户优先。时间优先是指证券营业部应按受托时间的先后次序为委托人申报。客户优先是指当证券公司自营买卖申报与客户委托买卖申报在时间上相冲突时，应让客户委托买卖优先申报。证券公司同时接受两个以上委托人买进委托与卖出委托且种类、数量、价格相同时，不得自行对冲完成交易，应该向交易所申报竞价。

2. 申报方式

申报方式有两种，有形席位申报与无形席位申报。有形席位申报是证券经纪商将客户的委托买卖指令通知其场内交易员（俗称红马甲），由场内交易员通过过场电脑终端将委托指令输入证券交易所交易系统。在无形席位申报下，证券经纪商实务电脑系统要与证券交易所交易系统联网，客户利用自助委托方式，自行将委托指令输入证券经纪商电脑系统，经审查确认后，再自动传送至证券交易所交易系统。无形席位申报减去了场内交易员人工报盘的环节，降低了申报差错，因此成为目前主要的申报方式，有形席位申报更多的是作为应急的手段。

3. 申报时间

上海证券交易所和深圳证券交易所都规定，交易日为每周一至周五。国家法定假日和证券交易所公告的休市日，证券交易所市场休市。另外，根据市场发展需要，经中国证监会批准，证券交易所可以调整交易时间。

关于申报时间，《上海证券交易所交易规则》（2018 年 6 月修订）规定：接受会员竞价交易申报的时间为每个交易日 9:15 ~ 9:25、9:30 ~ 11:30、13:00 ~ 15:00。股票交易，每个交易日的 9:15 ~ 9:25 为开盘集合竞价时间，9:30 ~ 11:30、13:00 ~ 4:57 为连续竞价时间，14:57 ~ 15:00 为收盘集合竞价时间。每个交易日 9:20 ~ 9:25 的开盘集合竞价阶段、14:57 ~ 15:00 的收盘集合竞价阶段，本所交易主机不接受撤单申报；其他接受交易申报的时间内，未成交申报可以撤销。基金、债券、债券回购交易，每个交易日的 9:15 至 9:25 为开盘集合竞价时间，9:30 ~ 11:30、13:00 ~ 15:00 为连续竞价时间。

《深圳证券交易所交易规则》（2016 年 9 月修订）规定：本所接受交易参与人竞价交易申报的时间为每个交易日 9:15 ~ 9:25、9:30 ~ 11:30、13:00 ~ 15:00。每个交易日 9:20 ~ 9:25、14:57 ~ 15:00，本所交易主机不接受参与竞价交易的撤销申报；在其他接受申报的时间内，未成交申报可以撤销。证券采用竞价交易方式的，每个交易日的 9:15 ~ 9:25为开盘集合竞价时间，9:30 ~ 11:30，13:00 ~ 14:57 为连续竞价时间，14:57 ~ 15:00 为收盘集合竞价时间。

（三）委托撤销

在委托未成交之前，委托人有权变更和撤销委托。一旦成交后，买卖即告成立，成交部分不得撤销。对委托人撤销的委托，证券经纪商须及时将冻结的资金或证券解冻。

四、竞价与成交

（一）竞价原则

竞价成交的原则为“价格优先，时间优先”。

价格优先原则表现为：价格较高的买进申报优先于较低的买进申报成交，价格较低的卖出申报优先于较高的卖出申报成交。时间优先原则表现为：买卖方向、价格相同的，先申报者成交优先于后申报者。先后顺序按照证券交易所交易系统接收申报的时间确定。

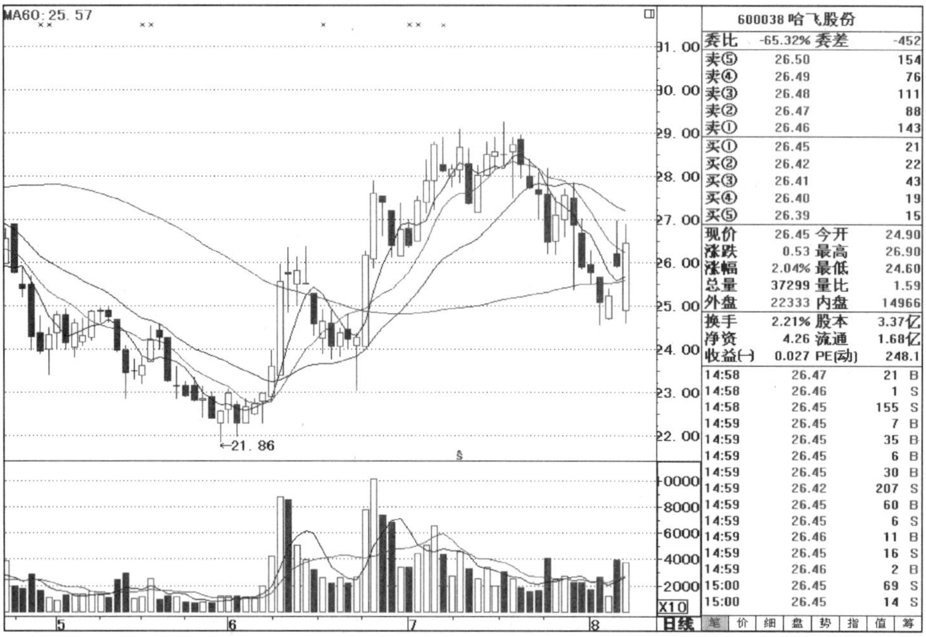

图 7－2　哈飞股份日 K 线图

图 7－2 是哈飞股份的日 K 线图，右侧盘面显示即时买盘与卖盘的最优 5 档价的排序，体现了价格优先、时间优先的原则。

（二）竞价方式

目前，我国沪深两市所采用的竞价方式有两种：集合竞价和连续竞价。

1. 集合竞价

所谓集合竞价，是指对在规定的一段时间内接受的买卖申报一次性集中撮合的竞价方式。每个交易日上午，交易所主机对 9:15～9:25 接受的全部有效委托进行一次集中撮合处理，产生开盘价，这一过程便是集合竞价。

集合竞价确定成交价的原则是：①以此价成交，能实现最大交易量。②高于此价的买入申报和低于此价的卖出申报必须全部成交。③与此价相同价位的申报，其中买入申报和卖出申报必须有一方能全部成交。

如有两个以上价格符合上述条件的，根据沪深交易所的交易规则，上交所规定取使未成交量最小的申报价为成交价，若仍有两个未成交量最小的申报价符合上述条件的，其中间价为成交价。深交所取在该价格以上的买入申报累计数量与在该价格以下的卖出申报累计数量之差最小的价格为成交价；买卖申报累计数量之差仍存在相等情况的，开盘集合竞价时取最接近即时行情显示的前收盘价为成交价，盘中、收盘集合竞价时取最接近最近成交价的价格为成交价。

表 7－1 某股票某日集合竞价时买卖申报价格、数量

买入数量（手）	价格	卖出数量（手）
—	10.50	100
—	10.40	200
150	10.30	600
150	10.20	200
100	10.10	200
300	10.00	100
500	9.90	—
600	9.80	—
300	9.70	—

根据表 7－1 分析各价位的累计买卖数量、最大可成交量及未成交量见下表

表 7－2 某股票某日集合竞价时各价位累计买卖数量、最大可成交量及未成交量

累计买入数量（手）	买入数量（手）	价格	卖出数量（手）	累计卖出数量（手）	最大可成交量（手）	未成交量
0	—	10.50	100	1 400	0	0
0	—	10.40	200	1 300	0	0
150	150	10.30	600	1 100	150	950
300	150	10.20	200	500	300	200
400	100	10.10	200	300	300	100
700	300	10.00	100	100	100	700
1 200	500	9.90	—	0	0	0
1 800	600	9.80	—	0	0	0
2 100	300	9.70	—	0	0	0

根据表 7－2 可见，符合上述集合竞价确定成交原则的价格有两个，10.20 元和 10.10 元，上海证券交易所取使未成交量最小的 10.10 元为开盘价；深圳证券交易所交所取在该价格以上的买入申报累计数量与在该价格以下的卖出申报累计数量之差最小的价格为成交价，也是 10.10 元为开盘价，成交量均为 300 手。

集合竞价所有交易以同一价格成交，集合竞价时未能成交的委托，自动进入连续竞价。

2. 连续竞价

连续竞价是指对买卖申报逐笔连续撮合的竞价方式。连续竞价的特点是每一笔买卖委托输入交易自动撮合系统后，当即判断并进行不同的处理：能成交的予以成交，不能成交的等待机会成交，部分成交的则让剩余部分继续等待成交。

连续竞价时，成交价格的确定原则为：

（1）最高买入申报与最低卖出申报价格相同，以该价格为成交价。

（2）买入申报价格高于即时揭示的最低卖出申报价格时，以即时揭示的最低卖出申报价格为成交价。

（3）卖出申报价格低于即时揭示的最高买入申报价格时，以即时揭示的最高买入申报价格为成交价。

五、交易费用

投资者委托买卖证券时需要支付多项费用和税收，包括：佣金、过户费和印花税。

（一）佣金

佣金按成交金额一定比例支付。该费用由证券公司经纪佣金（券商净佣金）、证券交易所手续费及证券交易监管费等组成。根据中国证监会、原国家计划和发展委员会、国家税务总局的相关规定，自 2002 年 5 月 1 日起，交易佣金实行最高上限向下浮动制度。券商收取佣金不得高于 3‰，也不得低于代收的证券交易所手续费及证券交易监管费等。A 股、证券投资基金每笔交易佣金不足 5 元的按 5 元收取，B 股每笔交易按最低 1 美元和 5 港元收取。

（二）过户费

过户费是委托买卖股票、基金成交后，买卖双方为变更登记所支付的费用，属于中国证券登记结算公司的收入。由证券经纪商在与投资者清算交手时代为扣收。上海证券交易所 A 股过户费为成交面额的 1‰，起点 1 元，深圳证券交易所免收。B 股该费用成为结算费。上海证券交易所为成交面额的 0.5‰；深圳证券交易所证也为 0.5‰，但最高不超过 500 港元。基金、债券交易目前不收过户费。

（三）印花税

印花税是根据国家税法规定，A 股与 B 股成交后对买卖双方投资者按照规定的税率分别征收的税金。目前由证券经纪商同投资者办理交收过程中代为扣收。我国的印花税税率标准曾多次调整，按成交金额的一定比例收取。2008 年 9 月 19 日，证券交易印花税只对出让方按 1‰的税率收取，对受让方不再收取。

【例 7-2】某投资者 2018 年 6 月 25 日在上海证券交易所以 13 元/股的价格买入海信电器（A 股）10 000 股，计算投资者最低需要以什么价格卖出才能保本（佣金按 2‰计收，印花税、过户费按规定计收）

设卖出价格为 P 元/股。

则卖出收入 $= 10\,000P - 10\,000 \times (0.002 + 0.001)P - 10\,000 \times 0.001$

$= 9\,970P - 10$

买入支出 $= 10\,000 \times 13 + 10\,000 \times 13 \times 0.002 + 10\,000 \times 0.001$

$= 130\,270$

保本为：$9\,970P - 10 - 130\,270 \geqslant 0$

$P \geqslant 13.07$

即投资者要最低以 13.07 元/股的价格全部卖出该股票才能保本。

六、清算、交收、过户

（一）清算与交收的概念

证券交易的清算是指在每一交易日中，每个结算参与人（证券公司）证券与资金的应收、应付数量和金额进行计算的处理过程。证券交易的交收指结算参与人根据清算的结果在事先约定的时间内履行合约的行为，即买方支付一定款项以获得所购证券，卖方支付一定证券以获得相应价款。交收的实质是依据清算结果实现证券与价款的收付，从而结束整个交易过程。

证券清算和交收两个过程统称为结算。结算一般采取分级结算原则，证券登记结算机构（我国为中国证券登记结算有限公司）负责证券登记结算机构与结算参与人之间的集中清算交收，结算参与人负责办理结算参与人与客户之间的清算交收。但结算参与人与其客户的证券划付，应当委托证券登记结算机构代为办理。实行分级结算，意味着证券公司接受投资者委托达成的证券交易，证券公司需承担相应的证券或资金的交收责任。

（二）滚动交收和会计日交收

证券交易从结算的时间安排来看，可以分为滚动交收和会计日交收。滚动交收是指某一交易日成交的所有交易有计划地安排距成交日相同营业日天数的某一营业日进行交收。例如，在T+3滚动交收中，要求T日成交的证券交易的交收在成交日之后的第三个营业日（T+3）完成。与滚动交收相对应的是会计日交收，会计日交收是指一个时期发生的所有交易在规定的特定日期交收。滚动交收目前已被各国证券市场广泛采用。从现实情况来看，各市场采用的滚动交收周期时间长短不一，美国证券市场采取T+3，我国香港市场采取T+2。我国目前存在两种滚动交收周期，即T+1与T+3。T+1滚动交收目前适用于我国的A股、基金、债券、债券回购交易等；T+3滚动交收适用于B股（人民币特种股票）。

（三）过户

过户是指投资者买进记名证券后，持所买证券到发行人处办理变更证券持有人名册登记手续的行为，只有在过户以后，证券交易的整个过程才算是最终结束。由于目前证券交易所实行证券集中保管和无纸化交易，证券的过户手续在交易成交的同时就已经由交易所的计算机过户系统自动完成，无须投资者专门办理证券过户手续。

第四节

证券交易盘面信息

股票市场的行情往往通过电脑中的股票分析软件或者证券公司营业部大厅的彩色屏幕等方式来显示，我们一般把股票市场的总体行情称之为大盘。看懂盘面信息是股票投资的必修课。股票的盘面信息主要有：股票价格指数、股票代码、开盘价、收盘价、最高价、最低价、涨跌幅、买盘、卖盘、内盘、外盘、现手、总手、委比、量比、换手率、K线、成交量、技术指标等。认识并掌握这些术语的含义及其运用可以对我们分析股票行情有所帮助。股票盘面常见基本信息介绍见图7－3、图7－4、图7－5、图7－6，并附术语解释。

图7－3　白云机场日K线图

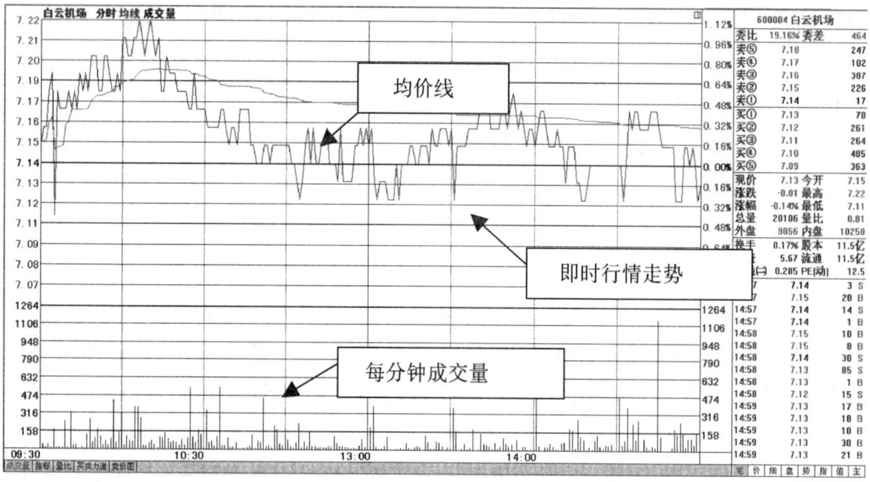

图7－4　白云机场分时图

开盘价：指每天成交中最先的一笔成交的价格。

收盘价：指每天成交中最后的一笔股票的价格，也就是收盘价格。

最高价：是指当日所成交的价格中的最高价位。有时最高价只有一笔，有时也不止一笔。

最低价：是指当日所成交的价格中的最低价位。

成交量：是指在证券交易所内投资人完成买卖的股票数量。成交量能反映股票市场的活跃程度和投资人的投资动向。

成交笔数：是指当天各种股票交易的次数。

成交额：是指各种证券的成交价格乘上其成交量的合计总额，用货币单位表示。

量比：是衡量相对成交量的指标。它是开市后每分钟的平均成交量与过去5个交易日每分钟平均成交量之比。

其计算公式为：量比＝现成交总手/[（过去5个交易日平均每分钟成交量）×当日累计开市时间（分）]

当量比大于1时，说明当日每分钟的平均成交量大于过去5日的平均值，交易比过去5日火爆；当量比小于1时，说明当日成交量小于过去5日的平均水平。

内外盘：成交价是买入价时成交的手数总和称为内盘，成交价是卖出价时成交的手数总和称为外盘。内外盘的总和为总成交量。通常情况下，如外盘数量大，则意味着多数卖出委托都有买方来承接，显示了买方的强劲势头；而内盘则正好相反，如果内盘很大则显示了卖方的强劲势头。如果内外盘数量相当，则买卖力量均衡。

委比：委比是衡量一段时间内场内买、卖盘强弱的技术指标。它的计算公式为：

委比＝（委买手数－委卖手数）/（委买手数＋委卖手数）×100%

从公式中可以看出，“委比”的取值范围从－100%至＋100%。若“委比”为正值，说明场内买盘较强，且数值越大，买盘就越强劲。反之，若“委比”为负值，则说明市道较弱。

委差：委差＝委买手数－委卖手数

市盈率：是某种股票每股市价与每股盈利的比率。

市盈率＝普通股每股市场价格÷普通股每年每股盈利

换手率：是指在一定时间内市场中股票转手买卖的频率，是反映股票流通性的指标之一。

计算公式为：换手率＝（某一段时间内的成交量/流通股数）×100%

一般来说，当股价处于低位时，当日换手率达到4%左右时应引起投资者的关注，而上升途中换手率达到20%左右时则应引起警惕。

手：是国际上通用的计算成交股数的单位。必须是手的整数倍才能办理交易。目前一般以100股为一手进行交易。

现手：最新成交的一笔交易的交易手数。

总手：今天开盘以来，该股交易的所有手数之和。

涨跌：以每天的收盘价与前一天的收盘价相比较，来决定股票价格是涨还是跌。在行情表上一般用“＋”“－”号表示。

涨跌幅：今日收盘价相比昨日收盘价的上涨或下跌幅度，一般用“＋”“－”号以百分比表示。

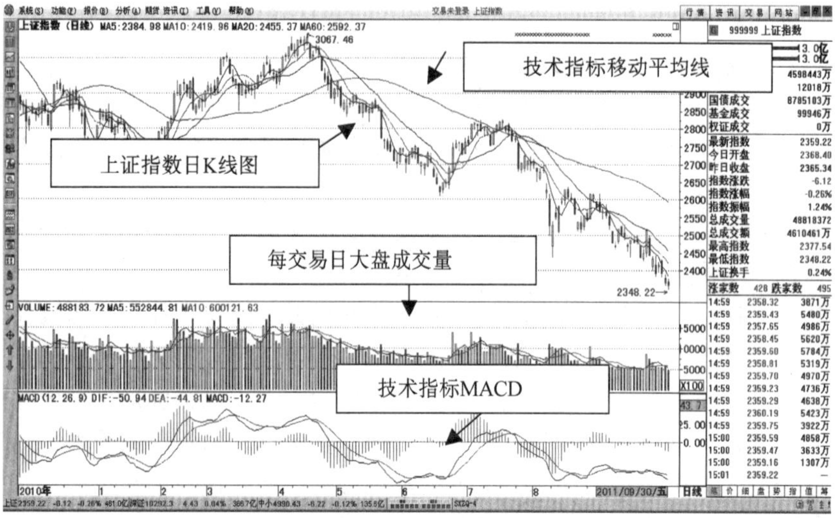

图7－5　上证指数日K线图

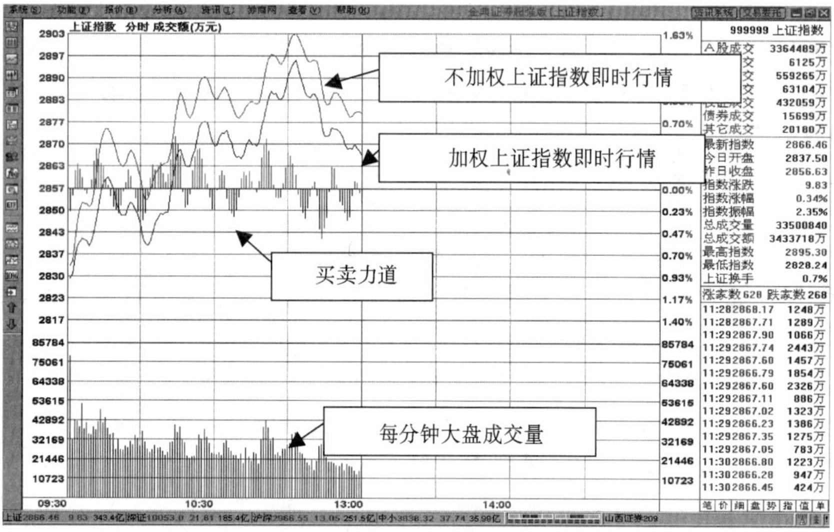

图7－6　上证指数分时图

本章小结

从不同的角度观察，证券有不同的交易方式，根据交易完成交割期限及标的物划分，有现货交易、远期交易、期货交易、回购交易、信用交易；根据证券交易价格形成机制的不同，有指令驱动交易和做市商报价驱动交易；根据证券交易的场所有场内交易和场外交易。我国证券交易所采用的指令驱动竞价交易，其形式分为集合竞价和连续竞价。投资者参与证券交易所的证券交易要经过开户、委托、竞价与成交、清算交收与过户等环节。投资者通过证券交易所能够交易的证券称为上市证券，股票、债券等证券上市必须符合《证券法》及证券交易所的上市规则。

复习思考题

一、选择题

1. 各种交易方式中最基本、最普通的交易方式一般是（　　）。

A. 现货交易　　B. 信用交易

C. 期货交易　　D. 期权交易

2. 关于信用交易，以下说法正确的是（　　）。

A. 信用交易是投资者通过交付保证金取得交易所的信用而进行的交易

B. 信用交易包括保证金买空和保证金卖空

C. 根据现行法律，我国是禁止信用交易的

D. 在信用交易中，证券公司要向客户收取一定的担保物

3. 开立证券账户应坚持的原则有（　　）。

A. 合理性　　B. 合法性

C. 科学性　　D. 真实性

4. 连续竞价阶段的特点是，每一笔买卖委托输入电脑自动撮合系统后，当即判断并进行不同的处理：（　　）。

A. 能成交者予以成交　　B. 不能成交者等待机会成交

C. 不能成交者视为无效委托　　D. 部分成交者则让剩余部分继续等待

5. 委托指令有多种形式，一般根据委托订单的数量，有（　　）。

A. 整数委托　　B. 零数委托

C. 开市委托　　D. 收市委托

6. 根据现行证券交易所交易制度，下列说法正确的有（　　）。

A. 深圳证券交易所规定，竞价交易买入债券，以 10 张或其整数倍进行申报

B. 通过竞价交易买入股票、基金、权证，申报数量应当为 100 股（份）或其整数倍

C. 股票、基金、权证竞价交易单笔申报最大数量应当不超过 100 万股（份）

D. 卖出股票或基金时，余额不足 100 股（份）的部分，应当一次性申报卖出

7. 投资者开立客户交易结算资金第三方存管协议中的资金台账，须到（　　）柜台办理。

A. 证券经纪商　　B. 商业银行

C. 证券交易所　　D. 登记结算公司

8. 某股票连续竞价即时揭示的最低 5 笔卖出申报价格分别为 15.60 元、15.55 元、15.50 元、15.40 元和 15.35 元，申报数量都为 1 000 股。若此时该股票有一笔买入申报进入交易系统，价格为 15.55 元，数量也为 1 000 股，则成交价应为（　　）。

A. 15.55 元　　B. 15.50 元

C. 15.45 元　　D. 15.35 元

9. （　　）不属于交易方面的费用和税收。

A. 印花税　　B. 佣金

C. 承销费　　D. 过户费

10. 下列属于＊ST股票的情形有（　　）。

A. 最近一个会计年度的审计结果显示其股东权益为负

B. 最近一个会计年度的财务会计报告被注册会计师出具无法表示意见或否定意见的审计报告

C. 最近2年连续亏损（以最近2年年度报告披露的当年经审计净利润为依据）

D. 在法定期限内未披露年度报告或者半年度报告，公司股票已停牌2个月

11. 下列属于股票在主板上市的条件有（　　）。

A. 股票经中国证监会核准已公开发行

B. 公司股本总额不少于人民币3 000万元

C. 公开发行的股份达公司股份总额的25%以上；公司股本总额超过人民币4亿元的，公开发行股份的比例为10%以上

D. 公司在最近3年内无重大违约行为，财务会计报告无虚假记载

二、判断题

1. 在证券经纪业务中，证券公司可以收取一定比例的佣金作为业务收入。（　　）

2. 市价委托方式的优点是：股票可以投资者预期的价格或更有利的价格成交，有利于投资者实现预期投资计划，谋求最大利益。（　　）

3. 指令驱动系统的证券交易价格由买方和卖方的力量直接决定。（　　）

4. 在实行涨跌幅限制的情况下，我国证券交易所市场投资者的申报买入价或卖出价超过有效竞价范围时，证券经纪商都不应接受委托。（　　）

5. ST股票日涨跌幅限制为5%。（　　）

6. 沪深交易所的退市制度都是强行终止上市。（　　）

三、简答题

1. 股票上市对发行公司有何影响？

2. 如何理解证券交易的三原则？

3. 证监会规定的重大违法强制退市具体情形包括哪些？

第八章

证券的收益、风险及内在价值的确定

学习目标：

通过本章的学习，了解证券投资收益的形式与来源；理解证券投资面临的各种风险的特征；掌握股票、债券的各种收益率的计算；掌握股票、债券现金流贴现估值的内涵。

关键概念：

股利　资本利得　系统性风险　非系统性风险　现金流贴现

第一节

证券投资的收益与风险

投资者从事证券投资的目的是为了获得投资收益，但获得收益的过程又时刻伴随着风险，收益和风险是并存的，通常收益越高，风险越大。投资者只能在收益和风险之间加以权衡，即在风险相同的证券中选择收益较高的，或在收益相同的证券中选择风险较小的进行投资。

一、证券投资的收益

（一）股票投资收益

1. 股票投资的收益的构成

股票投资的收益是指投资者从购入股票开始到出售股票为止整个持有期间的收入，它由上市公司对股东的分红、资本利得和公积金转增收益组成。

（1）上市公司对股东的分红。分红是股份有限公司在会计年度结算后，将一部分净利润作为报酬分配给股东，是公司对股东的投资回报。一般来说，分红包括股息和红利两种基本形式。其中，股息就是股票的利息、是指公司按照票面金额的一个固定比率向股东支付利息。红利虽然也是公司分配给股东的回报，但它与股息的区别在于，股息的利率是固定的，而红利数额通常是不确定的，它随着公司每年可分配盈余的多少而上下浮动。因此，有人把普通股的收益称为红利，而股息则专指优先股的收益。然而在实际工作中，股息和红利有时并不加以仔细区分，而是被统称为股利或红利，本书以股利来作为公司分红的简称。

股东一年的股利有多少要看公司的经营业绩，因为股息和红利是从税后利润中提取的，所以税后利润既是股息和红利的唯一来源，又是上市公司分红派息的最高限额。在上市公司分红派息时，其总额一般都不会高于每股税后利润，除非有前一年度节转下来的利润。由于各国的公司法对公司的分红派息都有限制性规定，如我国就规定上市公司必须按规定的比例从税后利润中提取资本公积金来弥补公司亏损或转化为公司资本，所以上市公司分配股息和红利的总额总是要少于公司的税后利润。股息红利作为股东的投资收益，是以股份为单位计算的货币金额，如每股多少元。但在上市公司实施具体分派时，其形式主要有四种：现金股利、财产股利、负债股利和股票股利等。

①现金股利。现金股利是上市公司以货币形式支付给股东的股息红利，也是最普通最常见的股利形式，如每股派息多少元，就是现金股利。

②股票股利。股票股利是上市公司用股票的形式向股东分派的股利，也就是通常所说的送红股。采用送红股的形式发放股息红利，原则上是按公司现有股东持有股份的比例进行分配，采用增发普通股并发放给普通股股东的形式，实际上是将应分给股东的现金留在企业作为发展再生产之用，将当年的留存收益资本化，它与股份公司暂不分红派息没有太大的区别。股票股利使股东手中的股票在名义上增加了，但与此同时公司的注册资本增大了，股票的净资产含量减少了，实际上股东手中股票的总资产含量没什么变化。也就是说，股票股息是股东权益账户中不同项目之间的转移，对公司的资产、负债、股东权益总额毫无影响，仅仅是股东持有的股票数比原来多了。发放股票股息既可以使公司保留现金，解决公司发展对现金的需要，又使公司股票数量增加，股价下降，有利于股票的流通。股东持有股票股利在大多数西方国家可免征所得税，出售增加的股票又可转化为现实的货币，有利于股东实现投资收益，因而是兼顾公司和股东利益的两全之策。

③财产股利。财产股利是上市公司用现金以外的其他资产向股东分派的股息和红利。它可以是上市公司持有的其他公司的有价证券，也可以是实物。

④负债股利。负债股利是上市公司通过建立一种负债，用债券或应付票据作为股利

分派给股东。这些债券或应付票据既是公司支付的股利，又确定了股东对上市公司享有的独立债权。

⑤建业股利。建业股利，又称建设股利，是指经营铁路、港口、水电、机场等业务的股份公司，由于其建设周期长，不可能在短期内开展业务并获得盈利，为了筹集到所需资金，在公司章程中明确规定并获得批准后，公司可以将一部分股本作为股利派发给股东。建业股利不同于其他股利，它不是来自于公司的盈利，而是对公司未来盈利的预分，实质上是一种负债分配，也是无盈利无股利原则的一个例外。

根据《公司法》的规定，上市公司分红的基本程序是，首先由公司董事会根据公司盈利水平和股利政策，确定股利分派方案，然后提交股东大会审议通过方能生效。董事会即可依股利分配方案向股东宣布，并在规定的付息日在约定的地点以约定的方式派发。

（2）资本利得。股票买入价与卖出价之间的差额就是资本利得，或称资本损益。资本利得可正可负。

（3）公积金转增股本。公积金转增股本也采取送股的形式，但送股的资金不是来自于当年可分配盈利，而是公司提取的公积金。公司提取的公积金有法定公积金和任意公积金。法定公积金的来源有以下几项：一是股票溢价发行时，超过股票面值的溢价部分，要转入公司的法定公积金；二是依据《公司法》的规定，每年从税后净利润中按比例提存部分法定公积金；三是公司经过若干年经营以后资产重估增值部分；四是公司从外部取得的赠予资产，如从政府部门、国外部门及其他公司等得到的赠予资产。

2. 股票投资收益率

股票收益率指投资于股票所获得的收益总额与原始投资额的比率。衡量股票投资收益水平的指标主要有股利收益率、持有期收益率。

（1）股利收益率。股利收益率，又称获利率，是指股份公司以现金形式派发的股息或红利与股票市场价格的比率。该收益率可用于计算已获得的股利收益率，也可用于预测未来可能的股利收益率。如果投资者以某一市场价格买入股票，在持有期间得到公司派发的现金股利，可用本期每股现金股利与股票买入价计算，这种已获得的股利收益率对长期持有股票的股东特别有意义。如果投资者打算投资某种股票，可用该股票上期派发的现金股利或是预计本期的现金股利与当前股票市场价格计算，可得出预计的股利收益率，该指标对投资决策有一定的帮助。

$R_d = \frac{D}{P_0} \times 100\%$ 式中，R_d 为股利收益率，D 为现金股利，P_0 为股票买入（市场）价

【例 8-1】 某投资者以 20 元/股的价格买入 X 公司股票，持有 1 年分得现金股利 1.50 元/股，$R_d = \frac{1.5}{20} \times 100\% = 7.5\%$

（2）持有期收益率。持有期收益率是指投资者买入股票持有一定时期后又将其卖出，在投资者持有该股票期间的收益率，是投资者持有股票期间的现金股利收入与资本利得和与股票买入价的比率。持有期收益率是投资者最关心的指标，但如果要将它与债券收益率、银行利率等其他金融资产的收益率作比较，须注意时间的可比性，即要将持有期收益率转化为年率。其计算公式为：

第一条 $R_h=\frac{D+(P_1-P_0)}{P_0}\times100\%$

第二条式中，R_h 持有期收益率，D 为现金股利，P_0 为股票买入价；P_1 为股票卖出价。

【例 8－2】 某投资者以 20 元/股的价格买入 X 公司股票，持有 6 个月获得现金股利 1.50 元/股后，将股票以 23.5 元卖出，则其持有期收益率为：

第三条 $R_h=\frac{1.5+(23.5-20)}{20}\times100\%=15\%$

若要将持有期收益率与同期银行存款利率相比，则需将其转化为年率，

第四条 $R_h=\frac{[1.5+(23.5-20)]\times2}{20}\times100\%=30\%$

（二）债券投资收益

1. 债券投资的收益的构成

债券的收益来自于两个方面：一是债券的利息，这是债券发行时就决定的，除了保值贴补债券和浮动利率债券外，债券的利息收入不会改变，投资者在购买债券前就可得知。二是资本利得。

（1）债券的利息收益。债券的利息收益取决于债券的票面利率和付息方式，债券的票面利率是指一年的利息占票面金额的比率，它的高低直接影响着债券发行人的筹资成本和投资者的投资收益，一般是债券发行人根据债券本身的性质和对市场条件的分析确定的，在债券的有效期内，无论市场发生什么变化，发行人都必须按照确定票面利率向债券持有人支付利息。债券的付息方式是指发行人在债券的有效期内，何时或分几次向债券持有者支付利息的方式，付息方式既影响债券发行人的筹资成本，也影响投资者的投资收益，一般把债券利息的支付分为一次性付息和分期付息两大类。

（2）债券的资本利得。债券的资本利得是指利用债券价格的变动，买卖债券赚取买入价与卖出价或买入价与到期偿还额之间的差额。同股票的资本利得一样，债券的资本利得可正可负，由于债券还本付息的特征以及债券市场价格波动性比股票小的原因，债券的资本利得的波动性也比股票资本利得的波动性小。

2. 债券投资收益率

人们投资债券时，最关心的就是债券收益有多少。为了精确衡量债券收益，一般使用债券收益率这个指标。债券收益率是债券收益与其投入本金的比率，通常用年率表示。决定债券收益率的主要因素有债券的票面利率、期限、面值和购买价格和出售价格。债券收益率有票面收益率、直接收益率、持有期收益率、到期收益率等，这些收益率分别反映投资者在不同买卖价格和持有年限下的不同收益水平。

（1）票面收益率。债券票面收益率又称名义收益率或票息率，是债券票面上的固定利率，即年利息收入与债券面额之比率。投资者若将按面额发行的债券持有至期满，则所获得的投资收益率与票面利率是一致的，票面收益率只适用于投资者按票面金额买入债券直至持有期满并按照票面金额偿还本金的情况，它没有反映债券发行价与票面金额不一致的可能，也没有考虑投资者有中途卖出的可能。

（2）直接收益率。直接收益率又称本期收益率、当前收益率，是指债券的年利息

收入与买入债券的实际价格的比率，债券的买入价格可以是发行价，也可以是流通市场的交易价格，它可能等于债券的面额，也可能高于或低于面额，其计算公式为：

$$Y_d = \frac{C}{P_0} \times 100\%$$

式中，Y_d 为直接收益率，C 为债券年利息，P_0 为债券买入价格。

【例 8-3】某投资者在 2007 年 9 月 25 日以 95 元/张的市场价格买入上海证券交易所上市的 2001 年发行的记账式第 10 期 10 年期国债 1 000 元面额，本期国债为附息国债，每年支付 1 次利息，票面利率 2.95%，每年 9 月 25 日付息，计算投资者的直接收益率。

$$Y_d = \frac{100 \times 2.95\%}{95} \times 100\% = 3.1\%$$

直接收益率反映了投资者的投资成本带来的收益。直接收益率对那些每年从债券投资中获得一定利息现金收入的投资者来说很有意义。

思考：上例中，直接收益率高于票面利率的原因是什么？

直接收益率也有不足之处，它与票面收益率一样，不能全面反映投资者的实际收益，因它忽略了资本损益，既没有计算投资者买入价格与持有期债券到期满按面额偿还本金之间的差额，也没有反映买入价格与到期前出售或赎回价格之间的差额。

（3）持有期收益率。持有期收益率是指买入债券后持有一段时间，又在债券到期前将其出售而得到的收益率。它包括持有期间的利息收入和资本利损，计算方法有以下几种：

①附息债券持有期收益率常用的计算公式：

$$Y_h = \frac{C + (P_1 - P_0) \div n}{P_0} \times 100\%$$

式中，Y_h 为持有期收益率，C 为债券年利息，P_0 为债券买入价格，P_1 为债券卖出价格，n 为持有年限。

【例 8-4】上例中投资者买入后，于 2009 年 9 月 25 日通过上海证券交易所的交易系统以 102 元/张的价格将 1 000 元面值的国债卖出，则持有期收益率为：

$$Y_h = \frac{2.95 + (102 - 95) \div 2}{95} \times 100\% = 6.79\%$$

②一次性还本付息债券的计算公式：

我国发行的债券有一部分是到期一次还本付息，在中途出售的卖价中包含了持有期的利息，实际使用的计算公式为：

$$Y_h = \frac{(P_1 - P_0) \div n}{P_0} \times 100\%$$

式中，Y_h 为直接收益率，P_0 为债券买入价格，P_1 为债券卖出价格，n 为持有年限。

（4）到期收益率。到期收益率又称最终收益率，一般的债券到期都按面值偿还本金，所以随着到期日的临近，债券的市场价格会越来越接近面值。到期收益率同样包括了利息收入和资本损益。

①附息债券的计算公式：

$$Y_m = \frac{C + (V - P_0) \div n}{P_0} \times 100\%$$

式中，Y_m 为到期收益率，C 为债券年利息，P_0 为债券买入价格，V 为债券面值，n 为买入至到期年限。

【例 8－5】上例中，投资者 2007 年 9 月 25 日买入后一直持有到期满收回本金，则到期收益率为：

$$Y_m = \frac{2.95 + (100 - 95) \div 4}{95} \times 100\% = 4.42\%$$

②一次性还本付息债券到期收益率计算公式：

$$Y_m = \frac{[V \times (1 + i \times n_1) - P_0] \div n_2}{P_0} \times 100\%$$

式中，Y_m 为到期收益率，i 为票面利率，P_0 为债券买入价格，V 为债券面值，n_1 为债券有效年限，n_2 债券的持有年限。

【例 8－6】某债券面值 100 元，期限为 3 年，票面利率 5%，付息方式为一次性还本付息，若该债券以 97 元/张的价格发行，则投资者以发行价买入后持有到期的收益率为：

$$Y_m = \frac{[100 \times (1 + 5\% \times 3) - 97] \div 3}{97} \times 100\% = 6.19\%$$

二、证券投资的风险

证券投资是一种风险性投资，所谓风险，是指遭受损失的可能性。就证券投资而言，风险就是投资者的收益和本金遭受损失的可能性。从风险的定义来看，证券投资风险主要有两种：一种是投资者的收益和本金损失的可能性；另一种是投资者的收益和本金的购买力损失的可能性。

在多数情况下，投资者的收益和本金都有可能遭受损失。对于股票投资者来说，发行公司因经营管理不善而出现亏损，或者没有取得预期的投资效益时，持有该公司股票的投资者所得到的分派收益就会减少或者得不到任何股息，不仅如此，公司股票价格也会在市场上大幅下跌，使投资者的股票投资本金受到损失。对于债券投资者来说，债券发行者在出售债券时已确定了债券的利息，并承诺到期还本付息，但是，并不是所有的债券发行者都能按约定履行债务。一旦债务发行者陷入财务困境，或者经营不善，不能按规定支付利息和偿还本金，甚至完全丧失清偿能力时，投资者的收益和本金就必然会遭受损失。

投资者的收益和本金的购买力损失，主要来自于通货膨胀。在物价大幅度上涨、出现通货膨胀时，尽管投资者的名义收益和本金不变，或者有所上升，但是只要收益的增长幅度小于物价的上升幅度，投资者的收益和本金的购买力就会下降，通货膨胀侵蚀了投资者的实际收益。

在实际中，人们通常将与证券投资相关的所有风险称为总风险，并根据风险与收益的关系，将证券投资风险分为系统性风险和非系统性风险。

（一）系统性风险

系统风险是指由于某种全局性的共同因素引起的投资与收益的可能变动，这种因素以同样的方式对所有证券的收益产生影响。系统性风险的特点是：对整个证券市场或绝大多数证券普遍产生不利影响，系统性风险造成的后果带有普遍性，其主要特征是几乎所有的证券都下跌，投资者往往要遭受很大的损失。在现实生活中，全局性的共同因素来源于社会、政治、经济等各个方面，这些因素存在于企业外部，单一证券无法回避，因此，称为不可回避风险；又由于这种风险不能通过分散投资相互抵消或者消除，因此又叫做不可分散风险。系统风险包括政策风险、周期波动风险、利率风险和购买力风险等。

1. 政策风险

政策风险是指政府出台重要的举措、法规和有关证券市场的政策发生重大变化，引起证券市场的波动，从而给投资者带来的风险。政府的经济政策的变化，可以影响到公司利润、投资收益的变化；政府出台一些扶持或抑制市场发展的政策，制定出新的法规或交易规则，可以直接影响到证券的价格。要减轻政策风险的影响，应加强对国内外政治经济形势的研究，加强对政府证券市场政策的理解。

2. 经济周期波动风险

经济周期波动风险是指证券市场行情因经济周期变动而引起的风险。从长期来看，决定证券市场行情的根本因素是宏观经济，而宏观经济的周期波动是经济发展过程中常见的现象，它表现为经济周而复始地由扩张到紧缩的不断循环运动。

经济周期包括衰退、萧条、复苏和繁荣四个阶段，经济周期的变化决定了企业的景气与效益。一般说来，在经济衰退时期，股票价格会逐渐下跌；到萧条时期，股价跌至最低点；而经济复苏开始时，股价又会逐步上升；到繁荣时，股价则上涨至最高点。这种变动的具体原因在于：上市公司是宏观经济的微观主体，宏观经济所处的周期会影响上市公司的产品需求、经营利润、股息、红利，进而影响到公司股票的内在价值和市场表现。

减轻周期波动风险的影响，一是要认清市场变动趋势并顺势而为，选择正确的投资策略，二是要选择规模大和业绩优良的公司投资，因为这类企业对客观经济环境变化的承受能力和适应能力较强。

3. 利率风险

利率风险是指市场利率变动引起证券投资收益变动的可能性，利率与证券价格呈反方向变化。利率风险对不同证券的影响是不相同的。利率风险是债券的主要风险，债券面临的利率风险由债券价格变动风险与票面利率风险两部分组成，从期限上来讲，利率风险对长期债券的影响大于短期债券。股票也会面临利率风险，股票市场价格对利率变动较为敏感，其对股价的影响主要通过两条途径传导：一是利率变动影响投资的机会成本，如银行提高存款利率，会使资金流向储蓄，减少对股票的需求，引起股票价格下降；二是利率变动影响公司未来的盈利，如利率提高，公司融资成本提高，净盈利减少，引起股票价格下跌。

减轻利率风险影响的办法是，投资者在预见利率将要提高时，应减少对长期固定利率债券、资本密集型公司股票的持有，反之，则相反。

4. 购买力风险

购买力风险又称通货膨胀风险，是由于通货膨胀、货币贬值给投资者带来实际收益水平下降的风险，一般来讲，可通过计算实际收益率来分析购买力风险。

实际收益率 = 名义收益率 − 通货膨胀率

这里的名义收益率是指债券的票面利率或股票的股息率，只有当名义收益率大于通货膨胀率时，投资者才有实际收益。购买力风险对不同证券的影响是不相同的。最容易受到冲击的是固定收益证券，因为它们的名义收益率是固定的。对普通股股票来说，购买力风险相对较小，在通货膨胀初期，由于公司产品价格上涨，公司的名义收益会增加，特别是当公司产品价格的上涨幅度大于生产费用的涨幅时，公司盈利会增加，股息增加，股价也会出现上涨；但是，当通货膨胀比较严重时，各种产品价格轮番上涨，社会经济秩序紊乱，企业承受能力下降，盈利与股息难以增长，这时，普通股也难以抵御购买力风险。为减少通货膨胀损失，普通股票被认为是比债券和其他有固定收入的证券能更好地避免购买力风险的选择。

（二）非系统性风险

非系统性风险是指只对某个行业或个别公司的证券产生影响的风险，它通常是由某一特殊的因素引起，与整个证券市场的价格不存在系统、全面的联系，而只对个别或少数证券的收益产生影响。非系统性风险是可以通过多元化投资来抵消回避的，因此又称为可分散风险或可回避风险。非系统性风险包括信用风险、经营风险、财务风险等。

1. 信用风险

信用风险又称违约风险，指证券发行人在证券到期时无法还本付息而使投资者遭受损失的风险。信用风险实际上揭示了发行人在财务状况不佳时出现违约和破产的可能，债券、股票都有信用风险，但程度有所不同。信用风险是债券的主要风险，因为债券是要按时还本付息的。股票没有还本要求，但仍有信用风险。如优先股股息有缓付、少付甚至不付的可能；普通股股息虽不固定，但公司若不能按期偿还债务，会立即影响到公司股票的市场价格，当公司破产时，股票价格会接近于零，无信用可言。投资者回避信用风险的最好办法是参考权威证券信用评级机构对发行人的信用评级结果。

2. 经营风险

经营风险是指公司的经营受管理能力、财务状况、市场前景、行业竞争、人员素质等因素影响而导致企业的盈利发生变化。影响公司经营业绩的因素很多，投资者在分析公司的经营风险时，既要把握宏观经济大环境的影响，又要把握不同行业、不同所有制类型、不同经营规模、不同管理风格、不同产品特点等对公司经营业绩的影响。经营风险是普通股股票的主要风险，公司盈利变化既会影响股息收入，又会影响股票市场价格。投资者可通过不同行业、不同公司股票的配置投资来回避经营风险。

3. 财务风险

财务风险是指公司财务结构不合理、融资不当而导致偿债能力下降而影响投资者预期收益的风险。公司的财务风险主要表现为：无力偿还到期的债务、利率变动风险、再筹资风险。形成财务风险的因素主要有资产负债比率、资产与负债的期限、债务结构等因素。一般来说，公司的资产负债比率越高，债务结构越不合理，其财务风险越大。当公司由于经营管理不善而持续亏损、现金周转不畅而无力清偿债务或其他原因导致难以持续经营时，投资者就会面临破产风险。破产会导致债务清偿的豁免，使得债券投资者无法取得应得的投资收益，甚至无法收回投资的本金。对股票投资者而言，会面临着比债券投资者更大的风险。因此，投资者在投资时应特别注重公司财务风险的分析。

收益与风险的基本关系是：收益与风险相对应。证券投资的收益与风险同在，收益是风险的补偿，风险是收益的代价。他们之间呈正比例的关系。也就是说，风险较大的证券，其要求的收益率相对较高；反之，收益率较低的投资对象，风险相对较小。投资者只能在收益和风险之间加以权衡，即在风险相同的证券中选择收益较高的或在收益相同的证券中选择风险较小的进行投资。风险和收益的本质联系可以表述为下面的公式：

预期收益率 = 无风险利率 + 风险补偿

预期收益率是投资者承受各种风险应得的补偿，无风险收益率是指把资金投资于某一没有任何风险的投资对象而能得的收益率，这是一种理想的投资收益。我们把这种收益率作为一种基本收益，再考虑各种可能出现的风险，使投资者得到应有的补偿。

一般来讲，同一种类型的债券，长期债券利率比短期债券高，这是对利率风险的补偿；在相同期限的情况下，不同债券的利率不同，这是对信用风险的补偿；在通货膨胀严重的情况下，发行浮动利率债券，这是对购买力风险的补偿；股票的收益率一般高于债券，这是因为股票面临的经营风险、财务风险和市场风险比债券大得多。

第二节

证券价值内在的确定

证券实质上是发行人与投资者之间签订的一种合同，根据合同条款，投资者让渡一定量货币资金给发行人以获取发行人未来预期收入的某种索取权。证券的投资者以某种价格买入股票或债券，所获得的是证券发行人对未来特定时期内向投资者支付一定量现金流量的承诺。债券的未来现金流量表现为还本付息，而股票则表现为股利的支付，由于债券的利息是固定的，因此债券称为固定收益证券，而股票的股利是不固定的，而被称为变动收益证券。

对于任何一种金融工具进行分析时，都应当考虑货币的时间价值，货币具有时间价值是因为使用货币按照某种利率进行投资的机会是有价值的。货币时间价值的表现形式主要有两种：终值与现值。终值是指今天的一笔投资按一定利率计算在未来某个时点上的价值；现值，又称本金，是指未来一段时间的特定货币按一定利率计算到现在的价值。

任何一种金融工具的理论价值都等于这种金融工具能为投资者提供的未来现金流量的现值。为投资者提供的未来现金流量即为期初投资在未来不同时期的终值，而这种金融工具目前的理论价值即为未来现金流量终值的现值。下面对证券的估价模型是在不考虑信用风险与通货膨胀的前提下进行的。

（一）债券内在价值的估算

债券内在价值的计算方法因计息方式而不同。

1. 附息债券估价模型

附息债券：固定利率、每年支付利息、到期归还本金。按照这种模式，债券估价的基本模型是：

$$V=\frac{I_1}{(1+i)}+\frac{I_2}{(1+i)^2}+\cdots+\frac{I_n}{(1+i)^n}+\frac{M}{(1+i)^n}$$

$$=\sum_{t=1}^{n}\frac{I}{(1+i)^t}+\frac{M}{(1+i)^n}$$

$$=I(P/A,i,n)+M(P/F,i,n)$$

公式中：V—债券的内在价值；

M—债券面值；

I—债券每年的利息；

i（R）—市场利率或投资者要求的必要收益率；

n—付息年数；

（P/A，i，n）—普通年金现值系数；

（P/F，i，n）—复利现值系数。

【例 8-7】某公司债券面值为 100 元，票面利率为 8%，期限为 5 年。某企业拟对该债券进行投资，要求的必要收益率为 10%，问该债券每张的理论价值为多少？

$$V=100\times8\%\times(P/A,\ 10\%,\ 5)+100\times(P/F,\ 10\%,\ 5)$$

$$=8\times3.791+100\times0.621$$

$$=92.43\text{（元）}$$

即这种债券的价格必须低于或等于 92.43 元时，该企业才可以购买。

2. 到期一次还本付息且不计复利债券估价的模型

一次还本付息的债券平时不支付利息，到期一次支付本金和利息，且不计复利。我国很多债券都属于这种。其估价的计算公式为：

$$V=\frac{M+M\cdot i\cdot n}{(1+i)^n}=(M+I\times n)\times(P/F,\ i,\ n)$$

公式中符号含义同前式。

【例 8-8】某企业拟购买另一企业发行的债券，该债券面值为 100 元，期限 3 年，票面利率为 9%，到期一次还本付息。目前的市场利率为 7%，该债券的理论价值应为多少？

$$V=(100+100\times9\%\times3)\times(P/F,\ 7\%,\ 3)$$

$$=127\times0.816$$

$$=103.63\text{（元）}$$

即该债券的理论价值为 103.63 元。

3. 贴现债券的估价模型

贴现债券是指以低于面值发行且没有票面利率，到期按面值偿还的债券。其估价模型为：

$$V=\frac{M}{(1+i)^n}=M\times(P/F,\ i,\ n)$$

公式中的符号含义同前式。

【例 8-9】某债券面值 1 000 元，期限 4 年，以贴现方式发行，期限内不计利息，到期按面值偿还，当前的市场利率为10%，其发行价格为多少时，投资者才可以购买？

$$V = 1\,000 \times (P/F,\ 10\%,\ 4)$$
$$= 1\,000 \times 0.683$$
$$= 683\ (\text{元})$$

即该债券的发行价格只有低于或等于683元时，投资者才能购买。

以上案例表明，债券价值的变化更多地取决于当前的市场利率，在现金流量固定的情况下，当市场利率等于票面利率时，债券的价值等于其面值；当市场利率高于票面利率时，债券价值将低于面值，并且随着市场利率的增加，债券价值将不断降低；当市场利率低于票面利率时，债券将增值，其价值将高于面值，并且随着市场利率的降低，债券价值将不断增加。

（二）股票内在价值的估算

同债券的内在价值一样，股票的内在价值也是取决于公司未来为投资者提供的现金流的现值。股票的现金流贴现定价模型目前使用最多的是自由现金流折现模型（Discount Cash Flow，DCF）、股利分红折现法（Dividend Discount Model，DDM）。DCF和DDM采用了收入的资本化定价方法，通过预测公司未来的自由现金流或者股利，然后将其折现得到公司股票的内在价值。其中DCF已经在股票发行价估值的内容中做了介绍，本节主要介绍股利分红折现法。

DDM是将公司未来发放的全部股利折现为现值来衡量当前价值的估价模型。其公式为：股票价值＝每股股利÷（折现率－股利增长率）。在实际使用中，由于中国上市公司分红的“觉悟”不高，因此对公司未来发放股利的预测难度很大；另外是对公式中的折现率的选择也较难确定，且这些变量的任何微小变动都会导致最后得数的大幅波动。不过，对于那些股利发放政策稳定的收益型行业公司或防守型行业公司，DDM可以成为主要的估值标准。

1. 股票估价的基本模型

在一般情况下，投资者投资于股票，不仅希望得到股利收入，还希望在股票价格较高时抛出以获取价差收入。因此股票带给投资者的现金流入包括两部分：股利收入和出售时的售价。股票的内在价值由一系列的股利和将来出售股票时售价的现值所构成。股票的价值为：

$$V = \frac{D_1}{(1+R_S)} + \frac{D_2}{(1+R_S)^2} + \cdots + \frac{D_n}{(1+R_S)^n} + \frac{P_n}{(1+R_S)^n}$$

$$= \sum_{t=1}^{n} \frac{D_t}{(1+R_S)^t} + \frac{P_n}{(1+R_S)^n} \qquad (1)\text{式}$$

公式中：V—股票的内在价值（理论价值）；

P_n—未来出售时预计的股票价格；

R_S—投资者需求的必要报酬率，即折现率；

D_t—第t期的预期股利；

n—预计持有股票的期数。

如果股东永远持有股票，他只获得股利，股利是一个永续的现金流入。这个现金流入的现值就是股票的价值：

$$V = \frac{D_1}{(1+R_S)} + \frac{D_2}{(1+R_S)^2} + \cdots + \frac{D_n}{(1+R_S)^n}$$

$$= \sum_{t=1}^{n} \frac{D_t}{(1+R_S)^t} \quad (2)式$$

以上公式中，投资者要求的折现率 R_S 假定在所有时期内都保持不变。

【例 8－10】现在市场上有一种股票，预计年股利为 3 元/股，预计一年后的市价为 38 元/股，投资者要求的必要报酬率为 10%，试计算该股票的投资价值。

$$V = \frac{3}{(1+10\%)} + \frac{38}{(1+10\%)}$$

$$= 37.27（元）$$

即该股票的价格只有低于或等于 37.27 元时，投资者才可以购买。

由以上方程式我们可以引出两个概念，净现值和内部收益率。

（1）净现值（Net Present Value，简称 NPV）。站在当前的时点上运用 DDM 去估算股票所得出的内在价值 V 一般情况下与此股票现实的交易价格 P 是不相等的，内在价值与成交价格之差被称为净现值，即 $NPV = V - P$，其中：P 在 $t = 0$ 时购买股票的成交价格。

如果 $NPV > 0$，意味着所有预期的现金流入的现值之和大于投资成本，即这种股票价格被低估，因此购买这种股票可行。如果 $NPV < 0$，意味着所有预期的现金流入的现值之和小于投资成本，即这种股票价格被高估，因此不可购买这种股票。正值的 NPV 是价值派投资者作决策的重要依据之一。

（2）内部收益率（Internal Rate of Return，简称 IRR）。内部收益率就是使净现值等于零的贴现率 R_S，即运用内部收益率作为贴现率进行贴现时，$V = P$ 成立。把具有同等风险水平的必要收益率 R 与 R_S 比较，如果 $R_S > R$，则买入决策可行，如果 $R_s < R$，则卖出决策可行。

（2）式是股票估价的一般模型，它在实际应用时，面临的主要问题是如何预计未来每年的股利。D_t 可随意变化：它可以升降、大幅度变动甚至等于零，但是该等式仍然有效。

2. 长期持有、股利零增长的股票股价模型

在每年股利固定不变，都为 D，增长率为 0，投资人持有时间很长的情况下，其股利的支付过程是一个永续年金，则股票价值的计算公式由（2）式可演变为：

$$V = \frac{D}{R_S}$$

【例 8－11】假定上例中的股票为长期持有且股利固定不变的股票，其投资价值应为：

$$V = \frac{3}{10\%} = 30（元）$$

即在股票的价格低于或等于 30 元时购买，才能达到投资者要求的必要报酬率。

3. 长期持有、股利固定增长的股票估价模型

企业的股利不应当是固定不变的，但是在很多情况下，股利是以固定的比率增长。

各公司的成长率不同，但就整个平均来说，应等于国民生产总值的成长率。如果一个公司的股利不断增长，投资人的投资期又非常长，则股票的估价就变得十分困难。为了简化计算，一般假定公司每年股息增长率为一确定值 g；D_0 为最近一次发放的股利，它已经支付；D_1 是第一次期望发放的股利，$D_1 = D_0 \times (1+g)$；依次类推，第 t 年的股利为：$D_t = D_0 \times (1+g)^t$。则股利固定增长股票内在价值的计算公式为：

$$V = \frac{D_0 \times (1+g)^1}{(1+R_S)} + \frac{D_0 \times (1+g)^2}{(1+R_S)^2} + \cdots + \frac{D_0 \times (1+g)^n}{(1+R_S)^n}$$

$$= \sum_{t=1}^{n} \frac{D_0 \times (1+g)^t}{(1+R_S)^t}$$

假定 $R_S > g$，上式两边同乘以 $(1+R_S)/(1+g)$，再减去上式得：

$$\frac{V \times (1+R_S)}{(1+g)} - V = D_0 - \frac{D_0 \times (1+g)^n}{(1+R_S)^n}$$

由于 $K_S > g$，当 $n \to \infty$ 时，$\frac{D_0 \times (1+g)^n}{(1+R_S)^n} \to 0$

所以：$V = \frac{D_1}{R_S - g}$

【例 8－12】 某公司的股票为股利固定增长型股票，每年的股利增长率为 4%，刚发放的股利为每股 2 元，投资者的预期报酬率为 12%，则该股票的内在价值为：

$$V = \frac{D_1}{R_S - g} = \frac{2 \times (1+4\%)}{12\% - 4\%} = 26 \text{（元）}$$

即该公司股票的市场价格只有低于 26 元时，投资者购买该股票才有利。

应该指出的是，在现实生活中，并不存在严格的常数增长型股票，因为我们这里讨论的预期股价和报酬率，往往和后来的实际发展有很大差别。而且计算过程中也未充分考虑未来的利率变化，整个股市兴衰等因素对股票价格的影响。但是并不能因此就否定预期和分析的必要性和有用性。西方国家的许多市场分析人士相信，在从整体上考虑股票市场时，股利固定增长的股票估价模型是估计股票市场公平价格的一种有效方法。

4. 长期持有，股利多元增长的股票估价模型

多元增长模型是最普遍被用来确定普通股票内在价值的贴现现金流模型。这一模型假设股利的变动在一段时间 T 内并没有特定的模式可以预测或者说其变动比率是需逐年预测的，并不遵循等比关系。在此段时间以后，股利按固定增长模型进行变动。在这种情况下，就要分段计算，才能确定股票的价值，股利现金流可以分为两个部分。

第一部分包括在股利无规则变化时期的所有预期股利的现值。用 T－表示这一部分的现值：

$$V_{T-} = \sum_{t=1}^{T} \frac{D_t}{(1+R_S)^t}$$

第二部分是 T 时期以后所有固定增长率时期股利流量的现值。可通过股利固定增长的估价模型求出。

$$V_T = \frac{D_{T+1}}{R_S - g}$$

需注意的是，V_T 得到的现值仅是 t = T 时点的现值，要得到 t = 0 时间的现值，表示为 V_{T+}，还需对 V_T 进一步贴现。

$$V_{T+} = \frac{V_T}{(1+R_S)^T}$$

$$= \frac{D_{T+1}}{(R_S - g)(1+R_S)^T}$$

将两部分现金流量的现值加总，可以获得非固定成长条件下的估值公式，即

$$V = V_T + V_{T+}$$

$$= \sum_{t=1}^{T} \frac{D_t}{(1+R_S)^t} + \frac{D_{T+1}}{(R_S - g)(1+R_S)^T}$$

本章小结

证券投资的收益来自于股利、利息和资本利得，股票收益的衡量指标主要有股利收益率与持有期收益率，债券收益的衡量指标主要有直接收益率、持有期收益率、到期收益率等；证券投资所面临的风险有系统性风险与非系统性风险两大类。任何一种金融工具的理论价值都等于这种金融工具能为投资者提供的未来现金流量的现值，因而债券、股票都可以用现金流贴现的方法进行估值。

复习思考题

一、选择题

1. 假设某公司在未来无限时期支付的每股股利为 5 元，必要收益率为 10%，当前股票市价为 45 元，其投资价值（　　）。

A. 可有可无　　B. 有

C. 没有　　D. 条件不够

2. 某公司在未来无限时期支付的每股股利为 1 元，必要收益率为 10%，现实市场价为 8 元，内部收益为（　　）。

A. 12.5%　　B. 10%

C. 7.5%　　D. 15%

3. 一种资产的内在价值等于预期现金流的（　　）。

A. 未来值　　B. 现值

C. 市场值　　D. 账面值

4. 证券投资的系统风险包括（　　）。

A. 政策风险　　B. 周期波动风险

C. 信用风险　　D. 购买力风险

5. 下列关于利率风险对债券和股票的影响描述中，正确的是（　　）。

A. 利率风险对债券的影响较大

B. 利率风险对股票的影响大于对债券的影响

C. 利率风险对股票和债券的影响同样大

D. 股票和债券受利率影响不大

6. 下列关于证券投资收益与风险关系的表述中，错误的是（　　）。

A. 风险较大的证券其要求的收益率相对要高

B. 收益与风险相对应，风险越大，收益就一定越高

C. 承担风险是获取收益的前提，收益是风险的成本和报酬

D. 投资者投资证券的目的是为了得到收益，但同时又面临着投资风险

7. 投资者刘小明买了1张年利率为10%的国债，其名义收益率为10%。若1年中通货膨胀率为5%，则他的实际收益率为（　　）。

A. 0　　　　B. 5%

C. 10%　　　　D. 15%

8. 下列关于派发股票股利的叙述正确的有（　　）。

A. 使股东手中的股票在名义上增加了

B. 使公司的注册资本增大了

C. 实际上股东手中股票的总资产含量没什么变化

D. 股票的净资产含量减少了

二、计算题

1. 一张10年到期的零息债券，面值为100元，投资者认可的必要收益率为7%，问价格在什么情况下投资者会购买这种债券？

2. 某债券为一年付息一次的附息债券，面值为100元，息票利率为8%，期限为10年，当市场利率为7%时，该债券的发行价格应为多少？

3. 假定某投资者以80元的价格购买了面额为100元、票面利率为10%、剩余期限为5年的债券，计算该投资者的当前收益率。

4. 某投资者以10元/股的价格买入某公司股票，持有期间分得现金股息1.80元/股，两年后以12.5元/股的价格卖出，该投资者的持有期收益率是多少（用年率表示）？

5. 假定某公司未来每年支付1.5元/股的股利，目前该公司在二级市场上的市场价为14.25元，投资该股票的必要收益率为8%，问投资者该如何决策？

三、判断题

1. 购买力风险属于证券投资的系统风险。（　　）

2. 利率风险对固定收入证券的影响不如对股票价格的影响大。（　　）

3. 普通股没有还本要求，股息也不固定，因而不存在信用风险。（　　）

4. 不同债券的利率不同，这是对财务风险的补偿。（　　）

5. 投资者可以通过买卖不同的股票来消除证券的非系统性风险。（　　）

6. 长期政府债券的利率比短期政府债券利率高，这是对利率风险的补偿。（　　）

7. 债券的价格变动风险随着期限的增大而减小。（　　）

8. 风险和收益的本质联系可以用公式表述为：预期收益率 = 无风险利率 + 风险

补偿。（　　）

9. 在通货膨胀严重的情况下，债券的票面利率会提高或是会发行浮动利率债券，这种情况是对利率风险的补偿。（　　）

10. 公积金转增股本与公司送股给股东的形式是一样的。（　　）

第九章

期货市场概述

学习目标：

通过本章的学习，了解期货交易的概念、期货市场的产生、我国期货市场发展过程、期货交易流程；掌握期货交易的特征及与现货交易的区别、期货市场的组织结构以及各参与者的功能、期货交易的各项制度及期货结算过程。

关键概念：

期货市场　期货交易　标准化期货合约　当日无负债制度　实物交割

第一节

期货市场的含义及特征

一、期货市场的起源

期货市场是商品经济不断发展的产物。期货交易是一种与现货交易不同的交易方式，确切地说，期货交易是在期货交易所内买卖标准化期货合约的交易。这种交易的目的一般不是获得实物，而是回避价格波动，为了更好地理解期货交易，我们需要了解期货的由来及它的发展历史。

（一）从宏观角度看期货市场的起源

在人类历史上，商品交易的方式经历了从低级向高级的发展过程，交易方式的类型是表明商品经济发达程度的重要标志。交易方式的产生就其历史沿革而言，是商品经济发展到一定阶段商品内在矛盾运动外部化的结果，是在货币产生之后商品价值与其价格表现形式之间矛盾的一种解决方式。

1. 自然经济时代的物与物的交易

这种交易是具有不同使用价值的商品之间的偶然交易，是一物换另一物的现货交易，但由于时间与所需求的东西具有偶然性，不能满足人们的交易需求。但在历史的某一个链点上也出现过采用现货方式进行交易的商业活动，比如古代腓尼基商人有时会从买主手里接受一定的定金，等到货物运到后在进行实物结算，这是古代文明对商品远期交易方式的早期使用

2. 简单商品经济时代的一般等价物的产生

在简单商品经济时代，随着作为一般等价物货币的产生，人们找到了一种更为方便的商品交换方式，即以货币为媒介的钱物交易。这种交易方式在商品经济发展过程中一直是一种主要的交易方式，但也有许多缺陷，因为它需要面谈才能实现交钱、交货，特别是当商品大量生产出来之后再临时寻找买主，或者在需要时再寻找卖主，往往会耽搁很多时间，甚至会因流通渠道不畅而造成卖不出去、买不到的局面；而且在遇到价格剧烈波动时，还会给买方或卖方带来很大的损失。为了解决这个问题，便产生了先成交、后交钱交货的远期交易。

3. 远期合同交易的出现为期货交易的产生奠定了直接的基础

远期合同交易也称远期现货交易，是指买卖双方通过签订远期合同以约定价格在未来某一时期进行实物商品交割的交易方式。远期合同交易的开展有利于建立稳定的购销关系，克服了即期现货交易的许多弊端。但随着经济的发展，也有许多局限性，如，交易分散、价格信息失灵、交易不规范、缺乏强制履约机制、合约不能转让等缺陷，市场客观上需要一种新的交易方式产生。

4. 产业革命及时地推动了期货交易方式的产生

18 世纪的产业革命，造就了资本主义社会的物质商品极大丰富，并由此造成了商品流通过程中价值实现与价格风险之间矛盾的加剧，从而在客观上要求对缓解这种矛盾的机制进行组织创新和制度创新，逐渐地就产生了商品期货市场。同时，产业革命所造就的现货市场范围的不断扩展，为商品期货交易方式向更广阔的领域拓展提供了坚实的物质基础。到目前为止，期货交易方式作为一种最高级的交易方式在社会经济发展中发挥着它应有的作用。

（二）从微观角度看期货市场的起源

1. 芝加哥期货交易所是世界上第一家真正意义上的期货交易所

1848 年产生的芝加哥期货交易所（CBOT）被公认为是产生最早的真正意义上的期货交易所。但也存在着许多争论，有人认为日本 17 世纪便产生了世界上最早的大米期货交易，也有人认为比利时 13 世纪就出现了最早的期货交易萌芽，希腊人认为古希腊就有了期货交易等。但对照当代期货交易的特征，绝大多数人认为，真正意义上的现代

期货交易是1848年芝加哥期货交易所（CBOT，又称芝加哥谷物交易所），因此，期货市场从产生至今已有170多年的历史了。

严格地说，1848年芝加哥期货交易所成立时，首先进行的也只是农产品远期合同交易，而未开始真正的期货交易。

具体地说，1848年82位美国商人在芝加哥发起组建了世界上第一家较为规范化的期货交易所——芝加哥期货交易所（CBOT，又称芝加哥谷物交易所）。交易所成立之初，采用远期合同交易的方式。交易的参与者主要是生产商、经销商和加工商，其特点是实买实卖，交易者利用交易所来寻找交易对手，在交易所缔结远期合同，待合同期满，双方进行实物交割，以商品货币交换了结交易。随着成交量的增加和交易品种的增多，合同转卖的情况越来越普遍。为了进一步规范交易，芝加哥期货交易所于1865年推出了标准化合约，取代了原先使用的远期合同。同年，该交易所又实行了保证金制度（又称按金制度）。1882年，交易所允许以对冲合约的方式结束交易，而不必交割实物，为贱买贵卖赚取一买一卖之间的差价提供了便利，同时也由此产生了专门联系买卖双方成交的经纪业务日益兴隆，发展成为经纪行。另外，专门从事结算业务的结算所也应运而生。随着这些交易规则和制度的不断健全和完善，交易方式和市场形态发生了质的飞跃。标准化合约、保证金制度、对冲机制和统一结算的实施，标志着现代期货市场的确立。

2. 19世纪中期产生世界上第一家期货交易所——芝加哥期货交易所的原因

（1）芝加哥具有得天独厚的地理位置和战略地位。芝加哥位于美国的中西部地区，背靠密歇根湖，毗邻盛产农产品的中西部平原，有较好的水运条件和谷物集散条件。

（2）由于农产品具有很强的季节性，容易形成季节性的供求矛盾和价格波动。每当收获季节，农场主将谷物运到芝加哥，在短期内谷物集中上市和交通运输条件难以保证及时疏散，使得当地市场饱和，价格一跌再跌，加之仓库不足，致使生产者遭受很大损失。到了来年春季，又出现谷物供不应求和价格飞涨的现象，使得消费者深受其苦，粮食加工商因原料短缺而困难重重。在这种情况下，储运经销应运而生。当地经销商在交通要道设立商行，修建仓库，在收获季节向农场主收购谷物，来年春季再运到芝加哥出售。当地经销商的出现，缓解了季节性的供求矛盾和价格的剧烈波动，稳定了粮食生产。但是，当地经销商面临着谷物过冬期间价格波动的风险。为了规避风险，当地经销商在购进谷物后就前往芝加哥，与那里的谷物经销商和加工商签订来年交货的远期合同。

（3）1848年的一些重大事件促进了期货交易的产生。1848年芝加哥第一次接通了电报、伊利诺-密歇根的开通使用；运送小麦的铁路在1848年也延伸到芝加哥；第一艘远航巨轮驶进了芝加哥等，这些都给期货交易的产生奠定了一定的物质基础。

二、期货交易的概念

（一）期货交易的含义

期货交易是一种与现货交易不同的交易方式，是在期货交易所内买卖标准化期货合约的交易。这种交易最初仅由转移现货价格波动风险的生产者、经营者参与，随着期货交易魅力（杠杆机制、对冲机制等，本章下文详细介绍）的吸引有许多承担价格风险的风险投资者（即下文所说的投机者）参加。为了更好地理解期货交易的含义，我们不妨把它与我们所熟悉的现货交易做一个比较。

（二）期货交易与现货交易的区别

这里所说的现货交易既包括一手交钱一手交货的即期现货交易，也包括在未来一定日期钱货两清的远期现货交易。具体来说，二者的不同主要表现在以下几个方面：

1. 交易对象不同

现货交易的对象是商品本身，是通过商品实物的转移来完成交易的。从本质上讲，不论是即期现货交易还是远期现货交易都是商品和货币互相换位的交易，即期现货交易是当即实现了这种换位，而远期交易只不过是把这种商品和货币换位的行为推迟到未来的某个时期。

从期货交易的定义中，我们知道期货交易的对象是标准化期货合约。标准化期货合约是指由期货交易所统一制定的、规定在将来某一特定的时间和地点交割一定数量和质量实物商品或金融商品的标准化合约见下表9－1。

表9－1　　大连商品交易所玉米期货合约

交易品种	黄玉米
交易单位	10吨/手
报价单位	元（人民币）/吨
最小变动价位	1元/吨
涨跌停板幅度	上一交易日结算价的4%
合约月份	1，3，5，7，9，11月
交易时间	每周一至周五上午9：00～11：30，下午13：30～15：00
最后交易日	合约月份第十个交易日
最后交割日	最后交易日后第二个交易日
交割等级	大连商品交易所玉米交割质量标准
交割地点	大连商品交易所玉米指定交割仓库
最低交易保证金	合约价值的5%
交易手续费	不超过3元/手
交割方式	实物交割
交易代码	C
上市交易所	大连商品交易所

简单地说，期货合约就是一份远期合同、远期协议，是一份由期货交易所而不是由买卖双方私下制定得远期合约，因此把它称为标准化期货合约。期货交易的对象是某种商品的标准化合约，交易时它不涉及商品的转移，交易期货合约意味着买卖双方签订了一份在将来某时交割标的物的一项“协议”。只不过了结期货交易不需要像现货交易那样必须进行实物交割。在期货交易中，仅有2%～3%的合约以实物交割结束期货交易的，97%～98%的合约都是通过对冲来了结的。为了更好地理解对冲，我们先来了解期货交易的简单过程。总的来说，期货交易分为三步：开仓、持仓、平仓或实物交割（实物交割后文再详细解释，此处仅谈平仓）。如果交易者预期某合约价格要涨，现在肯定是买入合约，等将来真的涨了再高价卖出；反之，如果交易者预期某合约价格要跌，现在肯定是卖出合约，等将来真的跌了再低价买入。这些都是完整的期货交易过程：开始的“买入”或“卖出”就是开仓，最后的“卖出”或“买入”就是平仓，在开仓之

后、平仓之前的过程就是持仓。从中可以看出，除过少数合约以实物交割了结交易，大多数期货交易是通过平仓的方式了结的，平仓就是我们通常所说的对冲。

2. 交易目的不同

人们进行现货交易有不同的目的，但总的说来现货交易的主要目的无非有两种：取得商品的使用价值（对于买方而言）和实现商品的价值（对于卖方而言）。

期货交易的目的也有两种：一是套期保值。从期货交易的产生历史中我们可以看出期货交易产生的原因是为转移现货市场的价格风险，这种避险功能就是期货交易的套期保值，在后文我们会详细学习；二是投机获利。即通过期货市场的价格波动获得风险利润。

3. 交易的场所不同

对于大多数现货商品而言，现货交易地点没用严格的规定，既有像股票现货一样的集中交易，也有像我们生活中必不可少的蔬菜商品（可在家门口的菜市场，也可在超市，也可在农民的菜地等场所得到）一样的分散交易。

期货交易要求有固定的交易场所，如我国的《期货交易管理条例》第一章第四条指出：期货交易应当在依法设立的期货交易所或者国务院期货监督管理机构批准的其他交易场所进行。截至 2018 年 7 月，我国共有 4 家期货交易所：上海期货交易所[①]、大连商品交易所、郑州商品交易所和中国金融期货交易所。我国 4 家期货交易所的上市品种、代码及其他内容如表 9－2。

表 9－2　　中国 4 家期货交易所上市品种概况

上市场所	品种所属类型	上市品种	品种交易代码
上海期货交易所	金属	铜	CU
		铝	AL
		锌	ZN
		黄金	AU
		白银	AG
		螺纹钢	RB
		线材	WR
		铅	PB
		镍	NI
		锡	SN
		热轧卷板	HC
	能源	燃料油	FU
		原油[②]	SC
	化工品	天然橡胶	RU
		石油沥青	BU

① 2013 年 11 月 6 日注册设立上海国际能源交易中心股份有限公司。

② 由上海国际能源交易中心股份有限公司推出。

续表

上市场所	品种所属类型	上市品种	品种交易代码
大连商品交易所	农产品	玉米	C
		豆1	A
		豆2	B
		豆粕	M
		豆油	Y
		棕榈油	P
		纤维板	FB
		胶合板	BB
		鸡蛋	JD
	能源化工品	聚乙烯	L
		聚氯乙烯	V
		聚丙烯	PP
		焦炭	J
		焦煤	JM
		原油	SC
		铁矿石	I
	期权	豆粕期货期权	M－合约月份－C（P）－行权价格
郑州商品交易所	农产品	硬白小麦	WT
		优质强筋小麦	WS
		棉花	CF
		白砂糖	SR
		绿豆	GN
		菜籽油	RO
		早籼稻	ER
		晚籼稻	LR
		粳稻	JR
		油菜籽	RS
		菜籽粕	RM
		苹果	AP
		棉纱	CY
	能源化工品	PTA	TA
		甲醇	ME
		玻璃	FG
		动力煤	ZC
		硅铁	SF
		锰硅	SM
	期权	白糖期权期权	SR—合约月份—C（P）—行权价格

续表

上市场所	品种所属类型	上市品种	品种交易代码
中国金融期货交易所	股指类	沪深 300 指数	IF
		中证 500 指数	IC
		上证 50 指数	IH
	利率类	5 年期国债	TF
		10 年期国债	T

4. 结算方式不同

现货交易的结算主要通过货到付款、分期付款的方式进行

期货交易实行的当日无负债结算制度。当日无负债，顾名思义就是每天不欠钱，即随着持仓合约价格的走高、走低，交易者即使并没有平仓了结交易，账户里资金也会增加或减少，即交易者之间每日互不欠账，做到每日无负债。有关当日无负债制度的应用、计算将在期货交易流程中详细介绍。

5. 交易的商品范围不同

现货交易的商品品种可以说不计其数，只要市场有需求又合法都可以成为现货交易的对象。

期货交易的对象是标准化合约，可以成为合约标的物的商品必须满足一定的条件。比如，这种商品的量必须是大量的、可方便地流通、质量容易衡量、有替代性等。正是因为要成为期货商品需要满足一定的条件，期货交易的品种范围是十分有限的。

6. 交易程序不同

一般而言，现货交易中卖方要有商品才可以拥有该商品、才可以出售，现货交易的程序为：先买再卖。

由于期货交易的对象是一张虚拟的合约或协议，并不是作某种实物商品的实买实卖，因此期货交易既可以先买入开仓再卖出平仓，也可以先卖出开仓再买入平仓，即只要预期正确，不论是牛市还是熊市都可以有盈利，这也正是期货交易的魅力所在。如果将现货交易称为“单行道”，期货交易就可以叫作“双程路”了。

（三）期货交易的特征

通过对期货交易概念及与现货交易区别的理解，可以总结出期货交易的特征：

1. 交易对象标准化

期货交易是通过买卖期货合约进行的，而期货合约是由交易所统一制定的标准化合约，这些都体现了期货交易对象的标准化。

2. 交易集中化

在我国，期货交易都必须在期货交易所内进行，否则是不合法的。期货交易所制定了严格的交易规则，不管是会员还客户都必须遵守，否则将会强行平仓将其“逐出”期货交易场所，限制其交易。

3. 双向交易

期货交易时，如果交易者预期某合约价格会走高，可以毫不犹豫的开仓买入此合约；如果预期某合约价格将走低，则可以开仓卖出该合约。等到价格走势与预期一致

时，可以通过反向操作了结此交易获取价差。

4. 杠杆机制

进行期货交易只需要缴纳少量的资金，一般为合约价值的5%~20%。例如，玉米合约市场价格为1 500元/吨，交易者开仓买入10吨，那么其合约价值为：15 000元，由于期货交易实行的是保证金制度，交易者可能只需缴纳1 500元（15 000×10% = 1 500元）。当然，期货交易所会根据市场及会员、客户的情况及时地调整合约的保证金比例。期货交易通过保证金制度实现了“以小博大”的杠杆机制，这又进一步体现了期货交易的魅力。

5. 当日无负债结算制度

每日无负债结算制度也称为“逐日盯市”制度，简单说来，就是期货交易所要根据每日市场的价格波动对投资者所持有的合约计算盈亏并划转保证金账户中相应的资金。期货交易实行分级结算，交易所首先对其结算会员进行结算，结算会员再对非结算会员及其客户进行结算。交易所在每日交易结束后，按当日结算价格结算所有未平仓合约的盈亏、交易保证金及手续费、税金等费用，对应收应付的款项同时划转，相应增加或减少会员的结算准备金。交易所将结算结果通知结算会员，结算会员再根据交易所的结算结果对非结算会员及客户进行结算，并将结算结果及时通知非结算会员及客户。经结算，若会员的保证金不足，交易所应立即向会员发出追加保证金通知，会员应在规定时间内向交易所追加保证金。若客户的保证金不足，期货公司应立即向客户发出追加保证金通知，客户应在规定时间内追加保证金。

第二节

期货市场的主要构成

要透彻地了解一个市场，首先要清楚它的组成部分及各参与主体，认识了这个市场的框架才能深入地了解这个市场、分析这个市场、充分利用这个市场。

一般来说，期货市场是由众多机构与个人构成的，比如有期货交易所、期货结算机构、期货中介机构、期货市场的监管机构、期货自律机构及期货投资者等。本节重点介绍期货交易所、期货中介机构及期货投资者。

一、期货交易所

（一）概念及职能

1. 概念

从广义的角度来说，期货交易所是专门进行标准化期货合约买卖的场所。从狭义的角度说，期货交易所就是有组织的、正规化的期货市场，即狭义的期货市场就是指期货交易所。

我国《期货交易所管理办法》第一章第三条给出我国的期货交易所的确切定义：期货交易所是指依照《期货交易管理条例》和《期货交易所管理办法》规定设立，不以营利为目的，履行自己的职责，按照章程和交易规则实行自律管理的法人。

从期货市场产生的历史背景可以看出，期货交易所是伴随着现货市场规范化程度的提高由现货商自发建立的市场组织，最初都是由商人协会、贸易委员会的形式出现，如世界上公认最早的期货交易所 CBOT、1862 年建立的纽约商品交易所、1870 年建立的纽约棉花交易所都是这样的。进入 20 世纪，期货交易所大多数是由政府设立的，在政府批准和监管下有组织地建立起来的。我国的期货交易所也是在政府的审批下设立的。《期货交易管理条例》第二章第六条指出：在我国设立期货交易所，要由国务院期货监督管理机构审批；未经国务院期货监督管理机构批准，任何单位或个人不得设立期货交易所或者以任何形式组织期货交易及其相关活动。

2. 期货交易所的职能

期货交易所作为一种高度规范化、组织化的服务与监管组织，自身不得以任何形式参与期货交易。期货交易所为期货交易创造公开、公平、公正的市场环境，为期货交易顺利、正常、稳定地运行提供一定的条件与监管。

期货交易所依照《期货交易管理条例》和国务院期货监督管理机构的规定，建立、健全各项规章制度，加强对交易活动的风险控制和对会员以及交易所工作人员的监督管理。根据《期货交易管理条例》和《期货交易所管理办法》的规定，期货交易所所发挥的职能有：提供交易的场所、设施和服务；设计合约、安排合约上市；制定并实施期货交易所的交易规则及其实施细则；发布市场信息；组织并监督交易、结算和交割；保证合约的履行；按照章程和交易规则对会员进行监督管理；监管会员及其客户、指定交割仓库、期货保证金存管银行及期货市场其他参与者的期货业务；查处违规行为等。

（二）类型

世界上大多数期货交易所根据其组织形式不同，可分为会员制与公司制两种类型。在不同的市场条件、不同的政策环境下，期货交易所会选择最适合自身发展的组织形式，同时，随着市场经济的发展及相关政策、制度的完善与健全，期货交易所的组织形式也会随之从一种形式转变为另一种形式。

1. 会员制期货交易所

会员制期货交易所是由会员自愿组成并由全体会员共同出资组建的交易所。在我国，上海期货交易所、大连商品交易所和郑州商品交易所都属于会员制期货个交易所。

会员制期货交易所具有以下特点：

（1）会员的出资不是投资行为。会员制期货交易所会员的出资是取得会员资格的基本条件，它不是一种投资行为，因此会员没有分红、获息等与资本回报有关的利益要求权。也正因为不是会员的投资行为，这在一定程度上可能会影响交易所的运行效率，因此，随着期货市场的发展，世界上已由不少会员制交易所转变为公司制交易所。

（2）不同的国家会员有不同的构成。世界各国会员制期货交易所的会员构成不尽相同。会员有自然人会员与法人会员，我国三家会员制期货交易所会员只有登记注册的法人才能成为会员，不允许自然人申请充当交易所会员，而欧美国家主要以自然人会员为主。会员还可分为全权会员和专业会员，全权会员指会员除代理客户经纪业务外，还从事自营等业务，而专业会员只能从事代理业务，我国的会员也不允许从事自营业务。在我国，会员制期货交易所会员享有的主要权利有：在期货交易所从事规定的交易、结算和交割等业务；按规定转让会员资格；使用期货交易所提供的交易设施，获得有关期货交易的信息和服务等。

（3）最高权力机构是会员大会

依据《期货交易所管理办法》第三章第一节第十九条、第二十条、第二十一条规定：会员制期货交易所设会员大会，会员大会是期货交易所的权力机构，由全体会员组成。会员大会行使的职权有：审定期货交易所章程、交易规则及其修改草案；选举和更换会员理事；审议批准理事会和总经理的工作报告；审议批准期货交易所的财务预算方案、决算报告；审议期货交易所风险准备金使用情况；决定增加或者减少期货交易所注册资本；决定期货交易所得合并、分立、解散和清算事项；决定期货交易所理事会提交的其他重大事项；期货交易所章程规定的其他职权。会员大会由理事会召集，每年召开一次。

2. 公司制期货交易所

公司制期货交易所是以股份有限公司形式组建并以营利为目的的法人团体。我国2006年9月8日成立的中国金融期货交易所就属于公司制期货交易所。2007年由CME和CBOT合并的CME集团也属于公司制期货交易所。

公司制期货交易所的特点如下：

（1）股东的出资属于投资行为。同普通意义上的股份有限公司一样，公司制期货交易所的股东对交易所具有一定的所有权，对交易所的营利具有分红、派息等与资本回报有关的利益要求权。这种性质也决定了股东对交易所承担相应的有限责任。

（2）交易所的所有权与交易权分离。公司制期货交易所的股东对交易所具有所有权，不得入场进行期货交易，但对交易所有真正的管理权。公司制期货交易所会员具有的是交易权，仅有很少的管理权。这样形成了交易所所有权和交易权的分离。股东的最终目的是盈利最大化，这也正是交易所管理者的目标，这样可能会削弱会员的管理权与控制权，难以保证各种决策的合理性与可行性，这样正是会员制期货交易所是否改制为公司制期货交易所的关键问题。

（3）最高权力机构是由股东组成的股东大会。依据我国《期货交易所管理办法》第三章第二节第三十六条、第三十七条规定：公司制期货交易所设股东大会，股东大会是期货交易所的权力机构，由全体股东组成。股东大会行使的职权有：审定期货交易所章程、交易规则及其修改草案；选举和更换会员理事；审议批准期货交易所的财务预算方案、决算报告；决定期货交易所的合并、分立、解散和清算事项；选举和更换非由职工代表担任的董事、监事；审议批准董事会、监事会和总经理的工作报告；决定期货交易所董事会提交的其他重大事项；期货交易所章程规定的其他职权。

不论是会员制期货交易所还是公司制期货交易所，在我国都要接受国务院期货监督管理组织的管理和监督，都为期货市场的发展发挥各自的功能。

二、期货结算机构

与现货交易比较，期货交易实行特有的保证金制度和当日无负债制度，决定了其结算过程的复杂性，因此，期货结算过程由专门的结算机构统一结算。在国际上，结算机构通常称为结算所或清算所，一般由投资银行、大型投资银行、期货交易所及其有实力的期货交易所会员共同投资建立，主要从事期货结算业务的公司。

（一）期货结算机构的模式

世界上许多结算机构与期货交易所的关系，从隶属关系看，其模式主要有两种：一种是以美国为代表的与交易所有隶属关系的相对独立的结算机构，比如美国国际结算公司就是一家相对独立的结算机构，它为纽约期货交易所提供专门的结算服务。二者在法律上都有独立的法人，这样结算机构既可以为交易所提供结算服务，又可以利用结算机构的相对独立性在一定程度上监督交易所的违规行为。另一种是以英国为代表的独立型结算机构，即结算机构是由多家交易所和实力较强的金融机构出资组成一家独立的结算机构，结算机构不属于任何一家交易所，而是为多家交易所提供结算服务，自我完全独立。如英国的 LCE 不仅为英国本土的数家期货交易所提供结算服务，还为大多数英联邦国家和地区以及欧洲许多国家的期货交易所提供结算服务。

我国期货交易结算机构的模式不属于以上任何一种，由于我国期货市场发展还有待完善，成立相对独立或完全独立的结算机构条件尚不成熟，目前我国的结算机构采用的是交易所内部设立结算部，它直接受控于交易所，便于交易所对客户的资金管理，但随着我国期货市场的发展壮大，不利于提高市场的整体运作效率，同时抗风险能力薄弱。随着我国期货市场的发展，成立独立的结算机构是一种必然的趋势。

（二）期货结算机构的作用

期货结算机构不论属于哪种模式出现，都对期货交易发挥着十分重要的作用。

1. 及时、准确地计算期货交易盈亏，提高期货市场运行效率

期货交易结束后，会员的所有交易信息都会传到结算机构，结算机构在核实的基础上进行平仓盈亏、持仓盈亏的计算，并把相对应的盈利、亏损拨入、拨出会员的保证金账户，如果保证金不足，结算机构会通知会员追加保证金，保证期货市场的正常运行。

2. 为期货交易提供担保作用，简化了结算过程

期货交易的买卖双方并不发生关系，只和结算机构发生关系，可以说结算机构既是所有卖方的买方，又是所有买方的卖方，在每笔交易中结算机构都充当真正交易方的对手，因此，交易方不必担心对方是否可以按期履约、是否可以承担由于交易发生的亏损，这样简化了结算的过程，提高了交易效率。

3. 监督实物交割

在期货交易中，所有的期货合约都必须通过对冲平仓或实物交割了结。在交割过程中，交易所仅制定出交割的细则，由结算机构负责双方的盈亏划转、办理相关的手续和监督交割的过程。

4. 市场信息的公布

在一些发达国家，要求期货结算机构必须提供有关合约成交量和空盘量[①]的逐日记录，这样可以为交易者及监管部分析市场提供一定的参考依据。

5. 及时有效控制市场风险

期货交易实行的是当日无负债制度和保证金制度，这些制度的具体实施其实是由结算机构来完成的。结算机构根据合约的结算价格计算出会员的盈亏额后，结算机构会对

---

① 空盘量是指每种合约所有未平仓头寸的累计。

保证金低于最低限额要求的会员发出追加保证金或自行平仓的通知，其会员必须在第二个交易日开市前将保证金缴至交易所规定的最低限额，否则强行平仓，可见，结算机构可以把期货交易风险控制在较低的范围。

三、期货中介机构

期货交易具有高度的风险性，因此也决定了期货交易严格的会员交易制度[①]，而这种严格的会员制度又与吸引更多的投资者、扩大市场规模之间存在着明显的冲突。要解决这一矛盾，客观上需要一种新的机构参与进来，因而促成了期货市场中介机构的产生，它为期货交易所和投资者之间架起了一座无形的桥梁。

在国外，期货中介机构包括很多机构，比如期货经纪商、介绍经纪商、场内经纪人、经纪商代理人、期货交易顾问、期货基金经理等。在我国，期货中介机构主要有期货公司和介绍经纪商。

（一）期货公司

1. 概念及属性

期货公司，是指接受客户委托并按客户指令，以自己的名义为客户进行期货交易，从中收取手续费但不承担交易结果的法人。

从定义中可以看出，期货公司具备两个基本的属性：第一，中介性。经纪公司是为非交易会员提供代理服务的机构，是客户与交易所发生关系的桥梁和纽带，这也正是期货公司存在的现实基础。第二、营利性。期货公司为客户提供代理服务，要向客户收取一定的佣金，体现了公司的营利性，这也正是期货公司得以存在和发展的经济基础。

2. 设立条件

在我国，设立期货公司应当经国务院期货监督管理机构[②]批准，并在公司登记机关登记注册。申请设立期货公司，应当符合《公司法》，还应具备的条件有：注册资本最低限额为人民币 3 000 万元；董事、监事、高管人员具备任职资格，从业人员具有期货从业资格[③]；具备任职资格的高级管理人员不少于 3 人；具有从业人员资格的人员不少于 15 人；有符合法律、行政法规规定的公司章程；主要股东以及实际控制人具有持续盈利能力，信誉良好，最近 3 年无重大违法违规记录；有合格的经营场所和业务设施；有健全的风险管理和内部控制制度等。

3. 期货公司的作用

期货公司作为最重要的期货中介机构，为期货市场的不断壮大发展发挥着关键的作用。

（1）为交易所和客户提供联系通道，满足非交易会员的交易需求。

（2）为客户提供结算服务，客观上承担了交易的履约责任和财力担保。

（3）宣传并培育开发市场，培训期货交易知识，拓展了期货市场的参与范围，既

---

① 会员交易制度指只有具有交易所会员资格的机构或个人才能直接进入期货交易所交易，我国只允许机构申请为会员。

② 目前，我国国务院期货监督管理机构由中国证监会担任。

③ 期货从业资格考试科目有：期货市场基础知识、期货法律法规、期货投资分析。

节约了市场的交易成本，又推动了期货市场的发展。

(4) 不仅制定普通意义上的风险控制制度，还可根据客户的资金状况、经济承受能力、性格等因素有针对性地控制客户的风险。

(5) 期货公司设有专门的研发部门，可以针对不同的期货品种提供分析方法，为客户提供最新的信息并进行交易咨询，有助于提高客户的分析能力。

（二）介绍经纪商

我国借鉴了美国的 IB（Introducing Broker）和中国台湾地区的期货交易辅助人制度，制定了《证券公司为期货公司提供中间介绍业务办法》，从而明确了具备资格的证券公司通过发挥其在客户资源和经营网点方面的优势从事期货中间介绍业务。

所谓 IB 制度是指证券公司将投资者介绍给期货公司，并为投资者开展期货交易提供一定的服务，期货公司因此向证券公司支付佣金的制度。其中证券公司被称为介绍经纪商，即 IB。

证券公司在开展 IB 业务时，只能协助客户办理开户手续；提供期货行情信息、交易设施，不得收付客户的保证金、代理客户进行期货交易、结算和交割、不能利用客户的证券资金账户为其存取、划转期货保证金。

在我国，证券公司申请为介绍经纪商，即为期货公司介绍业务，应当符合的主要条件有：申请日前 6 个月各项风险控制指标符合规定标准①；已按规定建立客户交易结算资金第三方存管制度；配备必要的业务人员，公司总部至少有 5 名、拟开展介绍业务的营业部至少有 2 名具有期货从业人员资格的业务人员等。截至 2018 年 7 月，证监会共批复 84 家证券公司为期货公司提供中间介绍业务，例如，中信建投证券有限责任公司、中银国际证券有限责任公司、大通证券股份有限公司等。

四、期货交易者

期货交易者是指在期货市场进行投资活动的机构和个人，他们是期货市场投资的主体，直接参与期货合约的买卖，承担价格波动的风险，是期货市场存在和发展的基础。

根据交易者的交易目的及操作方法不同，期货交易者分为套期保值、投机者和套利者。

（一）期货套期保值者

期货套期保值者是指那些为了回避现货中的价格波动风险而进行的期货交易者。现货交易中，不论是买方还是卖方可能会由于未来现货价格上涨或下跌造成一定的损失，他们可通过在期货市场上买进或卖出相对应的期货合约以期通过期货市场的盈利来弥补现货市场的损失，最终达到套期保值的目的②。例如，一大豆加工商在 3 个月后需要在现货市场上买进 20 吨的大豆加工豆油，但担心未来大豆价格上涨给自己造成成本增加的损失，于是此时他在期货市场上买入 3 个月到期的 20 吨大豆期货合约，通过此操作，大豆加工商可回避未来大豆价格上涨造成的成本增加的损失。购进大豆后，加工商预测

---

① 即净资本不低于 12 亿元；流动资产余额不低于流动负债余额的 150%；净资本不低于净资产的 70%；对外担保及其他形式的或有负债之和不高于净资产的 10%，但因证券公司发债提供的反担保除外。

② 有关套期保值的原理我们将在下一章学习。

2个月后可以把大豆加工成产品—豆油并在现货市场中卖出，但担心2个月后豆油的售价下跌，于是此时，加工商可在期货市场中卖出2个月到期的豆油期货合约，通过此操作可回避由于将来豆油价格下跌带来的利润减少的目的。从本例中可以看出，现货市场中的生产商、加工商和产品出售商等可以通过期货市场为自己的现货达到锁定成本、锁定利润的目的。

由于套期保值者既是现货商品的购买者或出售者，又是期货市场的交易者，它成为连接期货市场和现货市场的纽带，因此，套期保值者的存在是期货市场存在的基础和价值，如果没有了套期保值者，期货市场如同空中楼阁！

（二）期货投机者

期货投机者是利用期货价格的上下波动，通过低买、高卖的方式获取利润的期货交易者。与套期保值者相比，投机者不是现货市场的经营者，与现货市场没有直接的联系，仅是在期货市场操作的交易者。同时，期货投机者的最终目的就是获取差价利润，不像套保者是为了通过期货交易达到为现货保值的目的，因此，投机者的持仓时间一般都比较短，有的投机者一日内会有多次回合，试图通过期货合约价格的微小变化获得利润。

期货投机者主观上是为了获取风险利润参与到期货市场中，客观上充当了承担价格风险的重要角色。试想，如果期货市场中没有投机者，仅有套期保值者，整个市场就可能出现因流动性不足难以成交的结果，套保者也就无法实现通过期货市场转嫁现货价格风险的目的，期货市场也就失去了存在的意义。可见，期货投机者是期货市场上重要的一部分，占有很大的比重。美国农业部农产品交易管理局曾对一些商品期货市场进行了抽样调查，投机者约占市场参与者的90%左右，美国期货市场可以用一句俗话“医生买进、木匠卖出”来反映商品期货在美国境内的盛行和投机者数量之多。

（三）期货套利者

套利者是一类特殊的投机者，套利者进入期货市场的目的也是为了获取利润，但他的操作方式不同于普通的投机者。套利者是利用同种商品或相关商品的价差进行投机的期货交易者。根据套利的方式不同，套利可分为跨期套利、跨市套利和跨品种套利等。在本书第11章详细介绍。

套利者作为投机者的一部分，与投机者一样，对整个期货市场也起到促进市场流动性，促进期货市场价格发现功能的实现的功能。

第三节

期货市场的交易制度与流程

一、期货市场的交易制度

期货交易的投机性、杠杆性等特点，决定了期货交易需要一套严格、完备的规则与制度，才能保障一个“公平、公正、公开”的交易环境，促进期货市场平稳、有效地运行。可以说，期货市场就是由一系列规则制度维系起来的一种特定的经济关系。期货交易制度有很多，主要的制度包括：保证金制度、当日无负债结算制度、涨跌停板制度、持仓限额制度、大户报告制度、强行平仓制度、交割制度、强制减仓制度、结算担保金制度、风险警示制度等。

（一）保证金制度

在期货交易中，任何一个交易者必须按照其所买卖期货合约价值的一定比例（通常为5%～10%）缴纳少量资金，作为其履行期货合约的财力担保，然后才能参与期货合约的买卖，并视价格变动情况确定是否追加资金。这种制度就是保证金制度，所缴纳的资金就是保证金。保证金制度既体现了期货交易特有的杠杆效应，又为期货交易所控制风险提供了一种重要的手段。

按用途不同，保证金分为交易保证金和结算准备金。交易保证金是指会员在交易所专用结算账户中确保合约履行的资金，是已被合约占用的保证金。当买卖双方成交后，交易所按持仓合约价值的一定比率收取交易保证金。交易所可根据交易情况调整交易保证金的比例。例如，上海期货交易所在对本交易所上市的任意一种期货合约交易过程中，当出现下列情况时，交易所可以根据市场风险调整其交易保证金水平：持仓量达到一定的水平时、临近交割期时、连续数个交易日的累计涨跌幅达到一定水平时、连续出现涨跌停板时、遇国家法定长假时、交易所认为市场风险明显增大时、交易所认为必要的其他情况。不过，交易所决定调整交易保证金前，应当予以事先公告，并报告中国证监会。结算准备金是指会员为了交易结算在交易所专用结算账户中预先准备的资金，是未被合约占用的保证金。结算准备金的最低余额由交易所决定。

交易保证金的计算是通过成交价计算的，而当当日交易结束后，交易保证金是利用结算价而不是成交价计算的，同时，交易保证金是为当日交易起担保作用的，因此，当日交易结束，意味着当日风险已经过去，计算下一交易日交易者账户余额时，交易所会把上一交易日的交易保证金如数退还到客户结算准备金账户中，同时会利用新的结算价计算新的交易保证金从客户结算账户扣除。

通过下面例子来试着计算交易保证金。

【例9-1】一新客户进行期货交易存入5万元保证金，在9月1日开仓买入玉米合约10手（10吨/手），成交价为2 000元/吨，收盘后当日结算价为2 040元/吨；9月2日该客户未平仓也未开新仓，当日结算价为1 990元/吨；9月3日他平仓卖出玉米合约，成交价为2 020元/吨。忽略各种手续费、税金利息等，假设保证金比例为5%，计算该客户的每日交易保证金。

9月1日交易结束后，客户的结算准备金账户中应扣除的交易保证金为：$2\,040\times10\times10\times5\%=10\,200$元；9月2日交易结束后，结算准备金账户中应加上9月1日的交易保证金10 200元，同时扣除的交易保证金为：$1\,990\times10\times10\times5\%=9\,950$元；由于客户在9月3日将全部合约平仓了结交易，因此不再扣除新的交易保证金，但要把9月2日收取的9 950元保证金退还到客户的结算账户中。

我国期货交易所对保证金的收取是分级进行的，即期货交易所向会员收取的保证金，会员（期货公司）向客户收取保证金，可分为会员保证金和客户保证金。会员应在交易所指定的结算银行开设专用资金账户，会员的专用资金账户只能用于会员与代理客户、会员与交易所之间期货业务的资金往来结算；同时，会员缴纳的保证金必须存放于会员专用资金账户，经纪会员不得挪用客户资金。

在国际期货市场上，一般将保证金分为初始保证金和维持保证金。初始保证金是指开仓交易一手合约所必需的最低资金；维持保证金是指要求客户必须将资金维持在交易所规定的水平。如果账户资金低于交易所规定的维持保证金，经纪公司就会通知客户追加保证金，直至资金追加到初始保证金的水平为止。我国香港地区、美国、日本、英国均采取初始保证金和维持保证金两种水平，只不过维持保证金占初始保证金比例有所不同。香港期货市场的维持保证金水平为初始保证金的80%，日本和美国的维持保证金水平为初始保证金水平的70%，英国期货市场的维持保证金水平则为初始保证金水平的100%。

（二）当日无负债结算制度

为了控制交易者的风险，交易所实行当日无负债制度，是指每日交易结束后，交易所按照当日结算价结算各合约的盈亏；如果盈利，结算机构将盈利划拨到交易者结算准备金账户中，如果亏损，结算机构将从交易者结算准备金账户中扣除相应资金。结算价是指由某一期货合约当日成交价格按照成交量的加权平均计算出的价格，公式为：$p = \sum piwi / \sum wi$，其中，pi 为合约在当日的各成交价；wi 为在各成交价对应地成交量。定义中所说的"盈亏"可能是交易者平仓后真正的当日盈亏，也可能指交易者所持仓的浮盈浮亏或虚盈虚亏，即根据结算价而不是成交价（因为是持仓，所以没有成交价）计算出来的盈亏。

【例9-2】一新客户进行期货交易存入5万元保证金，在9月1日开仓买入玉米合约10手（10吨/手），成交价为2 000元/吨，收盘后当日结算价为2 040元/吨；9月2日该客户未平仓也未开新仓，当日结算价为1 990元/吨；9月3日他平仓卖出玉米合约，成交价为2 020元/吨。忽略各种手续费、税金利息等，为了方便计算，该题不计交易保证金。请计算该客户的每日盈亏。

9月1日，该客户仅开仓而没有平仓，因此没有成交价，用结算价代替卖出价计算盈亏，并且此盈亏属于浮盈亏。

当日盈亏 =（2 040 - 2 000）×10×10 = 4 000元，因此当日盈利4 000元。

9月2日，该客户没有开新仓也未平历史仓，因此，没有买入和卖出的成交价，可用上一交易日的结算价代替买入价、用当日的结算价代替卖出价，很显然计算出的盈亏为浮盈亏。

当日盈亏 =（1 990 - 2 040）×10×10 = -5 000元，因此当日亏损5 000元。

9月3日，该客户平仓了结交易，因此有真正的卖出价，买入价用上一交易日结算价代替，计算出的盈亏为真正的盈亏。

当日盈亏 =（2 020 - 1 990）×10×10 = 3 000元，因此，该客户当日盈利3 000元。

可知，该客户3个交易的盈亏总额为：4 000 - 5 000 + 3 000 = 2 000元。

因交易保证金为交易占用的资金，根据每日的结算价计算，扣除当日的交易保证金、退还上一交易日的交易保证金，因此，当平仓了结交易后，上一交易日的交易保证金如数退还，如果该题把每日的交易保证金计入，其盈亏也为盈利2 000元。

交易所的结算是分级结算的，期货交易所对所有的会员进行统一结算，会员根据期货交易所的结算结果对其代理客户进行结算。期货交易所在当日及时将结算结果通知会员，会员及时将结算结果按照与客户约定的方式通知客户。当会员、客户的保证金不足时，可采取及时追加保证金和自行平仓两种方式，否则期货交易所对会员、会员对客户将采取强行平仓。

（三）涨跌停板制度

涨跌停板制度是指期货合约在一个交易日中的交易价格波动不得高于或者低于规定的涨跌幅度，超过该涨跌幅度的报价将视为无效。涨停板是在上一交易日结算价的基础上，根据交易所规定的最大涨幅计算的；跌停板是在上一交易日结算价的基础上，根据交易所规定的最大跌幅计算的。

通过制定涨跌停板制度，可以根据当日的结算价计算出下一交易日的合约价格波动的最高价和最低价，以此可以计算出交易者在下一交易日可能发生的最大亏损，在下一交易日开市前，只要保障交易者结算准备金账户余额至少大于此亏损额，就可以预防交易者透支情况的发生。因此，通过涨跌停制度，能够锁定会员和投资者每一交易日所持有合约的最大盈亏；能够有效地减缓、抑制一些突发性事件和过度投机行为对期货价格的冲击。

交易所根据不同的品种，设置的涨跌停板也不尽相同。《沪深 300 股指期货合约》中规定沪深 300 股指期货合约的涨跌停幅度为前一交易日结算价的 ±10%；玉米期货涨跌停板为上一交易日结算价的 ±4%。涨跌停板的设置会根据市场的变化而有所变化，例如玉米期货合约中设置其涨跌停板为 ±4%，但在当前执行时却按 ±5%，如下表 9－3。

表 9－3　　大连商品交易所玉米期货合约

交易品种	黄玉米
交易单位	10 吨/手
报价单位	元（人民币）/吨
最小变动价位	1 元/吨
涨跌停板幅度	上一交易日结算价的 4% *（当前暂为 5%）
合约月份	1，3，5，7，9，11 月
交易时间	每周一至周五上午 9：00～11：30，下午 13：30～15：00
最后交易日	合约月份第十个交易日
最后交割日	最后交易日后第二个交易日
交割等级	大连商品交易所玉米交割质量标准（FC/DCE D001－2009）（具体内容见附件）
交割地点	大连商品交易所玉米指定交割仓库
最低交易保证金	合约价值的 5% *（当前暂为 7%）
交易手续费	不超过 3 元/手
交割方式	实物交割
交易代码	C
上市交易所	大连商品交易所

期货交易所在设置各品种的涨跌停板限制时，主要是依据对应现货商品价格波动的频繁、剧烈程度，越频繁、剧烈其期货涨跌停板应设置得大些，反之则小些，以适应该商品波动的本质特征。

（四）强行平仓制度

强行平仓是指交易所按有关规定对会员、客户持仓实行平仓的一种强制措施。强行平仓制度的实行，能及时制止风险的扩大和蔓延。

《中华人民共和国金融期货交易所风险控制管理办法》规定，会员、客户出现下列情形之一的，交易所对其持仓实行强行平仓：

（1）结算会员结算准备金余额小于零，且未能在第一节结束前补足。

（2）客户、从事自营业务的交易会员持仓超出持仓限额标准，且未能在第一节结束前平仓。

（3）因违规、违约受到交易所强行平仓处罚。

（4）根据交易所的紧急措施应予强行平仓。

（5）交易所规定应当予以平仓的其他情形。

需要强行平仓的头寸先由会员自己执行，时限为开市后第一节交易时间。强行平仓的价格通过市场交易形成。若规定时限内会员未执行完毕，则由中金所强制执行。

《中华人民共和国金融期货交易所风险控制管理办法》规定，强行平仓的执行程序为：

1. 通知

交易所以“强行平仓通知书”（以下简称通知书）的形式向有关结算会员下达强行平仓要求。通知书随当日结算数据发送，有关结算会员可以通过交易所系统获得，交易所特别送达的除外。

2. 执行及确认

（1）开市后，有关会员应当自行平仓，直至符合交易所规定。

（2）结算会员超过规定平仓时限而未执行完毕的，剩余部分由交易所执行强行平仓。

（3）强行平仓结果随当日成交记录发送，有关信息可以通过交易所系统获得。

投资者如何有效管理资金以防止被强行平仓的风险？期货是保证金交易，价格的微幅变动都会引起投资者的保证金余额的变化。如果资金管理不善，可能会出现投资者账户中的资金不能满足追加保证金要求的情况，此时投资者持有的持仓就可能被强行平仓。有时即使大方向看对了，也可能因资金管理不善、在获取盈利之前被强行平仓而蒙受较大的损失。成熟市场的经验表明，在进行股指期货交易时切忌满仓操作，投入交易的资金一般不要过半，最好控制在三分之一以内，以便为行情波动时可能追加保证金留有余地。

（五）强制减仓制度

《中华人民共和国金融期货交易所风险控制管理办法》规定，强制减仓是指交易所将当日以涨跌停板价格申报的未成交平仓报单，以当日涨跌停板价格与该合约净持仓盈利客户按照持仓比例自动撮合成交。即申报平仓数量是指在当日交易日收市后，已在交易所系统中以涨跌停板价格申报无法成交的、且客户合约的单位净持仓亏损大于等于当日交易日结算价10%的所有持仓。同一客户双向持仓的，其净持仓部分的平仓报单参与强制减仓计算，其余平仓报单与其反向持仓自动对冲平仓。强制减仓造成的经济损失由会员及其客户承担。

（六）大户持仓报告制度

大户持仓报告制度是指会员或客户某一合约持仓达到中金所规定的持仓报告标准时，会员或客户应当向交易所报告。中金所可根据市场风险状况，公布持仓报告标准。大户持仓报告制度是与限仓制度紧密相关的又一个防范大户操纵市场价格、控制市场风险的制度。通过实施大户持仓报告制度，可以使中金所对持仓量较大的会员或客户进行重点监控，了解其持仓动向、意图，对于有效防范市场风险有积极作用。

《中华人民共和国金融期货交易所风险控制管理办法》要求达到中金所报告标准或者交易所要求报告的会员或客户，应提供下列材料：

（1）《大户持仓报告表》，内容包括会员名称、会员号、客户名称和客户号、合约代码、持仓量、交易保证金、可动用资金等。

（2）资金来源说明。

（3）法人客户的实际控制人资料。

（4）开户材料及当日结算单据。

（5）交易所要求提供的其他材料。

（七）持仓限额制度

为了防止和打击操纵市场行为，除了合理设计期货合约、完善保证金制度以外，实行持仓限额制度十分必要。

在《中华人民共和国金融期货交易所风险控制管理办法》中，持仓限额是指交易所规定会员或客户可以持有的，按单边计算的某一合约持仓的最大数额。如果同一客户在不同会员处开仓交易，则要将该客户在各账户下的持仓合并计算。对于确实需要利用股指期货进行套期保值的会员或客户，可以向中金所申请豁免持仓限制，提供有关证明材料，中金所可以根据市场情况决定是否批准其要求。具体的限仓标准根据中金所的规定执行，会员和客户达到或超过持仓限额的，不得同方向开仓交易。

（八）结算担保金制度

结算担保金是指由结算会员依交易所的规定缴存的，用于应对结算会员违约风险的共同担保资金。引进结算会员共同担保机制，在股指期货市场一开始运作时就有一笔相当数量的共同担保资金，可以增加交易所应对风险的财务资源，建立化解风险的缓冲区，进一步强化交易所整体抗风险能力，为市场平稳运作提供有力保障。

在《中华人民共和国金融期货交易所风险控制管理办法》中，对结算担保金的分类、计算及分担方法作了说明。

结算担保金分为基础担保金和变动担保金。基础担保金是指结算会员参与中金所结算交割业务必须缴纳的最低担保金数额，变动结算担保金是指结算会员结算担保金中高出基础结算担保金的部分，是随着结算会员业务量的变化而调整的结算担保金。

中金所每季度首个交易日确定全市场的结算担保金基数，作为计算各结算会员应当分担的结算担保金依据。交易所根据结算担保金基数，按照各结算会员业务量比例计算本季度应当分担的结算担保金。结算会员本季度应当分担的结算担保金＝结算担保金基数×（20%×该会员上一季度日均成交量/全市场上一季度日均成交量＋80%×该会员上一季度日均持仓量/全市场上一季度日均持仓量）。

结算会员应分担的结算担保金数额与其基础结算担保金数额取大者，作为结算会员新季度应缴纳的结算担保金数额。交易所将在新季度开始的第5个交易日第一节结束后，通过银行将结算担保金余额的超出部分划至结算会员结算担保金专用账户，将需要补交的结算担保金从结算会员结算担保金专用账户中扣划。结算会员需要补交结算担保金的，应在新季度初的第5个交易日前将补交数额存入其结算担保金专用账户。交易所可以根据市场风险情况调整结算担保金的收取时间以及结算担保金总额，并有权对个别结算会员提高结算担保金。

在《中华人民共和国金融期货交易所风险控制管理办法》中对结算担保金的使用规则作了规定：

结算会员结算准备金小于零，且未能在规定时限内补足的，交易所采取强行平仓等措施后，结算会员无持仓且结算准备金仍小于零，交易所有权先使用该违约结算会员的结算担保金补足，不足部分再按比例使用其他结算会员缴纳的结算担保金。其他结算会员分摊比例为其结算担保金余额占当前未使用结算担保金总额之比，分摊的金额以其缴存的结算担保金为限。

（九）投资者适当性制度

为保障股指期货市场平稳、规范、健康运行，防范风险，保护投资者的合法权益，中金所特别指定了股指期货投资者适当性制度，但此制度仅适用于股指期货。投资者适当性制度的实施为投资者开展股指期货交易设定了一定的门槛，名为限制实为保护，它因为把一些不具备一定抗风险能力的投资者拒之门外，从而保护他在今后免受股指期货波动带来的巨大损失。此制度要求期货公司会员应当根据中国证监会有关规定和本办法要求，评估投资者的产品认知水平和风险承受能力，选择适当的投资者审慎参与股指期货交易，严格执行股指期货投资者适当性制度（以下简称投资者适当性制度）各项要求，建立以了解客户和分类管理为核心的客户管理和服务制度。投资者应当根据投资者适当性制度的要求，全面评估自身的经济实力、产品认知能力、风险控制与承受能力，审慎决定是否参与股指期货交易。例如，期货公司会员只能为符合下列标准的自然人投资者申请开立股指期货交易编码：

（1）申请开户时保证金账户可用资金余额不低于人民币50万元。

（2）具备股指期货基础知识，通过相关测试（后附测试表9-4）。

（3）具有累计10个交易日、20笔以上的股指期货仿真交易成交记录，或者最近三年内具有10笔以上的商品期货交易成交记录。

（4）不存在严重不良诚信记录；不存在法律、行政法规、规章和交易所业务规则禁止或者限制从事股指期货交易的情形。

期货公司会员应当认真审核投资者的开户申请资料，全面履行测试、评估职责，严格执行股指期货投资者适当性制度。期货公司会员不得为测试得分低于80分的投资者申请开立股指期货交易编码。

（十）风险警示制度

在《中华人民共和国金融期货交易所风险控制管理办法》中提到的风险警示制度是指，交易所认为必要的，可以分别或同时采取要求报告情况、谈话提醒、书面警示、

表9-4　股指期货自然人投资者适当性综合评估表（期货公司模版）

指标项目	指标明细	分值	得分	计分原则
一、基本情况		≤15分		以下两者得分相加计算得分
年龄	18-22（含） □	1		限选一栏
	22-60（含） □	10		
	60-70（不含） □	1		
学历	硕士及以上 □	5		限选一栏
	本科 □	4		
	大专 □	3		
	大专以下 □	1		
二、相关投资经历		≤20分		以下两者得分取最高值纳入计算
商品期货交易经历 □		≤20		根据交易情况、风险控制情况等综合评估
证券交经历 □		≤10		
三、财务状况		≤50分		以下两者得分取最高值纳入计算
金融类资产	30万（含）以下 □	1		限选一栏
	30万-50万（含） □	≤20		
	50万-100万（含） □	≤40		
	100万以上 □	50		
本人年收入	12万（含）以下 □	1		限选一栏
	12万-20万（含） □	≤20		
	20万-30万（含） □	≤40		
	30万以上 □	50		
四、诚信状况		≤15分		
个人诚信记录	有诚信证明材料且无不良诚信记录			
	存在不良诚信记录	扣分项		应当根据情况在综合评估总分中扣减相应分数。扣减分数不设上限。不得为存在严重不良诚信记录的投资者开立股指期货交易编码。
总得分				

本人承诺

1. 本人对所提供相关证明材料的真实性负责，并自愿承担因材料不实导致的一切后果。
2. 本人不存在重大未申报的不良信用记录。
3. 本人不存在证券、期货市场禁入以及法律、行政法规、规章和交易所业务规则禁止从事股指期货交易的情形。
4. 本人身体健康，不存在不适宜从事股指期货交易的情形。

投资者（签字）：　　　　　　　　　　　　　　日期：

续表

期货公司客户开发责任人（签字）： （公司正式员工） 日期：	期货公司开户经办人（签字）： 日期：
期货公司营业部负责人（签字）： 日期：	
期货公司业务部门负责人（签字）： 日期：	
期货公司评估意见： 期货公司高级管理人员或者授权人员（签字或者盖章）：	 日期：

发布风险警示公告等措施中的一种或多种，以警示和化解风险。

出现下列情形之一的，交易所有权约见指定的会员高管人员或客户谈话提醒风险，或要求会员或客户报告情况：期货价格出现异常；会员或客户交易异常；会员或客户持仓异常；会员资金异常；会员或客户涉嫌违规、违约；交易所接到涉及到会员或客户的投诉；会员涉及司法调查；交易所认定的其他情况。

交易所实施谈话提醒，应当提前一天以书面形式将谈话时间、地点、要求等事项通知相关会员或者客户，交易所工作人员应对谈话的有关信息予以保密。客户应当亲自参加谈话提醒，并由会员指定人员陪同；谈话对象确因特殊情况不能参加的，应该事先报告交易所，经交易所同意后可以书面委托有关人员代理。谈话对象应当如实陈述、不得隐瞒事实。交易所要求会员或客户报告情况的，有关报告方式和报告内容参照大户报告制度。通过情况报告和谈话，发现会员或客户有违规嫌疑、交易头寸有较大风险的，交易所有权对会员或客户发出书面的《风险警示函》。

二、期货交易流程

期货市场是一个组织化程度高、管理严格的市场，投资者进入市场的主要任务之一就是要掌握期货交易的程序，保证快捷、顺利地完成期货交易。期货交易程序可概括为：选择经纪商、开户、下单、竞价成交、结算、平仓或交割，其中结算是贯穿于成交之时到平仓或交割的。

（一）选择经纪商

在我国，一般法人与自然人投资者（即期货交易所非会员）是不能直接进入交易所进行交易，必须委托会员经纪公司进行交易，因此，进行期货交易首要的任务是慎重选择期货公司（下简称期货公司）。在选择期货公司时，主要考虑的因素有：资金实力是否雄厚、是否有良好的信誉、是否具有一流、人性化的服务、来去（从住处到营业部）是否方便等。

（二）开户

确定了期货公司，就可以开户了。根据开户者性质和交易对象不同，所要求准备的材料也不同，具体如下①。

1. 商品开户投资者需准备的材料，如表9-5。

表9-5　　商品开户投资者需准备的材料

自然人投资者	一般法人投资者
1. 中华人民共和国居民身份证原件 2. 同名银行账户（工行、农行、中行、建行、交行，我公司已与工行、农行、中行、建行、交行开通银期转账业务）	1. 营业执照（副本）原件 2. 组织代码证（副本）原件 3. 税务登记证原件（国税、地税均可） 4. 企业公章 5. 法定代表人证明书原件 6. 法定代表人身份证明文件 7. 开户授权委托书原件 8. 开户代理人的中华人民共和国居民身份证 9. 指令下达、资金调拨、结算单确认等相关被授权人员的身份证明文件 10. 同名银行账户（工行、农行、中行、建行、交行，我公司已与工行、农行、中行、建行、交行开通银期转账业务）
注：如有授权指令下达、资金调拨、结算单确认等人，被授权人员需持有效身份证明文件，与开户人同时到场。	注：开户代理人可以是持有中华人民共和国居民身份证的法定代表人，非中国居民的法定代表人，不能办理开户手续。

2. 股指开户首先需要具备商品开户的材料

（1）自然人投资者还需准备的材料，如下表9-6（投资者可根据自身的交易及资产情况进行材料准备）：

表9-6　　自然人投资者开设股指期货户还需准备的材料

具备商品期货 交易经历	1. 金融类资产在50万以上—100万（含）	1. 商品期货交易经历证明（近三年内10笔以上）； 2. 学历证明（加分项）； 3. 个人诚信证明（加分项）； 4. 金融类资产证明（50万以上~100万）； 5. 申请交易编码前一日期货保证金账户可金不低于50万（第1、4、5项可以为同一证明，即本公司出具的交易结算单）
	2. 金融类资产在100万以上	1. 商品期货交易经历证明（近三年内10笔以上）； 2. 金融类资产证明（100万以上）； 3. 申请交易编码前一日期货保证金账户可金不低于50万（第1、2、3项可以为同一证明，即本公司出具的交易结算单）

① 引自中国国际期货有限公司网站。

续表

具备股指期货模拟交易经历（不具备商品期货交易经历）	1. 金融类资产在50万~100万（含）	1. 股指期货模拟交易经历证明（累积10个交易日、20笔以上）； 2. 学历证明（加分项）； 3. 证券交易经历证明； 4. 个人诚信证明（加分项）； 5. 金融类资产证明（50万以上~100万） 6. 申请交易编码前一日期货保证金账户可金不低于50万（第3、6项可以为同一证明，即本公司出具的交易结算单； 第3、5项可以为同一证明，即证券公司出具的相关证明）
	2. 金融类资产在100万以上	1. 股指期货模拟交易经历证明（累积10个交易日、20笔以上）； 2. 证券交易经历证明（加分项）； 3. 个人诚信证明（加分项）； 4. 金融类资产证明（100万以上）； 5. 申请交易编码前一日期货保证金账户可金不低于50万 （第2、5项可以为同一证明，即本公司出具的交易结算单；第2、4项可以为同一证明，即证券公司出具的相关证明）

（2）一般法人投资者还需资料的材料：

①商品期货交易经历证明（近三年内10笔以上）或股指期货模拟交易经历证明（累积10交易日、20笔以上）。

②资产负债表（上一年度或者距申请开户日期不超过三个月的月度资产负债表，净资产不低于100万元）。

③企业实际的参与股指期货交易的决策机制和操作流程的证明文件。

④申请开立交易编码前，前一交易日日终保证金账户可用资金余额不低于人民币50万元。

（3）特殊法人投资者。相关监管机构、主管机关的批准文件或者证明文件。以上证明文件均需原件，并加盖证明出具部门或公司的相关业务专用章。开户时按照要求准备好各种材料后要按一定的程序开户，开户过程如下图9-1①：

① 引自中国国际期货有限公司网站

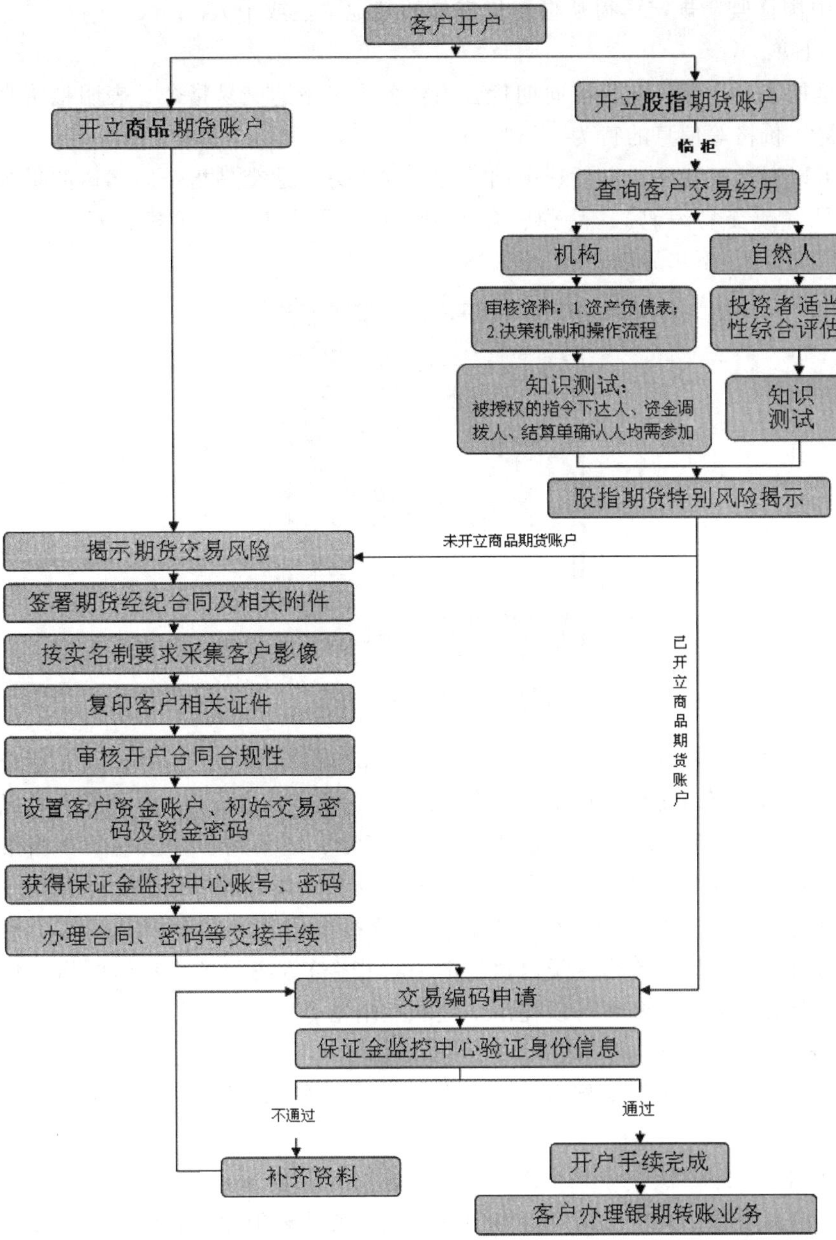

图 9－1　期货开户流程图

需要注意的是，下列人员不得开户：

（1）无民事行为能力或者限制民事行为能力的自然人。

（2）中国证监会、中国期货业协会、期货交易所、期货保证金安全存管监控机构、期货公司的工作人员及其配偶。

（3）国家机关、事业单位。

（4）证券、期货市场禁止进入者。

（5）未能提供开户证明文件的单位或个人。

（6）中国证监会规定不得从事期货交易的其他单位或个人。

（三）下单

下单是指客户在每笔交易前向期货公司业务人员下达交易指令、表明拟买卖合约的种类、数量、价格等信息的行为。

客户可以通过互联网、电话、书面等方式向甲方下达交易指令。下达的指令应包括自己的账号（或交易编码）、品种、合约、数量、买卖方向、价格、开平仓方向等内容。图 9－2 为网上下单界面。

图 9－2　网上下单界面

在我国，常用的期货交易指令有限价指令、市价指令和取消指令，同股票市场用法相同。此外，郑州商品交易所还采用了套利指令（同时买入和卖出两种或两种以上期货合约的指令），大连商品交易所不仅采用了套利指令，还采用了止损指令（当市场价格达到客户预先设定的触发价格时，即变为市价指令予以执行的一种指令，此指令的使用将在期货投机方法一节中详细介绍）和停止限价指令（当市场价格达到客户预先设定的触发价格时，即变为限价指令予以执行的一种指令）。我国各交易所的指令均为当日有效。在指令成交前，投资者可以提出变更和撤销指令。

（四）竞价

同股票市场一样，期货交易的价格也是通过集合竞价产生的，体现了其交易的“三公”原则。

1. 竞价类型

就世界范围来看，期货交易竞价有两种方式：公开喊价和计算机撮合成交。前者是比较传统的竞价方式，在欧美期货市场流行；后者是随着计算机及网络技术的发展而得以在期货市场应用。二者虽然在形式上不同，但其竞价本质都是遵循价格优先、时间优先。我国主要采用的计算机撮合成交方式。

计算机撮合成交是根据公开喊价的原理设计而成的一种计算机自动化交易方式，是指期货交易所的计算机交易系统对交易双方的交易指令进行配对的过程。这种交易方式相对公开喊价方式来说，具有准确、连续、高效等特点，但有时会出现交易系统故障等因素造成的风险，因此交易系统的维护及管理至关重要。

2. 竞价方式及成交价的确定

与股票交易一样，期货交易竞价也采用价格优先、时间优先的原则，这里就不再赘述了。

期货交易采用连续竞价和集合竞价两种方式。连续竞价是指对买卖申报逐笔连续撮合的竞价方式；集合竞价是指对在规定时间内接受的买卖申报一次性集中撮合的竞价方式。

(1) 连续竞价。在交易日正常交易时间里，竞价采用的是连续竞价，成交的必要条件为：买入价大于等于卖出价，而期货成交价的确定不同于股票，成交价等于买入价、卖出价和前一成交价三者中居中的一个价格。以 2017 年 8 月份 1 号黄大豆合约为例，假设买入申报价为 4 525 元/吨，卖出申报价为 4 520 元/吨，而此前最近一笔成交价为 4 528 元/吨，则此笔交易成交价为 4 525 元/吨。

(2) 集合竞价。目前，我国所有品种的开盘价是由集合竞价形成的，其余价格的形成都是通过连续竞价。开盘价集合竞价在某品种某月份合约每一交易日开市前 5 分钟内进行。其中，前 4 分钟为期货合约买、卖价格指令申报时间，后 1 分钟为集合竞价撮合时间，开市时产生开盘价。

集合竞价采用最大成交量原则，即以此价格成交能够得到最大成交量。高于集合竞价产生的价格的买入申报全部成交；低于集合竞价产生的价格的卖出申报全部成交；等于集合竞价产生的价格的买入或卖出申报，根据买入申报量和卖出申报量的多少，按少的一方的申报量成交。

集合竞价产生价格的方法及过程是：

第一，交易系统分别对在申报时间内（我国所有商品期货品种的集合竞价申报时间为交易日的 8：55～8：59 分，而沪深 300 股指期货为 9：10～9：14 为指令申报时间）所有有效的买入申报按申报价由高到低的顺序排列，申报价相同的按照进入系统的时间先后排列；所有有效的卖出申报按申报价由低到高的顺序排列，申报价相同的按照进入系统的时间先后排列。

第二，交易系统逐步将排在前面的买入申报和卖出申报配对成交，直到不能成交为止。如最后一笔成交是全部成交的，取最后一笔成交的买入申报价和卖出申报价的算术平均价为集合竞价产生的价格，该价格按各期货合约的最小变动价位取整；如最后一笔成交是部分成交的，则以部分成交的申报价为集合竞价产生的价格。

开盘集合竞价中的未成交申报单自动参与开市后竞价交易。

举例说明集合竞价的过程。

【例 9－3】 假设 2011 年 9 月份玉米合约，某交易日 8：55～8：59 分交易所收到的有效买卖委托价格及数量，按时间顺序排列如下表 9－7。

表 9－7　玉米合约集合竞价时买卖申报价格、数量

时间序号	申报方向	委托数量（手）	委托价格（元/吨）
1	卖出	20	2 168
2	买入	15	2 167
3	买入	10	2 169
4	卖出	10	2 167
5	卖出	10	2 167
6	买入	15	2 170

根据申报请确定其开盘价。

首先，根据集合竞价原理及价格优先、时间优先原则对买入申报和卖出申报各自进行排队，如下表9－8。

表9－8　玉米合约集合竞价过程

买入申报			卖出申报		
时间序号	委托数量	申报价格	时间序号	委托数量	申报价格
6	15	2 170	4	10	2 167
3	10	2 169	5	10	2 167
2	15	2 167	1	20	2 168

其次，根据上表对各申报方进行配对。可以看出，首次配对为6号与4号，数量为10手；第二次配对为6号和5号，数量为5手；第三次配对为3号和5号，数量为5手；第四次配对为3号和1号，数量为5手，到此由于不能再满足买入价大于等于卖出价，因此配对结束。

最后，根据最后配对结果确定开盘价。由于本例中最后一次配对1号为部分成交，则应以1号的申报价2 168元/吨为所有配对成功申报方的成交价，即开盘价。

3. 成交回报与确认

当计算机显示指令成交后，客户可以立即在期货公司的下单系统获得成交回报。对于书面下单和电话下单的客户，期货公司应按约定方式即时予以回报。

客户对交易结算单记载事项有异议的，应当在下一交易日开市前向期货公司提出书面异议；客户对交易结算单记载事项无异议的，应当在交易结算单上签字确认或者按照期货经纪合同约定的方式确认。客户既未对交易结算单记载事项确认，也未提出异议的，视为对交易结算单的确认。对于客户有异议的，期货公司应当根据原始指令记录和交易记录予以核实。

（五）结算

结算是指根据交易结果和交易所有关规定对会员交易保证金、盈亏、手续费、交割货款及其他有关款项进行计算、划拨的业务活动。交易所的结算实行保证金制度、当日无负债结算制度等。

1. 与结算相关的重要术语

（1）开仓：也称为建仓，是指期货交易者新买入或新卖出期货合约的行为，新买入叫做买入开仓，新卖出叫做卖出开仓。

（2）平仓：指交易者对过去的开仓进行方向操作、了结期货合约的行为。

（3）持仓：指交易者持有未平仓期货合约的行为，持仓合约也称为未平仓合约。

2. 结算公式及方法

由于期货交易实行当日无负债结算制度，决定了每个交易结束后交易所都要对每一个会员进行结算、会员期货公司对每一位交易者进行结算，结算内容包含盈亏、交易手续费、交易保证金等款项。

期货交易者不论是套期保值还是投机，其在期货市场的状态无非是新开仓、持仓、平仓了结或其中的三种、两种。不论交易者当日的仓位如何，计算其盈亏总的说来，有平仓盈亏和持仓盈亏，而持仓盈亏分为持新仓盈亏和持历史仓盈亏，而平仓盈亏分为平当日仓盈亏和平历史仓盈亏，因此，期货交易者的当日盈亏公式为：

当日盈亏 = 平仓盈亏 + 持仓盈亏

其中，平仓盈亏 = 平当日仓盈亏 + 平历史仓盈亏；持仓盈亏 = 持新仓盈亏和持历史仓盈亏

计算时，由于平仓有真正的成交价，在计算平仓盈亏是所用的价格就是成交价；计算持仓盈亏时，由于没有真正的成交价，用该合约当日的结算价代替成交价。

计算当日盈亏是得到投资者账户余额的前提，投资者当日账户余额公式为：

当日账户余额 = 上一交易日账户余额 + 当日盈亏 + 上一交易日交易保证金 - 当日交易保证金

其中，上一交易日账户余额、上一交易日交易保证金是上一交易日已计算出来的；当日盈亏通过其公式计算；当日交易保证金需计算出来，其公式为：

当日交易保证金 = 当日收盘后持仓合约结算价 × 持仓量 × 交易保证金比率

通过一实例巩固期货结算公式及方法。

【例 9-4】 一客户缴纳保证金 1 100 000 元，某在 4 月 1 日新开仓买入大豆期货合约 40 手（每手 10 吨），成交价为 4 000 元/吨，同一天该客户平仓卖出 20 手大豆合约，成交价为 4 030 元/吨，当日结算价为 4 040 元/吨，交易保证金比例为 5%。则客户在 4 月 1 日的账户余额为多少（不含手续费、税金等费用）？

（1）当日盈亏。

当日盈亏 = 平仓盈亏 + 持仓盈亏，通过本案可知，该客户既有平仓盈亏也有持仓盈亏，即有平新仓盈亏和持新仓盈亏。

因此，针对该客户，当日盈亏计算如下：

当日盈亏 = 平新仓盈亏 + 持新仓盈亏

= （4 030 - 4 000） × 20 × 10 + （4 040 - 4 000） × 20 × 10

= 14 000（元）

（2）当日客户账户余额。

客户账户余额 = 上一交易日账户余额 + 当日盈亏 + 上一交易日交易保证金 - 当日交易保证金

客户投入 1 100 000 元，可看作公式中的上一交易日账户余额；当日盈亏为 14 000 元；由于 4 月 1 日是该客户新开仓大豆合约，所以上一交易日交易保证金为 0；因为当日收盘后，该客户还有持仓，因此需缴纳交易保证金，当日交易保证金 = 4 040 × 20 × 10 × 5% = 40 400（元）。

因此，客户账户余额 = 1 100 000 + 14 000 - 40 400 = 1 073 600（元）

【例 9-5】 4 月 2 日，该客户再买入 8 手大豆合约，成交价为 4 030 元/吨，当日结算价为 4 060 元/吨，则其账户情况为：

（1）当日盈亏。通过分析，可知该客户在当日没有平仓盈亏，仅有持仓盈亏，而持仓既有持新仓也有持历史仓盈亏，因此当日盈亏为：

当日盈亏 = 持新仓盈亏 + 持历史仓盈亏①

= (4 060 − 4 030) × 8 × 10 + (4 060 − 4 040) × 20 × 10 = 6 400（元）

(2) 当日账户余额 = 上一交易日账户余额 + 当日盈亏 + 上一交易日交易保证金 − 当日交易保证金

当日交易保证金 = 4 060 × 28 × 10 × 5% = 56 840（元）

当日账户余额 = 1 073 600 + 6 400 + 40 400 − 56 840 = 1 063 560（元）

【例 9 − 6】 4 月 3 日，该客户将 28 手大豆合约全部平仓，成交价为 4 070 元/吨，当日结算价为 4 050 元/吨，则其账户情况为：

(1) 当日盈亏。通过分析可知，当日该客户仅有平仓盈亏，没有持仓盈亏；而平仓盈亏仅有平历史仓盈亏，没有平新仓盈亏，因此，

当日盈亏 = (4 070 − 4 060) × 28 × 10 = 2 800（元）

(2) 当日账户余额。由于该客户当日对全部持仓进行平仓了结，因此不再对其扣除持仓保证金，因此，当日账户余额 = 1 063 560 + 2 800 + 56 840 = 1 123 200（元）

通过案例更加深刻地理解公式，当然我们计算结束后，可用计算股票盈亏的方法对最终结果 1 123 200 进行验算②，会看到结果是完全一致的。

3. 结算程序

期货交易的结算，由期货交易所统一组织进行。但交易所并不直接对客户的账户结算、收取和追收客户保证金，而由期货公司承担该工作。期货交易所应当在当日及时将结算结果通知会员。期货公司根据期货交易所的结算结果对客户进行结算，并应当将结算结果按照与客户约定的方式及时通知客户。

4. 我国交易所的结算制度

总体上来说，期货交易都实行当日无负债结算制度，但不同的交易所在结算过程中实行不尽相同的制度。目前，我国大连、郑州、上海交易所实行全员结算制度，交易所对所有会员的账户进行结算，收取和追收保证金。中国金融期货交易所实行会员分级结算制度，其会员由结算会员和非结算会员组成，期货交易所只对结算会员结算，向结算会员收取和追收保证金；由结算会员对非结算会员进行结算、收取和追收保证金。

（六）平仓或交割

平仓和交割都是了结期货交易的方式，平仓在结算中已给出概念了，这里重点介绍交割。

1. 交割的概念

期货交割是促使期货价格和现货价格趋向一致的制度保证，是联系期货与现货的纽带。尽管期货市场的交割量仅占总成交量的很小比例，但交割环节对期货市场的整体运行却起着十分重要的作用。

---

① 在计算持历史仓盈亏时，针对本题，用上一交易日的结算价代替买入价（因为上一交易日的盈亏已计入账户，其盈亏为过去时，所以当日不再用真正的买入价），用当日结算价代替卖出的成交价，因此用 4 060 − 4 040。

② 4 月 1 日平仓的 20 手盈亏 = (4 030 − 4 000) × 20 × 10 = 6 000（元）；1 日未平仓的 20 手盈亏 = (4 070 − 4 000) × 20 × 10 = 14 000（元）；2 日开仓的 8 手盈亏 = (4 070 − 4 030) × 8 × 10 = 3 200（元），因此，通过交易，该客户共盈利 = 6 000 + 14 000 + 3 200 = 23 200（元），不计交易手续费、税金等，可知了结交易后该客户账户余额 = 1 100 000 + 23 200 = 1 123 200（元）。

交割是指期货合约到期时，按照期货交易所的规则和程序，交易双方通过该合约所载标的物所有权的转移，或者按照结算价进行现金差价结算，了结到期未平仓合约的过程。其中，以标的物所有权转移方式进行的交割为实物交割；按结算价进行现金差价结算的交割方式为现金交割。一般来说，商品期货以实物交割方式为主；股票指数期货、短期利率期货多采用现金交割方式。

2. 实物交割方式与交割结算价的确定

实物交割是指期货合约到期时，根据交易所的规则和程序，交易双方通过该期货合约所载标的物所有权的转移，了结未平仓合约的过程。实物交割方式包括集中交割和滚动交割两种。

集中交割也叫一次性交割，是指所有到期合约在交割月份最后交易日过后一次性集中交割的交割方式。

滚动交割是指在合约进入交割月以后，在交割月第一个交易日至交割月最后交易日前一交易日之间进行交割的交割方式。

目前，我国上海期货交易所采用集中交割方式；郑州商品交易所采用滚动交割和集中交割相结合的方式，即在合约进入交割月后就可以申请交割，而且，最后交易日过后，对未平仓合约进行一次性集中交割；大连商品交易所对黄大豆 1 号、黄大豆 2 号、豆粕、豆油、玉米合约采用滚动交割和集中交割相结合的方式，对棕榈油、线型低密度聚乙烯和聚氯乙烯合约采用集中交割方式。

实物交割结算价是指在实物交割时商品交收所依据的基准价格。交割商品计价以交割结算价为基础，再加上不同等级商品质量升贴水以及异地交割仓库与基准交割仓库的升贴水。

3. 现金交割

现金交割是指合约到期时，交易双方按照交易所的规则、程序及其公布的交割结算价进行现金差价结算，了结到期未平仓合约的过程。中国金融期货交易所的股指期货合约均采用现金交割方式，规定股指期货合约最后交易日收市后，交易所以交割结算价为基准，划付持仓双方的盈亏，了结所有未平仓合约。其中，股指期货交割结算价为最后交易日标的指数最后 2 小时的算术平均价。

第四节

我国期货市场的发展

改革开放以来，期货市场作为新生事物历经 20 多年的发展，从无到有，从小到大，从无序逐步走向有序。随着中国成为国际贸易组织（WTO）成员，国内期货市场也在逐渐融入世界期货市场。国内期货市场的发展过程可以划分为三个阶段：起步探索阶段（1990～1993 年）、治理整顿阶段（1993～2000 年）和规范发展阶段（2000 年至今）。

一、建立期货市场的背景

1978 年，中国经济体制改革的大幕徐徐拉开。随着家庭联产承包责任制在全国农村的推广，农业生产力很快恢复并得到很大发展。同时，价格改革从农产品开始起步，国家逐步放开对农产品流通和农产品价格实行了多年的管制，实行价格双轨制，除计划订购之外，可以议购议销，市场调节的范围不断扩大。随着改革的深化，农产品价格出现较大的波动，农产品价格的大升大降使农业生产出现大起大落，价格涨与卖粮难问题此消彼长，政府用于农产品补贴的财政负担日益加重。

如何既推进改革，又能保持经济的平稳运行？能否通过运用市场机制，既可以提供指导未来生产经营活动的有效价格信号，又可以防范价格频繁波动带来的风险？面对上述一系列现实状况和问题，一批学者开始思考并提出了建立农产品期货市场的设想。1988 年初，国务院发展研究中心、国家体改委、商业部等部门根据中央领导的指示，组织力量开始进行期货市场研究，并成立了期货市场研究小组，考察期货市场的历史和现状，积累有关期货市场的理论知识。在 1988 年到 1990 年的近 3 年时间里，为中国建立期货市场做了先期的理论准备和可行性研究。

二、起步探索阶段（1990～1993 年）

1990 年 10 月，郑州粮食批发市场正式成立。它以现货交易为基础，同时引入期货交易机制，标志着新中国商品期货市场的诞生。郑州粮食批发市场的积极作用和示范效应很快反映出来，全国各地纷纷仿效，积极创办期货交易所。例如，1991 年 6 月深圳有色金属交易所成立，1992 年 5 月上海金属交易所成立，1992 年 10 月天津钢铁炉料交易市场成立。各地的期货交易所如雨后春笋般建立起来，至 1993 年底，国内各类期货交易所达 50 多家，而此时国际上的期货交易所还不到 100 家。同时，期货公司也相继创办。例如，1992 年 9 月广东万通期货公司成立，同年底中国国际期货公司开业。至 1993 年底，国内的期货经纪机构已近千家。

在各方利益的驱动下，中国期货市场出现了盲目无序发展的局面。一方面，期货交易所重复建设造成数量过多，这必然使上市品种重复设置造成交易分散，从而期货市场发现价格的功能难以发挥。另一方面，过度投机、操纵市场、交易欺诈等行为扰乱了市场秩序，恶性事件频发，期货市场不仅难以发挥规避风险的功能，而且多次酿成了系统风险。究其原因，问题主要在于：其一，人们缺乏相关实际经验且对期货市场缺乏深入研究，从而对期货市场的认识存在偏差；其二，缺乏统一监管从而监管不力，相关法规政策不完善而且滞后，致使市场规则不健全甚至缺失。这样的局面无疑违背了建立期货市场的初衷。针对这一情况，从 1993 年开始，政府有关部门对期货市场进行全面的治理整顿。

三、治理整顿阶段（1993～2000 年）

1993 年 11 月，国务院发布《关于制止期货市场盲目发展的通知》，提出了“规范起步、加强立法、一切经过试验和从严控制”的原则。这标志着第一轮治理整顿的开始。在治理整顿中，首当其冲的是对期货交易所的清理，15 家交易所作为试点被保留下来[①]。1998年8月，国务院发布《关于进一步整顿和规范期货市场的通知》，开始了第二轮治理整顿。1999年期货交易所数量再次精简合并为3家，分别是郑州商品交易所、大连商品交易所和上海期货交易所。与缩减期货交易所同时进行的是，钢材、煤炭、食糖、粳米、菜籽油、国债、红小豆等一批期货品种先后被停止交易。1999年底期货品种由35个降至12个（详见表9-9），到2000年真正上市交易的品种只有6个。同时，对期货代理机构进行清理整顿。1995年底，330家期货公司经重新审核获发《期货经纪业务许可证》，期货代理机构的数量大大减少。1999年，提高了期货公司的准入门槛，要求最低注册资本金不得低于3 000万元人民币。

表9-9　　1999年中国期货市场状况

上海期货交易所（SHFE）	铜、铝、胶合板、天然橡胶、籼米
大连商品交易所（DCE）	大豆、豆粕、啤酒大麦
郑州商品交易所（ZCE）	小麦、绿豆、红小豆、花生仁

为了规范期货市场行为，国务院及有关政府部门先后颁布了一系列法规，对期货市场的监管力度不断加强。1999年6月，国务院颁布《期货交易暂行条例》，与之配套的《期货交易所管理办法》《期货公司管理办法》《期货公司高级管理人员任职资格管理办法》和《期货从业人员资格管理办法》相继发布实施。这预示着中国期货市场将进入一个新的发展阶段。2000年12月，中国期货业协会成立，标志着中国期货行业自律组织的诞生，从而将新的自律机制引入监管体系。

经过两轮清理整顿，中国期货市场盲目无序的混乱局面得以扭转，逐步走向规范有序。至此，中国期货市场开始步入平稳较快发展的轨道。

四、稳步发展阶段（2000年至今）

进入新世纪以来，“稳步发展”成为中国期货市场的主旋律和鲜明主题。在这一新的发展阶段，期货市场的规范化程度继续提高，新的期货品种不断循序推出，期货成交量实现恢复性增长后连创新高，积累了服务产业及国民经济发展的初步经验，具备了在更高层次服务国民经济发展的能力。

中国期货市场走向法制化和规范化，构建了期货市场法规制度框架和风险防范化解机制，监管体制和法规体系不断完善。由中国证监会的行政监督管理、期货业协会的行业自律管理和期货交易所的自律管理构成的三级监管体制，对于形成和维护良好的期货市场秩序起到了积极作用。一系列相继出台的法律法规，夯实了中国期货市场的制度基础，为期货市场的健康发展提供了制度保障。

2003年5月，通过了《最高人民法院关于审理期货纠纷案件若干问题的规定》，自2003年7月1日起施行。2004年3月，中国证监会发布《期货公司治理准则》。2007年2月，国务院修订了《期货交易管理条例》，自2007年4月15日起施行。2007年3月，中国证监会重新修订和发布《期货交易所管理办法》和《期货公司管理办法》，自2007年4

① 后在1996年9月，长春联交所又被并入北京商品交易所。由此，中国的期货交易所由15家变为14家。

月15日起施行。2007年4月，《期货投资者保障基金管理暂行办法》公布，自2007年8月1日起施行。2007年7月4日，中国证监会公布并施行《期货公司董事、监事和高级管理人员任职资格管理办法》和重新修订的《期货从业人员管理办法》；2008年3月，中国证监会公布《期货公司首席风险官管理规定（试行）》，自2008年5月1日起施行。

2008年4月，中国期货业协会公布并施行《期货从业人员执业行为准则（修订）》。

另外，中国期货保证金监管中心于2006年5月成立，中国金融期货交易所于2006年9月在上海挂牌成立，并于2010年4月适时推出了沪深300指数期货。作为期货保证金安全存管机构，保证金监管中心为有效降低保证金被挪用的风险、保证期货交易资金安全，以及维护投资者利益发挥了重要作用。金融期货交易所的成立和股票指数期货的推出，对于丰富金融产品，为投资者开辟更多的投资渠道，完善资本市场体系，发展资本市场功能，以及深化金融体制改革具有重要意义。为丰富场内交易工具，郑州商品交易和大连商品交易所于2017年依次推出白糖期货期权和豆粕期货期权，开启了国内场内商品期权的新纪元。在“一带一路”国家对外开放发展战略背景下，2013年11月6日成立的上海国际能源交易中心股份有限公司于2018年3月26日正式推出原油期货，旨在通过建设完善的国际能源衍生品交易平台，为国内外能源生产、流通、消费企业及投资者提供价格发现和风险管理的工具，积极促进能源类商品的资源优化配置，促进经济发展。这些标志着中国期货市场进入了商品期货与金融期货共同发展的新阶段。

目前，中国的期货交易所共有4家，分别是上海期货交易所、大连商品交易所、郑州商品交易所和中国金融期货交易所。截至2018年7月31日，上市交易的期货及期权品种有57个（参见表9-10）。已上市的商品期货品种覆盖农产品、金属、能源和化工等诸多产业领域，形成了较为完备的商品期货品种体系。中国部分期货品种在国际市场上已经具有一定的影响力，其中在全球各类商品期货成交量排名中靠前的有：螺纹钢、锌、铜、铝（金属期货）；燃料油（能源化工期货）；白糖、天然橡胶、豆粕、豆油、棕榈油、棉花、大豆、玉米（农产品期货）等。

表9-10　　我国的期货交易所和期货、期权品种

交易所	品种
上海期货交易所	铜、铝、锌、黄金、燃料油、天然橡胶、螺纹钢、线材、铅、白银、镍、锡、热轧卷板、石油沥青、原油[①]
大连商品交易所	黄大豆1号、黄大豆2号、玉米、豆粕、豆油、棕榈油、线型低密度聚乙烯、聚氯乙烯、焦炭、纤维板、胶合板、鸡蛋、聚丙烯、 焦煤、铁矿石、豆粕期货期权
郑州商品交易所	优质强筋小麦、硬白小麦、棉花、白糖、精对苯二甲酸、菜籽油、早籼稻、甲醇、晚籼稻、粳稻、油菜籽、菜籽粕、苹果、棉纱、玻璃、动力煤、硅铁、锰硅、白糖期货期权
中国金融期货交易所	沪深300股票指数、中证500指数、上证50指数、5年期国债、10年期国债

① 2013年11月6日，上海期货交易所发起设立上海国际能源交易中心股份有限公司，中心于2018年3月26日上市原油期货。

事实证明，伴随着现代市场经济体系的逐步完善和资本市场改革发展的不断深入，经过近30年的探索发展，中国期货市场逐步进入了稳定健康发展、经济功能日益显现的良性轨道，实现了平稳较快发展，在服务国民经济和实体产业过程中发挥了日益重要的作用。市场成交量迅速增长，交易规模日益扩大，据美国期货业协会（FIA）对全球76家衍生品交易所的统计，2016年全球场内期货及期权总成交量创新高，达252.2亿手，同比增长1.7%。中国期货业协会统计资料表明，截至2016年11月底我国期货市场全年交易规模中的累计成交量为38.5亿手，全国期货市场成交量再创历史新高；在全球金属类期货、期权交易量排名中，上海期货交易所的螺纹钢期货、大连商品交易所的铁矿石期货、上海期货交易所的镍期货、白银期货、锌期货、铜期货位于全球该类前6名；大连商品交易所的豆粕期货、郑州商品交易所的菜籽粕期货位居全球农产品期货交易量排名中的前两名。

在市场成交量迅速增长、交易规模日益扩大的背后，中国期货市场还存在诸多问题。其一，期货市场发展力量不均衡、投资主体结构不尽合理、市场投机较盛。过度投机会扭曲期货价格，影响期货市场规避风险和价格发现功能。此外，对机构投资者的准入限制依然存在。其二，期货市场监管有待加强，法规体系有待进一步充实和完善，特别是现有法规需要根据市场发展状况适时修订。其三，期货品种不够丰富、品种结构不够合理。期货品种虽有增加但还不能满足不同现货市场的避险需求。其四，中国期货市场的国际化程度低，对其他国家和地区期货市场的影响力小，大部分商品期货的交易价格对国际商品定价的影响力小，在国际定价中难以形成与经济实力相匹配的话语权。总之，与国民经济发展提出的更高要求相比，期货市场仍然存在差距。中国期货市场正处于“从量的扩张向质的提升转变”的关键时期，发展中的问题要在中国期货市场继续稳步发展中解决。

由中国期货市场的发展历程可以发现：建立和发展期货市场是中国市场经济发展的客观要求；充分发挥期货市场规避风险和价格发现功能，对完善市场经济体制、改善金融市场结构、优化资源配置、服务国民经济发展、引导产业结构调整、稳定企业经营管理发挥着难以替代的重要作用。回顾历史，中国期货市场的发展坎坷曲折；审视当今，中国期货市场正逐步走向成熟；展望未来，中国期货市场必将成为与欧美市场并驾齐驱的又一个国际性期货交易中心。

本章小结

期货交易是在期货交易所内买卖标准化期货合约的交易，具有交易对象标准化、交易集中化、双向交易、实行当日无负债结算制度等特点，它是一种不同于传统现货交易的一种交易方式。

期货市场是商品经济不断发展的产物，是应市场经济的客观需求而产生的。从主要构成来看，期货市场的主要参与者有期货交易所、期货公司、期货交易者及各服务、监督管理机构。期货交易实行特殊的交易制度及规则，如保证金制度、当日无负债结算制度、强制平仓制度等，了解这些制度是全面认识期货交易的基础。总体来看，期货交易包含选择经纪商、开户、下单、竞价、结算、平仓或交割了结环节，其中交割为非必要环节。

复习思考题

一、选择题

1. 期货交易的对象是（　　）。

A. 实物商品　　B. 标准化合约

C. 股票指数　　D. 权利

2. 目前，下列哪一家期货交易所实行现金交割。（　　）

A. 上海期货交易所　　B. 大连商品交易所

C. 郑州商品交易所　　D. 中国金融期货交易所

3. 我国棕榈油期货在（　　）上市交易。

A. 上海期货交易所　　B. 大连商品交易所

C. 郑州商品交易所　　D. 中国金融期货交易所

4. 我国白糖期货在（　　）上市交易。

A. 上海期货交易所　　B. 大连商品交易所

C. 郑州商品交易所　　D. 中国金融期货交易所

5. 在我国，天然橡胶期货的交易代码是（　　）。

A. CU　　B. AU

C. FU　　D. RU

6. 下列（　　）制度实现了期货交易的杠杆效应。

A. 保证金　　B. 强行平仓

C. 当日无负债结算　　D. 大户报告

7. 在我国，下列（　　）可以开立期货账户。

A. 大学教师

B. 限制民事行为能力的自然人

C. 国家机关、事业单位

D. 中国证监会、中国期货业协会、期货交易所、期货保证金安全存管监控机构、期货公司的工作人员及其配偶

二、判断题

1. 期货交易最终只能通过实物交割了结交易。（　　）

2. 一般认为，世界上第一家真正的期货交易所产生于欧洲。（　　）

3. 期货交易所可参与期货竞价及交易。（　　）

4. 目前，我国四家期货交易所从组织形式上来说都属于会员制。（　　）

5. 大多数期货交易者都是通过交割了结其持仓。（　　）

6. 国家事业单位工作人员都不能参与期货交易。　　（　　）
7. 期货交易在我国属于舶来品。　　（　　）
8. 所有期货交易者都是由期货交易所直接结算。　　（　　）
9. 目前在我国仅有中国金融期货交易所实行现金交割。　　（　　）
10. 到目前为止，我国上市交易的期货品种共有25种。　　（　　）

三、简答题

1. 俗话说；“期货不是货”，如何理解？
2. 会员制与公司制期货交易所的主要区别是什么？
3. 请说出至少5种期货交易制度。
4. 简述期货交易程序。

第十章

期货套期保值

学习目标：

通过本章的学习，理解期货套期保值、买入卖出套期保值的含义；掌握期货套期保值的原理、原则及其应用；熟悉基差的含义及其应用。

关键概念：

期货套期保值　买入套保　卖出套保　基差　卖方叫价交易　买方叫价交易

第一节

期货套期保值概述

一、期货套期保值的概念

套期保值是指以回避现货价格风险为目的的交易行为。市场经济中，风险几乎每时每刻都存在，人们可以利用各种工具回避现货价格风险，如远期合同、期权、互换、期货等。期货是其中最常用的一种避险工具，期货套期保值就是指利用期货交易回避现货价格风险的交易行为。

具体地说，期货的套期保值是指企业通过持有与其现货市场部位（也称头寸）相反的期货合约，或将期货合约作为其现货市场未来要进行的交易的替代物，以期对冲商品价格风险、汇率风险、利率风险、股价风险等的方式。期货市场的基本经济功能之一就是其价格风险的规避机制，而要达到此目的的手段就是期套期保值交易。传统的套期保值是指生产经营者在现货市场上买进或卖出一定量的现货商品的同时，在期货市场上卖出或买进与现货品种相同，数量相当，但方向相反的期货商品（期货合约），以一个市场的盈利弥补另一个市场的亏损，达到规避价格波动风险的目的。

二、期货套期保值的原理

利用期货之所以能够规避价格风险达到套期保值效果，是因为期货市场与现货市场存在以下特点：

1. 同种商品的期货价格走势与现货价格走势一致

现货市场与期货市场虽然是两个各自独立的市场，但由于某一特定商品的期货价格和现货价格在同一市场环境内，会受到相同的经济因素的影响和制约，因而一般情况下两个市场的价格变动趋势相同，我们把这种相同的价格变动趋势称为趋同性。期货套期保值就是利用这两个市场上的价格关系，分别在期货市场和现货市场作方向相反的买卖，取得在一个市场上出现亏损的同时，在另一个市场上盈利的结果，以达到锁定生产成本或利润的目的。

2. 随期货合约到期日的临近，同种商品的现货市场与期货市场价格趋向一致

期货交易的交割制度，保证了现货市场与期货市场价格随期货合约到期日的临近，两者趋向一致，我们把这种特点称为趋合性。对于一般商品期货而言，期货交易规定合约到期时，必须进行实物交割。到交割时，如果同种商品的期货价格和现货价格不同，将会出现期现套利。例如期货价格高于现货价格，就会有套利者买入低价现货，卖出高价期货，以低价买入的现货在期货市场上高价抛出，在无风险的情况下实现盈利。这种套利交易最终使期货价格和现货价格趋向一致。

由于同种商品的期货价格与现货价格具有趋同性和趋合性，使得期货套期保值能够起到为现货交易者降低价格风险的作用，发挥期货市场在市场经济中特有的作用。

三、期货套期保值操作原则

1. 商品种类相同原则

商品种类相同原则是指在做套期保值交易时，所选择的期货商品必须和套期保值者将在现货市场中买进或卖出的现货商品在种类上相同。只有商品种类相同，期货价格和现货价格之间才有可能形成密切的关系，才能在价格走势上保持大致相同的趋势，从而在两个市场上同时或前后采取反向买卖行动才能取得效果。

在做套期保值交易时，必须遵循商品种类相同原则，否则，所做的套期保值交易不仅不能达到规避价格风险的目的，反而会增加价格波动的风险。当然，由于期货商品具有特殊性，不是所有的商品都能进入期货市场，成为期货商品。这就为套期保值交易带来一些困难。为解决这一困难，在期货交易的实践中，就推出了“交叉套期保值交易”做法。所谓交叉套期保值，就是当套期保值者为其在现货市场上将要买进或卖出的现货

商品进行套期保值时，若无相对应的该种商品的期货合约可用，就可选择另一种与该现货商品的种类不同但在价格走势互相影响且大致相同的相关商品的期货合约来做套期保值交易。一般地，选择作为替代物的期货商品最好是该现货商品的替代商品，两种商品的相互替代性越强，套期保值交易的效果就会越好。

2. 商品数量相等原则

商品数量相等原则是指在做套期保值交易时，所选用的期货合约上所载的商品的数量必须与交易者将要在现货市场上买进或卖出的商品数量相等。做套期保值交易之所以必须坚持商品数量相等的原则，是因为只有保持两个市场上买卖商品的数量相等，才能使一个市场上的盈利额与另一个市场上的亏损额相等或最接近。当然，结束套期保值时，两个市场上盈利额或亏损额的大小，还取决于当时的基差与开始做套期保值时的基差是否相等。在基差不变的情况下，两个市场上的亏损额和盈利额就取决于商品数量，只有当两个市场上买卖的数量相等时，两个市场的亏损额和盈利额才会相等，进而才能用盈利额正好弥补亏损额，达到完全规避价格风险的目的。如果两个市场上买卖的商品数量不相等，两个市场的亏损额和盈利额就不相等。

当然，由于期货合约是标准化的，每张期货合约所代表的商品数量是固定不变的，但是，交易者在现货市场上买卖的商品数量却是各种各样的，这样，就使得在做套期保值交易时，有时很难使所买卖的期货商品数量等于现货市场上买卖的现货商品数量，这就给做套期保值交易带来一定困难，并在一定程度上影响套期保值交易效果。

3. 月份相同或相近原则

月份相同或相近原则是指在做套期保值交易时，所选用的期货合约的交割月份最好与交易者将来在现货市场上实际买进或卖出现货商品的时间相同或相近。

在选用期货合约时，之所以必须遵循交割月份相同或相近原则，是因为两个市场上出现的亏损额和盈利额受两个市场上价格变动幅度的影响，只有使所选用的期货合约的交割月份和交易者决定在现货市场上实际买进或卖出现货商品的时间相同或相近，才能使期货价格和现货价格之间的联系更加紧密，增强套期保值效果。因为，随着期货合约交割期的到来，期货价格和现货价格会趋向一致。

4. 交易方向相同原则

交易方向相同原则是指在做套期保值交易时，套期保值者必须根据自己在现货市场中将来要进行的交易确定期货交易的开仓方向，即将来计划购入商品则现在应在期货市场中开仓买入该商品合约；将来计划出售某商品，则现在应在期货市场中开仓卖出该商品合约，做到方向相同，最终才可达到理想的套保效果。当然，当保值者平仓时，一定是与开仓方向相反才可以平仓，但平仓是卖出平仓还是买入平仓是由开仓方向所决定（如果开仓方向是买入，平仓定为卖出，相反则是买入）。因此，期货套期保值者在操作时最重要的是确定开仓方向，一定要遵循方向相同原则即可达到理想的保值效果。

如果违反了交易方向相同原则，所做的期货交易就不能称作套期保值交易，不仅达不到规避价格风险的目的，反而增加了价格风险，其结果是要么同时在两个市场上亏损，要么同时在两个市场上盈利。

利用期货进行套期保值交易必须同时兼顾以上所有操作原则，忽略其中任何一个都有可能影响套期保值交易的效果。

第二节

期货套期保值的应用

生产经营企业面临的价格波动的风险最终可分为两种：一种是担心未来某种商品的价格上涨；另外一种是担心未来某种商品的价格下跌。根据期货套期保值所回避的现货风险不同，交易者需进行不同的操作方向，根据期货套保的方向不同，可把期货市场套期保值分为买入套期保值和卖出套期保值。

一、买入套期保值

买入套期保值，又称为多头套期保值，是指套期保值者先在期货市场上买入与其将在现货市场上买入的现货（体现方向相同的操作原则）商品数量相等、交割日期相同或相近的该商品期货合约，即预先在期货市场上买空，持有多头头寸。

（一）适用对象及范围

买入套期保值是那些准备在未来某一时间内在现货市场上购进实物商品的生产经营者，为了日后在现货市场购进实物商品时所得到的价格仍能维持在当前合适的价格水平上常用的保值方法，这些经营者最大的担心是当他们实际买入现货商品或偿还债务时，价格上涨。买入套期保值一般可运用于如下一些领域：

（1）加工制造企业为了防止日后购进原料时价格上涨。如铝型材厂担心日后购进铝锭时价格上涨，用铜企业担心日后电解铜的价格上涨，饲料厂担心玉米、豆粕的价格上涨等等。

（2）供货方已经跟需求方签订好现货供货合同，将来交货，但供货方此时尚未购进货源，担心日后购进货源时价格上涨。如某一进出口公司 2011 年 7 月底跟外商签订了本年度 11 月底给外商提供 5 000 吨大豆，价格为 3 400 元/吨，7 月底大豆的现货价格为 3 350 元/吨，预计将有 150 元/吨的利润，但由于货款或库存方面的原因，跟外商签订合同时，尚未购进大豆，担心 11 月初到现货市场购进大豆时，大豆价格上涨，造成利润减少或亏损，此时，应进行大豆的多头套期保值。

（3）需求方认为目前现货市场的价格很合适，但由于资金不足或者仓库已满，不能立即买进现货，担心日后购进现货价格上涨。

（二）买入套期保值的操作方法

交易者先在期货市场上买入期货合约，其买入的商品品种、数量、交割月都与将来在现货市场上买入的现货大致相同，以后如果现货市场价格真的出现上涨，他虽然在现货市场上以较高的现货价格买入现货商品，但由于此时他在期货市场上卖出原来买进的期货合约进行对冲平仓而获利，这样，用对冲后的期货盈利来弥补因现货市场价格上涨所造成的损失，从而完成了买入保值交易。

【例 10－1】山西某一铝型材厂的主要原料是铝锭，2017 年 3 月铝锭的现货价格为 13 000 元/吨，该厂根据市场的供求关系变化，认为两个月后铝锭的现货价格将要上涨，为了回避两个月后购进600吨铝锭时价格上涨的风险，该厂决定进行买入套期保值。3月初以13 200元/吨的价格买入600吨5月份到期的铝锭期货合约，到5月初该厂在现货市场上买铝锭时价格已上涨至15 000元/吨，而此时期货价格亦已涨至15 200元/吨，这样，该铝型厂的经营状况如表10－1所示。

表10－1　　买入套期保值实例

时间＼市场	现货市场	期货市场
3月初	现货市场价格为13 000元/吨，但由于资金和库存的原因没有买入铝锭	以13 200元/吨的价格买进600吨5月份到期的铝锭期货合约
5月初	在现货市场上以15 000元/吨的价格买入600吨铝锭	以15 200元/吨将原来买进600吨5月份到期的合约卖出
结果	5月初买入现货比3月初多支付2 000元/吨的成本	期货对冲盈利2 000元/吨

由此可见，该铝型材厂在过了2个月后以15 000元/吨的价格购进铝锭，比先前3月初买进铝锭多支付了2 000元/吨的成本。但由于做了买期保值，在期货交易中盈利了2 000元/吨的利润，用以弥补现货市场购进时多付出的价格成本，其实际购进铝锭的价格仍然是13 000元/吨，即实物购进价15 000元/吨减去期货盈利的2 000元/吨，回避了铝锭价格上涨的风险。

假如5月初铝锭的价格不涨反跌，现货、期货都下跌了500元/吨，则铝型材厂的经营结果如表10－2所示。

表10－2　　买入套期保值实例

时间＼市场	现货市场	期货市场
3月初	铝锭现货价为13 000元/吨，但由于库存及资金原因未买入	以13 200元/吨的价格买进5月份到期的铝锭期货合约
5月初	以12 500元/吨的价格购入600吨铝锭	以12 700元/吨将3月初买进600吨5月到期合约卖掉
结果	5月初买入铝锭比3月初买入的少支付500元/吨的成本	期货对冲亏损500元/吨

由此可见，该铝型厂在2个月后买入铝锭比3月初买入少支付了500元/吨，但由于在期货市场上做了买入保值，期货市场亏损了500元/吨，因此，该铝型材厂铝锭的实际进价成本仍然为13 000元/吨，即用现货市场上少支付的500元/吨弥补了期货市场上亏损的500元/吨。实际购进价为12 500＋500＝13 000元/吨。

由【例10－1】可知，该铝型材厂通过做买入套期保值，无论未来一段时间内价格怎样涨跌，都能使铝锭的进价成本维持在原先3月初认可的13 000元/吨，该厂在成功地回避价格上涨的风险的同时，也放弃了价格下跌时获取更低的生产成本的机会。

（三）买入套期保值的利弊分析

有利之处主要有：

1. 回避价格上涨所带来的风险

如在【例10－1】中，铝型材厂通过买入保值，用期货市场上的盈利弥补了现货市场上多支付的成本，回避了价格上涨的风险；

2. 提高了企业资金的使用效率

由于期货交易是一种保证金交易，因此只用少量的资金就可以控制大批货物，加快了资金的周转速度。如在本例中，根据交易所5%的交易保证金，该铝型材厂只需运用13 200×600×5%＝3 960 000元，最多再加上5%的资金作为期货交易抗风险的资金，其余90%的资金在2个月内可加速周转，不仅降低了仓储费用，而且减少了资金占用成本。

3. 节省了库存商品的仓储费、保险费用和损耗费

企业预期未来购进的货物价格会上涨，但受资金或仓库的制约，不能提前购进，则可以通过期货市场进行该货物的买入套期保值。这样既锁定货物购进成本，达到保值目的，又避免了提前购进货物需支付的仓储费、保险费用和损耗费等，企业需花费的只是同等现货价值的10%左右的资金，因为期货市场实行保证金交易。

4. 能够促使现货合同的早日签订

如在【例10－1】中，面对铝锭价格上涨的趋势，供货方势必不会同意按照3月初的现货价格签订5月份供货合同，而是希望能够按照5月初的现货价格签约，如果买方一味坚持原先的意见，势必会造成谈判破裂。如果买方做了买入套期保值，就会很顺利地同意按照供货方的意见成交，因为如果价格真的上去了，买货方可以用期货市场的盈利弥补现货多支付的成本。

买入套期保值付出的代价是：一旦采取了套期保值策略，即失去了由于现货价格可能下跌得到的获利机会。也就是说，在回避对己不利的价格风险的同时，也放弃了因价格可能出现对己有利的价格机会，而如果不做买入套期保值，反而能够获取更大的利润。比如在上例中，如果铝锭价格下跌，该铝型材厂做买入套期保值反而再现亏损，拿现货市场少支付的成本来弥补期货市场的亏损，同时，必须支付交易成本，主要是佣金和银行利息。

二、卖出套期保值

卖出套期保值是指套期保值者先在期货市场上卖出与其将要在现货市场上卖出的现货商品数量相等，交割日期也相同或相近的该种商品的期货合约，然后，当该套期保值者在现货市场上实际卖出该种现货商品的同时或前后，又在期货市场上进行对冲、买进与原先所卖出相同的期货合约，结束所做的套期保值交易，进而实现为其在现货市场上卖出现货保值。因其在期货市场上首先建立空头的交易部位，故又称为空头保值或卖空保值。

（一）适用对象与范围

卖出套期保值是那些准备在未来某一时间内在现货市场上售出实物商品的生产经营者，为了日后在现货市场售出实际商品时所得到的价格仍能维持在当前合适的价格水平上常用的保值方法，这些经营者最大的担心就是当他们实际在现货市场上卖出现货商品时价格下跌，为此应当采取卖期保值方式来保护其日后售出实物的收益。卖期保值的目的是为了回避日后因价格下跌而带来的亏损风险。具体说来，卖期保值主要用在下面几种情况中：

（1）直接生产商品期货实物的生产厂家、农场、工厂等手头有库存产品尚未销售或即将生产、收获某种商品期货实物，担心日后出售时价格下跌。

（2）加工制造企业担心库存原料价格下跌。

（3）储运商、贸易商手头有库存现货尚未出售或储运商、贸易商已签定将来以特定价格买进某一商品但尚未转售出去，担心日后出售时价格下跌。

（二）卖出套期保值的操作方法

交易者先在期货市场上卖出期货合约，其卖出的品种、数量、交割月份都与将来在现货市场卖出的现货大致相同，如果以后现货市场价格真的出现下跌，他虽然在现货市场上以较低的价格卖出手中的现货商品，但是他在期货市场上买入原来卖出的期货合约进行对冲平仓，用对冲后的盈利弥补因现货市场出售现货所发生亏损，从而实现保值的目的。

【例 10－2】山西某一农垦公司主要种植大豆，2016 年 9 月初因中国饲料工业的发展而对大豆的需求大增，同时 9 月初因大豆正处在青黄不接的需求旺季导致了现货价格一直在 3 300 元/吨左右的价位上波动，此时 2017 年 1 月份到期的期货合约的价格也在 3 400 元/吨的价格徘徊。该农垦公司经过充分的市场调查，认为 2016 年底或 2017 年初，大豆市场因价格一直过高而导致种植面积增加，同时大豆产区天气状况良好将使本年度的大豆产量剧增，预计日后的大豆价格将要下跌，为了回避日后大豆现货价格下跌的风险，该农垦公司决定为其即将收获的 50 000 吨新豆进行保值，于 2016 年 9 月初在大连商品交易所卖出 50 000 吨 2017 年 1 月份到期的大豆期货合约，价格为 3 400 元/吨。到了 2016 年底 2017 年初大豆现货价格果然下跌，该农垦公司 50 000 吨大豆平均起来现货价格只能卖 2 700 元/吨左右，但此时 2017 年 1 月期的大豆期货合约也跌至 2 800 元/吨，期货跟现货大豆都下跌了 600 元/吨，该农垦公司的经营状况如表 10－3 所示。

表 10－3　　卖出套期保值实例

时间＼市场	现货市场	期货市场
2016 年 9 月初	大豆的价格为 3 300 元/吨，但此时新豆还未收获	卖出 2017 年 1 月份到期的大豆合约 50 000 吨价格为 3 400 元/吨
2017 年 1 月初	卖出收获不久的大豆，平均价格为 2 700 元/吨	买进 50 000 吨 2017 年 1 月份到期的大豆期货合约 2 800 元/吨，对冲原先卖出的大豆期货合约
结果	2017 年 1 月初比 2016 年 9 月底平均少卖 600 元/吨	期货对冲盈利 600 元/吨

由此可见，农垦公司利用期货市场进行卖期保值，用期货市场上盈利的600元/吨弥补了现货市场价格下跌而损失的600元/吨，成功地实现了原先制订的3 300元/吨的销售计划，即用现货市场上平均卖出的价格2 700元/吨加上期货市场盈利的600元/吨。

假设2016年底2017年初大豆的价格不跌反涨，平均起来，现货跟期货的价格都上涨了200元/吨，则该农垦公司的经营状况如表10－4所示。

表10－4　　卖出套期保值实例

市场/时间	现货市场	期货市场
2016年9月初	大豆的价格为3 300元/吨但由于新豆此时还未收获不能卖出	卖出2017年1月份到期的大豆合约50 000吨价格为3 400元/吨
2017年1月初	卖出大豆的平均价格为3 500元/吨	买进50 000吨2017年1月份到期的大豆期货合约，对冲原先卖出的大豆期货合约
结果	2017年1月初比2016年9月初每吨平均多卖200元/吨	期货对冲亏损200元/吨

由此可见，2017年1月初农垦公司虽然在期货市场上每吨亏损200元，但现货市场上卖出的价格比9月底卖出的价格要高200元/吨，其实际的销售价仍然是3 300元/吨，即现货市场上平均卖出的价格3 500元/吨减去期货市场亏损的200元/吨的价格。

（三）卖出套期保值的利弊分析

卖出保值对套期保值者的有利之处主要有：

1. 回避未来现货价格下跌的风险

如在上例中，该农垦公司成功地回避了大豆现货价格下跌的风险。

2. 有利于现货合约的顺利签订

企业由于做了卖出保值，就不必担心对方要求以日后交货时的现货价为成交价，这是因为在价格下跌的市场趋势中，企业由于做了卖出保值，就可以用期货市场的盈利来弥补现货价格下跌所造成的损失。反之，如果价格上涨，企业趁机在现货市场上卖个好价钱，尽管期货市场上出现了亏损但该企业还是实现了自己的销售计划。

3. 有利于企业经营计划的实现

卖出保值可以使保值者能够按照原先的经营计划，强化管理、认真组织货源，顺利地完成销售计划，如上例中，农垦公司将其销售计划订在3 300元/吨。

卖出保值所付出的代价是：保值者失去了日后价格可能上涨获得更高的利润的机会，如本例中如果现货市场价格上涨，同时不参与期货保值，该企业将获得3 500元/吨的销价，但如果做了卖出套期保值，该企业必须减去期货市场损失的200元/吨，另外，必须支付交易费用和损失一部分的银行利息。

三、不直接进行实物交割的原因

我们分析了买入和卖出套期保值案例后，许多人心里一定有这样的疑问：为什么风险回避者一定要进行期货合约的平仓，而不是直接进行实物交割呢？

从理论上讲，农场主在收获粮食前，已在期货市场上卖出期货，等到收获后，可以再按期货市场交割程序办理交割手续。但事实上，在期货市场上仅有1%～3%的合约办理实物交割，绝大多数套期保值者都是以平仓了结其头寸的，原因如下：

（一）交割期与现货交易时间不匹配

对每一种商品，期货市场的交割期是非常有限的，如许多农产品通常设定交割期为3月、6月、9月、11月等月份，而套期保值者买卖现货的时间未必就正好在其交割期。

（二）期货市场上实物交割的程序和手续较复杂、缺乏灵活性

与现货交收相比，期货实物交割的程序、手续费复杂而且还要缴纳交割费用。以我国为例，一般来说，实物交割必不可少的环节包括：交易所对交割月份持仓合约进行交割配对。第二，买卖双方通过交易所进行标准仓单与货款交换。买方通过其会员期货公司、交易所将货款交给卖方，而卖方则通过其会员期货公司、交易所将标准仓单交付给买方。第三，增值税发票流转。交割卖方给对应的买方开具增值税发票，客户开具的增值税发票由双方会员转交、领取并协助核实，交易所负责监督。

鉴于以上原因，期货套期保值者仅在平仓可能导致更大损失、通过实物交割有一定盈利时进行实物交割，不过，发生此类情况的概率很小，因此，在期货市场上仅有极少合约进行实物交割。

第三节

基差交易

根据趋合性原理，在期货合约临近交割期时，期货价格与现货价格应趋于一致，在理论上二者之差为0。但现代套期保值理论认为，对于商品期货而言，现实交易中趋于0概率非常小，一般情况下二者之间都有一定的差距。这种差距我们把它叫做基差，基差在期货交易中是一个非常重要的概念，交易者可以通过观察基差的变化，选择有利时机进行套期保值，套期保值者把现货价格风险转化为较小的基差风险。

一、基差的含义

基差是某一特定地点某种商品的现货价格与同种商品的某一特定期货合约价格间的价差。其公式为：基差＝现货价格－期货价格。由于同种商品具有不由的月份合约，即在同一时刻有不同的期货价格，如2016年8月10日10点20分20秒，玉米期货合约及此刻现货价格及对应基差如表10－5所示。

表 10 - 5　　玉米的基差　　单位：元/吨

玉米期货合约	玉米期货价格	玉米现货价格	基差
c1509	2 309	2 480	171
c1511	2 357		123
c1601	2 323		157
c1603	2 327		153
c1605	2 388		92
c1607	2 490		-10

通过上表，我们可以看出，即使是同一种商品在同一时刻，也有不同的基差。因此，套保者在计算基差时，选取跟自己所做合约一致的期货价格即可。例如，某农场主卖出开仓 2016 年 5 月份玉米合约，此时其基差为 92 元/吨。另外，由于现货所处的地点不同有不同的现货价格，也会导致不同的基差。

二、基差与市场

从公式及上表，我们可以看出基差从结果上来说可正可负，甚至出现 0，那这些数值又代表怎样的意义，对市场有怎样的解释呢？

（一）基差为负

基差为负，即期货价格大于该商品的现货价格，或同种商品的远期合约价格大于近期合约价格。我们把基差为负的市场状态称为正向市场（Normal Market），或者说此时市场是正常的。

正向市场主要反映了持仓费。持仓费与期货价格、现货价格之间的关系可通过下面的例子来说明：假定某企业在未来 5 个月后需要某种商品，它可以有两种选择，一是立即买入 5 个月后交割的该商品的期货合约，一直持有并在合约到期时交割；二是立即买入该种商品的现货，将其储存 5 个月后使用。买入期货合约本身除要缴纳保证金而产生资金占用成本外，不需要更多的成本。而买入现货意味着必须支付从购入商品到使用商品期间的仓储费、保险费以及资金占用的利息成本。因此，在市场供求关系正常的情况下，期货合约的买入者必须付出高于购买现货的价格，以弥补持有现货付出的高成本。所以，持仓费指为拥有或保留某种商品而支付的仓储费、保险费和利息等费用总和。从理论上讲，期货价格 = 现货价格 + 持仓费。

因此，在正向市场中，期货价格高出现货价格的部分与持仓费的高低有关，一般来说，距离交割的期限越近，持有商品的成本就越低，期货价格高出现货价格的部分就越少。当交割月到来时，持仓费将降至零，期货价格和现货价格将趋同。

（二）基差为正

当现货价格高于期货价格或者近期期货合约大于远期期货合约时，这种市场状态称为反向市场，或者逆转市场（Inverted Market）、现货溢价（Backwardation），或者称为市场倒置、不正常。此时基差为正值。

反向市场的出现主要有两个原因：一是近期对某种商品或资产需求非常迫切，即市场出现供不应求，需求远大于近期产量及库存量，使现货价格大幅度增加，高于期货价格；二是预计将来该商品的供给会大幅度增加，导致期货价格大幅度下降，低于现货价格。反向市场的价格关系并非意味着现货持有者没有持仓费的支出，只不过在反向市场上，由于市场对现货及近期月份合约需求迫切，购买者愿意承担全部持仓费来持有现货。在反向市场上，随着时间的推进，现货价格与期货价格如同在正向市场上一样，会逐步趋同，到交割期趋向一致。

三、基差的变动

我们常用“强”（Strength）或“弱”（Weakness）来评价基差的变化。如表10－6所示。

表10－6　　大豆期货合约基差变动

市场 时间	现货市场	期货市场	基差
2016年9月初	大豆的价格为3 300元/吨	卖出2017年1月份到期的大豆合约50 000吨价格为3 400元/吨	－100元/吨
2017年1月初	卖出大豆的平均价格为3 000元/吨	买进50 000吨2017年1月份到期的大豆期货合约3 200元/吨，对冲原先卖出的大豆期货合约	－200元/吨
结果	2017年1月初比2010年9月初每吨平均少卖300元/吨	盈利200元/吨	

本表中，基差由－100元/吨变化为－200元/吨，我们称基差走弱，也叫做基差变小；如果从－200元/吨变化为－100元/吨，我们称基差走强，又叫做基差变大。我们通过一数轴作为判断基差变大变小、走强走弱的依据，如图10－1所示。

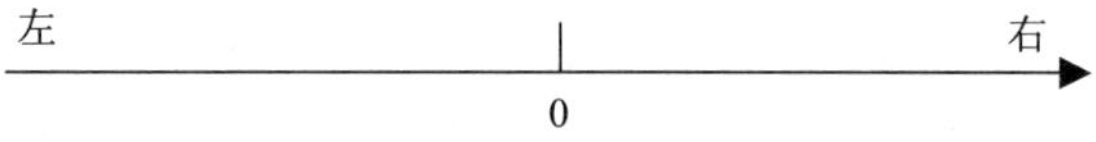

图10－1

只要基差是由“左”到“右”，就可判断为基差走强或变大；反之，基差走弱或变小，这与数学中数（包含正数、零、负数）的大小判断方法是一致的。

四、基差变动与套保效果

为了简单起见，对前面的例子稍作修改，分析基差变动与买入、卖出套保效果之间的关系。

（一）基差变动与买入套保

1. 基差不变

用我们熟悉的【例10－1】来分析基差不变时买入套保的保值效果。山西某一铝型材厂的主要原料是铝锭，2017年3月铝锭的现货价格为12 900元/吨，该厂根据市场的供求关系变化，认为两个月后铝锭的现货价格将要上涨，为了回避两个月后购进600吨铝锭时价格上涨的风险，该厂决定进行买入套期保值。3月初以13 200元/吨的价格买入600吨5月份到期的铝锭期货合约，到5月初该厂在现货市场上买铝锭时价格已上涨至15 000元/吨，而此时期货价格亦已涨至15 200元/吨，这样，该铝型厂的经营状况如表10－7所示。

表10－7　　　　买入套期保值分析

市场 / 时间	现货市场	期货市场	基差
3月初	现货市场价格为13 000元/吨，但由于资金和库存的原因没有买入铝锭	以13 200元/吨的价格买进600吨5月份到期的铝锭期货合约	－200元/吨
5月初	在现货市场上以15 000元/吨的价格买入600吨铝锭	以15 200元/吨将原来买进600吨5月份到期的合约卖掉	－200元/吨
结果	5月初买入现货比3月初多支付2 000元/吨的成本	期货对冲盈利2 000元/吨	不变
两个市场盈亏相抵，达到完全套保效果			

2. 基差走强（变大）

根据上例，对数字稍作变化：把5月初的平仓价由“15 200元/吨”改为“15 100元/吨”，分析如表10－8所示。

表10－8　　　　买入套期保值分析

市场 / 时间	现货市场	期货市场	基差
3月初	现货市场价格为13 000元/吨，但由于资金和库存的原因没有买入铝锭	以13 200元/吨的价格买进600吨5月份到期的铝锭期货合约	－200元/吨
5月初	在现货市场上以15 000元/吨的价格买入600吨铝锭	以15 100元/吨将原来买进600吨5月份到期的合约卖掉	－100元/吨
结果	5月初买入现货比3月初多支付2 000元/吨的成本	期货盈利1 900元/吨	走强
不完全保值，只能弥补一部分损失，还有一部分损失无法得到弥补			

3. 基差走弱

仍把数字稍作变换：把把5月初的平仓价由“15 200元/吨”改为“15 300元/吨”，分析如表10－9所示。

表 10－9　　买入套期保值分析

时间＼市场	现货市场	期货市场	基差
3 月初	现货市场价格为 13 000 元/吨，但由于资金和库存的原因没有买入铝锭	以 13 200 元/吨的价格买进 600 吨 5 月份到期的铝锭期货合约	－200 元/吨
5 月初	在现货市场上以 15 000 元/吨的价格买入 600 吨铝锭	以 15 300 元/吨将原来买进 600 吨 5 月份到期的合约卖掉	－300 元/吨
结果	5 月初买入现货比 3 月初多支付 2 000 元/吨的成本	期货盈利 2 100 元/吨	走弱
不仅能完全弥补损失，还有一部分盈余			

当然，我们还可以任意变换数字去分析基差变动对买入套期保值效果的影响，但得到的结论都是完全一致的，结论如表 10－10 所示。

表 10－10　　基差变动与买入套期保值效果关系

基差不变	完全套期保值，两个市场盈亏刚好完全相抵
基差走强	不完全套期保值，两个市场盈亏相抵后存在净亏损
基差走弱	两个市场盈亏相抵后存在净盈利

（二）基差变动与卖出套保

1. 基差不变

用【例 10－2】分析基差与卖出套保之间的关系。山西某一农垦公司主要种植大豆，2016 年 9 月初因中国饲料工业的发展而对大豆的需求大增，同时 9 月初因大豆正处在青黄不接的需求旺季导致了现货价格一直在 3 300 元/吨左右的价位上波动，此时 2017 年 1 月份到期的期货合约的价格也在 3 400 元/吨的价格徘徊。该农垦公司经过充分的市场调查，认为 2016 年底或 2017 年初，大豆市场因价格一直过高而导致种植面积增加，同时大豆产区天气状况良好将使本年度的大豆产量剧增，预计日后的大豆价格将要下跌，为了回避日后大豆现货价格下跌的风险，该农垦公司决定为其即将收获的 50 000吨新豆进行保值，于 2016 年 9 月初在大连商品交易所卖出 50 000 吨 2017 年 1 月份到期的大豆期货合约，价格为 3 400 元/吨。到了 2016 年底 2017 年初大豆现货价格果然下跌，该农垦公司 50 000 吨大豆平均起来现货价格只能卖 2 700 元/吨左右，但此时 2011 年 1 月期的大豆期货合约也跌至 2 800 元/吨，期货跟现货大豆都下跌了 600 元/吨，该农垦公司的经营状况如表 10－11 所示。

表 10－11　　卖出套期保值分析

时间＼市场	现货市场	期货市场	基差
2016 年 9 月初	大豆的价格为 3 300 元/吨	卖出 2017 年 1 月份到期的大豆合约价格为 3 400 元/吨	－100 元/吨

续表

时间＼市场	现货市场	期货市场	基差
2017 年 1 月初	卖出平均价格为 2 700 元/吨	买进 2017 年 1 月份到期的大豆期货合约 2 800 元/吨	-100 元/吨
结果	现货亏损 600 元/吨	期货对冲盈利 600 元/吨	基差不变
两个市场盈亏相抵，达到完全套保效果			

2. 基差走强（变大）

根据【例 10-2】，对数字稍作变化：把 2017 年 1 月初的平仓价由“2 800 元/吨”改为“2 700 元/吨”，分析如表 10-12 所示。

表 10-12　　卖出套期保值分析

时间＼市场	现货市场	期货市场	基差
2016 年 9 月初	大豆的价格为 3 300 元/吨	卖出 2017 年 1 月份到期的大豆合约价格为 3 400 元/吨	-100 元/吨
2017 年 1 月初	卖出平均价格为 2 700 元/吨	买进 2017 年 1 月份到期的大豆期货合约 2 700 元/吨	0 元/吨
结果	现货亏损 600 元/吨	期货对冲盈利 700 元/吨	基差变大
不仅能完全弥补损失，还有一部分盈余			

3. 基差走弱（变小）

根据【例 10-2】，对数字稍作变化：把 2017 年 1 月初的平仓价由“2 800 元/吨”改为“2 900 元/吨”，分析如表 10-13 所示。

表 10-13　　卖出套期保值分析

时间＼市场	现货市场	期货市场	基差
2016 年 9 月初	大豆的价格为 3 300 元/吨	卖出 2017 年 1 月份到期的大豆合约价格为 3 400 元/吨	-100 元/吨
2017 年 1 月初	卖出平均价格为 2 700 元/吨	买进 2017 年 1 月份到期的大豆期货合约 2 900 元/吨	-200 元/吨
结果	现货亏损 600 元/吨	期货对冲盈利 500 元/吨	基差变小
不完全保值，只能弥补一部分损失，还有一部分损失无法得到弥补			

同样，我们可以任意变换数字去分析基差变动对买入套期保值效果的影响，但得到的结论都是完全一致的，结论如表 10-14 所示。

表 10－14　　基差变动与卖出套期保值效果关系

基差不变	完全套期保值，两个市场盈亏刚好完全相抵
基差走强	两个市场盈亏相抵后存在净盈利
基差走弱	不完全套期保值，两个市场盈亏相抵后存在净亏损

通过以上分析，我们可以得出基差变动与套期保值效果关系，如表 10－15 所示。

表 10－15　　基差变动与套期保值效果关系

	基差变化	套期保值效果
卖出套期保值	基差不变	完全套期保值，两个市场盈亏刚好完全相抵
	基差走强	不仅能完全弥补损失，还有一部分盈余
	基差走弱	不完全套期保值，两个市场盈亏相抵后存在净亏损
买入套期保值	基差不变	完全套期保值，两个市场盈亏刚好完全相抵
	基差走强	不完全套期保值，两个市场盈亏相抵后存在净亏损
	基差走弱	不仅能完全弥补损失，还有一部分盈余

五、基差交易

从基差变动与套保效果的关系可知，套保者只需对基差的变化进行关注与预期，并根据自己的套保方向就能得知套保的效果。但是，不论对农产品还是金属矿产品、金融资产，影响其基差变化的因素非常多，因此，套保者要对基差的变化进行准确的判断是很困难的。针对这一问题，期货交易经过不断地发展，出现了一种新的交易方式——基差交易。

（一）基差交易含义

基差交易是指以期货价格为准，在此基础上加或减买卖双方协商的基差来确定现货商品价格的一种交易方式。

公式表示为：现货价格＝期货价格＋确定的基差

不论是买入套期保值者还是卖出套期保值者，一建仓就产生了一个原始的基差，而基差的变化将影响保值者的套保效果，如果确定了一个未来的基差，就意味着套保者提前确定了将来的收入，基差交易就实现了这一目的。

（二）应用

1. 卖方叫价基差交易

【例 10－3】 2017 年 8 月 1 日，大豆的价格为 4 200 元/吨，有一大豆加工商于 4 个月后需 100 吨大豆，为了防止 4 个月后大豆价格上涨增加成本，于是现在在期货市场买入 a1 201 号大豆合约 100 吨，成交价为 4 150 元/吨。同时，这一加工商在以后的月份关注大豆价格并寻找合适的卖主。于 11 月中旬，有一农场主他分析市场后，认为大豆的价格以后还会涨，他与加工商协商以高于 2018 年 1 月份到期合约价格 10 元/吨的价格作为现货交易价格，并由农场主确定在 2017 年 12 月 1 日到 31 日内，以大连商品交易所交易时间内的任何一天 2018 年 1 月份到期期货合约价格为基准期货价格。12 月 19 日，大连商品交易所 2018 年 1 月份到期大豆合约价格涨到 4 250 元/吨，农场主对这个价格比较满意，决定以此价格为基准价计算现货买卖价格。因此，该加工商实际买入的大豆价为：4 250 + 10 = 4 260 元/吨，同时，在期货市场以 4 250 元/吨价格平仓了结其头寸。具体分析如表 10 – 16 所示。

表 10 – 16　　卖方叫价基差交易

市场 时间	现货市场	期货市场	基差
2017 年 8 月	大豆的价格为 4 200 元/吨	买入 2018 年 1 月份到期的大豆合约价格为 4 150元/吨	50 元/吨
2017 年 11 月	约定以高于 2018 年 1 月份到期合约价格 10 元/吨的价格作为现货交易价格，并由农场主确定在 2017 年 12 月 1 日到 31 日内，以大连商品交易所交易时间内的任何一天 2018 年 1 月份到期期货合约价格为基准期货价格。即确定了未来平仓时的基差：10 元/吨		
2017 年 12 月	买入价格为 4 260 元/吨	卖出大豆期货合约 4 250 元/吨	10 元/吨
结果	亏损 60 元/吨	盈利 100 元/吨	基差变小
不仅能完全弥补损失，还有一部分盈余			

在本例中，是由农场主确定交易时间及期货基准价格的，我们把这种在基差交易中，由现货卖出确定交易时间的交易方式叫做卖方叫价交易。

2. 买方叫价交易

与【例 10 – 3】相对应的例子是在卖出套保时，保值者也可提前确定了平仓时的基差。根据基差变动与套期保值效果关系可知，但基差走弱时，卖出套保可盈利，因此，卖出套保者在基差交易中，只要提前与现货买方确定了平仓时的基差，并且基差小于开仓时的基差即可达到盈利目的。在基差交易中，如有由现货买方确定交易时间，我们把这种交易方式称为买方叫价交易。

通过以上分析可知，卖出套保者一般与买方叫价交易配合，买入套期保值与卖方叫价配合。

本章小结

本章通过对期货套期保值的学习，了解了套期保值的概念及其应用；理解了期货套期保值的原理及其操作原则；通过引入基差的概念使交易者通过对基差的变动对期货套期保值结果进行判断与预测；为了得到更好的套保效果，在总结了基差变动与套保关系的基础上进行基差交易，进一步延伸和丰富了套期保值的含义。

复习思考题

一、选择题

1. 下列属于避险工具的是（　　）。

A. 期货　　B. 期权
C. 远期合同　　D. 互换

2. 如果现货交易者将来在现货市场买入大豆，此时，它可将在期货市场（　　）大豆合约。

A. 买入　　B. 卖出
C. 买入和卖出　　D. 交割

3. 下列属于基差走强的有（　　）。

A. -6 元/吨变为 -8 元/吨　　B. 80 元/吨变为 -80 元/吨
C. 30 元/吨变为 50 元/吨　　D. 0 元/吨变为 -30 元/吨

4. 基数为正且数值增大，属于（　　）。

A. 反向市场基差走弱　　B. 正向市场基差走弱
C. 正向市场基差走强　　D. 反向市场基差走强

二、判断题

1. 买入套期保值可回避现货价格下跌的风险。（　　）
2. 买入套期保值的代价为：可能会失去现货价格下跌带来的成本降低的好处。（　　）
3. 卖出套期保值者在期货市场上的平仓方向是卖出合约。（　　）
4. 对同一商品而言，在同一时刻同一地点仅存在一种基差。（　　）
5. 基差不可能为 0。（　　）
6. 反向市场不存在持仓费。（　　）

三、简答题

1. 期货套期保值者不进行实物交割的原因是什么？
2. 反向市场出现的原因是什么？
3. 简述基差变动与套期保值的关系。
4. 举例卖方叫价交易的操作过程。

第十一章

期货投机及套利

学习目标：

通过本章的学习，了解期货投机的含义；理解期货套利的原理与操作原则；掌握期货投机方法及期货套利各种策略的熟练运用。

关键概念：

期货投机　期货套利　金字塔式买入卖出　跨期套利　跨市套利　跨品种套利

第一节

期货投机的原理及方法

一、期货投机概述

（一）含义

期货交易者依照其交易目的不同可分为两类，即套期保值者和投机者（包括套利者）。期货投机是指在期货市场上以获取价差收益为目的的期货交易行为。期货投机是期货市场的一种重要交易形式，同时也是交易者的一种投资手段。这种投资手段不同于一般意义上的投资行为，也不同于套期保值行为，它具有特定的运作方式和表现形式。

（二）与套期保值的区别

1. 交易目的不同

从交易目的来看，期货投机交易以较少资金作高速运转，以获取较大利润为目的，不希望占用过多资金或支付较大费用；而套期保值交易通常是在进行现货交易的同时，做相关合约的期货交易，其目的是利用期货市场为现货市场规避风险。

2. 交易对象不同

从交易对象来看，期货投机交易主要以期货市场为对象，利用期货合约的价格频繁波动进行买空卖空的交易活动。投机者一般不做现货交易，几乎不进行实物交割；而套期保值交易则是以现货和期货两个市场为对象。

3. 交易过程不同

从交易过程来看，投机交易主要是利用期货市场中的价格波动进行买空卖空，从而获得价差收益；套期保值交易则是利用期货市场中的价格波动，使现货市场与期货市场紧密结合，以期达到两个市场的盈利与亏损基本平衡。

4. 交易风险不同

从交易风险来看，投机交易是以投机者自愿承担价格波动风险为前提进行期货投机交易，风险的大小与投机者收益的多少有着直接、内在的联系，投机者通常为了获得较高的收益，在交易时要承担很大的风险；而套期保值者则是价格风险转移者，其交易目的就是为了转移或规避市场价格风险，因此风险很小或几乎没有。

（三）期货投机交易活动的积极作用

期货投机交易活动在期货市场的整个交易活动中起着积极的作用，发挥着特有的经济功能。首先，期货投机在期货市场中扮演着承担风险并提供风险资金的角色，投机者的存在提高了市场的流动性、实现了套期保值的顺利进行；其次，为了获得期货投机收益，投机者利用各种手段收集整理有关商品价格变动的信息，分析市场行情，并在交易所内进行公开竞价，使得价格趋于合理，起到期货市场价格发现的功能。

总之，投机者在期货交易中发挥着至关重要的作用，不仅提高市场流动性，而且重要的是，投机者能吸收套期保值者厌恶的风险，成为价格风险承担者。所以，要正确认识期货市场运行机制及其经济功能，必须正确认识和理解期货投机。

二、期货投机方法

期货投机交易的一般方法是：

（一）买低卖高或卖高买低

只要认为后市价格上涨就可买进，待价格上升到一定价位后再卖出平仓；认为后市价格下跌就可卖出，待价格下跌到一定价位后再买进平仓，这是最基本的投机方法。

（二）平均买低和平均卖高策略

如果建仓后市场行情与预料的相反，可以采取平均买低或平均卖高的策略。在买入合约后，如果价格下降则进一步买入合约，以求降低平均买入价，一旦价格反弹可在较低价格上卖出止亏盈利，这称为平均买低。在卖出合约后，如果价格上升则进一步卖出合约，以提高平均卖出价格，一旦价格回落可以在较高价格上买入止亏盈利，这就是平均卖高。

【例 11－1】某投机者预测 5 月份大豆期货合约价格将上升，故买入 1 手（10 吨）大豆期货合约，成交价格为 3 015 元/吨。可此后价格不升反降，下降到 3 005 元/吨。为了补救，该投机者再次买入 1 手合约，成交后 2 手合约平均买入价为 3 010 元/吨，低于第一次入市的成交价。如果此后市价反弹，只要升到 3 010 元/吨，卖出 2 手合约便可止亏（如果不计算手续费和其他费用）。如果在价格下跌到 3 005 元/吨时没有买入第二手合约，只有当市价反弹到 3 015 元/吨时才可以避免损失。

投机者在采取平均买低或平均卖高的策略时，必须以对市场大势的看法不变为前提。在预计价格将上升时，价格可以下跌，但最终仍会上升。在预测价格即将下跌时，价格可以上升，但必须是短期的，最终仍要下跌。否则这种做法只会增加损失。如在该例中，买入第二手合约后价格仍在下跌，跌到 2 995 元/吨，则 2 手合约损失 20 ×（3 010 － 2 995）＝300 元。如果不采取这种平均买低策略，只损失 10 ×（3 015 － 2 995）＝200 元。正因为如此，有的投资专家主张，为了保险只有在头笔交易已经获利的情况下才能增加持仓。

（三）金字塔式买入卖出

如果建仓后市场行情与预料相同并已经使投机者获利，可以增加持仓。增仓应遵循以下两个原则：

（1）只有在现有持仓已经盈利的情况下，才能增仓。

（2）持仓的增加应渐次递减。

【例 11－2】某投机者预测 5 月份大豆期货合约价格将上升，故买入 5 手（10 吨/手），成交价格为 3 015 元/吨，此后合约价格迅速上升到 3 025 元/吨，首次买入的 5 手合约已经为他带来虚盈 10 ×5 ×（3 025 －3 015）＝500 元。为了进一步利用该价位的有利变动，该投机者再次买入 4 手 5 月份合约，持仓总数增加到 9 手，9 手合约的平均买入价为（3 015 ×50 ＋3 025 ×40）/90 ＝3 019.4 元/吨。当市场价格再次上升到 3 030 元/吨时，又买入 3 手合约，持仓总计 12 手，所持仓的平均价格为 3 022 元/吨。当市价上升到 3 040 元/吨再买入 2 手，所持有合约总数为 14 手，平均买入价为 3 024.6 元/吨。当市价上升到 3 050 元/吨再买入 1 手，所持有合约总数为 15 手，平均买入价为 3 026.3元/吨。详见图 11 －1 所示：

价格（元/吨）	持仓数（手）	平均价（元/吨）
3 050	0	3 026.3
3 040	0　0	3 024.6
3 030	0　0　0	3 022
3 025	0　0　0　0	3 019.4
3 015	0　0　0　0　0	3 015

图 11－1　金字塔式买入

这是金字塔式的持仓方式和建仓策略。上例中，采取金字塔式买入合约时持仓的平均价虽然有所上升，但升幅远小于合约市场价格的升幅，市场价格回落时，持仓不至于受到严重威胁，投机者可以有充足的时间卖出合约并取得相当的利润。例如，如果市场价格上升到3 050元/吨后开始回落，跌到3 035元/吨，该价格仍然高于平均价3 026.3元/吨，立即卖出15手合约仍可获利（3 035－3 026.3）×15×10＝3 305元。

金字塔式卖出的做法可以照此类推。

（四）止损指令的灵活运用

止损指令又叫停损指令或STOP指令，是指当市场价格达到客户预计的价格水平时即变为市价指令予以执行的一种指令。客户利用止损指令可以有效地锁定利润、减少损失，它是实现限制损失、滚动利润原则的有力工具。通过例子来看止损指令的应用：

【例11－3】某投机者决定做玉米期货合约的投机交易，以2 440元/吨买入1手合约。成交后立即下达一份止损单，价格定于2 420元/吨。此后市价下跌，可以将损失限制到每吨20元左右。若价格上升，该指令自动失效。在价格上升到2 460元/吨时，投机者决定下达一份新的到价止损指令，价格定于2 450元/吨。若市价回落可以保证获得10元/吨左右的利润。若市价继续上升，则该指令作废，上升到2 480元/吨，再下达一份止损指令，价格定于2 470元/吨。即使价格下跌也可保证30元/吨的利润。如果价格继续上升，第三份指令自动失效。

同样，如果投机者做空头交易，卖出合约后可以下达买入合约的止损指令，并在市场行情有利时不断调整指令价格，下达新的指令，可以达到限制损失滚动利润的目的。可见，止损指令是期货投机中广泛运用的一种工具和方法。

第二节

期货套利的种类和方法

一、期货套利概述

（一）含义

套利，也叫价差交易，它是利用两种或多种商品或资产的价差进行买卖赚取利润的行为。期货套利是指在买入或卖出某种期货合约的同时，卖出或买入相关的另一种合约，并在某个时间同时将两种合约平仓的交易方式。期货套利是利用不同（可以是时间不同，也可以是地区不同或品种不同）市场之间的不合理期货价格差异来谋取低风险利润的一种交易方式。在进行套利时，交易者注意的是合约之间的相互价格关系，而不是绝对价格水平。在操作上与投机有本质的区别。

（二）期货套利与投机的区别

1. 买卖操作不同

套利者的操作既是横向双向操作又是纵向双向操作，而期货投机者仅是纵向双向操作。

【例11－4】一投机者预测5月份到期的玉米合约要涨，他可以买入开仓，等价格涨了再平仓卖出，完成一次纵向双向操作。又如，8月份一套利者发现9月份到期的玉米合约和11月份到期的玉米合约价格之差（11月期货价格－9月期货价格）与往年比较偏高，即得出11月份的玉米期货价格相对9月份的玉米价格偏高、9月份玉米期货价格相对于11月的价格偏低，此套利者会开仓买入9月份玉米合约，同时开仓卖出11月份玉米合约（此操作实现了横向双向操作）；等二者价差恢复正常了，套利者再次平仓卖出9月份合约，同时平仓买入11月份合约（整个过程实现了纵向双向操作）。

2. 关注的价格不同

套利者只关心期货合约的相对价格，而投机者关心的是绝对价格。

从上面的例子可以看出，投机者预测玉米合约价格涨，这种涨除了与自己的价格比较外是没有其他参照物的，因此这种价格可以称为绝对价格。

而套利交易就不一样了，从【例11-4】中可以发现，套利者进行套利并没有预测出11月份合约或9月份合约各自的价格是涨还是跌，只是发现以9月份价格为参照物的话，11月份价格偏高，同样的比较发现9月份期货价格偏低，这种偏低或偏高，很明显都是一种相对价格。打个类比理解绝对水平与相对水平的意义，假设一名10岁小男孩的标准身高是1.40m，6岁小男孩的标准身高是1.15m，二者的标准差额应为0.25m；小明今年刚好10岁，身高达1.50m，他的弟弟小亮今年6岁，身高到1.30m，与标准身高比较，兄弟俩的绝对身高都偏高；而兄弟俩的身高差额为0.20m，与标准差额比较此差额偏低，即小明的身高偏低、小亮的身高偏高。可以看出，1.50m与1.40m相比、1.30m与1.15m相比就是绝对水平偏高，1.50m与1.30m比较的就是相对差额，套利者更关心后者。

3. 操作原则不同

套利者的操作原则是：开仓买入的永远是价格偏低的，卖出的永远是价格偏高的；而投机者开仓是买入还是卖出合约主要是看对于单个合约走势的预测了。

从【例11-4】玉米合约的例子中可以看出，套利者根据差额判断出9月份合约偏低、11月份合约偏高，因此要开仓买入9月份合约、开仓卖出11月份合约；如果价差偏低，则开仓方向相反。投机者则不需要这样判断，仅根据预测结果来决定买卖方向了。

二、价差的判断与计算

期货套利时，主要是利用价差判断是否进行套利、买入卖出哪一合约，因此，掌握价差的计算方法及判断价差的大小非常重要。

（一）价差的计算方法

计算价差时，用建仓时价格较高的一“边”减去价格较低的一“边”。例如，某套利者买入8月份铝期货合约的同时卖出10月份的铝期货合约，价格分别为16 730元/吨和16 830元/吨，因为10月份价格高于8月份价格，因此价差为：16 830-16 730，即100元/吨。为了保持计算上的一致性，平仓时的价差也要用建仓时价格较高合约的平仓价格减去建仓时价格较低合约的平仓价格。例如，在前面的例子中，套利者建仓之后，8月份铝期货价格上涨至16 910元/吨，10月份涨至16 900元/吨，如果套利者按照此价格同时将两个合约对冲了结该套利交易，则在平仓时的价差仍应该用10月份的价格减去8月份的价格，即为-10元/吨，而不能用8月份的减去10月份的。

（二）价差的扩大与缩小

由于套利交易是利用相关期货合约间不合理的价差来进行的，价差能否在套利建仓之后“回归”正常或朝着预测的方向变化，会直接影响到套利的结果。当套利者认为目前某两个相关期货合约的价差过大时，即他预期将来价差将会缩小；当套利者认为目前某两个相关期货合约的价差过小时，即他预期将来价差将会扩大。如果平仓时价差大于建仓时价差，则说明价差是扩大的；如果平仓时价差小于建仓时价差，则说明价差是缩小的。通过下面的例子来加以说明。

【例 11－5】 某套利者在 2017 年 8 月 1 日买入 9 月份焦炭期货合约的同时卖出 11 月份焦炭期货合约，价格分别为 2 220 元/吨和 2 320 元/吨，到了 8 月 15 日，9 月份和 11 月份焦炭期货价格分别变为 2 390 元/吨和 2 380 元/吨，价差变化为：

8 月 1 日建仓时的价差：2 320－2 220＝100（元/吨）

8 月 15 日的价差：2 380－2 390＝－10（元/吨）

由此可以判断出该套利交易的价差由 100 元/吨变为－10 元/吨，价差为缩小，值为 110 元/吨。

三、期货套利的种类

根据套利的方法不同，可将期货套利分为跨期套利、跨市套利和跨品种套利。

（一）跨期套利

1. 含义

跨期套利是指在同一市场（即同一交易所）同时买入、卖出同种商品不同交割月份的期货合约，以期在有利时机同时将这两个交割月份不同的合约对冲平仓获利。

2. 原理

跨期套利的原理是：同一市场、同一品种不同月份合约之间有一定的合理价差①，如果目前合约价差偏离其合理价差则可进行跨期套利，等价差趋向合理再对各合约平仓，从而获得利润。

在交易所上市交易的每种期货合约都有两个以上的交割月份，其中一些离现货月份较近，称为近期月份合约；另一些离现货月份较远，称为远期月份合约。无论是近期合约还是远期合约，由于持仓费的存在，期货价格与现货价格都不一致，但随着各自交割月的临近与现货价格的差异都会逐渐减少，直至一致。也正是由于持仓费的存在，近期合约价格和远期合约价格存在一定的差距。套利者可以根据远、近期月份合约价之间的差异，结合具体的市场行情及对市况发展趋势的分析预测，判断不同交割月份合约价差是否正常。如果不正常，无论价差过大还是过小，交易者都可以相机采取行动进行跨期套利：根据套利原则，买入价格偏低的、卖出价格偏高的合约进行套利，待价格关系恢复正常时同时对冲了结，获取投机利润。

3. 应用

跨期套利时，根据对绝对价格高的合约的建仓方向不同，可将跨期套利分为买进套利和卖出套利。

---

① 合理价差主要考虑的因素是不同月份间的持仓费，在实践中可通过考查历史数据判断目前价。

（1）买进套利。如果套利者预期不同交割月的期货合约的价差将扩大，建仓买入其中价格较高的合约同时卖出价格较低的合约，我们称这种套利为买进套利（Buy Spread）。如果价差变动方向与套利者的预期相同，则套利者就会通过平仓两份合约而获利。

【例11－6】某套利者以2 230元/吨卖出8月份焦炭期货，同时以2 240元/吨买入12月份焦炭。假设经过一段时间之后，8月份价格变为2 235元/吨，同时12月份价格变为2 250元/吨，此时，该套利者同时将两合约对冲平仓。该操作方法就属于买进套利。其套利结果如下：8月份的焦炭期货合约：亏损＝2 235－2 230＝5元/吨，12月份的焦炭期货合约：盈利＝2 250－2 240＝10元/吨，套利结果＝－5＋10＝5元/吨，即该套利可以获取净盈利5元/吨。也可从价差的变化：由建仓时的10元/吨扩大为平仓时的15元/吨得出盈利5元/吨。如果预期错误，即价差缩小时买入套利将亏损。

（2）卖出套利。如果套利者预期不同交割月的期货合约的价差将缩小，可通过建仓卖出其中价格较高的合约同时买入价格较低的合约来进行套利，我们称这种套利为卖出套利。

【例11－7】某套利者以2 340元/吨卖出8月份焦炭期货，同时以2 331元/吨买入12月份焦炭期货。假设经过一段时间之后，焦炭期货8月份价格变为2 355元/吨，同时12月份价格变为2 350元/吨时，该套利者同时将两合约对冲平仓。这种操作行为就属于卖出套利。套利结果如下：8月份的焦炭期货合约：亏损＝2 355－2 340＝15元/吨，12月份的焦炭期货合约：盈利＝2 350－2 331＝19元/吨，套利结果＝－15＋19＝4元/吨，即该套利可以获取净盈利4元/吨。也可从价差的变化：由建仓时的9元/吨缩小为平仓时的5元/吨得出盈利4元/吨。如果价差预期错误，即价差扩大时卖出套利将亏损。

（二）跨市套利

跨市套利是指在某个交易所买入（或卖出）某一交割月份的某种商品合约同时，在另一个交易所卖出（或买入）同一交割月份的同种商品合约，以期在有利时机分别在两个交易所对冲在手的合约获利。如，可以利用大连商品交易所和芝加哥期货交易所的玉米期货进行跨市场套利。之所以可以利用不同市场对同一交割月份的同一种商品进行套利，是由于地点、商品品级等差异使不同市场的同一交割月份同种商品合约存在一定的差价，如果市场中出现不合理价差，套利者可利用不合理价差进行期货套利。跨市套利的操作原则与跨期套利一样：开仓买入的永远是价格偏低的、卖出的永远是价格偏高的。跨市套利是否获利，关键是交易者对价差变化的预测是否准确。

（三）跨商品套利

跨商品套利是指利用两种不同的、但相互关联的商品之间的期货合约价格差异进行套利，即买入某一交割月份某种商品的期货合约，同时卖出另一相同交割月份、相互关联的商品期货合约，以期在有利时机同时将这两种合约对冲平仓获利。跨商品套利可分为两种情况：一是替代商品间的套利，如小麦和玉米、有色金属之间的套利；二是原料与成品间的套利，典型的是大豆、豆油和豆粕之间的套利。跨商品套利的操作原则与跨期、跨市套利一样，关键需要交易者准确把握各合约间的合理价差及对未来价差的预测。

本章小结

通过本章对期货投机和套利的学习，学生掌握了期货投机和套利的概念，理解了期货投机和套利存在着许多不同：如套利者的操作既是横向双向操作又是纵向双向操作，而期货投机者仅是纵向双向操作；套利者只关心期货合约的相对价格，而投机者关心的却是绝对价格；套利者的操作原则是：开仓买入的永远是价格偏低的、卖出的永远是价格偏高的；而投机者开仓是买入还是卖出合约主要是看对于单个合约走势的预测了。在理解套利操作原则的基础上，学生掌握了期货套利的各种策略：跨期、跨品种、跨市套利，为今后期货实务奠定坚实的基础。

复习思考题

一、选择题

1. 期货投机的方法有（　　）。

A. 买低卖高或卖高买低　　B. 平均买低和平均卖高策略

C. 金字塔式买入卖出　　D. 止损指令的灵活运用

2. 投机与套期保值的区别有（　　）。

A. 交易目的不同　　B. 交易对象不同

C. 交易过程不同　　D. 交易风险不同

3. 下列关于期货投机说法正确的是（　　）。

A. 是指在期货市场上以获取价差收益为目的的期货交易行为

B. 等同于一般意义上的投资行为

C. 等同于套期保值行为

D. 以现货和期货两个市场为对象

4. 某投机者预测6月份大豆期货合约会下跌，于是他以2 565元/吨的价格卖出3手大豆6月合约。等候合约价格下跌到2 530元/吨，他又以此价格卖出2手6月大豆合约。之后价格继续下跌至2 500元/吨，他再以此价格卖出1手6月大豆合约。若后来价格上涨到了2 545元/吨，该投机者将持有头寸全部平仓，则该笔投资的盈亏状况为（　　）。

A. 亏损150元　　B. 盈利150元

C. 亏损50元　　D. 盈利50元

5. 期货交易者依照其交易目的不同可分为（　　）。

A. 套期保值者　　B. 投机者

C. 套利者　　D. 以上都不是

6. 根据套利的方法不同，可将期货套利分为（　　）。

A. 跨期套利　　B. 跨市套利

C. 跨品种套利　　D. 期现套利

7. 期货套利与投机的区别（　　）。

A. 套利者的操作既是横向双向操作又是纵向双向操作，而期货投机者仅是纵向双向操作

B. 套利者只关心期货合约的相对价格，而投机者关心的却是绝对价格

C. 套利者的操作原则是：开仓买入的永远是价格偏低的、卖出的永远是价格偏高的；而投机者开仓是买入还是卖出合约主要是看对于单个合约走势的预测了

D. 套利交易的风险小于投机

8. 由于（　　）的存在，期货价格与现货价格不一致。

A. 佣金　　B. 手续费

C. 持仓费　　D. 供求

9. 某套利者在2017年8月1日买入9月份焦炭期货合约的同时卖出11月份焦炭期货合约，价格分别为2 220元/吨和2 320元/吨，到了8月15日，9月份和11月份焦炭期货价格分别变为2 350元/吨和2 380元/吨，价差变化为：（　　）

A. 扩大　　B. 缩小

C. 不变　　D. 以上都不对

10. 7月1日，某投资者以7 210美元/吨的价格买入10月份铜期货合约，同时以7 100美元/吨的价格卖出12月铜期货合约。到了9月1日，该投资者同时以7 350美元/吨的价格分别将10月和12月合约同时平仓。该投资者的盈亏状况为（　　）。

A. 亏损100美元/吨　　B. 盈利100美元/吨

C. 亏损50美元/吨　　D. 盈利50美元/吨

二、判断题

1. 期货投机在期货市场中扮演着承担风险并提供风险资金的角色，投机者的存在提高了市场的流动性、实现了套期保值的顺利进行。（　　）

2. 投机者抑制了市场流动性。（　　）

3. 投机者不能吸收套期保值者厌恶的风险，成为价格风险承担者。（　　）

4. 投机交易是以现货和期货两个市场为交易对象。（　　）

5. 从交易目的来看，期货投机交易以较少资金作高速运转，以获取较大利润为目的，不希望占用过多资金或支付较大费用；而套期保值交易通常是在进行现货交易的同时，做相关合约的期货交易，其目的是利用期货市场为现货市场规避风险。（　　）

6. 投机者一般不做现货交易，几乎不进行实物交割。（　　）

7. 套期保值交易主要以期货市场为对象，利用期货合约的价格频繁波动进行买空卖空的交易活动。（　　）

8. 在买入合约后，如果价格上涨则进一步买入合约，以求降低平均买入价，一旦价格反弹可在较低价格上卖出止亏盈利，这称为平均买低。（　　）

9. 金字塔式买入卖出进行增仓时可在不盈利的情况下增仓。（　　）

10. 客户利用止损指令可以有效地锁定利润、减少损失，它是实现限制损失、滚动利润原则的有力工具。（　　）

11. 套利，也叫价差交易，它是利用两种或多种商品或资产的价差进行买卖赚取利

润的行为。期货套利是指在买入或卖出某种期货合约的同时，卖出或买入相关的另一种合约，并在某个时间同时将两种合约平仓的交易方式。（　　）

12. 在进行套利时，交易者注意的是合约之间的绝对价格关系，而不是相对价格水平。（　　）

13. 套利者的操作原则是开仓买入的永远是价格偏低的、卖出的永远是价格偏高的。（　　）

14. 计算价差时，用建仓时价格较低的一“边”减去价格较高的一“边”。（　　）

15. 如果套利者预期不同交割月的期货合约的价差将扩大，建仓买入其中价格较高的合约同时卖出价格较低的合约，我们称这种套利为卖出套利。（　　）

16. 跨商品套利可分为两种情况：一是替代商品间的套利；二是原料与成品间的套利。（　　）

17. 套利者关键要把握各合约间的合理价差及对未来价差的预测。（　　）

18. 跨市套利的操作原则与跨期套利不一样。（　　）

19. 各个市场中的相同期货合约的价格是一样的。（　　）

20. 跨期套利时，根据对绝对价格高的合约的建仓方向不同，可将跨期套利分为买进套利和卖出套利。（　　）

三、简答题

1. 简述期货投机与套期保值的关系。
2. 简述止损指令的运用。
3. 期货套利与投机的区别。
4. 期货套利的操作原则。

第十二章

证券投资基本分析

学习目标：

通过本章的学习，了解基本分析的含义、内容与优缺点；掌握宏观分析、行业分析、公司分析所包含的因素及其对证券市场的影响机制；具备能够结合当前基本面信息进行投资分析的能力。

关键概念：

基本分析　宏观经济分析　行业分析　公司分析

第一节 证券投资基本分析概述

一、基本分析的含义

基本分析理论是以证券的内在价值及其与市场评价的偏差为研究对象的理论，具体而言是根据经济学、金融学、财务管理学及投资学的基本原理，通过对决定证券价值的基本因素如宏观经济周期、经济政策、行业发展状况、产品市场状况、公司销售和财务状况等的分析，评估证券的内在价值，从而进行投资决策的理论。

基本分析的理论基础是稳固基础理论，该理论认为，股票具有内在价值，它是股票价格稳固的特点①。股票的内在价值等于该股票未来股息收入的现值。1934 年，本杰明·格雷厄姆和大卫·多德合著的《证券分析》一书对稳固基础理论进行了全面阐述，认为股票中有反映其发行主体经营业绩的内在价值，价格是不能脱离价值的，所以证券分析家必须仔细研究有关发行主体的财务数据及其他资料，发现股票的内在价值。《证券分析》一书被看作是价值投资理论的奠基之作，被誉为价值投资学派的“圣经”，该书的出版使投资者得以对市场上的各种证券采用逻辑系统的方法进行估值。

基本分析的理论基础在于：①任何一种投资对象都有一种可以称之为“内在价值”的固定基准，且这种内在价值可以通过对该种投资对象的现状和未来前景的分析而获得。②市场价格和内在价值之间的差距最终会被市场所纠正，因此市场价格低于（或高于）内在价值之日，便是买卖机会到来之时。基本分析理论体现了以价值分析理论为基础、以统计方法和现值计算方法为主要分析手段的基本特征，它的两个假设为：股票的内在价值决定其价格，股票价格围绕价值上下波动。

二、基本分析的内容

基本分析理论认为，股票作为虚拟资本，其内在价值是由公司价值决定的。公司价值的估算需要在公司未来业绩预测的基础上，将预期现金流进行折现，即将公司未来的收入按照一定市场利率转化为现值，除以总股本即是股票的内在价值。因此，分析股票的内在价值有必要对影响公司未来价值的全部因素加以分析，这些因素被称之为基本因素，即基本分析的内容。基本因素可概括为三个层次，即宏观因素、中观（行业和区域）因素、微观（公司）因素，具体包括宏观经济状况、宏观经济政策、宏观经济周期、行业状况及其前景、公司财务、经营能力、管理能力等。

（一）宏观因素分析

主要指对可能影响证券市场价格的政治、经济、文化、法律等因素进行分析，通过宏观因素分析，可以了解证券市场的整体态势，有助于投资者选择最佳的“入市”和“退市”时机。

（二）中观因素分析

行业分析是介于经济分析与公司分析之间的中观层次的分析，因为任何一个公司都属于一个行业，行业分析通常包括产业分析与区域分析两个方面，前者主要分析产业所属的不同市场类型，所处的不同生命周期以及产业的业绩对于证券价格的影响；后者主要分析区域经济因素对证券价格的影响。

（三）微观（公司）因素分析

公司（或者企业）分析是基础分析的重点，无论什么样的分析报告，最终都要落脚在某个公司证券价格的走势上。如果没有对发行证券的公司状况进行全面的分析，就不可能正确地预测其证券的价格走势。公司分析主要包括以下三个方面的内容——公司

---

① 稳固基础理论的鼻祖当推马克思，马克思在《资本论》中把证券价格的决定因素归纳为预期收益的大小及其可靠程度和利息率两方面。奥地利经济学家希尔法登在其《金融资本论》中继承了马克思的观点，指出股票虚拟资本的价值是用将来每股的股息收入除以市场利率得出，这种方式被称为资本还原或资本化。

基本素质分析、公司财务报表分析和投资价值评估以及相应投资风险的分析。

基本分析的三部分内容是紧密相关的：宏观分析解决的是什么时候“入市”和“退市”的问题，即什么时候买（或卖）股票时机最佳；行业分析解决的是买（或卖）哪类股票的问题；公司分析解决的是买（或卖）哪只股票的问题。

三、基本分析所运用的学科理论

证券投资基本分析的学科理论基础主要来自于4个方面：①经济学，包括宏观经济学和微观经济学两个方面。经济学所揭示的各经济主体、各经济变量之间的关系原理为探索经济变量与证券价格之间的关系提供了理论基础。②财政金融学。财政金融学所揭示的财政政策指标、货币政策指标之间的关系原理为探索财政政策和货币政策与证券价格之间的关系提供了理论基础。③财务管理学。财务管理学所揭示的企业财务指标之间的关系原理为探索企业财务指标与证券价格之间的关系提供了理论基础。④投资学，投资学所揭示的投资价值、投资风险、投资回报率等的关系原理为探索这些因素对证券价格的作用提供了理论基础。

四、基本分析的特点及适用范围

基本分析方法的特点有：①以经济因素对证券价格的影响特点为依据来预测价格变化趋势，侧重研究股价变化的原因。②对价格长期走向有较好的预测功能，但因不能给出具体涨跌幅的提示，所以对短线操作缺乏实际效用。③在一个以投资为主而不是过分投机的市场中，基本分析的功效十分突出。④侧重于证券内在价值的分析和证券价格基本走势的分析，判断出证券内在价值和投资获利空间的大小。

从以上基本分析的论述中可以看出，基本分析主要适用于在相对成熟的证券市场中的理性投资和长期投资，适用于预测精确度要求不高的领域，对短线投资者的指导作用比较弱，预测的精确度相对较低。人们在证券投资分析中越来越重视证券投资的基本分析，通过基本分析可以了解宏观经济状况及其对证券市场的影响、行业的生命周期和发展前景、公司发展环境和财务变动状况等，进而为证券投资决策提供参考依据。

第二节

宏观分析

宏观分析是对影响整个证券市场的各种外部因素进行分析，找出影响整个证券市场走势的因素，以指导证券投资决策。宏观分析的内容主要包括分析宏观经济、政治、法律和社会文化等因素对证券市场的影响，其中宏观经济的走向决定了证券市场的长期趋势，因此有必要对经济周期、财政政策、货币政策和一些重要的宏观经济运行变量给予关注。

一、宏观经济因素分析

（一）经济周期变动对证券市场的影响

经济周期，也称商业周期、商业循环、景气循环，它是指经济运行中周期性出现的经济扩张与经济紧缩交替更迭、循环往复的一种现象，是国民总产出、总收入和总就业的波动，是市场经济发展的必然结果。

经济周期包括衰退、萧条、复苏和繁荣四个阶段，一般说来，在经济衰退时期，证券价格会逐渐下跌；到危机时期，证券价格跌至最低点；而经济复苏开始时，证券价格又会逐步上升；到繁荣时，证券价格则上涨至最高点。这种变动的具体原因是，当经济开始衰退之后，企业的产品滞销，利润相应减少，促使企业减少产量，从而导致股息、红利也随之不断减少，持股的股东因证券收益不佳而纷纷抛售，使证券价格下跌。当经济衰退已经达到经济萧条时，整个经济生活处于瘫痪状况，大量的企业倒闭，证券持有者由于对形势持悲观态度而纷纷卖出手中的证券，从而使整个股市价格大跌，市场处于萧条和混乱之中。经济周期经过最低谷之后又出现缓慢复苏的势头，随着经济结构的调整，商品开始有一定的销售量，企业又能开始给股东分发一些股息红利，股东慢慢觉得持股有利可图，于是纷纷购买，使证券价格缓缓回升；当经济由复苏达到繁荣阶段时，企业的商品生产能力与产量大增，商品销售状况良好，企业开始大量盈利，股息、红利相应增多，证券价格上涨至最高点。

经济周期影响证券价格变动，但两者的变动周期又不是完全同步的。通常的情况是，不管在经济周期的哪一阶段，证券价格变动总是比实际的经济周期变动要领先一步。即在衰退以前，证券价格已开始下跌，而在复苏之前，证券价格已经回升；经济周期未步入高峰阶段时，证券价格已经见顶；经济仍处于衰退期间，股市已开始从谷底回升。这是因为股市证券价格的涨落包含着投资者对经济走势变动的预期和投资者的心理反应等因素。

根据经济循环周期来进行股票投资的策略选择是：衰退期的投资策略以保本为主，投资者在此阶段多采取持有现金（储蓄存款）和短期存款证券等形式，避免衰退期的投资损失，以待经济复苏时再适时进入股市；而在经济繁荣期，大部分产业及公司经营状况改善和盈利增加时，即使是不懂股市分析而盲目跟进的散户，往往也能从股票投资中赚钱。

（二）经济指标对证券市场的影响

1. 国内生产总值 GDP

国内生产总值（简称 GDP）是指在一定时期内（一个季度或一年），一个国家或地区的经济中所生产出的全部最终产品和劳务的价值，常被公认为衡量国家经济状况的最佳指标。它不但可反映一个国家的经济表现，更可以反映一国的国力与财富。通常而言，持续、稳定、快速的 GDP 增长，上市公司将有较好业绩；如果 GDP 增长缓慢甚至负增长，大多数上市公司的盈利状况也难以有好的表现。但不能简单地认为 GDP 增长，证券市场就必将伴之以上升的走势，实际走势有时恰恰相反。我们必须将 GDP 与经济形势结合起来进行考察，下面对几种情况进行阐述。

（1）持续、稳定、高速的 GDP 增长。在这种情况下，社会总需求与总供给协调增长，经济结构逐步合理，趋于平衡，经济增长来源于需求刺激并使得闲置的或利用率不高的资源得以更充分利用，从而表明经济发展的势头良好。

①伴随总体经济成长，上市公司利润持续上升，股息不断增长，企业经营环境不断改善，产销两旺，投资风险也越来越小，从而公司的股票和债券全面得到升值，促使价格上扬。

②人们对经济形势形成了良好的预期，投资积极性得以提高，从而增加了对证券的需求，促使证券价格上涨。

③随着 GDP 的持续增长，国民收入和个人收入都不断得到提高，收入增加也将增加证券投资的需求，从而导致证券价格上涨。

（2）高通胀下的 GDP 增长。当经济处于严重失衡下的高速增长时，总需求大大超过总供给，这将表现为高的通货膨胀率。这是经济形势恶化的征兆，如不采取调控措施，必将导致未来的滞胀（通货膨胀与经济停滞并存）。此时经济中的各种矛盾会突出地表现出来，企业经营将面临困境，居民实际收入也将降低，失衡的经济增长必将导致证券市场行情下跌。

（3）宏观调控下的 GDP 减速增长。当 GDP 是失衡的高速增长时，政府可能采取宏观调控措施以维持经济的稳定增长，这样必将减缓 GDP 的增长速度。如果调控目标得以顺利实施，GDP 仍以适当的速度增长而未导致 GDP 的负增长或低增长，说明宏观调控措施十分有效，经济矛盾逐步得以缓解，并为进一步增长创造了有利条件。这时证券市场亦将反映这种好的形势而呈平稳渐升的态势。

（4）转折性的 GDP 变动。如果 GDP 一定时期以来呈负增长，当负增长速度逐渐减缓并呈现正增长转变的趋势时，表明恶化的经济环境逐步得到改善，证券市场走势也将由下跌转为上升。

当 GDP 由低速增长转向高速增长时，表明低速增长中，经济结构得到调整，经济的瓶颈制约得以改善，新一轮经济高速增长已经来临，证券市场亦将伴之以快速上涨之势。

2. 通货膨胀

（1）通货膨胀的含义。通货膨胀是指在纸币流通条件下，因货币供给大于货币实际需求，即现实购买力大于产出供给，导致货币贬值，而引起的一段时间内物价持续而普遍地上涨现象。其实质是社会总需求大于社会总供给。

（2）通货膨胀对股票市场的影响。不同程度的通货膨胀对股票市场的影响有所差异：

①温和的通货膨胀，即商品价格出现缓慢上涨，幅度不是太大，且物价上涨率大于借贷利率的上涨率。这时，公司库存商品的价格上升，由于产品价格上涨的幅度高于借贷成本的上涨幅度，于是公司利润会上升，股票价格也会因此而上升。

②严重的通货膨胀，即商品价格上涨幅度过大，股票价格没有相应上升，反而可能下降。这是因为，物价上涨引起公司生产成本上升，而上升的成本又无法通过商品销售而完全转嫁出去，从而使公司的利润降低，股票价格也随之降低。

③恶性的通货膨胀，即物价持续上涨，通货膨胀率很高，股票投资者保值意识增强，投资者从股市中抽出资金，转而投向动产或不动产，如房地产、贵重金属等保值强

的物品上，带来证券需求量降低，因而使股票价格下跌。

3. 货币供应量

货币供应量，是指一国在某一时期内为社会经济运转服务的货币存量，它由包括中央银行在内的金融机构供应的存款货币和现金货币两部分构成。

货币供应量与股票价格一般呈正比关系，即货币供给量增大使股票价格上升；反之，货币供给量缩小则使证券价格下降，但在特殊情况下又有相反的趋势。货币供给量对股票价格的正比关系，有三种表现：

（1）货币供给量增加，一方面可以支持生产扶持物价，阻止利润下降；另一方面对证券的需求增加，成为股票价格止跌回升的重要因素。

（2）货币供给量增加引起社会商品的价格上涨，股份公司的销售相应增加，使得以货币数量表现的股利（即证券的名义收益）有一定幅度的上升，证券需求增加，股票价格也相应增加。

（3）货币供给量的递增引起通货膨胀，通货膨胀带来的往往是虚假的市场繁荣，最终出现企业利润上升的假象，保值意识使人们倾向于将货币投向贵重金属、不动产和各类证券，股票需求量也会增加，从而使股票价格相应提高。

由上述可见，货币供给量的增减，是影响股票价格的重要原因之一，货币供给量增加，扩大的社会购买力就会投资于股票上，从而把股票价格抬高。反之，如果货币供给量减少，社会购买力降低，投资就会减少，失业率就会增加，股票价格也必定会受不利影响。但是，应当注意的是，当由于货币供应量持续增加导致通货膨胀到一定程度，通货膨胀率甚至超过了两位数，将会推动利率上升，而利率上升将会导致股票价格下跌。

4. 利息率

证券市场对于中央银行的利率政策十分敏感，利率的影响主要表现在两个方面：第一，利率是资金借贷成本的反映，利率上升，公司的借贷成本增加，对经营业绩通常会有负面影响。第二，在评估上市公司价值时，经常使用的一种方法是采用利率作为折现因子对其未来现金流进行折现，利率上升，未来现金流现值下降，证券价格也会发生下跌。

利率的升降与股票价格的变化呈上述反向运动主要有三个原因：

（1）利率的上升，不仅会增加公司的借款成本，而且还会使公司难以获得必需的资金，这样，公司就不得不削减生产规模，而生产规模的缩小又势必会减少公司的未来利润，股票价格就会下降；反之，股票价格就会上涨。

（2）利率上升时，投资者据以评估股票价值所在的折现率也会上升，股票价值因此会下降，从而也会使股票价格相应下降；反之，利率下降时，股票价格就会上升。

（3）利率上升时，一部分资金从投向股市转向到银行储蓄和购买债券，从而会减少市场上的股票需求，使股票价格出现下跌。反之，利率下降时，储蓄的获利能力降低，一部分资金就可能回到股市中来，从而扩大对股票的需求，使股票价格上涨。

上述利率与股票价格运动呈反向变化是一般情况，我们也不能将此绝对化。在股市发展的历史上，也有一些相对特殊的情形。当形势看好，股票行情暴涨的时候，利率的调整对股票价格的控制作用就不会很大。同样，当股市处于暴跌的时候，即使出现利率下降的调整政策，也可能会使股票价格回升乏力。美国在 1978 年就曾出现过利率和股票价格同时上升的情形。当时出现这种异常现象主要有两个原因：一是许多金融机构对美国政府当时维持美元在世界上的地位和控制通货膨胀的能力没有信心，流入的套利资金增加；二是当时股票价格已经下降到极低点，远远偏离了股票的实际价格，从而使大量的外国资金流向了美国股市，引起了股票价格上涨。我国 2006 年 4 月 28 日到 2007 年 12 月 20 日多次上调利率，最初股票市场仍然保持了上涨的势头，出现了利率与股票价格同方向变动的情况，但经过多次上调利率的累积效应后，2007 年 10 月股指终于开始下跌，改变了运行的方向。2008 年 9 月 16 日到 2008 年 12 月 22 日连续 5 次下调利率，最初股价仍保持下跌势头，但经过利率多次下调的累积效应后，股票价格开始上涨。2006 年 ~2015 年我国央行调整利率后股市表现见表 12 - 1 所示。这说明，短期股价由于种种原因可能与利率同向变动，但从长期来看，利率与股票价格运动呈反向变化是常态，因此，投资者就应该密切关注利率的升降，并对利率的走向进行必要的预测，以便在利率变动之前，抢先一步就对股票买卖进行决策。对利率的升降走向进行预测，在我国应侧重注意以下几个因素的变化情况：

（1）贷款利率的变化情况。由于贷款的资金是由银行存款来供应的，因此，根据贷款利率的下调可以推测出存款利率可能会出现下降。

（2）市场的景气动向。如果市场过旺，物价上涨，国家就有可能采取措施来提高利率水准，以吸引居民存款的方式来减轻市场压力。相反的，如果市场疲软，国家就有可能以降低利率水准的方法来推动市场。

（3）资金市场的银根松紧状况和国际金融市场的利率水准。国际金融市场的利率水准往往也能影响到国内利率水准的升降和股市行情的涨跌。在一个开放的市场体系中是没有国界的，如果海外利率水准低，一方面对国内的利率水准产生影响，另一方面，也会引致海外资金进入国内股市，拉动股票价格上扬。反之，如果海外的利率水准上升，则会发生与上述相反的情形。

表 12 - 1　　2006 年 ~2015 年我国央行调整利率后股市表现一览

次数	公布调整时间	调整内容	公布第二交易日股市表现（沪指）
1	2006 年 4 月 28 日	金融机构贷款利率上调 0.27%，到 5.85%	五一节后首个交易日沪指涨 1.66%
2	2006 年 8 月 19 日	一年期存、贷款基准利率均上调 0.27%	8 月 21 日 涨 0.20%
3	2007 年 3 月 18 日	上调金融机构人民币存贷款基准利率 0.27%	3 月 19 日 涨 2.87%
4	2007 年 5 月 19 日	一年期存款基准利率上调 0.27 个百分点；一年期贷款基准利率上调 0.18 个百分点	5 月 21 日 涨 1.04%
5	2007 年 7 月 21 日	上调金融机构人民币存贷款基准利率 0.27 个百分点	7 月 23 日 涨 3.81%
6	2007 年 8 月 22 日	一年期存款基准利率上调 0.27 个百分点；一年期贷款基准利率上调 0.18 个百分点	8 月 23 日 涨 1.49%

续表

次数	公布调整时间	调整内容	公布第二交易日股市表现（沪指）
7	2007年9月15日	一年期存款基准利率上调0.27个百分点； 一年期贷款基准利率上调0.27个百分点	9月17日 涨2.06%
8	2007年12月21日	一年期存款基准利率上0.27个百分点； 一年期贷款基准利率上调0.18个百分点	12月22日 涨1.15%
9	2008年9月15日	一年期贷款基准利率下调0.27个百分点	9月17日 跌2.90%
10	2008年10月9日	一年期存贷款基准利率下调0.27个百分点	10月10日沪指跌3.57%
11	2008年10月30日	一年期存贷款基准利率下调0.27个百分点	10月31日沪指涨2.55%
12	2008年11月26日	一年期存贷款基准利率下调1.08个百分点	11月27日沪指涨1.05%
13	2008年12月22日	一年期存贷款基准利率下调0.27个百分点	12月23日沪指跌4.55%
14	2010年10月19日	一年期存贷款基准利率上调0.25个百分点	10月20日沪指涨0.07%
15	2012年6月7日	一年期存贷款基准利率下调0.25个百分点	6月8日沪指跌0.51 %
16	2012年7月6日	一年期寸款基准利率下调0.25个百分点 一年期贷款基准利率下调0.31个百分点	7月7日沪指跌2.37%
17	2014年11月22日	一年期存款基准利率下调0.25个百分点 一年期贷款基准利率下调0.40个百分点	11月23日沪指涨1.85%
18	2015年3月1日	一年期存贷款基准利率下调0.25个百分点	3月2日沪指涨0.79%
19	2015年5月11日	一年期存贷款基准利率下调0.25个百分点	5月12日沪指涨1.56%
20	2015年6月28日	一年期存贷款基准利率下调0.25个百分点	6月29日沪指跌3.34%
21	2015年8月26日	一年期存贷款基准利率下调0.25个百分点	8月27日沪指涨5.34%
22	2015年10月24日	一年期存贷款基准利率下调0.25个百分点	10月25日沪指涨0.50%

5. 汇率

汇率属国际金融的范畴，它对股票价格影响的机制极其复杂，通常是国际政治经济角力的结果。外汇行情与股票价格有密切的联系，一般来说，如果一国的货币是实行升值的基本方针，股票价格便会上涨，一旦其货币贬值，股票价格即随之下跌。

汇率对股票市场的影响主要表现在两个方面：

（1）资金方面。国际资金总是偏好流向币值有升值潜力的地区，过去我国台湾与日本股市都曾在货币升值的背景下造就资金面推动股市的大行情。我国在2005年汇率制度改革后人民币快速升值过程中也吸引国际资金的流入为A股带来较多的流动性。此外，国际资金的流动还与升值预期水平有关，预期的提升会吸引更多的海外资金进入中国，为金融系统带来充足的流动性，但具体是留在银行系统还是进入股市或债市还是不确定的，期间结构性的流动有可能会加剧股票市场的振荡。

（2）板块方面。汇率的波动给相关行业带来投资机会但最直接的是对进出口贸易的影响。本国货币升值受益的多半是进口业，亦即依赖海外供给原料的企业；相反的，出口业由于竞争力降低，而导致亏损；当本国货币贬值时，情形恰恰相反。即人民币升值加快会利多进口利空出口，比如一些航空企业会在进口航空油或者归还美元贷款的过程中受益，而出口导向型的纺织类或其他传统的劳动密集型出口企业在国际市场上的价格竞争力会有所削弱。但不论是升值或是贬值，对公司业绩以及经济局势的影响，都各有利弊，所以，不能单凭汇率的升降而买入或卖出股票，这样做就会过于简单化。

（三）货币政策对证券市场的影响

货币政策是政府为实现一定的宏观经济目标所制定的关于货币供应和货币流通组织管理的基本方针和基本准则。货币政策的工具可以分为一般性政策工具，包括法定存款准备金率、再贴现政策、公开市场业务和选择性政策工具。货币政策分为宽松的货币政策、紧缩的货币政策和中性货币政策。下面分析不同货币政策以及货币政策工具对证券市场的影响。

1. 货币政策类型对证券市场的影响

（1）紧缩的货币政策。如果市场物价上涨，需求过度，经济过度繁荣，秩序混乱，被认为社会总需求大于总供给，中央银行就会采取紧缩货币的政策以减少需求，即减少货币供应量，提高利率，加强信贷控制。企业融资成本提高，证券市场上资金流动性下降，股票价格将下跌。

（2）宽松的货币政策。如果市场产品销售不畅，经济运转困难，资金短缺，设备闲置，被认为是社会总需求小于总供给，中央银行则会采取扩大货币供应的办法增加总需求，即增加货币供应量，降低利率，放松信贷控制。企业融资成本下降，证券市场上资金流动性增强，股票价格将上涨。

2. 货币政策工具对证券市场的影响

货币政策工具又称货币政策手段，是指中央银行为调控中介指标，实现货币政策目标所采用的政策手段。

（1）存款准备金政策。是中央银行凭借法律授权规定，调整商业银行缴存中央银行的存款准备金比率以变动货币乘数，影响商业银行信贷规模、信贷结构，间接调控货币供给量的金融政策。当中央银行提高法定存款准备金率时，商业银行可运用的资金减少，贷款能力下降，货币乘数变小，市场货币量便会相应减少，证券市场价格下跌；反之，则上升。对于存款准备金政策的应用，我们还应该注意它的长期累积效应。

（2）再贴现政策。是指中央银行对商业银行用持有的未到期票据向中央银行再贴现的政策规定。再贴现政策一般包括再贴现率的确定和再贴现的资格条件。

再贴现率主要着眼于短期。中央银行根据市场资金供求状况调整再贴现率，能够影响商业银行资金借入的成本，进而影响商业银行对社会的信用量，从而调节货币供给总量。当再贴现率提高时，银行资金借入成本提高，社会信用收缩，证券市场货币供应量减少，证券市场价格下跌；反之，则上升。

中央银行对再贴现资格条件的规定则着眼于长期，可以起到抑制或扶持作用，并改变资金流向。当国家对不同行业和区域采取区别对待的方针时，可对该行业与区域制定不同的再贴现资格条件，该政策一方面会通过影响证券市场上的货币供应量，影响证券价格；另一方面还通过板块效应影响证券市场的结构。

（3）公开市场业务。是指中央银行在金融市场上公开买卖有价证券，以此来调节市场货币量的政策行为。当中央银行在金融市场上买进有价证券（主要是政府债券）时，货币供给量增加，证券市场上资金增加，证券价格上升；反之，则下降。

（4）选择性货币政策工具。选择性政策工具主要有两类：直接信用控制和间接信用指导。

直接信用控制。它是以行政命令或其他方式，直接对金融机构尤其是商业银行的信用活动进行控制。其具体手段包括：规定利率限额、信用配额、信用条件限制，规定金融机构流动性比率和直接干预等。

间接信用指导。是指中央银行通过道义劝告、窗口指导等办法来间接影响商业银行等金融机构行为的做法。

当直接信用控制和间接信用指导降低银行信贷规模时，货币政策从紧，证券市场上资金量减少，证券价格下跌。需要注意的是，如果在从紧的货币政策下，央行实行总量控制，但通过直接信用控制和间接信用指导区别对待一些优先发展的产业和国家支柱产业，比如农业、能源、交通、通信等产业，则这些产业上市公司证券价格可能不受影响，甚至逆势而上。

（四）财政政策对证券市场的影响

财政政策是政府依据客观经济规律制定的指导财政工作和处理财政关系的一系列方针、准则和措施的总称。财政政策手段主要包括国家预算、税收、国债、财政补贴、财政管理体制、转移支付制度等。

1. 财政政策类型对证券市场的影响

财政政策分为松的财政政策、紧的财政政策和中性财政政策。总的来说，紧的财政政策使过热的经济受到控制，证券市场将走弱，而松的财政政策则刺激经济发展，证券市场将走强。具体有以下两种情况：

（1）扩张型财政政策。当社会总需求不足时，单纯使用扩张型的财政政策，通过扩大支出，增加赤字，以扩大社会总需求，也可以采取扩大税收减免、增加财政补贴等政策，刺激微观经济主体的投资需求，证券价格将上涨。

（2）紧缩型财政政策。当社会总供给不足时，单纯使用紧缩型财政政策，通过减少赤字、增加公开市场上出售国债的数量，以及减少财政补贴等政策，压缩社会总需求，证券价格将下跌。

2. 财政政策工具对证券市场的影响

（1）税收。税收是国家为维持其存在、实现其职能而凭借其政治权力，按照法律预先规定的标准，强制地、无偿地、固定地取得财政收入的一种手段，也是国家参与国民收入分配的一种方式。国家财政通过税收总量和结构的变化，可以调节证券投资和实际投资规模，抑制社会投资总需求膨胀或者补偿有效投资需求的不足。

运用税收杠杆可对证券投资者进行调节，如对投资者之投资所得规定不同的税种和税率将直接影响着投资者的税后实际收入水平，从而起到鼓励、支持或抑制的作用。一般来讲，税征得越多，企业用于发展生产和发放股利的盈余资金越少，投资者用于购买证券的资金也越少，因而高税率会对证券投资产生消极影响，投资者的投资积极性也会下降。他们常会这么想，“与其挣的钱让国家拿走，还不如不挣”。相反，低税率或适当的减免税则可以扩大企业和个人的投资和消费水平，从而刺激生产发展和经济增长。企业税增加，企业盈利中的税务支出增加，使得实际盈利减少，证券价格将往下调整。

（2）国债。国债是区别于银行信用的一种财政信用调节工具，国债对证券市场也具有不可忽视的影响。首先，国债本身是构成证券市场上金融资产总量的一个重要部分。由于国债的信用程度高、风险水平低，如果国债的发行量较大，会使证券市场风险和收益的一般水平降低。其次，国债利率的升降变动，严重影响着其他证券的发行和价格。当国债利率水平提高时，投资者就会把资金投入到既安全收益又高的国债上。因此，国债和股票是竞争性金融资产，当证券市场资金一定或增长有限时，过多的国债势必会影响到其他证券的发行和交易量，导致证券价格的下跌。

二、政治因素分析

政治因素泛指那些对证券价格具有一定影响力的国际政治活动、重大经济政策的发展计划以及政府的法令、政治措施等。政治形势的变化，对证券价格也产生了越来越敏感的影响。

（一）国内政局

一国的股市涨跌状况与一国国内政局密切相关。一般来说，一国国内政局稳定，有利于该国证券市场的发展；反之，若该国政局不稳，常会导致股市下跌。

（二）国际局势

随着交通运输的日益便利，通信手段、方法的日益完善，国与国之间、地区与地区之间的联系越来越密切，世界从独立单元转变成相互影响的整体，因此一个国家或地区的政治、经济、财政等结构将紧随着国际形势改变，证券市场也随之变动。如外交关系的改善会使有关跨国公司的股票价格上升，投资者应在外交关系改善时，不失时机地购进相关跨国公司的股票。

（三）战争的影响

战争对证券市场及证券价格的影响，有长期性的，亦有短期性的；有好的方面，亦有坏的方面；有广泛范围的，也有单一项目的，这要视战争性质而定。战争促使军需工业兴起，凡与军需工业相关的公司股票价格当然要上涨。战争中断了某一地区之海空或陆运，提高了原料或成品输送之运费，因而商品涨价，影响购买力，公司业绩萎缩，与此相关的公司股票必然会跌价。其他由于战争所引起的许多状况都是足以使股票市场产生波动，投资人需要冷静的分析。投资者应适时购进军需及其相关工业的股票，售出容易在战争中受损的行业的股票。

三、法律因素分析

一个国家（金融方面的）法律制度健全，使投资行为得到管理与规范，并使投资者的正当权益得到保护，会提高投资者投资的信心从而促进证券市场的健康发展。如果法律法规不完善，投资者权益受法律保护的程度低，则不利于证券市场的健康发展与繁荣。

第三节

行业分析

一、行业的含义和行业分析的意义

行业是指从事国民经济中同性质的生产或其他经济社会活动的经营单位和个体构成的组织结构体系，如林业，汽车业，银行业等。行业经济是宏观经济的构成部分，宏观经济活动是行业经济活动的总和。行业经济活动是介于宏观经济活动和微观经济活动中的经济层面，是中观经济分析的主要对象之一。

宏观经济分析主要分析了社会经济的总体状况，但没有对社会经济的各组成部分进行具体分析。社会经济的发展水平和增长速度反映了各组成部分的平均水平和速度，但各部门的发展并非都和总体水平保持一致。在宏观经济运行态势良好、速度增长、效益提高的情况下，有些部门的增长与国民生产总值、国内生产总值增长同步，有些部门高于或是低于国民生产总值、国内生产总值的增长。因此，宏观经济分析为证券投资提供了背景条件，但没有为投资者解决如何投资的问题，要对具体投资对象加以选择，还需要进行行业分析和公司分析。

行业分析是对上市公司进行分析的前提，也是连接宏观经济分析和上市公司分析的桥梁，是基本分析的重要环节。行业分析和公司分析是相辅相成的，一方面，上市公司的投资价值可能会因为所处行业的不同而产生差异；另一方面，同一行业内的上市公司也会千差万别。进行行业分析，我们需要关注的是：行业本身所处发展阶段及其在国民经济中的地位，影响行业发展的各种因素及其对行业影响的力度，行业未来发展趋势行业的投资价值及投资风险。

二、行业划分的方法

（一）道琼斯分类法

道琼斯分类法是在19世纪末为选取在纽约证券交易所上市的有代表性的股票而对各公司进行的分类，是证券指数统计中最常用的分类法之一。

道琼斯分类法将股票分为三类：工业、运输业和公用事业，然后选取有代表性的股票。虽然入选的股票并不涵盖这类行业中的全部股票，但所选的这些股票足以表明行业的一种趋势。

在道琼斯指数中，工业类股票取自工业部门的30家公司，包括采掘业、制造业和商业；运输业类股票取自20家交通运输公司，包括航空、铁路、汽车运输与航运业；公用事业类股票取自6家公用事业公司，主要包括电话公司、煤气公司和电力公司等。

（二）标准行业分类法

为便于汇总各国的统计资料并进行互相对比，联合国经济和社会事务统计局曾制定了一个《全民经济活动国际标准行业分类》（简称《国际标准行业分类》），建议各国采用。它把国民经济划分为10个门类：农业、畜牧狩猎业、林业和渔业；采矿业及土、石采掘业；制造业；电、煤气和水；建筑业；批发和零售业、饮食和旅馆业；运输、仓储和邮电通信业；金融、保险、房地产和工商服务业；政府、社会和个人服务业；其他。对每个门类再划分为大类、中类、小类。

（三）我国国民经济行业的分类

我国《国民经济行业分类》国家标准于1984年首次发布，分别于1994年、2002年、2011年、2017年四次修订。该标准（GB/T4754－2017）由国家统计局起草，国家质量监督检验检疫总局、国家标准化管理委员会批准发布，并于2017年10月1日实施。新标准共有行业门类20个、行业大类97个、行业中类473个、行业小类1 380个，基本反映我国目前的行业结构状况。

从20世纪80年代中期开始，我国正式采用了与世界多数国家一致的行业分类方式，即按第一产业、第二产业和第三产业来划分各个行业。我国国民经济行业目前的20个门类，按三大产业划分如下：第一产业（1个门类）：指农、林、牧、渔业（包括农、林、牧、渔服务业）。第二产业（4个门类）：包括：①采矿业。②制造业。③电力、燃气及水的生产和供应业。④建筑业。第三产业（15个门类）是指除第一、二产业以外的其他行业。包括：①交通运输、仓储和邮政业。②信息传输、计算机服务和软件业。③批发和零售业。④住宿和餐饮业。⑤金融业。⑥房地产业。⑦租赁和商务服务业。⑧科学研究、技术服务和地质勘查业。⑨水利、环境和公共设施管理业。⑩居民服务和其他服务业。⑪教育。⑫卫生、社会保障和社会福利业。⑬文化、体育和娱乐业。⑭公共管理与社会组织。⑮国际组织。

（四）我国上市公司的行业分类

由于各种原因，在我国证券市场建立之初，对上市公司没有统一的分类。上海、深圳证券交易所根据各自工作需要，分别对上市公司进行了简单划分。上海证券交易所将上市公司分为工业、商业、地产业、公用事业和综合等五类；深圳证券交易所则将上市公司分为工业、商业、地产业、公用事业、金融业和综合等六类。

随着证券市场的发展，上市公司数量的激增，两家交易所原有分类的不足越来越明显，即分类过粗，给市场各方对上市公司进行分析带来了很多不便。在此背景下，中国证监会于2001年4月4日公布了《上市公司行业分类指引》（简称《指引》）。2012年10月26日发布了修订后的《上市公司行业分类指引》，自公布之日起施行。《指引》是以国家统计局《国民经济行业分类与代码》（国家标准GB/T4754－2011）为主要依据，借鉴联合国国际标准产业分类、北美行业分类体系有关内容的基础上制定而成的。

1. 分类对象及适用范围

《指引》以在中国境内证券交易所挂牌交易的上市公司为基本分类单位，规定了上市公司分类的原则、编码方法、框架及其运行与维护制度。《指引》是一个非强制执行的标准，适用于证券期货监管系统对上市公司行业分类信息进行统计、评价、分析及其他相关工作。中国证监会另有规定的，适用其规定。

2. 分类方法和原则

《指引》以上市公司营业收入为分类标准，所采用财务数据为经会计师事务所审计的合并报表数据。当公司的某类业务的营业收入比重大于等于50%时，则将其划入该业务相对应的类别；当公司没有一类业务收入的比重大于或等于50%时，如果某类业务的营业收入比重比其他业务改入比重均高出30%（包含本数），则将该公司放入该业务的类别；否则，将其划为综合类。

上市公司行业分类按季度进行。每年3月20日、6月10日、9月20日和12月20日为当季行业分类工作起始日；原则上应于季度末完成当季上市公司行业分类工作。行业分类包括初次分类和定期调整。初次分类是对新上市公司的行业分类，依据公司《招股说明书》进行。定期调整是对已上市公司行业分类结果的重新确认或变更。原则上未发生重大资产重组的公司，每年依据上市公司年报调整一次，纳入第二季度的行业分类工作；完成重大资产重组的公司，依据重大资产重组相关公告，纳入最近季度的上市公司行业分类。

3. 编码方法

《指引》参照《国民经济行业分类》（GB/T4754－2011），将上市公司的经济活动分为门类、大类两级。与此对应，门类代码用一位拉丁字母表示，即用字母A、B、C……依次代表不同门类；大类代码用两位阿拉伯数字表示，从01开始按顺序依次编码。

4. 管理机构

未经交易所同意，上市公司不得擅自改变公司类别。上市公司因兼并、置换等原因而营业领域发生重大变动，可向交易所提出书面申请，并同时上报"调查表"，由交易所按照《指引》对上市公司的行业类属进行变更。

《指引》将上市公司共分成13个门类，即农、林、牧、渔业，采掘业，制造业，电力、煤气及水的生产和供应业，建筑业，交通运输、仓储业，信息技术业，批发和零售贸易，金融、保险业，房地产业，社会服务业，传播与文化产业，综合类；以及90个大类，288个种类。

三、行业的一般特征分析

（一）行业的市场结构分析

行业的经济结构随该行业中企业的数量、产品的性质、价格的制定和其他一些因素的变化而变化。由于经济结构的不同，行业基本上可分为四种市场类型：完全竞争、垄断竞争、寡头垄断、完全垄断。

1. 完全竞争市场

完全竞争是一种竞争不受任何阻碍和干扰的市场结构。形成这种市场的条件是企业数量多，而且每家企业规模都非常小。价格由整个市场的供求关系决定，每家企业不能通过改变自己的产量而影响市场价格。初级产品的市场类型近似于完全竞争。

2. 垄断竞争市场

垄断竞争是既有垄断又有竞争，垄断与竞争相结合的市场。这种市场与完全竞争的相同之处是市场集中率低，而且无进入限制。但关键差别是完全竞争市场上产品无差别，而垄断竞争市场上产品有差别。企业规模小和进入无限制也保证了这个市场上竞争的存在。制成品的市场一般属于这种类型。

3. 寡头垄断市场

寡头是只有几家大企业的市场，形成这种市场的关键是规模经济。在这种市场上，大企业集中程度高，对市场控制力强，可以通过变动产量影响价格。而且，由于每家企业规模大，其他企业就难以进入。在寡头垄断市场上，通常存在着一个起领导作用的企业，其他企业随该企业定价与经营方式的变化而相应地进行某些调整。资本密集型、技术密集型产品，如钢铁、汽车、彩电、冰箱、空调等，以及少数储量集中的矿产品如石油等的市场多属这种类型。

4. 完全垄断市场

完全垄断是只有一家企业控制整个市场的供给。形成垄断的关键条件是对进入市场的限制，这种限制可以来自自然原因，也可以来自立法。此外，垄断的另一个条件是没有相近的替代品，如果有替代品，则有替代品与之竞争。在完全垄断市场上由于没有替代品，因而形成一个厂商独占市场供给，可以根据市场需求控制产品的价格。

（二）行业的生命周期分析

行业的生命周期指行业从出现到完全退出社会经济活动所经历的时间。行业的生命周期主要包括四个发展阶段：幼稚期，成长期，成熟期，衰退期。识别行业生命周期所处阶段的主要指标有：市场增长率、需求增长率、产品品种、竞争者数量、进入壁垒及退出壁垒、技术变革、用户购买行为等。一般而言，处于幼稚期的公司比较适合投机者和创业投资者；处于成长期的行业，其增长具有明确性，投资者分享行业成长、获取较高投资回报的可能性比较高。

1. 幼稚期

这一时期的产品设计尚未成熟，行业利润率较低，市场增长率较高，需求增长较快，技术变动较大，行业中的用户主要致力于开辟新用户、占领市场，但此时技术上有很大的不确定性，在产品、市场、服务等策略上有很大的余地，对行业特点、行业竞争状况、用户特点等方面的信息掌握不多，企业进入壁垒较低。

2. 成长期

这一时期的市场增长率很高，需求高速增长，技术渐趋定型，行业特点、行业竞争状况及用户特点已比较明朗，企业进入壁垒提高，产品品种及竞争者数量增多。拥有一定市场营销和财务力量的企业逐渐主导市场，这些企业往往是较大的企业，其资本结构比较稳定。新产业的产品经过广泛宣传和消费者的试用，逐渐以其自身的特点赢得了市场，市场需求开始上升，新产业也随之繁荣起来。与市场需求变化相适应，供给方面相应地出现了一系列的变化。产品逐步从单一、低质、高价向多样、优质和低价方向发展。新产业出现了生产厂商和产品相互竞争的局面。生产厂商随着市场竞争的不断发展和产品产量的不断增加，市场的需求日趋饱和。生产厂商不能单纯地依靠扩大生产量，提高市场的份额来增加收入，而必须依靠追加生产投资，提高生产技术，降低成本，以及研制和开发新产品的方法来争取竞争优势，战胜竞争对手和维持企业的生存。因而，这一时期企业的利润虽然增长很快，但所面临的竞争风险也非常大，破产率与合并率相当高。在成长期的后期，由于产业中生产厂商与产品竞争优胜劣汰规律的作用，市场上生产厂商的数量在大幅度下降之后开始稳定。市场需求基本饱和，产品的销售增长率减慢，迅速赚取利润的机会减少，整个产业开始进入稳定期。

3. 成熟期

这一时期的市场增长率不高，需求增长率不高，技术上已经成熟，行业特点、行业竞争状况及用户特点非常清楚和稳定，买方市场形成，行业盈利能力下降，新产品和产品的新用途开发更为困难，行业进入壁垒很高。在竞争中生存下来的少数大厂商垄断了整个产业的市场，每个厂商都占有一定比例的市场份额。产业的利润由于一定程度的垄断达到了很高的水平，而风险却因市场比例比较稳定，新企业难以打入成熟期市场。产业增长速度降到一个适当的水平，由于技术创新的原因，某些产业或许实际上会有新的增长，因此在短期内很难识别何时进入成熟期，但总而言之，在这一阶段一开始，投资者便希望收回资金。

4. 衰退期

这一时期的行业生产能力会出现过剩现象，技术被模仿后出现的替代产品充斥市场，市场增长率严重下降，需求下降，产品品种及竞争者数目减少。从衰退的原因来看，可能有四种类型的衰退，它们分别是：①资源型衰退，即由于生产所依赖的资源的枯竭所导致的衰退。②效率型衰退，即由于效率低下的比较劣势而引起的行业衰退。③收入低弹性衰退。即因需求——收入弹性较低而衰退的行业。④聚集过度性衰退。即因经济过度聚集的弊端所引起的行业衰退。

（三）经济周期与行业划分

宏观经济的运行呈现周期性特点，一个经济周期包括繁荣、衰退、萧条、复苏四个阶段。由于不同行业对于经济周期的敏感性不同，其业绩可能会出现比较大的差异。根据行业与经济周期变动关系，可将行业分为增长型行业、周期型行业和防守型行业。

1. 增长型行业

增长型行业的运动状态与经济活动总水平的周期及其振幅无关，这些行业收入增长的速率相对于经济周期的变动来说，并未出现同步影响，因为它们主要依靠技术的进步、新产品推出及更优质的服务，从而使其经常呈现出增长形态。在过去的几十年内，计算机、互联网行业、人工智能、锂电池、新能源和电子通讯业等高科技行业表现了这种形态。投资者对高增长的行业十分感兴趣，主要是因为这些行业对经济周期性波动来说，提供了一种财富“套期保值”的手段。然而，这种行业增长的形态却使得投资者难以把握精确的购买时机，因为这些行业的证券价格不会随着经济周期的变化而变化。

2. 周期型行业

周期型行业的运动状态直接与经济周期相关。当经济处于上升时期，这些行业会紧随其扩张；当经济衰退时，这些行业也相应衰落。产生这种现象的原因是，当经济上升时，对这些行业相关产品的购买会随之增加。例如消费品业、钢铁业、煤炭业、水泥、运输、金融、耐用品及高档消费品行业，其他需求的收入弹性较高的行业如白酒、酒店、旅游等就属于典型的周期性行业，受经济周期的影响较大。

3. 防御型行业

防御型行业的运动形态存在是因为其产业的产品需求相对稳定，并不受经济周期处于衰退阶段的影响。正是因为这个原因，对其投资便属于收入投资，而非资本利得投资。有时候，当经济衰退时，防御型行业或许会有实际增长。例如，日常消费品、医药、食品业和公用事业属于防御型行业，因为需求的收入弹性较小，所以这些公司的收入相对稳定。

根据行业与宏观经济周期的关系以及行业自身生命周期的特点，投资者应该选择那些对于经济周期敏感度不高的增长型行业和在生命周期中处于成长期和成熟期的行业。

四、行业兴衰的主要因素

行业兴衰的实质为：行业地位从“幼稚产业——先导产业——主导产业——支柱产业——夕阳产业”；资本从“形成——集中——大规模聚集——分散”；新技术从“产生——推广——应用——转移——落后”。而一个行业的兴衰会受到技术进步、产业政策、产业组织创新、社会习惯的改变、政府行为的影响和经济全球化等因素的影响。

（一）技术进步

当前技术进步的行业特征主要有：①以信息通信技术为核心的高新技术成为21世纪国家产业竞争力的决定因素之一。②信息技术的扩散与应用引起相关行业的技术革命，并加速改造着传统产业。③研发活动的投入强度成为划分高技术群类和衡量产业竞争力的标尺。④技术进步速度加快，周期明显缩短，产品更新换代频繁。

技术进步对行业的影响主要有技术进步往往催生了一个新的行业，同时迫使一个旧的行业加速进入衰退期；传统行业通过技术创新获得深度增长和广度增长的机会。新旧行业并存是未来全球行业发展的基本规律和特点。

（二）产业政策

政府对于行业的管理和调控主要是通过产业政策来实现的。产业政策是国家干预或参与经济的一种形式，是国家（政府）系统设计的有关产业发展的政策目标和政策措施的总和。中央政府或地方政府出于对经济建设及国计民生的考虑，在政策上会给予某些产业优惠，以扶持该产业发展。在优惠政策扶持下，受益行业的上市公司业绩改善自然就有了保证，该行业公司股票价格就会有良好的表现。例如2007年1月，国家发改委、国土资源部、中国人民银行共同下发了《关于公布国家重点支持水泥工业结构调整大型企业、集团名单的通知》，通知中首次公布了60家国家重点支持的大型水泥企业，并且表示有关部门将从项目核准、土地审批、信贷投放等方面予以优先支持。这份对水泥行业重点扶持的通知让水泥板块的公司股票激情燃烧，2007年1月11日，华新水泥、尖峰集团强势涨停，祁连山、福建水泥、青松建设、秦岭水泥等也毫不示弱，上涨幅度均在6%以上，冀东水泥和海螺水泥等也均有不错的表现。水泥板块公司股票价格大涨，与当时国家产业政策的扶持密不可分。

一般认为产业政策的内容主要涉及：①产业结构政策：产业结构长期构想、对战略产业的保护和扶植、对衰退产业的调整和援助。②产业组织政策：市场秩序政策；产业合理化政策；产业保护政策。③产业技术政策：产业技术结构的选择和技术发展政策、促进资源向技术开发领域投入的政策。④产业布局政策：主要指产业存在和发展的空间形式。

我国在20世纪80年代后半期开始较系统地实行产业政策，90年代逐渐步入正轨。此前，产业政策内容主要体现在国民经济发展计划中。1988年国家计委成立了产业政策司。《中国产业政策大纲》（1989年，国务院）——我国政府文件中首次使用“产业政策”一词；《关于当前产业政策要点的决定》（1989年，国务院）——我国第一个正式的产业政策。

2008年金融危机后，全球正在形成新兴战略性产业攻略——以低碳经济为特征的新能源、节能环保产业，以降低成本、提高生产率的新材料和信息技术产业，以延长生命、健康和拓展人类生存空间的新医药、空间技术产业。2009 年中国政府非常注重发展新兴战略性产业的重要性，国家有关部门加紧编制《战略新兴产业发展规划》以推动相关产业的发展。2011 年 3 月 27 日，国家发展改革委发布了《产业结构调整指导目录（2011 年本）》，并于 2011 年 6 月 1 日起正式实施。为推进“一带一路”建设和部署供给侧结构结构性改革，最近两年分别制定了《“十三五”国家战略性新兴产业发展规划》《战略性新兴产业重点产品和服务指导目录》《中国制造 2025》等重要文件，加快了相关领域企业的发展，造就了一批“独角兽”企业。

（三）产业组织创新

产业组织创新是同一产业内企业的组织形态和企业间的关系（市场结构、市场行为、市场绩效）的创新，是产业及产业内企业的“自组织”过程。

产业组织创新对行业的影响主要表现在两个方面：①直接效应，包括实现规模经济、专业化分工与协作、提高产业集中度、促进技术进步和有效竞争等。②间接影响，包括创造产业增长机会、促进产业增长实现、构筑产业赶超效应、适应产业经济增长等多项功效。产业组织创新能在一定程度上引起产业（或行业）生命周期运行轨迹或生命周期阶段持续时间的变化。

（四）社会习惯的改变

社会习惯变化对行业的影响主要有随着人们生活水平和受教育程度的提高，消费心理、消费习惯、文明程度和社会责任感逐渐改变，从而引起对某些商品的需求变化并进一步影响行业兴衰。社会观念、社会习惯、社会趋势变化对企业经营活动、生产成本和收益等产生一定影响，足以使一些不再适应社会需要的行业衰退而又激发新兴行业的发展。例如在收入相对比较低的时候，由于恩格尔定律的作用，人们对生活用品有较大需求，提供生活必需品的可口可乐、宝洁公司和满足这些需求的销售渠道诸如沃尔玛公司，均在不断满足这些消费需求的过程中发展起来。随着收入水平的提高，生活消费品支出占消费总支出的比例逐渐下降，人们更多地需要服务消费和金融投资，金融、旅游、教育、医疗、保险、体育、文化等行业从中获得了快速增长的动力。

（五）政府行为的影响

政府的管理措施可以影响到行业的经营范围、增长速度、价格政策、利润率和其他许多方面。政府实施管理的主要行业是：公用事业如煤气、电力、排水、排污、邮电通信、广播电视等；运输部门如铁路、公路、航空、航运和管道运输等；金融部门如银行与非银行金融机构、保险公司、商品与证券交易市场、经纪商、交易商等。

（六）经济全球化

经济全球化是指商品、服务、生产要素与信息跨国界流动的规模与形式不断增加，通过国际分工，在世界市场范围内提高资源配置效率，从而使各国经济相互依赖程度有日益加深的趋势。它是全球生产力发展的结果，其推动力是追求利润和取得竞争优势。20 世纪 90 年代以来，经济全球化的趋势大大增强。导致经济全球化的直接原因是国际直接投资与贸易环境出现了新变化。

经济全球化对各国产业发展的影响主要表现在：①经济全球化导致产业的全球转移。发达国家将低端制造技术加速向发展中国家进行产业化转移；制造业结构向技术密集型和高新技术行业加速转移；各国选择性地发展优势行业；产业全球化导致的全球竞争和国际投资因素，将会影响行业结构发生很大变化。②经济全球化导致国际分工出现重要变化。国际分工的基础出现了重要变化，随着产业结构的高度化，决定各国比较优势的要素中，不再是传统的各国的资源禀赋，而是后天因素，包括政府的效率、市场机制完善的程度、劳动者掌握知识与信息的能力、受到政策影响的市场规模等；国际分工的模式出现了重要变化，即随着经济全球化的日益加深，表现在贸易结构上，行业间的贸易比重减少，行业内贸易和公司内贸易的比重大幅度提高。③经济全球化导致贸易理论与国际直接投资理论一体化。在该理论背景下，跨国企业不仅通过价格和质量进行竞争，而且还通过生产的组织进行竞争，即在经济全球化背景下不能以单纯的贸易行为来衡量国家之间的经济利益。

第四节

公司分析

公司分析主要是通过对公司基本素质和公司财务的分析，以期找出具有投资价值的股票。公司的基本素质分析主要着重于考察公司的竞争地位、盈利能力和经营管理能力；公司的财务分析着重于分析公司的财务报表与财务指标。

一、公司基本素质分析

（一）公司行业地位分析

行业地位分析是公司在本行业中的竞争地位，是公司基本素质分析的首要内容。市场经济的规律就是优胜劣汰，在本行业中无竞争优势的企业，注定要随着时间的推移逐渐萎缩乃至消亡。只有确立了竞争优势，并且不断地通过技术更新和管理提高来保持这种竞争优势的企业才有长期存在并发展壮大的机会，也只有这样的企业才有长期投资价值。影响公司行业竞争地位的因素主要有：

1. 技术水平

决定公司竞争地位的首要因素在于公司的技术水平。对公司技术水平高低的评价可以分为评价技术硬件部分和软件部分两类。评价技术硬件部分如：机械设备，单机或成套设备；软件部分如：生产工艺技术、工业产权、专利设备制造技术和经营管理技术，具备了何等生产能力和达到什么样的生产规模，企业扩大再生产的能力如何，给企业创造多少经济效益等。另外，企业如拥有较多的掌握技术的高级工程师、专业技术人员等，那么企业就能生产质优价廉、适销对路的产品，企业就会有很强的竞争能力。

2. 市场开拓能力和市场占有率

公司的市场占有率是利润之源。效益好并能长期存在的公司的市场份额必然也是长期稳定并呈增长趋势的。不断地开拓进取挖掘现有市场潜力并不断进军新的市场，是扩大市场占有份额和提高市场占有率的主要手段。

3. 资本与规模效益

公司通过资本扩张和规模效益的持续增长提高公司的综合实力，提高对公司股东的回报，因此由资本的集中程度而决定的规模效益是决定公司收益、前景的基本因素。在我国一些资本密集型行业，比如汽车、钢铁、造船等往往是以“高投入，大产出”为行业基本特征的，规模扩张了，但没有形成规模效益，不利于股东的长期投资。因此要对资本密集行业的企业进行资本整合，发挥其资金优势，凸显其规模效益。

4. 研究与开发

在科学技术发展日新月异的今天，只有不断进行产品更新、技术改造的企业才能长期立于不败之地。商海弄潮如逆水行舟，不进则退。一个企业在新产品开发上的停滞，相对于其他前进的企业，就是后退。许多“百年老字号”的倒闭往往都是疏于产品的更新换代与技术革新，被后起之秀追赶淘汰。

（二）公司的盈利能力及增长性分析

基本分析认为，股票的内在价值取决于公司未来的收益，因而，衡量公司现实的盈利能力，以及通过分析各种资料而对公司将来的盈利能力做出预测是投资者需要掌握的一项重要方法。例如巴菲特是价值投资派的代表人物，1988 年至 2004 年 17 年间，巴菲特投资的利润持续增长的可口可乐公司股票为他带来 541% 的投资收益率。现实中衡量公司盈利能力的指标有资产利润率、销售利润率及每股收益率，详见公司财务分析。

（三）公司经营管理能力分析

1. 管理层的能力分析

分析管理层的能力可以从以下几个方面进行：①管理层的学历。②管理层的从业经验。③管理层的背景。

2. 管理层的勤勉尽责、忠诚分析

对这一方面进行的分析因会受到可获得信息的局限性而较为困难，一般仅根据经验和信息的可获得性，从以下几点进行分析：①管理层是否有欺骗和损害股东利益的记录。②管理层是否有欺骗和损害股东利益的嫌疑。③管理层之间是否有裙带关系。④管理层是否总是在追逐时髦。⑤寻找脚踏实地、埋头做主业的上升公司。

3. 公司法人治理机制分析

公司法人治理是有法律保障的、制度严谨的分权分责制衡的一套规则、机制和体系，可以较好地处理由于所有权与经营权分离而产生的信托代理关系，维护所有者权益、维系公司各利益相关者之间的平衡。健全的公司法人治理机制主要表现在以下几个方面：

（1）规范的股权结构。股权结构是公司法人治理结构的基础，包括三层含义：一是降低股权集中度，改变“一股独大”的局面；二是流通股权适度集中，发展机构投资者、战略投资者，发挥他们在公司治理中的积极作用；三是股权的流通性。

（2）有效的股东大会制度。股东大会制度是确保股东充分行使权力的最基础的制度安排，能否建立有效的股东大会制度是上市公司建立健全公司法人治理机制的关键。有效的股东大会制度应该包括：具备规范的召开与表决程序，股东大会应给予每个提案合理的讨论时间，对董事会的授权原则、授权内容应明确具体，股东大会会议时间、地点的选择应有利于让尽可能多的股东参加会议，充分运用现代信息技术手段扩大股东参与股东大会的比例等。

(3) 董事会权利的合理界定与约束。董事会作为公司的决策机构，对于公司法人治理机制的完善具有重要作用。股东大会应赋予董事会合理充分的权力，但也要建立对董事会权力的约束机制。根据《上市公司治理准则》，合理的董事会制度应制定规范、透明的董事选聘程序；在董事的选举过程中，应充分反映中小股东的意见，并积极推进累积投票制度；董事应根据公司和全体股东的最大利益，忠实、诚信、勤勉地履行职责；上市公司治理结构应确保董事会能够按照法律法规和公司章程的规定行使职权，公平对待所有股东，并关注公司其他利益相关者的利益；董事会授权董事长在董事会闭会期间行使董事会部分职权的，上市公司应在公司章程中明确规定授权原则和授权内容，凡涉及公司重大利益的事项应由董事会集体决策等。

(4) 完善的独立董事制度。中国证监会 2001 年 8 月发布《关于在上市公司建立独立董事制度的指导意见》，要求上市公司在 2002 年 6 月 30 日之前建立独立董事制度。根据《指导意见》，独立董事是指不在公司担任除董事外的其他职务，并与其所受聘的上市公司及其主要股东不存在可能妨碍其进行独立、客观判断关系的董事。我国引入独立董事制度的主要目的是保护广大中小投资者的权益。因此，上市公司应在《公司章程》中规定独立董事的职责、独立董事行权的保障条件等，以加强公司董事会经营决策的公正性。目前，上市公司建立独立董事制度已经从 2013 年修订的《公司法》开始，上升为法律规定。

二、公司财务分析

（一）财务分析的重要性

在证券市场中，发行企业的经营状况是决定其股票价格的长期的、重要的因素。而上市公司的经营状况，则通过财务报表反映出来，因此，分析和研究财务统计报表，就显得尤为重要了。

证券投资者在研究如何衡量股票价格以前，应先了解发行公司的财务报表。不论买卖股票的动机是从事投资或进行投机；不论从事交易的方式为长线或短线交易，至少应知道资产负债表及损益表上面各项数字所代表的含义。如果能进一步进行简单的财务比率分析，那就更能了解发行公司的营运情况、财务情况及盈利情况了。

从传统证券投资学的定义看，股票价格即为发行公司“实质”的反映，而发行公司的实质，就是它的营运情况、财务情况及盈利情况。了解发行公司的财务状况和经营成效对其股票价格涨落的影响，是投资者进行决策的重要依据。证券投资的财务分析，就是投资者通过对股份公司的财务报表进行分析来了解该公司的财务情况、经营效果，进而了解财务报告中各项的变动对股票价格的有利和不利影响，最终作出投资某一股票是否有利和安全的准确判断。

（二）财务报表的形式

1. 资产负债表

资产负债表是反映公司在某一特定日期（往往是年末或年中）财务状况的静态报告，资产负债表反映公司资产负债之间的平衡关系。资产负债表由资产和负债两部分组成，每部分各项目的排列一般以流动性的高低为序。资产部分表示公司所拥有的或所掌握的，以及其他公司所欠的各种资源或财产；负债部分（广义负债）包括负债（狭义负债）和股东权益两项。负债表示公司所应支付的所有债务；股东权益表示公司的净值。资产、负债和股东权益的关系用公式可表示为：资产＝负债（广义）＝负债（狭义）＋股东权益。

2. 利润表

利润表是一定时期内（通常是1年或半年内）经营成果的反映，是关于收益和损耗情况的财务报表。利润表是一个动态报告，它展示公司的损益账目，反映公司在一定时期的业务经营状况，直接明了地揭示公司获取利润能力的大小、潜力以及经营趋势。利润表由四个主要部分构成，第一部分是营业收入；第二部分是与营业收入相关的生产性费用、销售费用和其他费用；第三部分是利润；第四个部分是公司利润分配去向。

3. 现金流量表

以现金为基础编制的财务状况变动表，称为现金流量表。现金流量表是反映现金的来源和运用，以及不涉及现金的重大的投资和理财活动。它包括三个部分，一是经营活动产生的现金流量，二是投资活动产生的现金流量，三是筹资活动产生的现金流量。

（三）财务报表分析

1. 公司短期偿债能力分析

公司短期偿债能力是指公司偿付流动负债的能力。流动负债是一年内或超过一年的一个营业周期内需要偿付的债务。一般来说流动负债需以流动资产来偿付，需要以现金直接偿还。

（1）流动比率。流动比率是公司流动资产与流动负债的比率。计算公式为：

流动比率＝流动资产/流动负债

流动比率是衡量公司短期偿债能力的一个重要财务指标，这个比率越高，说明公司偿还流动负债的能力越强，流动负债得到偿还的保障越大，但是，过高的流动比率也可能是公司滞留在流动资产上的资金过多，会影响到公司的获利能力。根据经验，流动比率在2:1左右比较合适。

（2）速动比率。流动资产扣除存货后的资产称为速动资产。速动资产与流动负债的比率称为速动比率，也称酸性试验。其计算公式为：

速动比率＝（流动资产－存货）/流动负债

通过速动比率来判断公司短期偿债能力比用流动比率进了一步，因为它扣除了变现力较差的存货。把存货从流动资产中剔除的原因有：在流动资产中，存货的变现能力最差；由于某种原因，部分存货可能已损失报废，还没作处理；部分存货已抵押给某债权人；存货估价还存在着成本与当前市价相差悬殊的问题。

速动比率越高，说明公司的短期偿债能力越强。根据经验，一般认为速动比率为1:1时比较合适。

（3）现金比率。现金比率是公司的现金类资产与流动负债的比率。其计算公式为：

现金比率＝（现金＋现金等价物）/流动负债

现金比率反映公司的直接支付能力，现金比率高，说明公司有较好的支付能力。但是，如果这个比率过高，意味着公司拥有过多的获利能力较低的现金类资产，公司资产未能得到有效的运用。

2. 公司长期偿债能力分析

长期偿债能力是指公司偿还长期负债的能力。反映公司长期偿债能力的财务比率主要有：资产负债率和股东权益比率。

（1）资产负债率。资产负债率是公司负债总额与资产总额的比率，也称为负债比率或举债经营比率，它反映公司的资产总额中有多少是通过举债得到的。其计算公式为：

资产负债率＝负债总额/资产总额

资产负债率反映公司偿还债务的综合能力，这个比率越高，公司偿还债务的能力越差；反之，偿还债务的能力越强。

对于资产负债率，公司的债权人、股东和公司经营者往往从不同的角度来评价。

首先，从债权人角度来看，他们最关心的是其贷给公司资金的安全性。债权人总是希望公司的负债比率低一些。其次，从公司股东的角度来看，其关心的主要是投资收益的高低。因此，股东所关心的往往是全部资产报酬率是否超过了借款的利息率。公司股东可以通过举债经营的方式，以有限的资本、付出有限的代价而取得对公司的控制权，并且可以得到举债经营的杠杆利益。最后，站在公司经营者的立场，他们既要考虑公司的盈利，也要顾及公司所承担的财务风险。资产负债率作为财务杠杆不仅反映了公司的长期财务状况，也反映了公司管理当局的进取精神。

至于资产负债率为多少才合理并没有一个确定的标准，一般而言，处于高速成长时期的公司，其负债比率可能会高一些，这样所有者会得到更多的杠杆利益。

（2）股东权益比率。股东权益比率是股东权益与资产总额的比率，该比率反映公司资产中有多少是所有者投入的。其计算公式为：

股东权益比率＝股东权益总额/资产总额

股东权益比率与负债比率之和等于1，因此，这两个比率是从不同的侧面来反映公司长期财务状况的。

股东权益比率的倒数，称作权益乘数，即资产总额是股东权益的多少倍。该乘数越大；说明股东投入的资本在资产中所占比重越小。其计算公式为；

权益乘数＝资产总额/股东权益总额

（3）影响公司偿债能力的其他因素。

①或有负债。或有负债是公司在经济活动中有可能会发生的债务。或有负债不作为负债在资产负债表的负债类项目中进行反映，除了已贴现未到期的商业承兑汇票在资产负债表的附注中列示外，其他的或有负债在会计报表中均未得到反映。这些或有负债在资产负债表编制日还不能确定未来的结果如何，一旦将来成为公司现实的负债，则会对公司的财务状况产生重大影响，尤其是金额巨大的或有负债项目。

②担保责任。在经济活动中，公司可能会发生以本公司的资产为其他公司提供法律担保。这种担保责任，在被担保人没有履行合同时，有可能会成为公司的负债，但是，这种担保责任在会计报表中并未得到反映，因此在进行财务分析时，必须要考虑到公司是否有巨额的法律担保责任。

③租赁活动。公司在生产经营活动中，可以通过财产租赁的方式解决急需的设备。通常财产租赁有两种形式：融资租赁和经营租赁。采用融资租赁方式，租入的固定资产作为公司的固定资产入账，租赁费用作为公司的长期负债入账，这在计算前面有关的财

务比率中都已经计算在内。但是，经营租赁的资产，其租赁费用并未包含在负债之中，如果经营租赁的业务量较大、期限较长或者具有经常性，则其租金虽然不包含在负债之中，但对公司的偿债能力也会产生较大的影响。

3. 公司营运能力分析

公司的营运能力反映了公司资金的周转状况，对此进行分析，可以了解公司的营业状况及经营管理水平。公司的资金周转状况与供、产、销各个经营环节密切相关，在供、产、销各环节中，销售有着特殊的意义。我们可以通过产品销售情况与公司资金占用量来分析公司的资金周转状况，评价公司的营运能力。

（1）存货周转率。也称存货利用率，是公司一定时期的销售成本与平均存货的比率。其计算公式是：

存货周转率 = 营业成本/平均存货（次）

一般存货周转速度越快，存货的占用水平越低，流动性越强，存货转化为现金或应收账款的速度越快。

存货周转率说明了一定时期内公司存货周转的次数，可以用来测定公司存货的变现速度，衡量公司的销售能力及存货是否过量。在正常情况下，如果公司经营顺利，存货周转率越高，说明存货周转得越快，公司的销售能力越强，营运资金占用在存货上越少。但是，存货周转率过高，也可能说明公司管理方面存在一些问题，如存货水平低，甚至经常缺货，或者采购次数过于频繁，批量太小等。存货周转率过低，常常是库存管理不力，销售状况不好，造成存货积压，说明公司在产品销售方面存在一定的问题，但也可能是公司调整了经营方针，因某种原因增大库存的结果。

存货周转状况也可以用存货周转天数来表示。其计算公式为：

存货周转天数 = 360 天/存货周转率（天）

（2）应收账款周转率。应收账款周转率是公司一定时期赊销收入净额与应收账款平均余额的比率，它反映了公司应收账款的周转速度。其计算公式为：

应收账款周转率 = 赊销收入净额/应收账款平均余额

应收账款周转率是评价应收账款流动性大小的一个重要财务比率，它反映了公司在一个会计年度内应收账款的周转次数，可以用来分析公司应收账款的变现速度和管理效率。这一比率越高，说明公司催收账款的速度越快，可以减少坏账损失，而且资产的流动性强，公司的短期偿债能力也会增强。但是，如果应收账款周转率过高，可能是因为公司奉行了比较严格的信用政策、信用标准和付款条件过于苛刻的结果。这样会限制公司销售量的扩大，从而影响公司的盈利水平。这种情况往往表现为存货周转率同时偏低。如果公司的应收账款周转率低，说明公司催收账款的效率太低，或者信用政策十分宽松，这样会影响公司资金利用率和资金的正常周转。

（3）流动资产周转率。流动资产周转率是销售收入与流动资产平均余额的比率，它反映的是全部流动资产的利用效率。其计算公式为：

流动资产周转率 = 销售收入/流动资产平均余额

流动资产周转率表明在一个会计年度内公司流动资产周转的次数，它反映了流动资产周转的速度。该指标越高，说明公司流动资产的利用率越好。但是，究竟流动资产周转率为多少才算好，并没有一个确定的标准。通常分析流动资产周转率应比较公司历年的数据并结合行业特点。

（4）固定资产周转率。固定资产周转率也称固定资产利用率，是公司销售收入与固定资产平均净值的比率。其计算公式为：

固定资产周转率 = 销售收入/固定资产平均净值

这项比率主要用于分析对厂房、设备等固定资产的利用效率，该比率越高，说明固定资产的利用率越高，管理水平越好。如果固定资产周转率与同行业平均水平相比偏低，说明公司的生产效率较低，可能会影响公司的获利能力。

（5）总资产周转率。总资产周转率也称总资产利用率，是公司销售收入与资产平均总额的比率。其计算公式为：

总资产周转率 = 销售收入/资产平均总额

总资产周转率可用来分析公司全部资产的使用效率。如果这个比率低，说明公司利用资产进行经营的效率较差，会影响公司的获利能力，公司应该采取措施提高销售收入或处置资产，以提高总资产利用率。

4. 公司盈利能力分析

盈利能力是指公司赚取利润的能力，盈利能力分析是公司财务分析的重要组成部分，也是评价公司经营管理水平的重要依据。对公司盈利能力进行分析，一般只分析公司正常经营活动的盈利能力，不涉及非正常的经营活动。

（1）资产报酬率。也称资产收益率、资产利润率或投资报酬率，是公司在一定时期内的净利润与资产平均总额的比率。其计算公式为：

资产报酬率 = 净利润/资产平均总额 ×100%

资产报酬率主要用来衡量公司利用资产获取利润的能力，它反映了公司总资产的利用效率。这一比率越高，说明公司的获利能力越强。

（2）股东权益报酬率。也称净资产收益率、净值报酬率或所有者权益报酬率，它是一定时期公司的净利润与股东权益平均总额的比率。其计算公式为：

股东权益报酬率 = 净利润/股东权益平均总额 ×100%

股东权益报酬率反映了公司股东获取投资报酬的高低。该比率越高，说明公司的获利能力越强。

（3）销售净利率。销售净利率是公司净利润与销售收入净额的比率。其计算公式为：

销售净利率 = 净利润/销售收入净额 ×100%

销售净利率说明了公司净利润占销售收入的比例，它可以评价公司通过销售赚取利润的能力。销售净利率表明公司每元销售收入可实现的净利润是多少，该比率越高，公司通过扩大销售获取收益的能力越强。评价公司的销售净利率时，应比较公司历年的指标，从而判断公司销售净利率的变化趋势。但是，销售净利率受行业特点影响较大，因此，还应该结合不同行业的具体情况进行分析。

5. 公司投资收益分析

（1）每股收益。也称每股利润或每股盈余，是股份公司税后利润分析的一个重要指标。每股收益是税后净利润扣除优先股股利后的余额，除以发行在外的普通股平均股数。其计算公式为：

每股收益 =（净利润 - 优先股股利）/发行在外的普通股平均股数

每股收益反映股份公司获利能力的大小，每股收益越高，说明股份公司的获利能力越强。使用每股收益分析时要注意以下问题：每股收益不反映股票所含有的风险；不同股票的每一股在经济上不等量，它们所含有的净资产和市价不同，即换取每股收益的投入量不同，限制了公司间每股收益的比较；每股收益多，不一定意味着多分红，还要看公司的股利分配政策。

（2）每股现金流量。每股现金流量是经营活动现金净流量扣除优先股股利后的余额，除以发行在外的普通股平均股数。其计算公式为：

每股现金流量 =（经营活动现金净流量 - 优先股股利）/发行在外的普通股平均股数

每股现金流量越高，说明公司越有能力支付现金股利。

（3）每股股利。每股股利是普通股分配的现金股利总额除以发行在外的普通股股数，它反映了普通股获得现金股利的多少。其计算公式为：

每股股利 =（现金股利总额 - 优先股股利）/发行在外的普通股股数

每股股利的高低，不仅取决于公司获利能力的强弱，还取决于公司的股利政策和现金是否充裕。

（4）股利支付率。是普通股每股股利与每股利润的比率，它表明股份公司的净收益中有多少用于股利的分派。其计算公式为：

股利支付率 = 每股股利/每股利润 × 100%

股利支付率主要取决于公司的股利政策，一般而言，如果一个公司的现金量比较充裕，并且目前没有更好的投资项目，则可能倾向于发放现金股利；如果公司有投资项目，则可能会少发股利，而将资金用于投资。

（5）每股净资产。也称每股账面价值，是股东权益总额除以发行在外的股票数量。其计算公式为：

每股净资产 = 股东权益总额/发行在外的股票数

该指标反映发行在外的每股普通股所代表的净资产成本即账面权益，只能有限地使用这个指标。投资者可以比较分析公司历年的每股净资产的变动趋势，来了解公司的发展趋势和获利能力。每股净资产在理论上提供了股票的最低价值。

（6）市盈率。也称价值盈余比率或价值与收益比率，是指普通股每股市价与每股利润的比率。其计算公式为：

市盈率 = 每股市价/每股利润

市盈率是反映股份公司获利能力的一个重要财务比率，这一比率是投资者作出投资决策的重要参考因素之一。一般说来，市盈率高，说明投资者对该公司的发展前景看好，在市价确定的情况下，每股收益越高，市盈率越低，投资风险越小，反之亦然。在每股收益确定的情况下，市价越高，市盈率越高，风险越大，反之亦然。

使用市盈率指标时应注意以下问题：首先该指标不能用于不同行业公司的比较，成长性好的新兴行业的市盈率普遍较高，而传统行业的市盈率普遍较低，这并不说明后者的股票没有投资价值。其次在每股收益很小或亏损时，由于市价不至于降为零，公司的市盈率会很高，如此情形下的高市盈率不能说明任何问题。最后市盈率的高低受市价的影响，观察市盈率的长期趋势很重要。

（7）市净率。是每股市价与每股净资产的比值，其计算公式为：

市净率 = 每股市价/每股净资产（倍）

市净率表明股价以每股净资产的若干倍在流通转让，评价股价相对于每股净资产而言是否被高估。市净率越小，说明股票的投资价值越高，股价的支撑越有保证；反之，则投资价值越低。

三、财务分析中应注意的问题

（一）财务报表数据的准确性、真实性与可靠性

财务报表是按会计准则编制的，它们合乎规范，但不一定反映该公司的客观实际。例如报表数据未按通货膨胀或物价水平调整；非流动资产的余额是按历史成本减折价或摊销计算的，不代表现行成本或变现价值；有许多项目，如科研开发支出和广告支出，从理论上看是资本支出，但发生时已列作了当期费用；有些数据基本上是估计的，如无形资产摊销和开办费摊销，但这种估计未必正确；发生了非常的或偶然的事项，如财产盘整或坏账损失，可能歪曲本期的净收益，使之不能反映盈利的正常水平。

（二）财务分析结果的预测性调整

公司的经济环境和经济条件发生变化后，原有的财务数据与新情况下的财务数据不具有直接可比性。比如，某公司由批发销售为主转为以零售为主的经营方式，其应收账款数额会大幅下降，应收账款周转率加快，但这并不意味着公司应收账款的管理发生了突破性的改变。因此，在对公司财务指标进行比率分析后对公司的财务情况下结论时，必须预测公司经营环境可能发生的变化，对财务分析结果进行调整。

（三）公司增资行为对财务结构的影响

公司的增资行为一般会改变负债和所有者权益在公司资本总额中的相对比重，因此，公司的资产负债率和权益负债率会相应受到影响。

1. 股票发行增资对财务结构的影响

（1）配股增资对财务结构的影响。配股融资后，由于净资产增加，而负债总额和负债结构都不会发生变化，因此公司的资产负债率和权益负债比率将降低，减少了债权人承担的风险，而股东所承担的风险将增加。

（2）增发新股对财务结构的影响。增发新股后，公司净资产增加，负债总额和负债结构都不会发生变化，因此公司的资产负债率和权益负债比率将降低。

2. 债券发行增资对财务结构的影响

公司的负债总额将增加，同时总资产也增加，资产负债率将提高。

3. 其他增资行为对财务结构的影响

公司其他的增资方式还有向外借款，向外借款后公司的权益负债比率和资产负债率都将提高。

本章小结

所谓基本分析，也称为基本面分析，是指把对证券的分析研究重点放在它本身的内

在价值上的一种分析方法。证券价值在市场上所表现的价格，往往受到许多因素的影响而频繁变动，影响证券价值的因素很多，最重要的有三个方面：一是宏观因素，包括宏观经济运行和宏观经济政策以及政治、法律等因素。二是行业与区域因素，主要包括行业的生命周期及影响行业兴衰的因素分析。三是公司因素，主要是从公司竞争地位和财务分析两个方面分析公司的基本素质。基本分析法利用丰富的统计资料，借助多种多样的经济指标，从研究宏观的经济大气候开始，逐步开始中观的行业兴衰分析，进而根据微观的企业经营、盈利的现状和前景，最终对企业所发行的证券做出接近现实的客观评价，并尽可能预测其未来的变化来为投资者投资决策提供依据。

复习思考题

一、选择题

1. 影响行业兴衰的主要因素，包括（　　）。

A. 产业政策　　B. 技术进步

C. 政府行为　　D. 社会习惯的改变

2. 反映公司盈利能力的指标有（　　）。

A. 主营业务利润率　　B. 主营业务收入增长率

C. 资产收益率　　D. 存货周转率

3. 证券投资基本分析的理论主要包括（　　）。

A. 经济学　　B. 财政金融学

C. 财务管理学　　D. 投资学

4. 在行业的（　　）公司盈利相对稳定，风险较小，股价比较平稳。

A. 初创期　　B. 成长期

C. 成熟期　　D. 衰退期

5. 反映每股普通股所代表的股东权益额的是（　　）。

A. 每股净收益　　B. 每股净资产

C. 股东权益收益率　　D. 本利比

6. 道琼斯分类法将大多数股票分为（　　）三类。

A. 工业、农业、商业　　B. 工业、运输业、金融业

C. 工业、运输业、公用事业　　D. 工业、公用事业、高科技

7. 以下属于周期性行业的是（　　）。

A. 计算机业　　B. 消费品业

C. 食品业　　D. 公用事业

8. 基本分析方法的特点有（　　）。

A. 预测价格变化趋势，侧重研究股价变化的原因

B. 对价格长期走向有较好的预测功能

C. 在一个以投资为主而不是过分投机的市场中，基本分析的功效十分突出。

D. 侧重于证券内在价值的分析和证券价格基本走势的分析

9. （　　）财政政策将使过热的经济受到控制，证券市场将走弱。

A. 紧缩性　　B. 扩张性

C. 中性　　D. 弹性

10. 使证券市场呈现上升走势的最有利的经济背景条件是（　　）。

A. 持续、稳定、高速的 GDP 增长　　B. 高通胀下 GDP 增长

C. 宏观调控下 GDP 减速增长　　D. 转折性的 GDP 变动

11. 以下（　　）不是财政政策手段。

A. 国家预算　　B. 税收

C. 国债　　D. 利率

二、判断题

1. 基本分析主要适用于短线投资者。（　　）

2. 贷款利率的提高，增加公司成本，从而降低利润；存款利率提高增加了投资者股票投资的机会成本，二者均会使股票价格下跌。（　　）

3. 本币贬值，资本从本国流出，从而使股票市场价格下跌。（　　）

4. 存货周转率是反映公司偿债能力的指标。（　　）

5. 公司的技术水平是决定公司竞争地位的首要因素。（　　）

6. 在寡头垄断的市场上，某种产品的生产中占很大份额的少数生产者对市场的价格和交易具有一定的垄断能力。（　　）

7. 证券投资基本分析的理论基础主要来自于两个假设："股票的价值决定价格"和"股票的价格围绕价值波动"。（　　）

8. 通货膨胀会使股票价格上涨，绝对对股票市场有利。（　　）

9. 中央银行在公开市场上卖出有价证券，证券价格将上涨。（　　）

10. 在经济持续繁荣增长时期，利率下降；在经济萧条市场疲软时，利率上升。（　　）

11. 扩张性财政政策刺激经济发展，证券市场将走强。（　　）

12. 周期型行业的运动状态与经济周期呈负相关，即当经济处于上升时期，这些行业会收缩；当经济衰退时，这些行业会扩张。（　　）

三、分析题

1. 请结合当前经济环境，分析你认为具有投资价值股票所在的行业与公司。

2. 俗话说："宏观经济挑股票，行业背景选股票，公司运营情况分析股票"，运用所学的行业分析理论挑选可投资的行业或板块，运用所学的公司基本素质分析和财务分析分析该行业中的最优股。

第十三章

技 术 分 析

学习目标：

通过本章的学习，了解技术分析概念、基本假定；掌握常用的技术分析方法；学会综合运用技术分析方法指导证券交易活动。

关键概念：

技术分析　成交量　MACD　KDJ　RSI　BIAS　MA

第一节

技术分析概述

技术分析是证券投资分析中常用的一种分析方法，经过众多证券投资者几百年的实践检验，技术分析对提高投资者的择时判断能力有一定的指导意义。但部分西方经济学家对技术分析持保留甚至否定态度，他们认为技术分析以历史数据为信息基础、以经验总结而非缜密逻辑为分析思路，预测的准确性有待商榷。

一、技术分析的概念

技术分析是以证券市场过去和现在的市场行为作为研究对象，使用数学和逻辑的方法，来预测证券市场未来变动趋势和程度的分析方法。技术分析学派认为：对于投资者而言，预测证券价格的未来趋势，选择适当的时机比判断证券内在价值更为重要，因此，技术分析主要解决何时买入或卖出股票的问题。

技术分析主要通过图表或技术指标的记录，研究市场过去及现在的行为反应，以推测未来价格的变动趋势。其依据的技术指标的主要内容是由股价、成交量或涨跌指数等数据计算而得的，由此可知——技术分析只关心证券市场本身的变化，而不考虑会对其产生某种影响的经济方面、政治方面的等各种外部的因素。

二、技术分析的基本假设

技术分析是以一定的假设条件为前提的，这些假设包括：市场行为涵盖一切信息；价格沿趋势移动；历史会重演。

（一）市场行为涵盖一切信息

这条假设是进行技术分析的基础。其主要思想是：任何一个影响证券市场的因素，最终都会体现在股票的价格上。市场行为最基本的表现是成交价和成交量，技术分析者认为，能够影响某种证券价格的任何因素（基础的、政治的、心理的或任何其他方面的）实际上都反映在其价格之中。技术分析人员只需关心这些因素对市场行为的影响效果，而不必关心具体导致这些变化的原因究竟是什么。

这一假设是有一定合理性的。任何一个因素对证券市场的影响最终都必然体现在证券价格的变动上。证券价格的变动是投资者交易的结果，而这一交易动机是投资者经过对所有证券市场信息分析得出的，所以市场行为是所有信息的表现。如果某一条信息公布后，证券价格同以前一样没有大的变动，说明这条信息不是影响证券市场的因素。如果我们看到，证券价格向上跳空高开，成交量急剧增加，一定是有利好消息出现，具体是什么消息，完全没有必要过问，它已经体现在市场行为中了。

（二）价格沿趋势移动

这条假设是进行技术分析最根本、最核心的条件。其主要思想是：证券价格的变动是有一定规律的，即保持原来运动方向的惯性。根据物理学上的动力法则，趋势的运行将会继续，直到有反转的现象产生为止。研究价格图表的全部意义，就是要在一个趋势发生发展的早期，及时准确地把它揭示出来，从而达到顺应趋势交易的目的。技术分析在本质上就在于顺应趋势，以判定和追随既成趋势为目的。

这一假设也有一定的合理性。技术分析法认为，证券价格的运动反映了一定时期内供求关系的变化，供求关系一旦确定，证券价格的变化趋势就会一直持续下去。供求关系决定价格在市场经济中是普遍存在的，只有承认这一规律，运用各种方法发现、揭示这些规律并对证券投资活动进行指导的技术分析法才有存在的价值，图 13－1 反映了股价运行的趋势性。

（三）历史会重演

这条假设是从人的心理因素方面来考虑的。其主要思想是：根据证券市场历史资料概括出来的规律已经包含了未来证券市场的一切变动趋势，所以可以根据历史预测未来。技术分析认为，市场中最终进行买卖的是人，人的操作行为必然受到心理学中某些规律的制约而趋于一定模式。所谓“江山易改，本性难移”，人们往往喜欢重复成功的

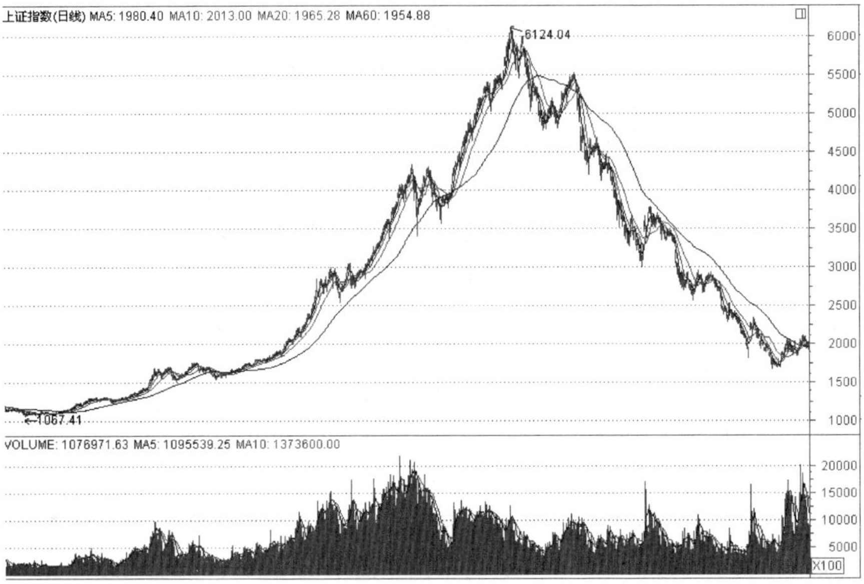

图 13－1

操作，而回避失败的操作，所以过去价格的变动方式在未来可能会不断发生。表现在证券市场上，就是一个人在某种情况下按一种方法进行操作取得了成功，那么下次出现相同或相似的情况时，就会使用相同的方法来操作；如果在某种情况下操作失败了，下次就会使用其他的方法进行操作，“一朝被蛇咬，十年怕草绳”就是这个道理。

这一假设也有一定的合理性，因为投资者的心理因素会影响投资行为，进而影响证券价格。图 13－2 反映了股价的历史重演。

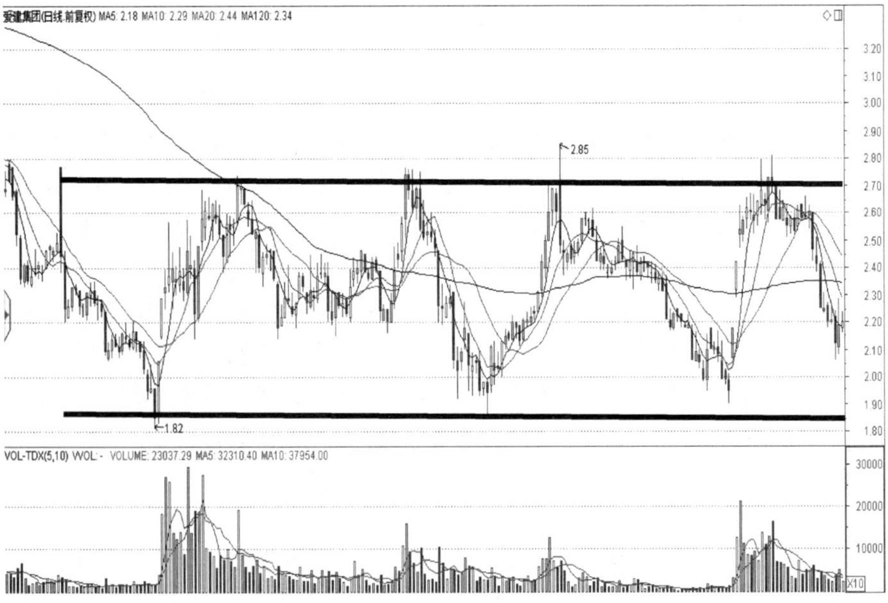

图 13－2

技术分析的三个假设有合理的一面，也有不尽合理的一面。第一条假设是市场行为涵盖一切信息，是建立在有效市场假说理论基础之上的，然而绝大多数市场并非有效市场，所以信息损失是必然的，市场行为反映的信息同原始信息会有所差异，市场行为可能只反映部分信息。第二条假设是价格沿着趋势移动，反映了价格由供求关系决定，但价格最终还是要受到内在价值的影响。另外，价格沿着某个方向波动的时间过长，就会增加反方向的力量，从而使本假设受到冲击。第三条假设是历史会重演，但证券市场的市场行为是千变万化的，不可能有完全相同的情况重复出现，差异总是存在的，历史会重演但不是简单的重复。因此，技术分析法所得出的结论，是有一定的概率的，分析的结果只能认为是大概率事件，不是绝对的。这也是对技术分析持不同看法与争论的原因。

三、技术分析的要素：价、量、时、空

在证券市场中，价格、成交量、时间和空间是进行分析的四大要素。这四大要素的具体情况以及相互关系是进行正确分析的基础。

价格和成交量是市场行为的最基本的表现。过去和现在的成交价、成交量包含了过去和现在的市场行为，技术分析就是利用价量等历史数据运用数理统计分析原理和图表的办法总结出股价运行规律以指导未来操作的一种办法。

在某一时点上的价和量反映的是买卖双方在这一时点上共同的市场行为，是双方的暂时均衡点，随着时间的变化，均衡会发生变化，这就是价量关系的变化。一般说来，买卖双方对价格的认同程度通过成交量的大小得到确认，认同程度大，成交量大；认同程度小，成交量小。双方的这种市场行为反映在价、量上就往往呈现出这样一种趋势规律：价升量增，价跌量减。根据这一规律，当价格上升时，成交量没有继续放大，意味着价格得不到买方认可，价格的上升趋势就将会改变；反之，当价格下跌时，成交量萎缩到一定程度就不再萎缩，说明卖方不再认同价格继续下降，下跌趋势就将会改变。价量关系的具体表现见本章第二节量价理论。

在技术分析中，时间是指完成某个过程所经过的时间长短，通常是指一个波段或一个升降周期所经过的时间。空间是指价格的升降所能够达到的程度。时间将指出“价格有可能在何时出现上升或下降”，空间指出“价格有可能上升或下降到什么地方”。时间在进行行情判断时有着很重要的作用，是针对价格波动的时间跨度进行研究的理论。一方面，一个已经形成的趋势在短时间内不会发生根本改变，中途出现的反方向波动，对原来趋势不会产生大的影响；另一方面，一个形成了的趋势又不可能永远不变，经过了一定时间又会有新的趋势出现。循环周期理论着重关注的就是时间因素，它强调了时间的重要性。分析人员进行技术分析时，要考虑分析的时间周期，可以以“日”为单位，也可以以“周”“月”“季”或“年”为单位。比如用日 K 线、周 K 线、月 K 线、季 K 线或年 K 线来进行短期、中期或长期分析。

空间是指股票价格波动的空间范围，在某种意义上，可以认为是价格的一方面，它指的是股价从低点向高点上涨的距离；或从高点向低点下跌的距离。在技术分析领域中，上涨空间和下跌空间在符合了一定的条件下，是可以度量的。比如说在形态理论中，就有最小量度涨幅和最小量度跌幅之说。当某一只股票形成头肩底形态时，那么最

小量度涨幅就是颈线到头的垂直距离，这就是上涨空间。再如某一只股票在高位形成M头形态时，那么它的最小量度跌幅是两头的连线到颈线的垂直距离。但并不是说涨或跌到这个位置，股价就不再上涨或下跌了，而是较明确地告诉分析者，至少要涨跌一个明确的幅度。在支撑压力中，也可以分析出大概的上涨空间和下跌空间，也就是分析一只上涨的股票，在什么位置是密集成交区，可能遇到的压力最大，将产生回落。一只下跌的股票，在什么位置是密集成交区，可能遇到支撑，股价将可在此位置附近止跌。波浪理论中，逐浪上涨的比例关系，也能预测上涨空间的幅度，逐浪下跌的比例关系，还可以预测下跌的幅度和底点。

四、技术分析的类型

在价、量历史资料基础上进行的统计、数学计算、绘制图表等是技术分析方法的主要手段。从这个意义上讲，技术分析方法是多种多样的。一般来说，可以将技术分析方法分为五类：K线类、切线类、形态类、波浪类、指标类。

（一）K线类

K线类的研究手法是侧重若干天的K线组合情况，推测股票市场多空双方力量的对比，进而判断多空双方谁占优势，是暂时的还是决定性的。K线图是进行各种技术分析的最重要的图表，股票投资者进行技术分析时往往首先接触的是K线图。

（二）切线类

切线类是按一定方法和原则在由股票价格的数据所绘制的图表中画出一些直线，然后根据这些直线的情况推测股票价格的未来趋势，这些直线就叫切线。切线的作用主要是起支撑和压力的作用。支撑线和压力线的往后延伸位置对价格趋势起一定的制约作用。画切线的方法有很多种，主要有趋势线、通道线、黄金分割线等。

（三）形态类

形态类是根据价格图表中过去一段时间走过的轨迹形态来预测股票价格未来趋势的方法。主要的形态有头肩顶、头肩底、M头、W底等十几种。从价格轨迹的形态中，我们可以推测出股票市场处于一个什么样的大环境之中，由此对我们今后的投资给予一定的指导。

（四）波浪类

波浪类是将股价的上下变动看成是波浪的上下起伏。波浪的起伏遵循自然界的规律，股价的运动也就遵循波浪起伏的规律。简单地说，上升是五浪，下跌是三浪。波浪理论的发明者和奠基人是艾略特（Ralph Nelson Elliott）。

（五）指标类

指标类要考虑市场行为的各个方面，建立一个数学模型，给出数学上的计算公式，得到一个体现股票市场的某个方面内在实质的数字，这个数字叫指标值。指标值的具体数值和相互间关系，直接反映股票市场所处的状态，为我们的操作行为提供指导方向。常用的指标有相对强弱指标（RSI）、随机指标（KDJ）、平滑异同移动平均线（MACD）等。

以上五类技术分析方法从不同的方面理解和考虑股票市场，有的注重长线，有的注重短线；有的注重价格的相对位置，有的注重绝对位置；有的注重时间，有的注重价格。在实践中应注意多种技术分析方法的综合研判，切忌片面地使用某一种技术分析结果。

五、技术分析法与基本分析法的区别

与基本分析法比较，技术分析法不要求分析者具备专门的经济理论和财务分析的知识，无需收集宏观经济及企业经营的各种信息。技术分析的图形、指标比较直观，容易理解。技术分析法与基本分析法的主要区别有：

(1) 技术分析着眼于描述证券价格的运动趋势，不深入研究推动价格变动的内因。基本分析注重证券价值的发现，通过对政治、经济、市场和企业的运行情况的分析，确定证券本身的价值，把握价格变动的趋势。

(2) 技术分析立足于过去，认为未来的价格趋势是过去价格运动的延续，因此，将证券交易的历史数据作为分析的依据。基本分析立足于未来，认为证券投资价值取决于未来的投资收益，因此，将基本经济因素的预测值作为分析依据。

(3) 技术分析强调选择合适的投资时机，解决“何时买卖证券的问题”。基本分析强调选择投资对象，解决“买卖何种股票的问题”。

(4) 技术分析关注于证券短期趋势的预测，基本分析关注于证券中长期价值的预测。

六、技术分析法应用时应注意的问题

技术分析作为一种证券投资分析工具，在应用时应该注意以下问题：

（一）技术分析必须与基本分析结合起来使用

技术分析必须与基本分析结合起来使用，才能提高其准确程度，否则单纯的技术分析是不全面的。从技术分析与基本分析的区别可以看出，技术分析法和基本分析法分析股价趋势的基本点是不同的。基本分析法的基点是事先分析，即在基本因素变动对证券市场发生影响之前，投资者已经在分析、判断市场的可能走势，从而作出“顺势而为”的买卖决策。但是基本分析法很大程度上依赖于经验判断，其对证券市场的影响力难以数量化、程式化，受投资者主观能力的制约较大。技术分析法的基点是事后分析，以历史预知未来，用数据、图形、统计方法来说明问题，不依赖于人的主观判断，一切都依赖于用已有资料作出客观结论。但未来不会简单重复过去，所以仅依靠过去和现在的数据预测未来并不可靠。因此，为了提高投资分析的可靠性，投资者应将技术分析法与基本分析法结合起来进行分析，既吸取技术分析的优点，又兼顾基本分析的因素，从而提高预测的准确程度。

（二）多种技术分析方法综合研判

在投资分析过程中，要注重多种技术分析方法的综合研判，切忌片面地使用某一种技术分析结果。技术分析方法有五大类，每一类又可分为很多种，可谓“多种多样，五花八门”，每一种方法都有其独特的优势和功能，也有不足和缺陷。没有任何一种方法能概括证券走势的全貌。实践证明，单独使用一种技术分析方法有相当大的局限性和盲目性，甚至会给出错误的买卖信号。因此，为了减少失误，投资者应将多种技术分析方法结合运用，相互补充，从而减少出错的机会，提高决策的准确性。

（三）理论与实践相结合

前人的或别人的结论要通过自己的实践检验后才能放心使用。各种技术分析的理论和方法都是前人或别人在一定的特殊条件和特定环境下得到的。随着环境的变化，别人的成功方法自己在使用时却有可能失败。因此，在使用技术分析方法时，要注意掌握各种分析方法的精髓，并根据实际情况作适当的调整。同时，也只有将各种方法应用于实际，并经过实践检验后成功的方法才是好的方法。

第二节

量价关系理论

股谚云：什么都可以骗人，唯有成交量不能骗人。“量是价的先行，天量见天价，地量有地价”，成交量是市场人气兴衰，供求变化的体现，是分析股价走势的重要指标。因此，成交量的分析变得异常重要。然而，到目前为止，人们并没有完全掌握量价之间的准确关系，本节仅就目前常用的量价关系理论进行介绍。

一、成交量的基本概念与分析指标

成交量是指一个时间单位内对某项交易成交的数量。成交量增加表示市场内投资人认同当时的股价而愿进场参与，自然会将股价推升；成交量减少表示市场内投资人信心不足，股价即将回落。当股价继续上升，成交量却后继无力不能随之上升时，便产生“量价背离”现象，为趋势反转的前兆。

成交量的大小可以通过以下指标来研判：

成交股数（VOL），这是最常见的指标，也是平常谈论中所指的成交量，它非常适合于对个股成交量做纵向比较，即观察个股历史上放量缩量的相对情况。最大缺点在于忽略了各个股票流通量大小的差别，难以精确表示成交活跃的程度，不便于对不同股票做横向比较，也不利于掌握主力进出的程度。当然在对个股研判时，目前最常用的还是成交股数。

成交金额（AMOUNT），直接反映参与市场的资金量多少，常用于大盘分析，因为它排除了大盘中各种股票价格高低不同的干扰，通过成交金额使大盘成交量的研判具有纵向的可比性。通常所说的两市大盘多少亿的成交量就是指成交金额。对于个股分析来讲，如果股价变动幅度很大，用成交股数或换手率就难以反映出庄家资金的进出情况，而用成交金额就比较明朗。

换手率（TUN），即每日的成交量股票的流通股本，可以作为看图时固定运用的指标，比较客观，有利于横向比较，能准确掌握个股的活跃程度和主力动态。换手率可以帮助我们跟踪个股的活跃程度，找到“放量”与“缩量”的客观标准，判断走势状态，尤其是在主力进货和拉升阶段，可以估计主力的控筹量。一般而言日换手率 < 3% 时为冷清，一种情况是该股属于散户行情，另一种情况是已高度控盘，庄股在高位震荡之际往往成交量大幅萎缩，换手率低。日换手率 > 3% 且 < 7% 时为活跃，表示有主力在积

极活动。日换手率 > 7% 为热烈，筹码急剧换手，如发生在高位，尤其是高位缩量横盘之后出现，很可能是主力出货；如果发生在低位，尤其是在突破第一个强阻力区时，很可能为主力在积极进货。

还可运用均量线（移动平均量线）对 VOL、AMOUNT、TUN 进行辅助研判，一般可设三个参数，即 5 日均量线、10 日均量线及 20 日均量线。由于均量线反映的是一定时期内市场成交量的主要趋向，与常用的移动平均线的原理相同，可运用黄金交叉、死亡交叉等均线理论进行研判。

在本书中主要用成交股数（VOL）进行分析，用条形实体表示。

二、量价关系理论

量价理论，最早见于美国股市分析家葛兰碧（Joe Granville）所著的《股票市场指标》，也称葛兰碧法则。葛兰碧认为成交量是股市的元气与动力，成交量的变动，直接表现股市交易是否活跃，人气是否旺盛，而且体现了市场运作过程中供给与需求间的动态实况，没有成交量的发生，市场价格就不可能变动，也就无股价趋势可言，成交量的增加或萎缩都表现出一定的股价趋势。葛兰碧在对成交量与股价趋势关系研究之后，总结了下列九大法则：

（1）价格随着交易量的递增而上涨，为市场行情的正常特性，此种量增价升的关系，表示股价将继续上升。比如温和放量，股价会持续上涨。

（2）在一个波段的涨势中，股价随着递增的成交量而上涨，突破前一波的高峰，创下新股价，继续上扬。然而此波段股价上涨的整个成交量水平却低于前一个波段上涨的成交量水平。在此时股价创出新高，但量却没有突破，由此波段股价涨势令人怀疑，同时也是股价潜在的反转信号。

（3）股价随着成交量的递减而回升，股价上涨，成交量却逐渐萎缩。成交量是股价上升的原动力，原动力不足显示出股价潜在的反转的信号。

（4）有时股价随着缓慢递增的成交量而逐渐上升，渐稳的趋势突然成为垂直上升的喷发行情，成交量急剧增加，股价跃升暴涨。紧随着此波走势，继之而来的是成交量大幅萎缩，同时股价急剧下跌，此现象表明涨势已到末期，上升乏力，显示出趋势有所反转的迹象。反转所具有的意义，将视前一波股价上涨幅度的大小及成交量增加的程度而言。

（5）股价走势因成交量的递增而上升，是十分正常的现象，并无特别暗示趋势反转的信号。

（6）在一波段的长期下跌形成谷底后，股价回升，成交量并没有因股价上升而递增，股价上涨欲振乏力，然后再度跌落至原先谷底附近，或者高于谷底。当第二谷底的成交量低于第一谷底时，是股价将要上升的信号。

（7）股价往下跌落一段相当长的时间，市场出现恐慌性抛售，此时随着日益放大的成交量，股价大幅度下跌，继恐慌卖出之后，预期阶段可能上涨，同时恐慌卖出创出的低价，将不可能在极短的时间内突破。随着恐慌大量卖出之后，往往是（但并非一定是）空头市场的结束。

（8）股价下跌，向下突破股价形态、趋势线和移动平均线，同时出现了大成交量，是股价下跌的信号，明确表示出下跌的趋势。

（9）当市场行情持续上涨数月之后，出现急剧增加的成交量而股价却上涨无力，在高位整理，无法再次向上大幅上升，显示了股价在高位大幅振荡，抛压沉重，上涨遇到了强阻力，此为股价下跌的先兆，但股价并非一定必然下跌。股价连续下跌之后，在低位区域出现大成交量，股价却没有进一步下跌，股价仅出现小幅波动，此即表示进货，通常是上涨的前兆。

葛兰碧量价法则（1）、（5）、（6）告诉我们：量价关系的基本规律是价升量增、价跌量减，符合这一基本规律表示价格将继续正常上涨或下跌。当市场出现背离量价规律现象时，意味着正常量价关系正在被打破，量变将引起价变。比如价升量减（上涨末期），价跌量增（下跌末期），价格潜在反转（2）、（3）法则；上升行情中，价平放量，上升乏力；下跌行情末期，量增价平，止跌回升（9）法则；下跌行情初期，价跌放量，表明抛压很重（8）法则；下跌末期，放量下跌，最后一跌（7）法则。另外还有蕴含我国古代“阴阳转换、物极必反”哲学思想的天量见天价、地量见地价（4）、（6）法则，表明股价没有永久的上涨与下跌，成交量放大、缩小到极致，必然是股价上涨、下跌的变盘之际。

图 13－3 反映了价升量减，潜在反转；图 13－4 反映了天量见天价。

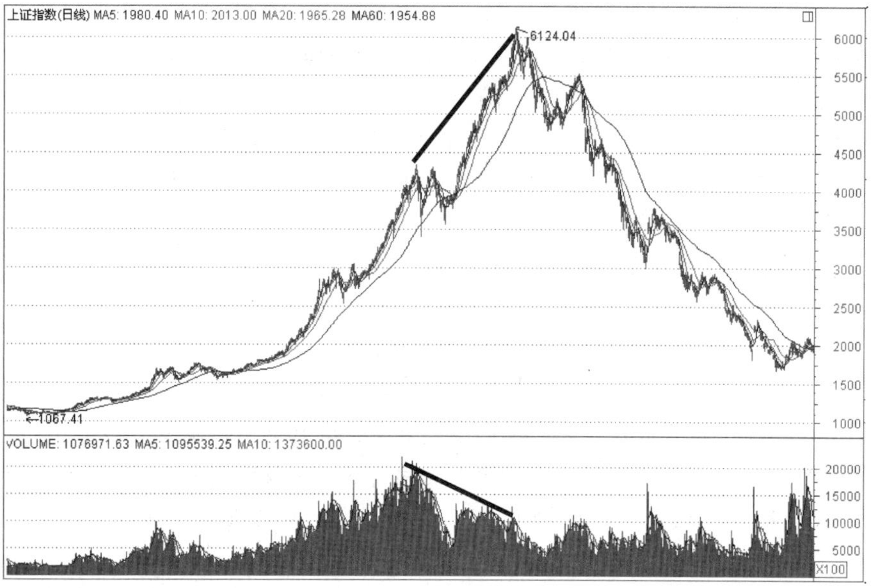

图 13－3

三、涨跌停板制度下的量价关系

为了降低风险，有些股票市场设立了涨跌停板制度，由于涨跌停板制度限制股票一天的涨跌幅度，使多空的能量得不到彻底的宣泄，容易形成单边市。很多投资者存在追涨杀跌的意愿，而涨跌停板制度下的涨跌幅度比较明确，在股票接近涨幅或跌幅限制时，很多投资者可能经不起诱惑，挺身追高或杀跌，形成涨时助涨、跌时助跌的趋势。而且，涨跌停板的幅度越小，这种现象就越明显。目前，在沪、深证券市场中 ST 板块

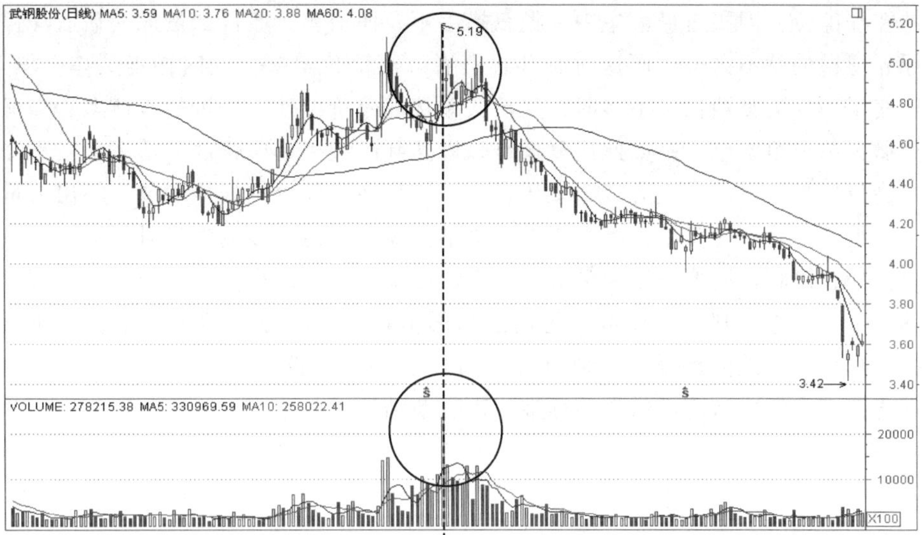

图 13－4

的涨跌幅度由于限制在±5%，因而它的投机性也是非常强的，经常出现涨时助涨，跌时助跌的现象。

在涨跌停板制度下，涨停和跌停的趋势继续下去，是以成交量大幅萎缩为条件的。拿涨停板时的成交量来说，在未设立涨停板制度以前，看到价升量增，我们会认为价量配合好，涨势形成或会继续，可以追涨或继续持股；如上涨时成交量不能有效配合放大，说明追高意愿不强，涨势难以持续，应不买或抛出手中个股。但在涨跌停板的制度下，如果某只股票在涨停板时没有成交量，那是卖主目标更高，想今后卖出好价，因而不愿意以此价抛出，买方买不到，所以才没有成交量。第二天，买方会继续追买，因而会出现续涨。然而，当出现涨停后中途打开，而成交量放大，说明想卖出的投资者增加，买卖力量发生变化，下跌有望。

在未设立跌停板制度以前，如出现价跌缩量说明空方惜售，抛压较轻，后市可看好；价跌量增，则表示跌势形成或继续，应观望或卖出手中筹码。但在涨跌停板制度下，若跌停，买方寄望希望于明天以更低价买入，因而缩手，结果在缺少买盘的情况下成交量小，跌势反而不止；反之，如果收盘仍为跌，但中途曾被打开，成交量放大，说明有主动性买盘介入，跌势有望止住，盘升有望。

在涨跌停板制度下，量价分析基本判定为：

（1）涨停量小，将继续上扬；跌停量小，将继续下跌。

（2）涨停中途被打开次数越多、时间越久、成交量越大，反转下跌的可能性越大；同样，跌停中途被打开次数越多、时间越久、成交量越大，则反转上升的可能性越大。

（3）涨停关门时间越早，次日涨势可能性越大；跌停关门时间越早，次日跌势可能越大。

（4）封住涨停的买盘数量和封住跌停时卖盘数量，说明了买卖盘力量的大小。数量越大，继续当前走势概率越大，后续涨跌幅度也越大。

在实际操作中，我们要注意主力资金借涨跌停板反向操作。比如，想卖，先以巨量买单挂在涨停位，因买盘量大集中，抛盘措手不及而惜售，股价少量成交后收涨停。自然，原先想抛的就不抛了，而这时有些投资者以涨停价追买，此时撤走买单，填卖单，自然成交了。当买盘消耗差不多时，又填买单接涨停价位处，以进一步诱多；当又追入时，又撤买单再填卖单……如此反复操作，以达到高挂买单虚张声势诱多，在不知不觉中悄悄高位出货。反之，主力资金想买，先以巨量在跌停价位处挂卖单，吓出大量抛盘时，然后悄悄撤除原先卖单，填上买单，吸纳抛盘。当抛盘吸纳将尽时，又抛巨量在跌停板价位处，恐吓持股者，以便吸筹……如此反复。所以，在这种场合，巨额买卖单多是虚的，不足以作为判定后市继续先前态势的依据。判断虚实的根据是否存在频繁挂单、撤单行为，涨跌停是否经常被打开，当日成交量是否很大。若是，则这些量必为虚，反之，则为实，从而可依先前标准作出判断结论。

第三节

K 线理论

K 线（Candlestick Charts）又称蜡烛线、日本线、阴阳线、棒线等，常用说法是"K 线"，起源于日本 18 世纪德川幕府时代的米市交易，用来计算米价每天的涨跌。因其细腻独特标画方法，人们把它引入股市、期市价格走势的分析中，经过 300 多年的发展，已经广泛应用于股票、期货、外汇，期权等证券市场。K 线图有直观、立体感强、携带信息量大的特点，蕴涵着丰富的东方哲学思想，能充分显示股价趋势的强弱、买卖（多空）双方力量平衡的变化，预测后市走向有一定的准确率，是各类传播媒介、电脑实时分析系统应用较多的技术分析手段。

一、K 线图的绘制

K 线是一条柱状线，以每个分析周期的开盘价、最高价、最低价和收盘价绘制而成，分为阳线和阴线两种。以绘制日 K 线为例，首先确定当日开盘和收盘的价格，它们之间的部分画成柱形实体。如果收盘价格高于开盘价格，则 K 线被称为阳线，用白色或红色的实体表示；反之称为阴线，用黑色实体或蓝色实体表示。最高价和实体之间的线被称为上影线，最低价和实体间的线称为下影线。用较细的线将最高价和最低价分别与实体连接。如图 13－5 为最常见的两种 K 线形状：

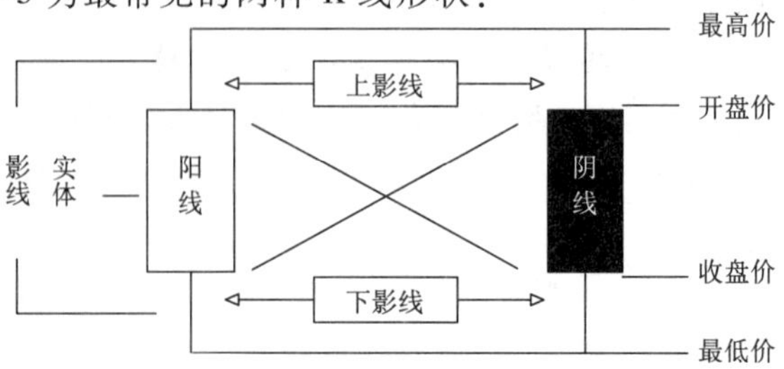

图 13－5

当日开盘价是指当天第一笔成交价格，当日收盘价是指当天最后一笔成交价格，当日最高价和最低价是指当天成交股票的最高成交价格和最低成交价格。四个价格中，收盘价是最重要的，很多技术分析方法只关心收盘价，而不关注其余三个价格。

一条K线记录的是某种股票一天的价格变动情况。将每天的K线按时间顺序排列在一起，就可以反映股票若干天的价格变动情况，称为日K线图。

与日K线图的绘制方法类似，还可以画出周K线图、月K线图等。其绘制方法与日K线几乎完全一样，区别只在于四个价格时间参数的选择上。比如周线图，是以这一周的开盘价、收盘价、最高价与最低价来画的。月K线是以一个月内的四个价位的来画的。

按周期不同可分为5分钟K线图，15分钟K线图，30分钟K线图，60分钟K线图，日K线图、周K线图、月K线图等。

不同周期K线图其应用也不同。一般而言，判断大势看周期较长的K线图，如周K线图和月K线图，当周K线图和月K线图处于高位，股市整体的价格风险大些，注意仓位要轻。当周K线图和月K线图处于低位，股市整体的价格风险小些。在买卖时，可以结合短线图（5分钟K线图，15分钟K线图，30分钟K线图，60分钟K线图，日K线图）寻找低位介入或高位卖出。

二、单根K线市场含义

（一）单根K线市场含义的研判

K线所包含的信息十分丰富。就单根K线而言，衡量其多空双方力量的对比取决于影线的长短与实体的大小。一般来说，指向一个方向的影线越长，越不利于股价今后朝这个方向变动。阴线实体越长，越有利于下跌；阳线实体越长越有利于上涨。当上下影线相对实体较短时，可忽略影线的存在。

（二）单根K线的种类及市场含义

K线是一种特殊的市场语言，不同的形态有不同的含义。除图13-5所绘的K线形状外，根据四个价格的不同取值，还会绘制出其他的K线形状，可概括为以下10种（见图13-6）。

1. 大阳线

此种图说明最高价和收盘价相同，最低价和开盘价一样。上下没有影线。从一开盘，买方就积极进攻，中间也可能出现买方和卖方的斗争，但是一直到收盘，买方始终占优势，使价格一路上扬。说明强烈的涨势，股市呈现高潮，握有股票者，因看到买气旺盛，不愿抛售，出现供不应求的状况。

2. 大阴线

此种图说明最高价和开盘价相同，最低价和收盘价一样。上下没有影线。从一开始，卖方就占优势。股市处于低潮。持股者不限价疯狂抛出，造成恐慌心理。价格始终下跌，说明跌势强烈。

3. 先跌后涨型

此为带下影线的红实体。最高价和收盘价相同，开盘后，卖气较足，价格下跌。但是在低价位上得到买方支撑，价格向上推过开盘价，一路上扬，直至收盘，收在最高价上。总体来讲，出现先跌后涨型，买方力量较大，但是实体部分和下影线长短不同，买

图形	名称	市场含义	图形	名称	市场含义
	大阳线	强烈涨势，多方势力强大		大阴上影线	多空交战空方稍强
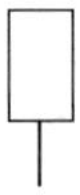	大阳下影线	多方势力强大		大十字线	多空势均将变盘
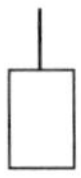	大阳上影线	高档换手		T 字线	下跌受到支撑，多方转机
	大阴线	表示大跌，空方势力强大		倒 T 字线	上攻受阻，高档小心
	大阴下影线	多空交战跌后若有支撑可能反弹		一字线	交投清淡或涨跌停板

图 13－6

方和卖方力量对比不同。实体部分比下影线长，买方实力很大。实体部分和下影线相等，买卖双方交战激烈，但是大体上，买方占主导地位。实体部分比下影线短。买卖双方在低价位上发生激战，遇买方支撑逐步将价位上推。买方所占据得优势不太大，如卖方次日全力反攻，则买方实体很容易被攻占。

4. 下跌抵抗型

此为带下影线的黑实体，开盘价是最高价。一开盘卖方力量就特别大，价位下跌，但是在低价位上遇到买方地支撑。后市可能会反弹。实体部分和下影线的长短不同也可分为三种情况：实体部分比影线长，卖压比较大，一开盘，大幅度下压，在低点遇到买方抵抗，影线部分较短，说明买方把价位上推不多，从总体上看，卖方占了比较大的优势；实体部分和影线同长，买方力量较大，但卖方仍占优势；实体部分比影线短，卖方把价位一路压低，在低价位上，遇到买方顽强抵抗并组织反击，逐渐把价位上推，最后虽以黑棒收盘，但是可以看出卖方只占极少的优势。后市很可能买方会全力反攻，把小黑实体全部吃掉。

5. 上升阻力型

此为带上影线的红实体，开盘价也就是最低价。一开盘买方强盛，价位一路上推，但是在高价位遇卖方压力，使股票价格上升受阻。但买方略胜一筹。具体情况仍应观察实体和影线的长短。红实体比影线长，说明买方在高价位是遇到阻力，部分多头获利回吐，但是买方仍是市场的主导力量，后市继续看涨；实体和影线同长，此时卖方力量比上影线短时较强；实体比影线短，在高价位遇卖方的压力，卖全面反击，买方受到严重考验。大多短线买者纷纷获利回吐，结束后，卖方已收回大部分失地，买方一块小小的堡垒实体部分将很快被消灭，这种 K 线如出现在高价区，则后市看跌。

6. 先涨后跌型

此为带上影线的黑实体，收盘价也就是最低价。一开盘，买卖方进行交战，买方占上风，价格一路上升，但是在高价位遇卖压阻力，卖方组织力量反攻，买方节节败退，最后在最低价收盘，卖方占优势，并充分发挥力量，使买方陷入“套牢”的困境。

7. 十字线型

此为只有上下影线，没有实体的图形，开盘价也就是是收盘价。说明在交易中，股票价格出现高于或低于开盘价成交，但是收盘价和开盘价相等。买卖方几乎势均力敌，上影线越长，说明卖压越重；下影线越长，说明买方力量强；上下影线看似等长时，可称为转机线，在高价位或低价位，意味着出现反转。

8. 倒T字线

开盘价和收盘价相同。当日交易都在开盘价以上之价位成交，并以当日最低价也就是开盘价收盘。说明买方虽强，但是卖方更强，买方无力再拉升，总体看卖方稍占优势，如在高价区，行情可能会下跌。

9. T字线

开盘价和收盘价相同，当日交易以开盘价以下之价位成交，又以当日最高价也就是开盘价收盘。卖方虽强，但是买方实力更大，局势对买方有利，如在低价区，行情将会回升。

10. 一字线

此图形不常见，也就是开盘价、收盘价、最高价、最低价在同一价位。出现于交易非常冷清，全日交易只有一档价位成交，冷门股此类情形较易发生。

在涨跌停板制度下，一字线有重大意义：

（1）在股价上涨初期出现的一字线，往往反映该股有重大利好被一些先知先觉者察知捷足先登，因此在涨升初期出现的一字线，投资者应该采取积极做多策略，如一字线当日没有买进，第二天可以继续追进。通常在涨势中出现一字线后，股价继续上涨的可能性很大。注意：如果该股一连出现几个一字线，从规避短期风险出发，则不宜继续追涨。

（2）在跌势中，尤其是股价下跌初期出现的一字线，往往反映该股有重大利空或是股价炒过了头，庄家率先出逃所致。因此，在下跌初期出现一字线，投资者应果断平仓出局，如一字线当天没有卖出，第二天应当继续卖出，通常在跌势中出现一字线后，股价下跌的可能性很大。注意：如果该股已连续出现几个一字线，就不宜再继续杀跌，可等股价反弹时再出货。

K线所包含的信息十分丰富。就以单根K线而言，多空双方力量的对比取决于影线的长短与实体的大小。一般来说，指向一个方向的影线越长，越不利于股价今后朝这个方向变动。阴线实体越长，越有利于下跌；阳线实体越长越有利于上涨。当上下影线相对实体较短时，可忽略影线的存在。如果多根K线组成不同组合，其所包含的信息就更为丰富。

三、常见K线组合

单根K线代表的是多空双方一天（或一个交易时间段）之内战斗结果，不足以反映连续的市场变化，多根K线的组合图才可能更详尽地表述多空双方一段时间内“势”的转化，我们看K线图往往是要分析多根K线的组合，常见的K线组合有两根K线组合、三根K线组合、四根K线组合等，下面介绍几种常见的K线组合。

（一）上升形态和见底形态的K线组合（见图13－7）

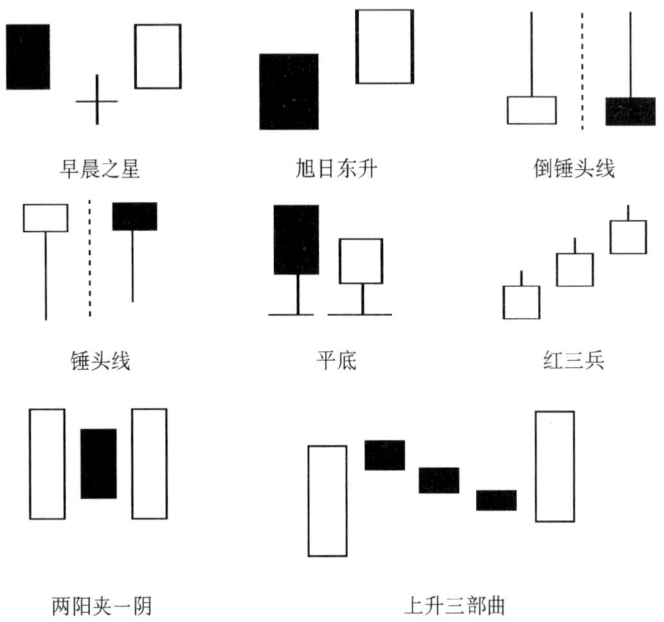

图13－7

1. 早晨之星

出现在下跌趋势中，由3根K线组成，第一根是阴线，第二根是小阴线或小阳线，第三根K线实体深入到第一根K线实体之内。是见底信号，后市看涨。

2. 旭日东升

出现在下跌趋势中，由一阴一阳两根K线组成，先是一根大阴线或者中阴线，接着出现一根高开的大阳线或中阳线，阳线的收盘价已高于前一根阴线的开盘价。见底信号，后市看涨。

3. 倒锤头线

出现在下跌趋势中，阳线（阴线）实体很小，上影线大于或等于实体的两倍，一般无下影线，或略有下影线。下跌途中或末端出现，长上影表示上涨的欲望。

4. 锤头线

出现在下跌趋势中，阳线（阴线）实体很小，下影线大于或等于实体的两倍，一般无上影线，或略有上影线。长下影线表示下跌遇到抵抗，有止跌的含义。

5. 平底

出现在下跌趋势中，由2根或2根以上的K线组成，最低价位处于同一水平位置上。表示探明底部的含义。

6. 红三兵

出现在上涨行情初期，由 3 根连续创新高的小阳线组成。后市一般看涨。

7. 两阳夹一阴

由 2 根较长的阳线和一根较短的阴线组成，阴线夹在阳线之中，表示多方力量强于空方。这中组合既可出现在涨势中，也可出现在跌势中，在涨势中出现，继续看涨，在跌势中出现，是止跌信号。

8. 上升三部曲

在股价上经过一段时期的上涨后，在一根大阳线或是中阳线之后，连续出现了三根小阴线，但三根小阴线都没有跌破前面这条大阳线的开盘价，并且成交量也开始减少，随后就出现了一根大阳线。这说明多方在积蓄力量，伺机上攻。

（二）下跌形态和滞涨形态的 K 线组合（见图 13－8）

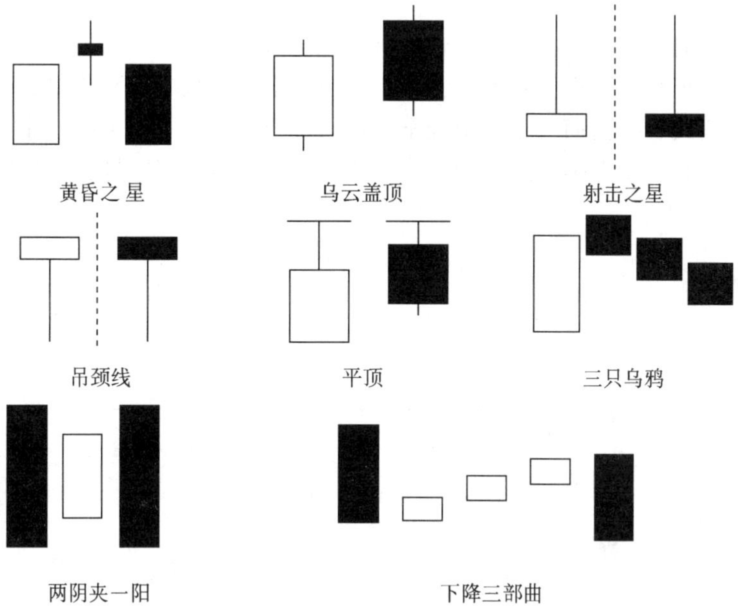

图 13－8

1. 黄昏之星

出现在涨势中，由 3 根 K 线组成，第一根为阳线，第二根为小阴线或小阳线，第三根阴线实体深入到第一根 K 线实体之内。表示变盘在即。

2. 乌云盖顶

出现在涨势中，由一根中阳线或大阳线和一根中阴线或大阴线组成，阴线已深入到阳线实体二分之一以下处。表示空方咄咄逼人。

3. 射击之星

出现在上涨趋势中，阳线（亦可以是阴线）实体很小，上影线大于或等于实体的两倍，一般无下影线，少数略有一点下影线。表示上涨受阻。

4. 吊颈线

出现在涨势中，阳线（亦可以是阴线）实体很小，下影线大于或等于实体的两倍，一般无上影线，少数略有一点上影线。表示空方已经开始发力。

5. 平顶

在上涨趋势中出现，由 2 根或 2 根以上的 K 线组成，最高价处在同一水平面位置上。表示上涨受阻。

6. 三只乌鸦

出现在涨势中，由 3 根阴线组成，阴线多为大阴线或中阴线，每次均以跳高开盘，最后以下跌收盘。空方势力强大，后市不容乐观。

7. 两阴夹一阳

由 2 根较长的阴线和一根较短的阳线组成，阳线夹在阴线之中，表示空方力量强于多方。这种组合既可出现在涨势中，也可出现在跌势中，在涨势中出现，是滞涨信号，在跌势中出现，是继续下跌信号。

8. 下降三部曲

股价在下跌时出现了一根实体较长的阴线，随后连续拉出了三根向上攀升的实体较为短小的阳线。但最后一根阳线的收盘价仍比前一根长阴线的开盘价要低，之后紧接着又出现一根长阴线，把前面三根小阳线全部或大部分都吞吃了。下降三步曲的出现表明多方虽然想作反抗，但最后在空方打击下显得不堪一击，表明股价还会进一步向下滑落。

四、实例

1. 早晨之星

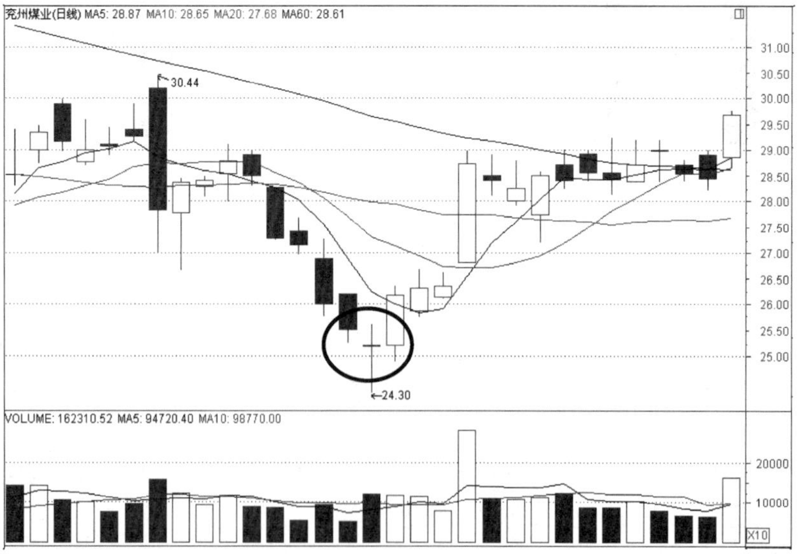

图 13－9

图 13－9，该股在经历一段下跌过程后，出现了早晨之星，进入一轮上涨行情。

2. 射击之星

图 13－10

图 13－10，该股经过一轮上涨后，出现了射击之星，随后出现了明显下跌。

3. 乌云盖顶

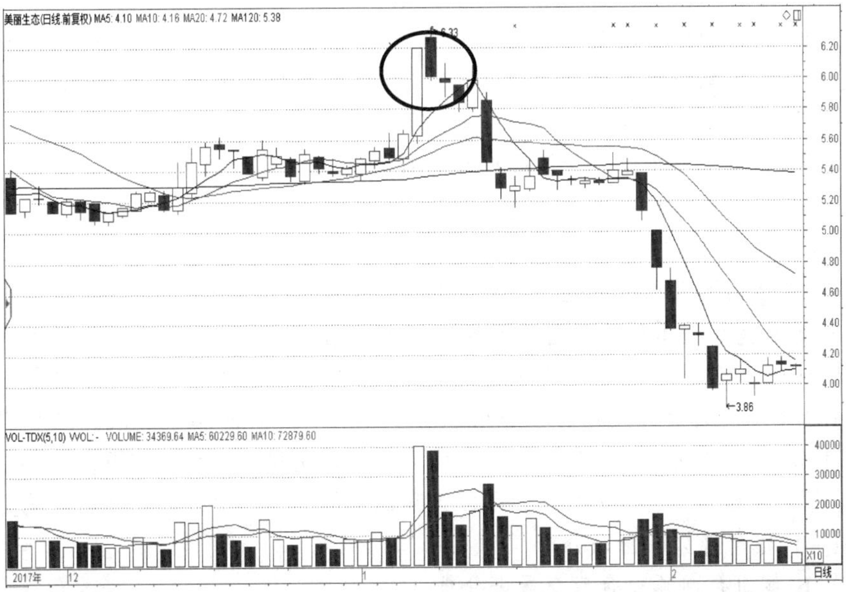

图 13－11

图 13－11，该股在一轮上涨后，高位出现了乌云盖顶，后市出现了大幅下跌。

4. 上升三部曲

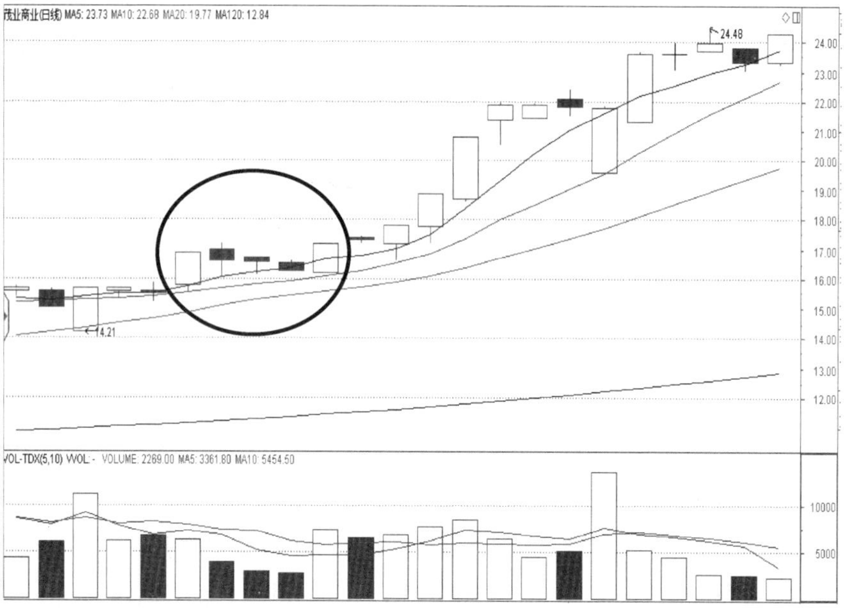

图 13－12

图 13－12，该股在上升途中出现了上升三部曲，后期涨幅明显。

五、K 线判研注意事项

K 线是价格运行轨迹的综合体现，无论是开盘价、收盘价，还是上下影线都代表着深刻的市场含义，但是在运用 K 线分析时绝对不能机械搬用，相同的 K 线或者 K 线组合在趋势运行的不同阶段出现代表的市场含义会不尽相同，我们应该用辩证的思维进行分析。在运用 K 线判研行情时，以下几点需要投资者关注：

（一）同样的 K 线组合，在周期越长的 K 线图中可信度越大

K 线图有不同的周期，同样的 K 线组合，月线的可信度最大，周线次之，然后才是日线。同样，在日线、60 分钟线、30 分钟线等周期 K 线中也是如此，因为周期越长，价格受到不理性的操纵和干扰越小，K 线越能反映真正的市场含义。

（二）股价运行的不同阶段出现同样的 K 线组合代表含义不同

K 线图中蕴涵着丰富的东方哲学思想，以阴阳之变表现出了多空双方“势”的相互转换，相同的 K 线或者 K 线组合在股价趋势运行的不同阶段出现代表的市场含义会不尽相同，因为它们处在了不同的环境中。比如，同样是早晨之星，在下跌段尾声出现就比震荡阶段出现的见底信号更可信，所以，我们不能一见到早晨之星线就认为是底部到来，必须结合整个趋势综合来分析。

（三）K 线组合必须配合成交量来分析

成交量代表的是力量的消耗，是多空双方博弈的激烈程度，而 K 线是博弈的结果。只看 K 线组合，不看成交量，其效果要减半。成交量是动因，K 线形态是结果，K 线的运用必须结合成交量来分析。

第四节

切线理论

中国历史和世界的发展进程告诉我们，历史发展的每个时期，只有顺应时代的潮流，转变观念，才能兴旺发达，繁荣昌盛。证券市场也一样，也有顺应潮流的问题，要准确地把握形势，了解大势的发展方向，“顺势而为，不逆势而动”已成为投资者的共识。本节从道氏理论趋势的认识着手，应用画线的方法，介绍几种常见的切线理论。

一、道氏理论

（一）形成过程

道氏理论是技术分析的理论基础，许多技术分析方法的基本思想都来自于道氏理论。该理论的创始人是查尔斯·亨利·道。为了反映市场总体趋势，他与爱德华·琼斯创立了著名的道－琼斯平均指数。他们在《华尔街上报》上发表的有关证券市场的文章，经后人整理，成为今天看到的道氏理论。

（二）主要原理

1. 趋势的层次

道氏理论认为，价格的波动尽管表现形式不同，但最终可以将它们分为三种趋势：主要趋势、次要趋势、短暂趋势。主要趋势是指持续1年或1年以上的趋势，看起来像大潮；次要趋势是指持续3周～3个月的趋势，看起来像波浪，是对主要趋势的调整；短暂趋势持续时间不超过3周，看起来像波纹，其波动幅度更小。

2. 基本牛市的三个阶段

（1）第一阶段：积累阶段，即熊市即将结束，牛市即将开始的阶段。利空因素被市场逐渐消化，恐慌性抛售已过去，但市场仍缺乏信心，空方仍控制市场，交投清淡。先知先觉者逐步买入，市场止跌企稳或缓慢下降，一些个股强于市场，先于市场止跌或缓步上扬。

（2）第二阶段：稳定上涨阶段。市场环境逐步好转，股价开始稳步上升，市场信心恢复，成交日益活跃，在龙头股引领下，热点频繁出现，后知后觉者辨明了方向，逐渐介入，这一阶段是技术分析者最好的获利时期。

（3）第三阶段：反转的过渡阶段。利好消息频传，大众一致看好后市，投机活跃，新股大量发行上市，低价垃圾股也被炒高。但市场波动幅度加大。不知不觉者固执地看好后市不断投资，而先知先觉者觉察到市场的种种变化获利出局。

（三）道氏理论的应用及应注意的问题

道氏理论是在相关收盘价的基础上确定股票市场的主要趋势，对大形势的判断有较大的作用，但对于每日每时都在发生的小波动则显得无能为力。道氏理论甚至对次要趋势的判断作用也不大，道氏理论从来就不是用来指出应该买卖哪只股票的理论。

道氏理论的另一个不足是它的可操作性较差，而且给出的信号太迟，即使是对长期趋势的预测，道氏理论也无法预先精确地指明股市变动的高峰和低谷，而要等股价变动数周甚至数月以后，在两个股价平均数明显突破上一次的高峰或低谷后才能发出趋势转变的信号，因此，它的预告有明显的滞后性。道氏理论过于强调股价平均数，但股价平均数不等于整个股票市场，并非所有股票都与股价平均数同涨同跌，这一理论没有给投资者指出具体的投资对象。另一方面，理论本身存在不足，使得一个很优秀的道氏理论分析师在进行行情判断时，也会因得到一些不明确的信号而产生困惑。最后，道氏理论将工业股价平均数与运输业股价平均数相关联有其历史背景，在道氏理论创建时，铁路运输在国民经济中占有重要地位，但时至今日运输业的变动是否能代表整个经济的景气状况已不能令人信服。

尽管道氏理论存在某些缺陷，有的内容对今天的投资者来说已经过时，但它仍是许多技术分析的理论基础。近年来，出现了很多新的技术，有相当部分是道氏理论的延伸，这在一定程度上弥补了道氏理论的不足。

二、趋势分析

股价变动有一定的趋势，在长期上涨或下跌的趋势中，会有短暂的盘旋或调整，投资者应把握长期趋势，不为暂时的回调和反弹所迷惑；同时，也应及时把握大势的反转。

（一）趋势概念

趋势是指股票价格的波动方向。若确定了一段上升或下降的趋势，则股价的波动必然朝着这个方向运动。上升的行情中，虽然也时有下降，但不影响上升的大方向；同样，下降行情中也有可能上升，但不断出现的新低使下降趋势不变。

一般来说，市场变动不是朝一个方向直来直去，中间肯定要有曲折，从图形上看是一条曲折蜿蜒的折线，每个折点处就形成一个峰或谷。由这些峰和谷的相对高度，我们可以看出趋势的方向。

技术分析的三大假设中第二条明确说明价格的变化是有趋势的，没有特别的理由，价格将沿着这个趋势继续运动。这一点就说明趋势这个概念在技术分析中的重要地位。

（二）趋势的方向

趋势的方向有三类：

1. 上升方向

如果图形中每个后面的峰和谷都高于前面的峰和谷，则趋势就是上升的方向。这就是常说的一低比一低高或底部抬高。

2. 下降方向

如果图形中每个后面的峰和谷都低于前面的峰和谷，则趋势就是下降的方向。这就是常说的一顶比一顶低或顶部降低。

3. 水平方向（无趋势方向）

如果图形中后面的峰和谷与前面的峰和谷相比，没有明显的高低之分，几乎呈水平延伸，这时的趋势就是水平方向。水平方向趋势是被大多数人忽视的一种方向，这种方向在市场上出现的机会是相当多的。就水平方向本身而言，也是极为重要的。大多数的技术分析方法，在对处于水平方向的市场上进行分析时，都容易出错，或者说作用不大。这是因为这时的市场正处在供需平衡的状态，股价下一步朝哪个方向走是没有规律可循的，可以向上也可以向下，而对这样的对象去预测它朝何方运动是极为困难的，也是不明智的。

三、支撑线和压力线

（一）支撑线和压力线的含义

支撑线又称为抵抗线，是指当股价下跌到某个价位附近时，会出现买方增加、卖方减少的情况，从而使价格停止下跌，甚至有可能回升，这个起阻止股价继续下跌的价位所处区域就是支撑线所在的位置。

压力线又称为阻力线，是指当股价上涨到某价位附近时，会出现卖方增加、买方减少的情况，股价会停止上涨，甚至回落。这个起着阻止股价继续上升的价位所处区域就是压力线所在的位置。

在实际中，支撑线和压力线有倾斜、水平、弯曲之分。如趋势线、轨道线、股价高点与低点、黄金分割线、移动平均线等。

在某一价位附近之所以形成对股价运动的支撑和压力，主要由投资者的筹码分布、持有成本以及投资者的心理因素所决定。当股价下跌到投资者（特别是机构投资者）的持仓成本价位附近，或股价从较高的价位下跌一定程度（如50%），或股价下跌到过去的最低价位区域时，都会导致买方增加买盘，使股价在该价位站稳，从而对股价形成支撑。当股价上升到某一历史成交密集区，或当股价比较低的价位上升一定程度，或上升到过去的最高价位区域时，会导致大量解套盘和获利盘的抛出，从而对股价的进一步上升形成压力。

（二）支撑线和压力线的作用

支撑线和压力线的作用是阻止或暂时阻止股价朝一个方向继续运动。我们知道股价变动是有趋势的，要维持这种趋势，保持原来的变动方向，就必须冲破阻止其继续向前的障碍。比如说，要维持下跌行情，就必须突破支撑线的阻力和干扰，创造出新的低点；要维持上升行情，就必须突破上升压力线的阻力和干扰，创造出新的高点。由此可见，支撑线和压力线都有被突破的可能，它们不足以长久地阻止股价保持原来的变动方向，只不过是使它暂时停顿而已，详见图13－13。

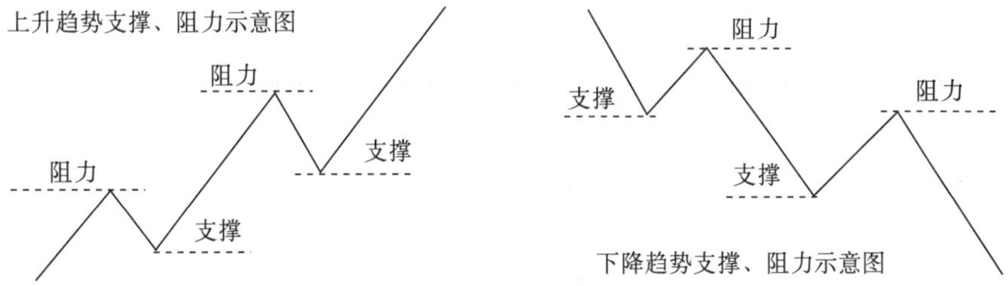

图13－13

在上升趋势中，如果下一次未创新高，即未突破压力线，这个上升趋势就已经处在很关键的位置了，如果往后的股价又向下突破了这个上升趋势的支撑线，这就产生了一个趋势有变得很强烈的警告信号。这通常意味着这一轮上升趋势已经结束，下一步的走向是下跌。

同样，在下跌趋势中，如果下一次未创新低，即未突破支撑线，这个下降趋势就已经处于很关键的位置；如果下一步股价向上突破了这次下降趋势的压力线，这就发出了这个下降趋势将要结束的强烈信号，股价的下一步将是上升的趋势，详见图 13－14。

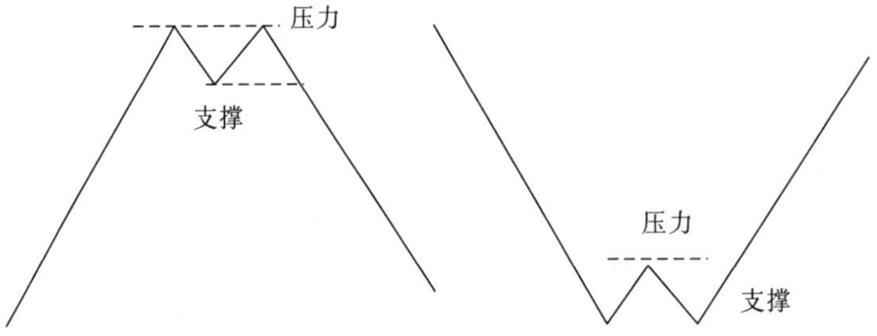

图 13－14

（三）支撑线和压力线的相互转化

支撑线和压力线之所以能起支撑和压力作用，两者之间之所以相互转化，很大程度上是由于心理因素方面的原因，这也是支撑线和压力线理论上的依据。

证券市场中主要有三种人：多头、空头和旁观者。旁观者又可分为持股者和持币者。假设股价在一个区域停留了一段时间后突破压力区域开始向上移动，在此区域买入股票的多头们肯定认为自己对了，并对自己没有多买入些股票而感到后悔。在该区域卖出股票的空头们这时也认识到自己弄错了，他们希望股价再跌回他们卖出的区域时，将他们原来卖出的股票补回来。而旁观者中的持股者的心情和多头相似，持币者的心情同空头相似。无论是这四种人中的哪一种，都有买入股票成多头的愿望。这样，原来的压力线就转化为支撑线。

正是由于这四种人决定要在下一个买入的时机买入，所以股价稍一回落就会受到大家的关心，他们会或早或晚地进入股市买入股票，这就使价格根本还未下降到原来的位置，上述四个新的买进大军自然又会把价格推上去，使该区域成为支撑区。在该支撑区发生的交易越多，就说明很多的股票投资者在这个支撑区有切身利益，这个支撑区就越重要。

以上分析过程对于压力线也同样适用，只不过结论正好相反。

可见，一条支撑线如果被突破，那么这一支撑线将称为压力线；同理，一条压力线被突破，这个压力线将成为支撑线。这说明压力线和支撑线的地位不是一成不变的，而是可以改变的，条件是它被有效的、足够强大的股价变动突破，详见图 13－15。

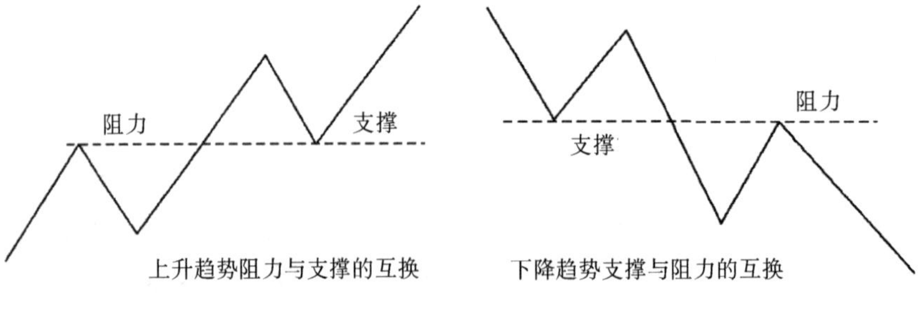

图 13－15

（四）支撑线和压力线的确认和修正

每一条支撑线和压力线的确认都是人为进行的，主要是根据股价变动所画出的图表，这里面有很大的人为因素。

一般来说，一条支撑线或压力线对当前影响的重要性有三个方面的考虑：一是股价在这个区域停留时间长短；二是股价在这个区域伴随的成交量大小；三是这个支撑区域或压力区域发生的时间距离当前这个时期的远近。很显然，股价停留的时间越长、伴随的成交量越大、离现在越近，则这个支撑或压力区域对当前的影响就越大；反之就越小。

上述三个方面是确认一条支撑线或压力线的重要识别手段。有时，由于股价的变动，会发现原来确认的支撑线或压力线可能不真正具有支撑或压力的作用，比如说，不完全符合上面所述的三个条件，这时，就有一个对支撑线和压力线进行调整的问题，这就是支撑线和压力线的修正。

对支撑线和压力线的修正过程是对现有各个支撑线和压力线的重要性的确认。

每条支撑线和压力线在人们心目中的地位是不同的。股价到了这个区域，投资者心里清楚，它很有可能被突破；而到了另一个区域，投资者心里明白，它就不容易被突破。这为进行买卖提供了一些依据，不至于仅凭直觉进行买卖决策。

四、趋势线和轨道线

（一）趋势线

1. 趋势线的含义

由于证券价格变化的趋势是有方向的，因为可以直线将这种趋势表现出来，这样的直线称为趋势线。反映价格向上波动发展的趋势线称为上升趋势线；反映价格向下波动发展的趋势线称为下降趋势线。

由于股票价格的波动可分为长期趋势、中期趋势和短期趋势三种，因此，描述价格变动的趋势线也分为长期趋势线、中期趋势线和短期趋势线三种。由于价格波动经常变化，可能由升转跌，甚至在上升或下跌途中转换方向，因此，反映价格变动的趋势线不可能一成不变，而是要随着价格波动的实际情况进行调整。

换句话说，价格不论是上升还是下跌，在任一发展方向上的趋势线都不是只有一条，而是若干条。不同的趋势线反映了不同时期价格波动的实际走向，研究这些趋势线的变化方向和变化特征，就能把握住价格波动的方向和特征。

2. 趋势线的画法

连接一段时间内价格波动的高点或低点可画出一条趋势线。在上升趋势中，将两个低点连成一条直线，就得到上升趋势线；在下降趋势中，将两个高点连成一条趋势线，就得到下降趋势线。标准的趋势线必须由两个以上的高点或低点连接而成，详见图13－16。

由图13－16可看出，上升趋势线起支撑作用，是支撑线的一种；下降趋势线起压力作用，是压力线的一种。

从图中我们很容易画出趋势线，这并不意味着趋势线已经被我们掌握了。画出一条直线后，有很多问题需要我们去解答，最关键的问题是正确确定趋势线的高点或低点。

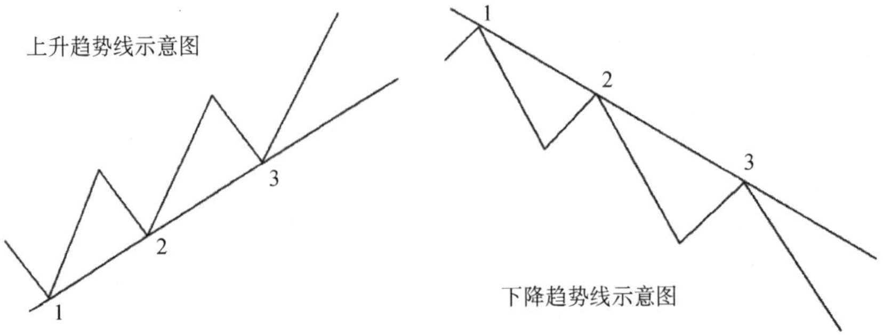

图 13－16

然而，正确判断趋势线的高点或低点并不是一件十分简单的事情，它需要对过去价格形态的波动进行分析研究。根据两点决定一条直线的基本原理，画任何趋势线必然选择两个有决定意义的高点或低点。一般来说，上升趋势的两个低点，就是两个反转低点，即下跌至某一低点开始回升，再下跌没有跌破前一低点又开始上升，则这两个低点就是两个反转低点。同理，决定下跌趋势线也需要两个反转高点，即上升至某一高点后开始下跌，回升未达前一高点又开始回跌，则这两个高点就是反转高点。

在若干条上升趋势线和下跌趋势线中，最重要的是原始上升趋势线或原始下跌趋势线。它决定了价格波动的基本发展趋势，有着极其重要的意义。原始趋势的最低点是由下跌行情转为上升行情之最低，至少在1年中此价位没有再出现，例如1999年12月29日沪市的1314点。原始趋势的最高点是上升行情转为下跌行情之最高点，同样至少在1年中此价位没有再出现，例如2001年6月14日沪市的2245点。

3. 趋势线的确认及其作用

要得到一条真正起作用的趋势线，要经多方面的验证才能最终确认，不合条件的一般应删除。首先，必须确实有趋势线的存在。也就是说，在上升趋势中，必须确认出两个依次上升的低；在下降趋势中，必须确认出两个依次下降的高点，才能确认趋势的存在。其次，画出直线后，还应得到第三个点的验证才能确认这条趋势线是有效的。一般来说，所画出的直线被触及的次数越多，其作为趋势线的有效性越能得到确认，用它进行预测越准确有效。另外，这条直线延续的时间越长，越具有效性。

一般来说，趋势线有两种作用：

第一，对价格今后的变动其约束作用，使价格总保持在这条趋势线的上方（上升趋势线）或下方（下降趋势线）。实际上，就是起支撑和压力的作用。

第二，趋势线被突破后，就说明股价下一步的走势将要反转。越重要、越有效的趋势线被突破，其转势的信号越强烈。被突破的趋势线原来所起的支撑和压力作用，现在将互相交换角色，详见图13－17。

（二）轨道线

1. 轨道线的画法

轨道线又称通道线或管道线，是基于趋势线的一种画线方法。在已经得到了趋势线后，通过第一个峰和谷可以作出这条趋势线的平行线，这条平行线就是轨道线，详见图

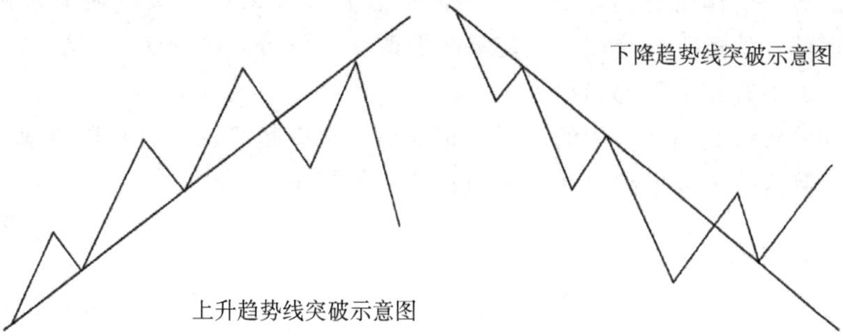

图 13－17

13－18。

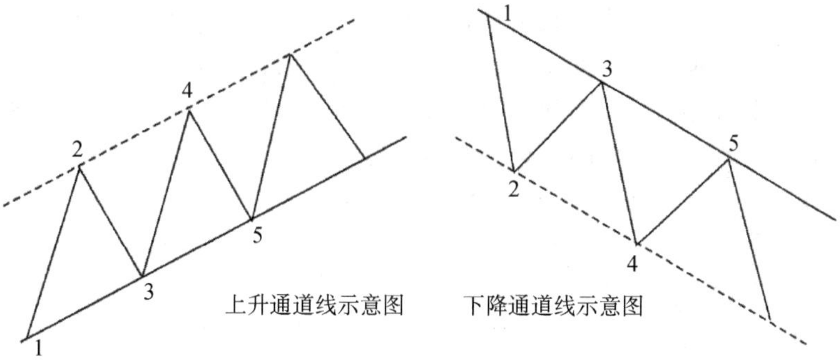

图 13－18

两条平行线组成的一个轨道，就是常说的上升和下降轨道。轨道的作用是限制股价的变动范围，让它不能变得太离谱。一个轨道一旦得到确认，那么价格将在这个轨道里变动。对上面或下面的直线的突破将意味着行情有一个大的变化。

2. 轨道线的突破

与突破趋势线不同，对轨道线的突破并不是趋势反转的开始，而是趋势加速的开始，即原来的趋势线的斜率将会增加，趋势线的方向将会更加陡峭，详见图 13－19。

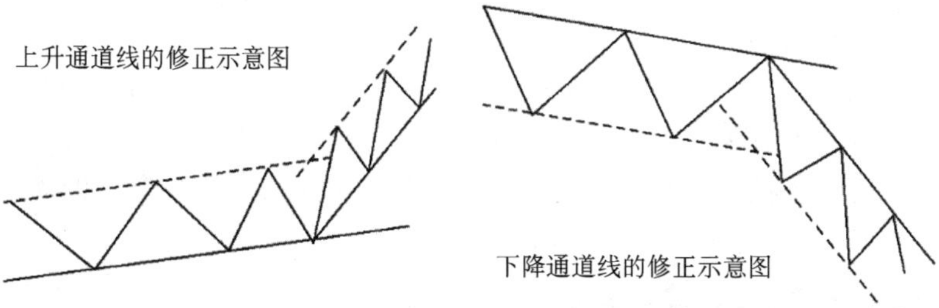

图 13－19

轨道线也有一个被确认的问题。一般而言，轨道线被触及的次数越多，延续的时间长，其被认可的程度和重要性越高。

轨道线的另一个作用是提出趋势线转向的警报。如果在一次波动中未触及到轨道线，离得很远就开始掉头，这往往是趋势将要改变的信号。这说明，市场已经没有力量继续维持原有的上升或下降的趋势了。

轨道线和趋势线是相互作用的一对。很显然，现有趋势线，后有轨道线。趋势线比轨道线重要。趋势线可以单独存在，而轨道线则不能单独存在。

五、黄金分割线

黄金分割是一种古老的数学方法，它具有神奇的魔力，自然界许多事物都暗含着黄金比率，古埃及的金字塔、自然界动植物结构乃至宇宙星云的运转都体现着这个神奇的比率。将黄金分割运用在证券市场中，屡屡在分析证券价格变化方面显示出惊人的准确性。

行情发生转折后，无论是由跌转升还是由升转跌，投资人都很关心价格上涨的阻力价位及回撤的支撑价位，对此，利用黄金分割线可以提供一些有益的帮助。

黄金分割线是依据0.618黄金分割原理计算得出的价位而画出的水平切线组，证券价格很容易在这些切线价位处受到阻力或支撑。黄金分割线的计算方法分为单点黄金分割线和双点黄金分割线，常用的黄金分割数字有：

0.236、0.382、0.5、0.618、0.809；

1.236、1.382、1.618、1.809、2；

2.236、2.382、2.618、4.236等。

（一）单点黄金分割线

在上涨行情中，选择起涨点，分别乘以1以上的数字，在各个价位处画出起阻力作用的一组黄金分割线；在下跌行情中，选择起跌点，分别乘以1以下的数字，在各个价位处画出起支撑作用的黄金分割线。

其中0.382，0.618，1.382，1.618是最为重要的数字，这些黄金分割线的支撑和阻力的作用最为突出。

（二）双点黄金分割线

无论上涨还是下跌，都以近期走势中的峰顶和低谷（高点与低点）之间的价格差额作为计量的基数。计算方法如下：

某段行情回档支撑价位＝某段行情最高点价格－（某段行情最高点价格－某段行情最低点价格）×黄金分割数字

某段行情反弹压力价位＝某段行情最低点价格＋（某段行情最高点价格－某段行情最低点价格）×黄金分割数字

双点黄金分割线要运用比1小的黄金分割数字计算，常用的数字有0.382、0.5、0.618。

六、应用切线理论应注意的问题

切线为我们提供了很多价格运动可能存在的支撑线和压力线，这些直线有很重要的作用。但是，支撑线、压力线有被突破的可能，它们的价位只是一种参考，不能把它绝对化。另外，在黄金分割线的使用中，高点、低点的选择不可避免地要受到投资者主观因素的影响。

七、实例

1. 下降趋势及反转

图 13－20

图 13－20，民生银行（600016）形成下跌趋势后，股价每上涨至趋势线附近就是卖出机会；有效突破下跌趋势线后，该股进入一轮上涨行情。

2. 上升趋势及加速

图 13－21

图 13 - 21，上涨初期该股形成了上升通道，价格回落至趋势线时，就形成了买入点；价格向上抵达形成卖出点，有效突破轨道线的压力后，一是压力线转化为支撑线；二是上升趋势加速。

3. 双点黄金分割

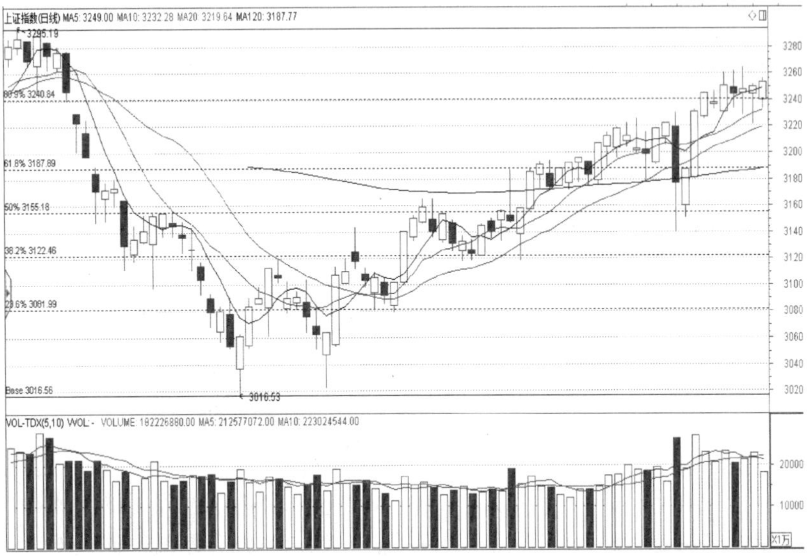

图 13 - 22

图 13 - 22，上证指数经历一段下跌过程后，止跌启稳。划出双点黄金分割线，对后市的上涨阻力价位预判有参考意义。

第五节

形态理论

以道氏理论为基础的技术分析注重趋势分析和波段分析，为了滤掉了短线杂波，专注于市场的主要趋势和短暂趋势，即使是进行短暂趋势的分析，也往往应该进行一个星期至一个月的技术形态分析。而在这段时间内，价格图形常常会形成一些特定的形态，为我们提供市场动态的参考依据。

K 线形态主要有两类：反转形态和整理形态。反转形态是指底部或顶部形态，出现这种形态后，股价的运行方式就会改变，由原来的上升趋势转为下跌趋势，或由原来的下跌趋势转为上升趋势。属于反转形态的有：头肩形、多重顶底形和圆弧形等，常见的有头肩顶、头肩底，圆底、圆顶，单双三顶及单双三底等。整理形态是指在股价运行趋势里的中场休息过程所表现的形态，这些形态之后，股价运动趋势会持续，方向不会发生改变。常见的整理形态有：旗形、三角形、楔形等。

一、头肩顶（底）形态分析

头肩形态是市场中最经典的和较常见的价格形态，其他绝大多数价格形态都是头肩形的变体，详见图 13－23。

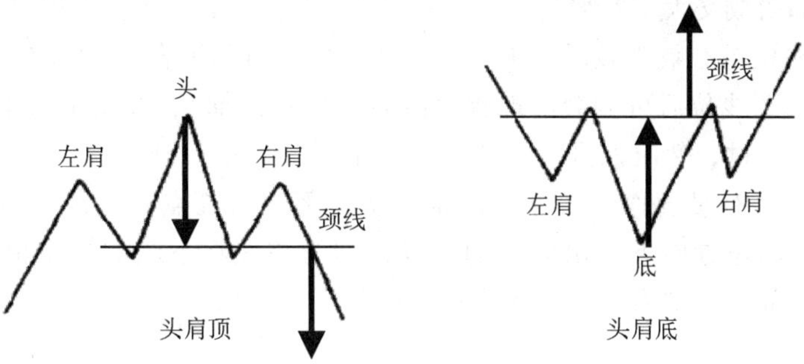

图 13－23

（一）头肩顶形态分析

1. 形态特点

头肩顶是股价在上升趋势末端出现的类似人的头顶和双肩相并的价格反转形态。

头肩顶的形成过程：

（1）左肩部分。股价持续上升一段时间后，成交量放大，获利盘涌出，股价出现回落，成交量锐减，形成左肩。

（2）头部。股价经短暂回落后，出现新一轮上升，成交量亦随之增加，股价突破上次高点后再次回落，成交量也随之减少，形成头部。

（3）右肩部分。股价下跌到上次回落低点附近后，获得支撑，出现第三次上升，股价到达头部顶点之前便告回落，成交量较左肩和头部明显减少，形成右肩。

（4）突破颈线。当价格从右肩顶下跌，穿破由头部两谷底所连接的颈线时，形态确立。若没有向下突破颈线，则可能演化为其他形态。

简单来说，头肩顶的形状呈现三个明显的高峰，其中位于中间的一个高峰较其他两个高峰的高点略高。

2. 市场含义

头肩顶是一个可靠的卖出信号，我们从这种形态可以观察到多空双方的激烈争夺情况。

行情初期，看多的力量不断推动股价上涨，市场投资情绪高涨，出现大量成交。经过一次短期的回落调整后，那些错过上次升势的人在调整期间买进，股价继续上升，而且攀越过上次的高点，从价格上看市场仍然乐观，但此时成交量已大不如前，反映出买方的力量在减弱中。那些对前景没有信心和错过了上次高点获利回吐的人，或是在回落低点买进作短线投机的人纷纷沽出，于是股价再次回落。第三次的上升，为那些后知后觉错过了上次上升机会的投资者提供了机会，但股价无力超越上次的高点，成交量进一步萎缩，未来的市场将是疲弱无力，一次大幅的下跌即将来临。

3. 要点提示

（1）一般来说左肩和右肩的高点大致相等，部分头肩顶的右肩较左肩低。但如果右肩的高点较头部还要高，形态便不能成立。

（2）成交量方面，左肩最大，头部次之，而右肩最少。不过，根据有些统计所得，大约有三分之一的头肩顶左肩成交量较头部为多，三分之一的成交量大致相等，其余的三分之一是头部的成交大于左肩的。

（3）当颈线位被有效跌破时，不一定需要大成交量的配合。

（4）在跌破颈线位后可能会出现暂时性的回升（回抽），此情形通常会在低成交量的跌破时出现。不过，暂时回升应不超越颈线水平。

（5）此形态具有量度作用。方法是量出从头部的最高点到颈线的垂直距离，在股价向下突破颈线的位置向下量出同样的长度，即为该股将下跌的最小幅度。图 13－23 中左图的黑箭头部分分别为头肩顶的形态高度和度量跌幅。

4. 实例

包钢股份（600010）形成头肩顶。

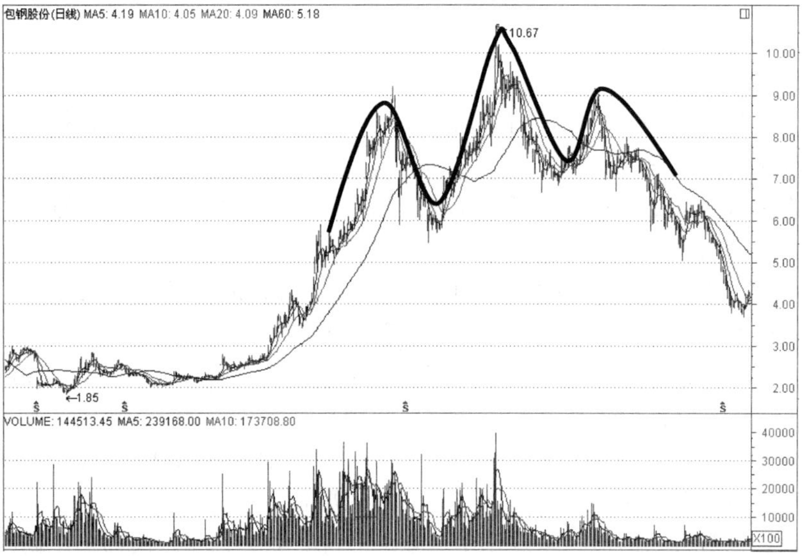

图 13－24

图 13－24，其成交量由左肩、头部至右肩成交量依次减少。在跌破颈线后有一回抽，但很快继续向跌。头肩顶形态形成之后至少要跌形态高度的幅度才有可能止跌。

（二）头肩底形态

1. 形态特点

和头肩顶的形状一样，只是整个形态倒转过来而已，又称“倒转头肩式”。形成过程与头肩顶类似，股价下跌，出现低点，接着为一次成交量较小的反弹，形成左肩；股价再度下跌且跌破上次低点，出现再次反弹，形成头部；反弹至前一高点附近又再次下跌，跌至左肩附近又出现反弹形成右肩，股价向上突破颈线时，形态确立。

2. 市场含义

头肩底是一个买入信号，它告诉我们过去的长期性趋势已扭转过来，股价一次再一次的下跌，第二次的低点（头部）显然较先前的一个低点为低，但很快地掉头反弹，接下来的一次下跌股价未跌到上次的低点水平已获得支持而回升，反映出看好的力量正逐步改变市场过去向淡的形势。当两次反弹的高点阻力线（颈线）打破后，显示看好的一方已完全把卖方击倒，买方代替卖方完全控制整个市场。

3. 要点提示

（1）头肩顶和头肩底的股价形状差不多，主要的区别在于方向。

（2）成交量方面，由左肩经头部至右肩，呈递增的趋势。

（3）当颈线位被有效向上突破时，一定要有大成交量的配合，否则为失效形态。

（4）在股价上升突破颈线后，可能会出现暂时性的回跌，但回跌不应跌破颈线。如果回跌低于颈线位，或是股价在颈线水平回落，无法突破颈线的阻力，而且下跌低于头部，这可能是一个失败的头肩底形态。

（5）具有量度作用，方法为量出从头部最低点至颈线的距离，在股价突破颈线位置向上量度出同样的长度，即为该股上升的最小幅度。图 13－25 中右图的黑箭头部分分别为头肩底的形态高度和度量涨幅。

4. 实例

中国宝安（600051）形成头肩底。

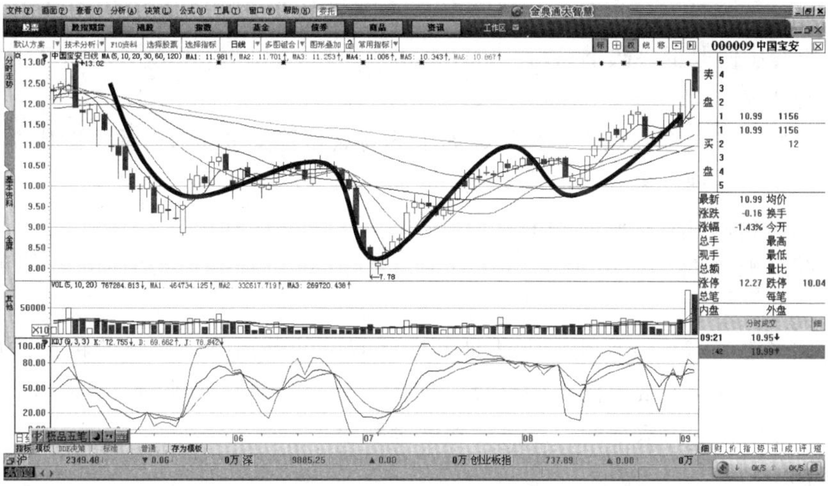

图 13－25

图 13－25，在形成右肩时，该股放量。突破颈线后短暂回调后，又开始新一轮上涨。涨幅至少是形态高度。

二、双重顶（底）形态

双重形态在市场中也称为 M 头和 W 底，是一种极为重要的反转形态。在市场中出现频繁，详见图 13－26。

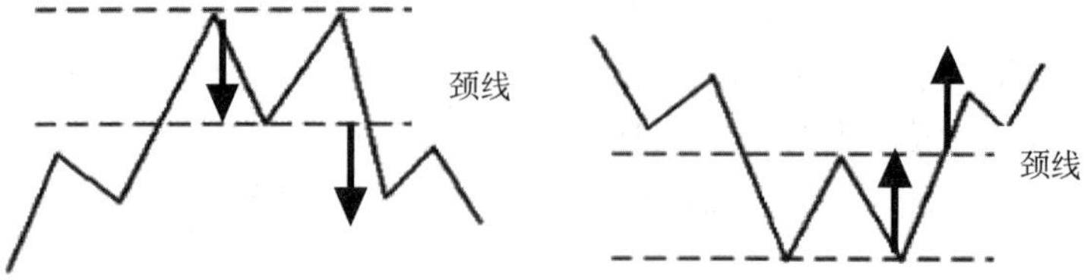

双重顶示意图　　双重底示意图

图 13－26

（一）双重顶

1. 形态特点

在上升趋势过程的末期，量价配合创新高后回档，形成第一峰；遇趋势线支撑反弹，成交量萎缩，在前高峰附近第二次下跌，形成第二峰。向下突破颈线（过两峰谷底作两峰峰顶连线的平行线）形态确立。由于与英文字母“M”类似，又称 M 头。

2. 市场含义

双重顶是一个常见的卖出信号。行情初期，看多的力量不断推动股价上涨，市场投资情绪高涨，创新高后成交量放大，股价回落。在短期调整中，那些错过上次升势的投资者在此期间买进，使股价继续上升至前一高点附近，但此时成交量已大不如前，反映出买方的力量在减弱。与此同时，对该股信心不足的投资者会在上一次的高点附近出货，强大的卖压使股价再次下跌。

3. 要点提示

（1）一般来说两个高点大致相等，如果两高点相差太多，形态便不能成立。

（2）成交量方面，第一峰的成交量要大于第二峰的成交量。

（3）当颈线被有效跌破时，不一定需要大成交量的配合。

（4）在跌破颈线位后可能会出现暂时性的回升（回抽），但回升不能超越颈线水平。

（5）此形态具有量度作用。方法是量出从双头的最高点到颈线的距离，在股价向下突破颈线的位置向下量出同样的长度，即为该股将下跌的最小幅度。图 13－26 中左图的黑箭头部分分别为双顶的形态高度和度量跌幅。

4. 实例

宁波联合（600051）形成双重顶。

图 13－27，该股第二个头部成交量进一步下降，跌破颈线后有一定的回抽，受阻于颈线，形态成立，至少下跌形态高度才止跌。

（二）双重底

1. 形态特点

在下跌趋势过程的末期，成交量萎缩创新低，低位遇支撑出现反弹，形成第一底；遇趋势线阻力再次下跌，在前一低点附近出现上涨，形成第二底。向上突破颈线（过两谷底之间的高点作两谷底连线的平行线）形态确立。由于与英文字母“W”类似，又称 W 底。

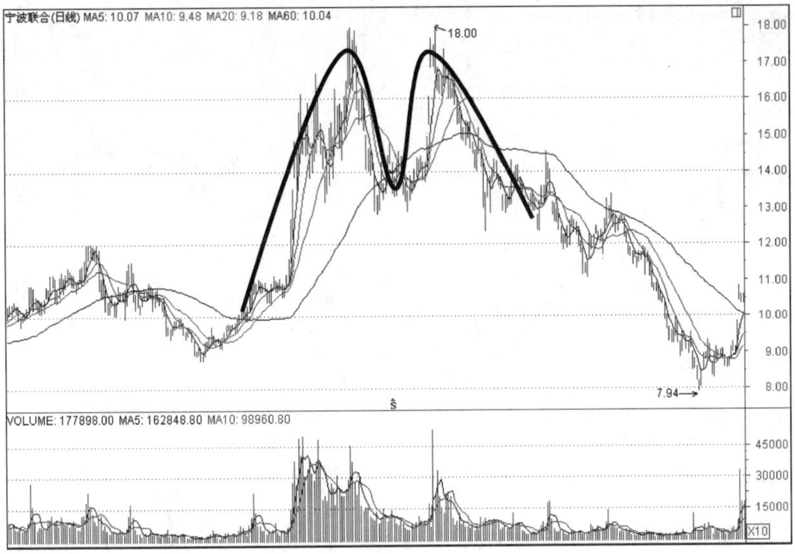

图 13－27

2. 市场含义

双重底是一个常见的买出信号。市场含义结合双重顶市场含义理解。

3. 要点提示

（1）一般来说两个低点大致相等，如果两低点相差太多，形态便不能成立。

（2）成交量方面，通常第二底的成交量要大于第一底的成交量。

（3）当颈线被有效向上突破时，一定要有大成交量的配合，否则可能是无效突破。

（4）在突破颈线后可能会出现暂时性的回档，但回档不能跌破颈线水平。

（5）此形态具有量度作用。方法与双重顶类似。图 13－26 中右图的黑箭头部分分别为双底的形态高度和度量涨幅。

4. 实例

西藏矿业（000762）形成双重底。

如图 13－28 所示，该股形成双重底后，向上突破颈线，成交量明显放大，形态成立，至少上涨形态高度才可能回落。

三、其他反转形态

（一）三重顶（底）形态

三重顶（底）形态是头肩形态的变体，也是双重形态的扩展。由三个等高的顶或三个等低的底组成，详见图 13－29。

出现三重顶（底）形态的原因是没有耐心的投资者在形态未完全确立时，便急于买进或卖出；而在形态确立后又犹豫不决，结果使股价趋势比较复杂。

应用和识别三重顶（底）的方法可参考识别头肩形态的方法。与头肩形态最大的区别是，三重顶（底）的颈线和顶部（底部）连线是水平的，这就使得三重顶（底）具有了矩形的特征，同时还有可能演变成其他的整理形态。

图 13－28

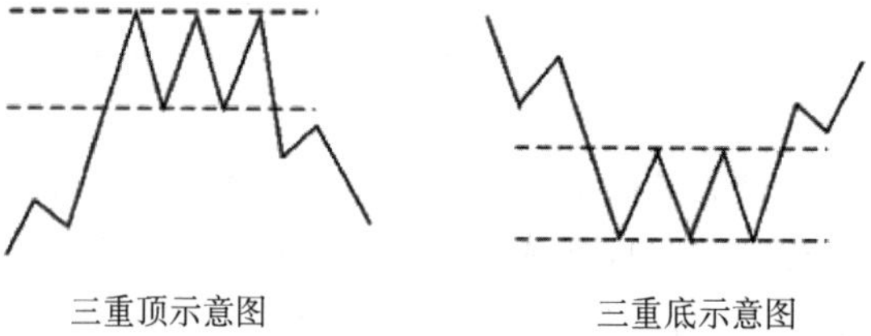

图 13－29

（二）圆弧顶（底）形态

将股价在一段时间的顶部高点用折线连起来，每个局部的高点都考虑到，我们有时可能行到一条类似于圆弧的弧线，盖在股价之上；将每个局部的低点连在一起也能得到一条弧线，托在股价之下，详见图 13－30。

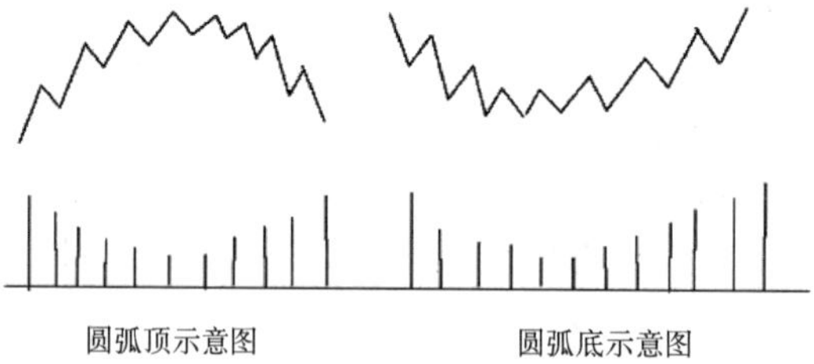

图 13－30

圆弧形态形成的原因很大程度上是由于机构或大户的炒作。如这类型投资者拥有足够的股票，如果一下抛出太多，股价下跌太快，股票可能不会全部出手，只能一点一点抛售，形成盘整走势，直到手中股票接近抛尽后，才大幅度打压，使股价大幅下跌。如这类型投资者拥有足够的资金，一下买太多的股票，股价涨幅太大，不利于再次买入，需要分批建仓，直到接近目标仓位后，才会用少量资金一举推高价格，脱离成本区。

圆弧顶（底）形态在实际中出现的机会较少，但是一旦出现则是绝好的机会，它的反转深度和高度是不可测的。形态确立后，行情多属暴发性，涨跌急速，持续时间较短，中间极少出现回档和反弹。形态在形成过程中，成交量的变化是两头多中间少。圆弧形态形成的时间越长，今后反转的力度就越强。

（三）V形反转

V形反转是一种很难预测的反转形态，出现在市场剧烈的波动之中。无论是顶还是底，都没有一个明显的形成过程，因此往往让投资者感到突如其来手足无措。

V形反转出现的原因与突发利好消息的出现有密切关系。此形态的一个重要特征是在转折点必须要有大的成交量配合，且成交量呈倒V形。如没有大成交量与之配合，则形态不能信赖。

四、整理形态

与反转突破形态不同，整理形态是指股价向一个方向经过一段时间的运行后，不再继续原趋势，而在一定区域内上下窄幅波动，等待时机成熟后再继续原趋势。这种运行所留下的轨迹称为整理形态。常见的有三角形、矩形、旗形和楔形。

（一）三角形

三角形整理形态分为对称三角形、上升三角形和下降三角形三种。下面我们只研究对称三角形（见图13－31），另外两种类型参考对称三角形分析方法。上升三角形具有看多意义，其上边线为水平，下边线向上倾斜；下降三角形具有看空意义，其下边线为水平，上边线向下倾斜。

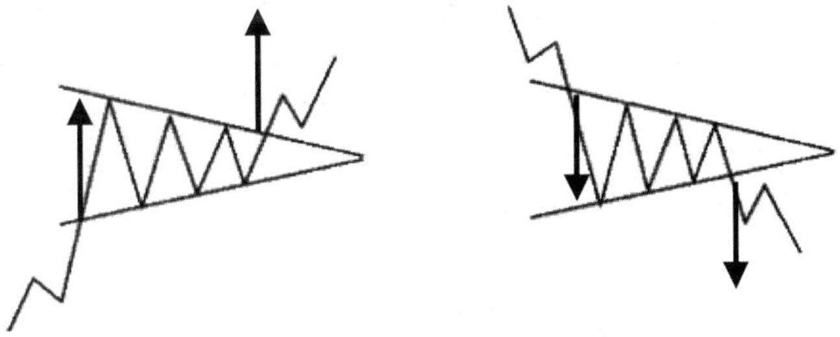

图13－31

1. 形态特点

对称三角形是较为常见的整理形态，主要特点为：

（1）有两条聚拢的趋势线，上趋势线起压力作用，下趋势线起支撑作用。

（2）至少有四个转折点。

（3）成交量在形成过程中，逐步萎缩。

（4）持续时间比较短。

上升趋势中股价突破对称三角形的上边或在下降趋势中股价突破对称三角形的下边，标志者形态确立。

2. 市场含义

对称三角形是因为多空双方的力量在该段价格区域内势均力敌，暂时达到平衡状态所形成的。股价从第一个短期性高点回落后，但很快便被买方所推动价格回升，但多方的力量对后市没有太大的信心，或是对前景有点犹疑，因此股价未能回升至上次高点已告掉头再一次下跌；在下跌的阶段中，那些沽售的投资者不愿意低价贱售或是对前景仍存有希望，所以回落的主动性卖压不强，股价未跌到上次的低点便告回升，多空双方犹豫性的争持，使得股价的上下波动范围日渐缩窄，所以形成了此形态。

3. 要点提示

（1）形态形成过程中股价波动幅度呈收敛状，成交量也随之递减。

（2）标准的形态通常在底边 1/2 或 3/4 处突破，最佳的突破时机是在两次下跌之后第三次上升之时。

（3）向上突破需要大量的确认，向下突破则不必。

（4）具有量度作用，以突破点为依据，对称三角形的最小涨（跌）幅为三角形形态高度，图 13－31 中图的黑箭头部分分别为三角形的形态高度和度量涨（跌）幅。

（5）对称三角形突破后，可能会出现短暂的反抽，上升的反抽止于高点相连而成的三角形上边线，下跌的反抽则受阻于低点相连的三角形下边线，倘若股价的反抽突破上述所说的三角形边线，则该形态可能不成立。

形成对称三角形形态的市场气氛为观望犹豫，因为多数投资者认为应等事态明朗以后再介入，如果在浓烈的看多气氛中出现此形态，则要小心形成头部形态。三角形大部分是以整理形态出现，但偶尔也会形成顶部或底部的反转形态。

4. 实例

（1）上涨途中对称三角形整理。如图 13－32 所示，该股股价在上升途中，形成了上升三角形整理形态，向上突破上边后，股价继续上涨，上涨幅度至少为形态高度。

图 13－32

（2）下跌途中的下降三角形。如图 13－33 所示，该股股价在下跌途中，形成了下降三角形整理形态，向下突破后，股价继续下跌，下跌幅度至少为形态高度。

图 13－33

（二）矩形

矩形也称箱形，是一种典型的整理形态，股票价格在两条横向水平直线之间上下波动，呈现横向延伸运动。

1. 形态特点

形态形成过程中有两条水平直线，起支撑和阻力作用。至少要有四个转折点，详见图 13－34。

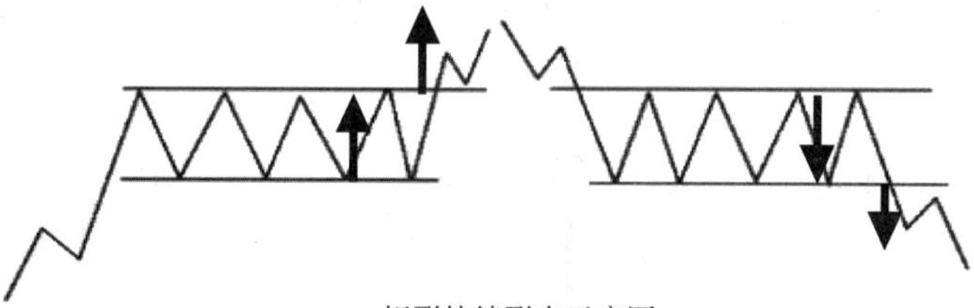

矩形持续形态示意图

图 13－34

2. 市场含义

矩形在形成之初，多空双方全力投入，各不相让。空方在价格涨到某个位置就抛售，多方在股价下跌到某个位置就买入，如此反复就形成两条明显的上下界线。随时间推移，双方的战斗热情会减弱，成交量减少，市场趋于平淡。

3. 要点提示

（1）没有明确的突破位置，以阻力线或支撑线的有效突破为标志。

(2) 向上突破要有成交量明显放大，向下突破则不必。

(3) 突破后通常会有反扑，但不是必然，向上突破时，反扑机会更多。

(4) 具有量度作用，其涨跌幅度通常等于矩形的宽度；图 13－34 中黑色箭头分别为矩形的形态高度和度量涨（跌）幅。

(5) 在矩形整理过程中，可进行短线操作，在下边附近买入，在上边附近卖出。矩形在形成过程中也有可能演化为多重顶底，投资者要根据形态当时所处的市场环境矩形判定。

4. 实例

南宁糖业（000911）上涨途中形成矩形整理。如图 13－35 所示，该股经过矩形整理，股价在横线区域内震荡，成交量逐渐减小。向上突破时，成交量明显放大，上涨幅度至少为形态高度。

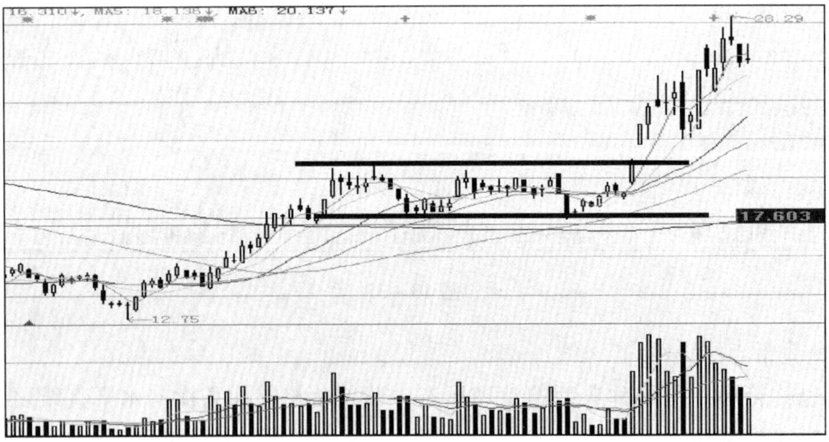

图 13－35

（三）旗形

旗形是整理形态中出现频率较高的图形。一段上升或下跌行情的中途，可能出现好几次这样的图形，是中途休整的过程，形态完成之后，还会保持原来的趋势，详见图 13－36。

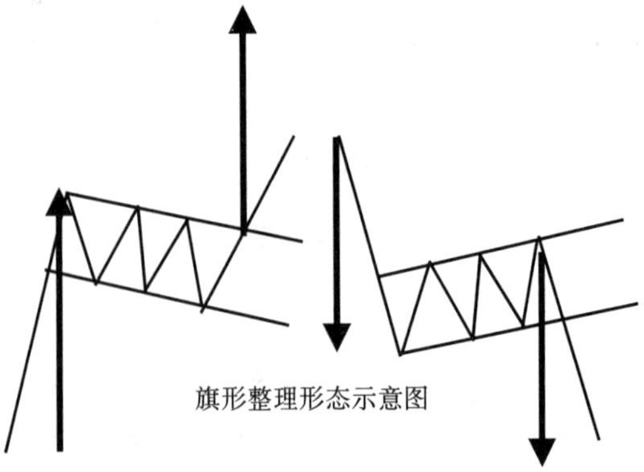

图 13－36

1. 形态特点

旗形出现之前，一般应有一个旗杆，这是由于价格的直线运动形成的。旗形有两条平行的边起支撑和阻力作用，类型于轨道线。两条边的某一条被突破是形态确立的标志。

2. 市场含义

旗形大多发生在市场极度活跃、股价运动近乎直线上升或下降的情况下。在市场急速而又大幅的波动中，股价经过一连串紧密的短期波动后，形成一个与原来趋势呈相反方向倾斜的长方形。

3. 要点提示

（1）旗形的持续时间不能太长，否则保持原来趋势的能力将下降，持续时间应小于3周。

（2）旗形形成之前和被突破之后，成交量都很大。在旗形形成过程中，成交量逐渐减少。否则形态不能完全确立。

（3）具有量度作用，旗形被突破后，股价至少要走到形态高度（旗形两边的距离）的距离，大多数情况会走到旗杆高度的距离。图13－36中黑色箭头分别为旗形的形态高度和度量涨（跌）幅。

4. 实例

中泰化学（002092）上涨途中形成旗形整理。如图13－37所示，该股在经过急速上涨之后，经过一段时间的旗形整理重启升势。

图13－37

（四）楔形

如果将旗形中两条边变成方向相同且聚拢的直线，就会得到楔形。分为上升楔形和下降楔形，详见图13－38。

图 13－38

通常出现在趋势的中途，充当顶部或底部反转形态顶的情况比较少见。上升楔形有两条向上收敛的边线，通常为下降趋势的反弹过程；下降楔形有两条向下收敛的边线，通常为上升趋势的调整过程。经常在楔形形态的顶点形成后才会选择突破方向，突破形成后成交量才会增加。

与三角形整理形态的不同之处是，楔形的两条边朝着同一个方向倾斜，具有明显的倾向。

与旗形不同的是，楔形形成的时间较长，一般需要 2 周以上。

在楔形形成过程中，成交量逐渐减少；在楔形形成之前和突破之后，成交量一般都比较大。

中泰化学（002092）上涨途中形成楔形整理。如图 13－39 所示，该股在上涨途中，经过一段时间的楔形整理重启升势。

图 13－39

第六节

波浪理论

波浪理论的全称是艾略特波浪理论（Elliott Wave Theory），是以美国人艾略特（R. N. Elliott）的名字命名的一种技术分析理论。波浪理论的形成经历了一个较为复杂的过程，最初由艾略特首先发现并应用于证券市场，但是他的这些研究成果没有形成完整的体系，在他在世的时候没有得到社会的广泛承认。直到20世纪70年代，柯林斯的专著《Wave Theory》出版后，波浪理论才正式确立。

一、波浪理论的基本思想

艾略特最初提出波浪理论是受到股价上涨下跌现象不断重复的启发，力图找出其上升和下降的规律。艾略特认为，由于证券市场是经济的晴雨表，而经济发展具有周期性，所以股价的上涨和下跌也应该遵循周期发展的规律。不过股价波动的周期规律比经济发展的周期要复杂得多。

艾略特的波浪理论以周期为基础。他把大的运动周期分成时间长短不同的各种周期，并指出，在一个大周期之中可能存在一些小周期，而小的周期又可以再细分成更小的周期。每个周期无论时间长短，都是以一种模式进行，即每个周期都是由上升（或下降）的5个过程和下降（或上升）的3个过程组成。这8个过程完结以后，我们才能说这个周期已经结束，将进入另一个周期。新的周期仍然遵循上述的模式。这是波浪理论最核心的内容，也是艾略特对波浪理论最为突出的贡献。

与波浪理论密切相关的理论除经济周期以外，还有道氏理论和斐波那奇数例。艾略特波浪理论中的大部分理论是与道氏理论相吻合的。不过艾略特不仅找到了股价移动的规律，而且还找到了股价移动发生的时间和位置，这是波浪理论较之于道氏理论更为优越的地方。道氏理论必须等到新的趋势确立以后才能发出行动的信号，而波浪理论可以明确地知道目前股价是处在上升（或下降）的尽头，还是处在上升（或下降）的中途，可以更明确地指导操作。艾略特波浪理论中所用到的数字2、3、5、8、13、21、34……都来自斐波那奇数列。这个数列是数学上很著名的数列，它有很多特殊的性质，是波浪理论的数学基础。

二、波浪理论的主要原理

（一）波浪理论考虑的因素

波浪理论考虑的因素主要有三个方面：第一，股价走势所形成的形态；第二，股价走势图中各个高点和低点所处的相对位置；第三，完成某个形态所经历的时间长短。三个方面中，股价的形态是最重要的，它是指波浪的形状和构造，是波浪理论赖以生存的基础。

高点和低点所处的相对位置是波浪理论中各个波浪的开始和结束位置。通过计算这些位置，可以弄清楚各个波浪之间的相互关系，确定股价的回撤点和将来股价可能达到的位置。完成某个形态的时间可以让我们预先知道某个大趋势的即将来临。波浪理论中的各个波浪之间在时间上是相互联系的，用时间可以验证某个波浪形态是否已经形成。

以上三个方面可以简单地概括为：形态、比例和时间。这三个方面是波浪理论首先应考虑的，其中又以形态最为重要。

（二）波浪理论价格走势的基本形态结构

艾略特认为证券市场应该遵循一定的周期，周而复始地向前发展。股价的上下波动也是按照某种规律进行的。通过多年的实践，艾略特发现每一个周期（无论是上升还是下降）可以分成8个小的过程，这8个小过程一结束，一次大的行动就结束了，紧接着的是另一次大的行动。现以上升为例说明这8个小过程。

图13－40是一个上升阶段的8个浪的全过程。0～1是第一浪，1～2是第二浪，2～3是第三浪，3～4是第四浪，4～5是第五浪。这5浪中，第一浪、第三浪和第五浪称为“上升主浪”，而第二浪和第四浪称为是对第一浪和第三浪的“调整浪”。上述5浪完成后，紧接着会出现一个3浪的向下调整，这3浪是：从5到a为a浪、从a到b为b浪、从b到c为c浪。

应当注意，一个完整周期有上升趋势和下降趋势；而趋势是分层次的，处于层次较低的几个浪可以合并成一个较高层次的大浪，而处于层次较高的浪又可以细分成几个层次较低的小浪。但无论趋势是何种规模，8浪的基本形态结构是不会变化的。

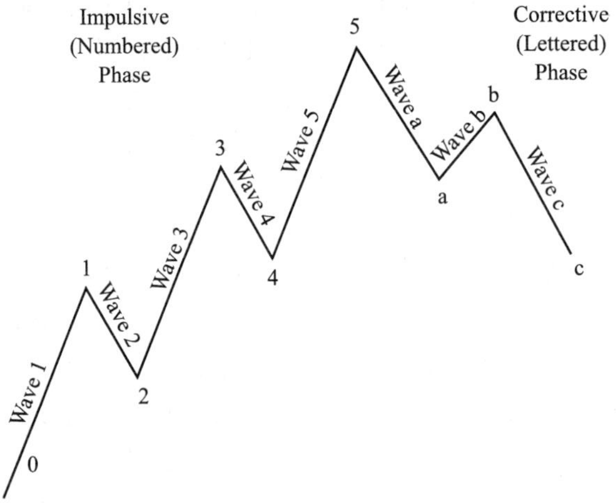

图13－40

在上图中，从0到5我们可以认为是一个大的上升趋势，而从5到c可以认为是一个大的下降趋势。如果我们认为5到c是2浪的话，那么c之后一定还会有上升的过程，只不过时间可能要等很长。这里的2浪只不过是一个更大的8浪结构中的一部分。

三、波浪理论的应用及其应注意的问题

（一）波浪理论的应用

投资者知道了一个大的周期的运行全过程，就可以很方便地对大势进行预测。首先，我们要明确当前所处的位置，只要明确了目前的位置，按波浪理论所指明的各种浪

的数目就会很方便地知道下一步该干什么。

弄清楚目前的位置，最重要的是认真、准确地识别3浪结构和5浪结构。这两种结构具有不同的预测作用。一组趋势向上（或向下）的5浪结构，通常是更高层次的波浪的1浪，中途若遇调整，我们就知道这一调整肯定不会以5浪的结构、而只会以3浪的结构进行。

如果我们发现了一个5浪结构，而且目前处在这个5浪结构的末尾，我们就清楚地知道，一个3浪的回头调整浪即将出现。如果这一个5浪结构同时又是更上一层次波浪的末尾，则我们就知道一个更深的、更大规模的3浪结构将会出现。

（二）应用波浪理论应注意的问题

尽管从表面上看，波浪理论会给我们带来利益，但是从波浪理论自身的构造看，它有许多不足之处，如果使用者过分机械、教条地应用波浪理论，肯定会招致失败。

波浪理论最大的不足是应用上的困难，也就是学习和掌握上的困难。波浪理论从理论上讲是8浪结构完成一个完整的过程，但是，主浪的变形和调整浪的变形会产生复杂多变的形态，波浪所处的层次又会产生大浪套小浪、浪中有浪的多层次形态，这些都会使应用者在具体数浪时发生偏差。浪的层次确定和起始点确认是应用波浪理论的两大难点。波浪理论的第二个不足是面对同一个形态，不同的人会产生不同的数法，而且都有道理，谁也说服不了谁。例如，一个下跌的浪可以别当成第二浪，也可能被当成a浪。如果是第二浪，那么紧接而来的第三浪将是很诱人的；如果是a浪，那么这之后的下跌可能是很深的。具体结果如何尚需时间的检验。

第七节

技术指标

一、技术指标方法简述

（一）技术指标法的含义与本质

所谓技术指标法，就是应用一定的数学公式，对原始数据进行处理，得出指标值，将指标值绘成图表，从定量的角度对股市进行预测的方法。这里的原始数据指开盘价、最高价、最低价、收盘价、成交量和成交金额等。

技术指标法的本质是通过数学公式产生技术指标。这个指标反映了股价的某一方面深层次的内涵，这些内涵仅仅通过原始数据是很难看出的。技术指标是一种定量分析方法，它克服了定性分析方法的不足，极大提高了具体操作的精确度。尽管这种分析不是完全准确，但至少能在我们采取行动前从数量方面给以帮助。

（二）技术指标的分类

技术指标种类繁多，考虑的方面也多，人们能够想到的，都能在技术指标中得到体现。这一点是别的技术分析方法无法比拟的。技术指标从不同的角度有不同的分类。本书以技术指标的功能为划分依据，将常用的技术指标分为趋势型指标、超买超卖型指标、人气型指标和大势型指标四类。

（三）应用技术指标时注意的问题

任何技术指标都有自己的适应范围和应用条件，得出的结论也都有成立的前提和可能发生的意外。因此，不管这些结论成立的条件，盲目绝对地相信技术指标是要出错的。但从另外一个角度看，也不能认为技术指标有可能出错而完全否定技术指标的作用。应用一种指标容易出现错误，但当使用多个具有互补性的指标时，可以极大提高预测精度。因此，在实际应用时，应采用若干个互补性的指标进行组合分析，以提高决策水平。

技术指标学派是技术分析中极为重要的分支。但由于技术指标众多，这里仅按上述分类介绍一些目前在中国证券市场常用的技术指标。

二、主要技术指标

（一）趋势型指标

1. 移动平均线（MA）

移动平均线是指用统计分析的方法，将一定时期内的证券价格（指数）加以平均，并把不同时间的平均值连接起来，形成一条 MA 曲线，用以观察证券价格变动趋势的一种技术指标。

（1）移动平均线的计算公式。根据对数据处理方法的不同，移动平均可分为算术移动平均线（SMA）、加权移动平均线（WMA）和指数平滑移动平均线（EMA）三种。

计算方法：将某一时间段的收盘股价或收盘指数相加的总和，除以时间周期，即得到这一时间的平均线，如 5 日移动平均线，就是将近 5 日的收盘价相加除以 5，得到的就是第一个 5 日平均线，再将第一个 5 日平均线乘以 5 减去第一日的收盘价加上第 6 日的收盘价，其总和除以 5 得到的就是第二个 5 日平均线，将计算得到的平均数画在坐标图上连成线，即是 5 日平均线。其他移动平均线的计算方法以此类推。

计算公式：

$$SMA(n)=(C1+C2+C3+\cdots+Cn)/N$$

C 为某日收盘价；N 为移动平均周期。

在实际应用中常使用的是指数平滑移动平均线，其计算公式为：

$$EMA_t(N)=C_t\times\frac{1}{N}+EMA_{t-1}\times\frac{N-1}{N}$$

式中：C_t 为计算期中第 t 日的收盘价；

EMA_{t-1} 为第 $t-1$ 日的指数平滑移动平均数。

天数 N 是 MA 的参数，例如 10 日的 MA 简称为 10 日线，表示为 MA（10）。同理，有 5 日线、15 日线等概念。起点的移动平均值可用起点的收盘价代替。

根据计算期的长短，MA 又可分为短期、中期和长期移动平均线。通常以 5 日、10 日线观察证券市场的短期走势，称为短期移动平均线；以 30 日、60 日线观察中期走势，称为中期移动平均线；以 120 日、250 日线研判长期趋势，称为长期移动平均线。

由于短期移动平均线较长期移动平均线更易于反映行情价格的涨跌，所以一般又把短期移动平均线称为快速 MA，长期移动平均线则称为慢速 MA。

（2）移动平均线的特点。MA 的基本思想是消除股价随机波动的影响，寻求股价波动的趋势。它有以下几个特点：

①追踪趋势。MA 能够表示股价的趋势方向，并追踪这个趋势。如果能从股价的图表中找出上升或下降趋势，那么 MA 将与趋势方向保持一致。原始数据的股价图表不具备这个追踪趋势的特性。

②滞后性。在股价原有趋势发生反转时，由于 MA 追踪趋势的特征，使其行动往往过于迟缓，调头速度落后于大趋势。这是 MA 一个极大的弱点。

③稳定性。根据 MA 的计算方法，要想较大地改变移动平均的数值，当天的股价必须有很大的变化，因为 MA 是股价几天变动的平均值。这个特点也决定了 MA 对股价反应的滞后性。这种稳定性有优点，也有缺点，在应用时应多加注意，掌握好分寸。

④助涨助跌性。当股价突破移动平均线时，无论是向上还是向下突破，股价都有继续向突破方向发展的愿望。

⑤支撑线和压力线的特性。由于 MA 的前四个特性，使得它在股价走势中起支撑线和压力线的作用。MA 被突破，实际上是支撑线和压力线被突破，从这个意义上就很容易理解后面将介绍的葛兰威尔法则。

MA 的参数作用实际上就是调整 MA 上述几方面的特性。参数选择得越大，上述的特性就越大。比如，突破 5 日线和突破 10 日线的助涨助跌的力度完全不同，10 日线比 5 日线的力度大。

（3）移动平均线的应用法则——葛兰威尔（Granvile）法则。在 MA 的应用上，最常见的是葛兰威尔的移动平均线八大买卖法则。此法则是以证券价格（或指数）与移动平均线之间的偏离关系作为研判的依据。八大法则中有 4 条是买进法则，有 4 条是卖出法则，详见图 13－41。

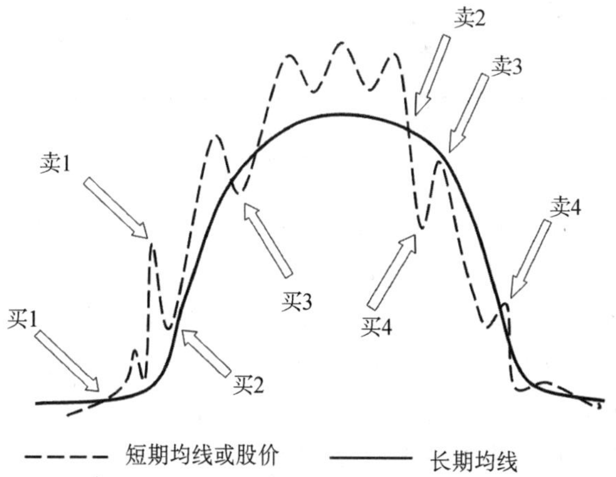

图 13－41

①买进法则。均线由下降转为水平，股价自下而上突破长期均线，买进。（图中买 1）

股价在均线上方运动，虽然出现回跌，但未跌破均线又转头向上，买进（图中买 2）。

股价曾一度跌至均线下方，但均线保持上升趋势，买进（图中买3）。

股价在均线下方运动，突然暴跌，远离均线，买进（图中买4）。

②卖出法则。股价在均线上方运动，离均线越来越远，卖出（图中卖1）。

均线由向上转为水平，股价自上而下突破均线，卖出（图中卖2）。

股价在均线下方运动，反弹时未能突破均线，且均线正趋于下降，卖出（图中卖3）。

股价在均线附近徘徊，均线呈明显的下降趋势，卖出（图中卖4）。

葛氏法则的不足是没有明确指出投资者在股价距平均线多远时才可以买进卖出，这可用后面的乖离率指标弥补。

（4）移动平均线的组合应用。

①两条均线的组合——“黄金交叉”与“死亡交叉”。一般情况下，投资者可利用短期和长期两种移动平均线的交叉情况来决定买进和卖出的时机。当现在价位站稳在长期与短期 MA 之上，短期 MA 又向上突破长期 MA 时，为买进信号，此种交叉称为“黄金交叉”，简称“金叉”；反之，若现在行情价位于长期与短期 MA 之下，短期 MA 又向下突破长期 MA 时，则为卖出信号，交叉称之为“死亡交叉”，简称“死叉”，详见图 13－42。

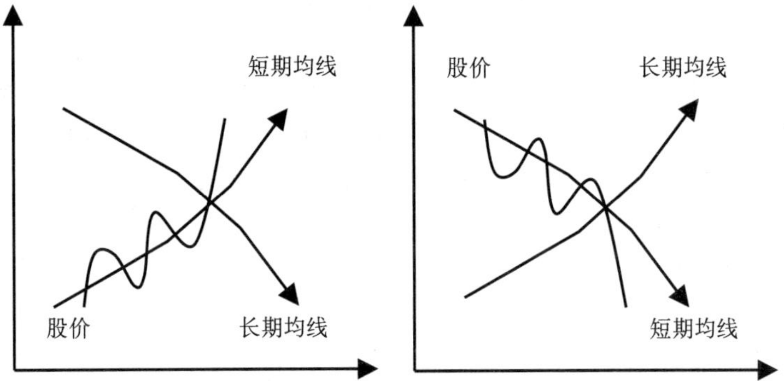

图 13－42

黄金交叉和死亡交叉，实际上就是向上突破压力线或向下突破支撑线，所以只要掌握了支撑和压力的思想就不难理解。

②多条均线的组合——多头组合与空头组合。在实际应用中，投资者常结合短、中、长三条均线的相对位置，来判断股市趋势。当短、中、长三条移动平均线自上而下排列时，股价呈上升趋势，称为均线多头组合。当短、中、长三条移动平均线自下而上排列时，股价呈下跌趋势，称为均线多头组合。

移动平均线是实际中常用的一类技术指标，它的分析方法和思路对后面的指标有重要影响。但该指标也存在一些盲点，特别是在盘整阶段或趋势形成后中途休整阶段以及局部反弹或回落阶段，MA 极易发出错误的信号，这是使用 MA 时最应该注意的。另外，MA 只是作为支撑线和压力线，站在某线之上，当然有利于上涨，但并不是说就一定会涨，支撑线有被击穿的时候。

（5）实例。上证指数金叉、死叉交替出现，详见图 13－43。

如图 13－43 所示，上证指数 10 日线和 20 日线出现死叉（第一个圆圈）后下跌，出现金叉（第二个圆圈）后上涨，第三次出现死叉（第三个圆圈）再次下跌。

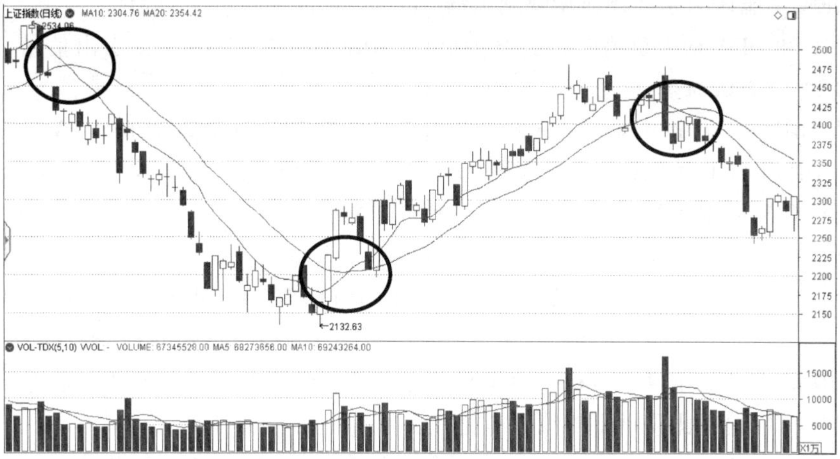

图 13－43

2. MACD（Moving Average Convergence Divergence，指数平滑异同移动平均线）

指数平滑异同移动平均线，又称“平滑异同平均线”，是利用快速移动平均线与慢速移动平均线之间的聚合与分离状况，通过双重平滑运算后对买进、卖出时机作出研判的技术指标。

（1）MACD 的计算公式。MACD 是由正负差（DIF，也称“离差值”）和异同平均数（DEA）两部分组成，DIF 是核心，DEA 是辅助。

DIF 是快速平滑移动平均线与慢速平滑移动平均线的差。在实际应用 MACD 时，以 12 日 EMA 为快速移动平均线，26 日 EMA 为慢速移动平均线，计算出两条移动平均线数值间的离差值（DIF）作为研判行情的基础，然后再求 DIF 的 9 日平滑移动平均线，即 DEA 线，作为买卖时机的判断依据。

$$\begin{pmatrix}\text{今日}\\ \text{EMA}(12)\end{pmatrix}=\frac{2}{12+1}\times\begin{pmatrix}\text{今日}\\ \text{收盘价}\end{pmatrix}+\frac{11}{12+1}\times\begin{pmatrix}\text{昨日}\\ \text{EMA}(12)\end{pmatrix}$$

$$\begin{pmatrix}\text{今日}\\ \text{EMA}(26)\end{pmatrix}=\frac{2}{26+1}\times\begin{pmatrix}\text{今日}\\ \text{收盘价}\end{pmatrix}+\frac{25}{26+1}\times\begin{pmatrix}\text{昨日}\\ \text{EMA}(26)\end{pmatrix}$$

$$\text{DIF}=\text{EMA}(12)-\text{EMA}(26)$$

$$\text{今日 DEA}=\frac{2}{10}\times\text{今日 DIF}+\frac{8}{10}\times\text{昨日 DEA}$$

$$\text{MACD}=(\text{DIF}-\text{DEA})\times 2$$

理论上，在持续的涨势中，12 日 EMA 线在 26 日 EMA 线之上，其间的正离差值（＋DIF）会愈来愈大；反之，在跌势中，离差值可能变负（－DIF），其绝对值也愈来愈大。而当行情开始回转时，正或负离差值将会缩小。MACD 正是利用正负离差值与离差值的 9 日平均线的交叉信号作为买卖行为的依据。

（2）MACD 的应用法则。

①以 DIF 和 DEA 的取值和这两者之间的相对取值对行情进行预测。其应用法则

如下：

a. DIF 和 DEA 均为正值时，属多头市场。DIF 向上突破 DEA 是买入信号；DIF 向下突破 DEA 只能认为是回落，做获利了结。

b. DIF 和 DEA 均为负值时，属空头市场。DIF 向下突破 DEA 是卖出信号。DIF 向上突破 DEA 只能认为是反弹，做暂时补空。

c. 当 DIF 向下跌破 0 轴线时，此为卖出信号，即 12 日 EMA 与 26 日 EMA 发生死亡交叉；当 DIF 上穿 0 轴线时，为买入信号，即 12 日 EMA 与 26 日 EMA 发生黄金交叉。

②指标背离原则。如果 DIF 的走向与股价走向相背离，则此时是采取行动的信号。当股价走势出现 2 个或 3 个近期低点时，而 DIF（DEA）并不配合出现新低点，可做买；当股价走势出现 2 个或 3 个近期高点时，而 DIF（DEA）并不配合出现新高点，可做卖。

MACD 的优点是除掉了移动平均线产生的频繁出现买入与卖出信号，避免一部分假信号的出现，用起来比移动平均线更有把握。

MACD 的缺点与移动平均线相同，在股市没有明显趋势而进入盘整时，失误的时候较多。另外，对未来股价的上升和下降的深度不能提供有帮助的建议。

（3）实例。同方股份（600100）。

如图 13 – 44 所示，图中向上箭头处 DIF 上穿 DEA 出现金叉，股价上涨；图中向下箭头处 DIF 下穿 DEA 出现死叉，股价下跌。图中股价创新高（划线处），但指标值却未创新高（划线处），出现顶背离，是股价下跌信号。

图 13 – 44

（二）超买超卖型指标

1. WMS（威廉指标）

WMS 最早起源于期货市场，由 Larry Williams 于 1973 年首创。该指标通过分析一段时间内股价高低价位和收盘价之间的关系，来量度股市的超买超卖状态，依此作为短期投资信号的一种技术指标。目前，它已经成为中国股市中被广泛使用的指标之一。

（1）WMS 的计算公式。

$$WMS(n)=\frac{H_n-C_t}{H_n-L_n}\times 100$$

式中：C_t 为当天的收盘价；

H_n、L_n 为分别为最近 n 日内（包括当天）出现的最高价和最低价；

n 为选定的时间参数，一般为 14 日或 20 日。

WMS 指标的含义是当天的收盘价在过去的一段时日全部价格范围内所处的相对位置。如果 WMS 的值比较小，则当天的价格处在相对较高的位置，要小心回落；如果 WMS 的值比较大，则说明当天的价格处在相对较低的位置，要注意反弹。WMS 的取值范围为 0～100。

WMS 参数 n 的选择应该至少是循环周期的一半。中国股市的循环周期目前还没有明确的共识，在应用 WMS 时，应该多选择几个参数进行尝试。

（2）WMS 的应用法则。WMS 的操作法则也是从两方面考虑：一是 WMS 的数值；二是 WMS 曲线的形状。

①从 WMS 的取值方面考虑：

a. 当 WMS 高于 80 时，处于超卖状态，行情即将见底，应当考虑买进。

b. 当 WMS 低于 20 时，处于超买状态，行情即将见顶，应当考虑卖出。

这里 80 和 20 只是一个经验数字，并不是绝对的。

同时，WMS 在使用过程中应该注意与其他技术指标相配合。在盘整过程中，WMS 的准确性较高；而在上升或下降趋势当中，却不能只以 WMS 超买超卖信号作为行情判断的依据。

②从 WMS 的曲线形状考虑。这里介绍背离原则以及撞顶和撞底次数的原则。

a. 在 WMS 进入低数值区位后（此时为超买），一般要回头。如果这时股价还继续上升，就会产生背离，是卖出的信号。

b. 在 WMS 进入高数值区位后（此时为超卖），一般要反弹。如果这时股价还继续下降，就会产生背离，是买进的信号。

c. WMS 连续几次撞顶（底），局部形成双重或多重顶（底），则是卖出（买进）的信号。

这里需要说明的是，WMS 的顶部数值为 0，底部数值为 100。

2. KDJ（随机指标）

KDJ 指标又称随机指标（Stochastics），是由 George Lane 首创的。与威廉指标一样，是期货和股票市场上最常用的技术分析工具之一。

（1）KDJ 的计算公式。产生 KDJ 以前，先产生未成熟随机值 RSV（Raw Stochastic Value）。其计算公式为：

$$RSV(n)=\frac{C_t-L_n}{H_n-L_n}\times 100$$

式中，C_t、H_n、L_n 的意义同 WMS（n）计算公式，但要注意与 WMS（n）计算的不同之处。

对 RSV（n）进行 3 日指数平滑移动平均，得到 K 值：

今日 K 值 =2/3 × 昨日 K 值 +1/3 × 今日 RSV

对 K 值进行 3 日指数平滑移动平均，得到 D 值：

今日 D 值 =2/3 × 昨日 D 值 +1/3 × 今日 K 值

式中，1/3 是平滑因子，是可以人为选择的，不过目前已经约定俗称，固定为 1/3 了；初始的 K、D 值，可以用当日的 RSV（n）值或以 50 代替。

K、D 指标是在 WMS（n）的基础上发展起来的，所以 K、D 指标有 WMS（n）的一些特性。在反映股市价格变化时，WMS（n）最快，K 指标其次，D 指标最慢。K 指标反应敏捷，但容易出错；D 指标反应稍慢，但稳重可靠。

J 指标是 D 指标加上一个修正值，计算公式为：

$J = 3D - 2K = D + 2(D - K)$

（2）KDJ 的应用法则。KDJ 指标是三条曲线，在应用时主要从五个方面进行考虑：K、D 取值的绝对数字，K、D 曲线的形态，K、D 指标的交叉，K、D 指标的背离和 J 指标的取值大小。

①从 K、D 的取值方面考虑。K、D 的取值范围都是 0～100，将其划分为几个区域：80 以上为超买区，20 以下为超卖区，其余为徘徊区。

当 K、D 超过 80 时，是卖出信号；低于 20 时，是买入信号。应该说明的是，上述划分只是 K、D 指标应用的初步过程，仅仅是信号，完全按这种方法进行操作很容易招致损失。

②从 K、D 指标曲线的形态方面考虑。当 K、D 指标在较高或较低的位置形成头肩形和多重顶（底）时，是采取行动的信号。这些形态一定要在较高位置或较低位置出现，位置越高或越低，结论越可靠。

对于 K、D，也可以画趋势线，以明确 K、D 的趋势。在 K、D 的曲线图中仍然可以引进支撑和压力的概念。某一条支撑线和压力线被突破，也是采取行动的信号。

③从 K、D 指标的交叉方面考虑。K 线与 D 线的关系就如同股价与 MA 的关系一样，也有死亡交叉和黄金交叉的问题。不过这里交叉的应用较为复杂，还附带很多其他条件。

以 K 线从下向上与 D 线交叉为例：K 线上穿 D 线是金叉，为买入信号。但是出现了金叉是否应该买入，还要看别的条件。

第一个条件是金叉的位置应该比较低，是在超卖区的位置，越低越好。

第二个条件是与 D 线相交的次数。有时在低位，K 线、D 线要来回交叉好几次。交叉的次数以 2 次为最少，越多越好。

第三个条件是交叉点相对于 K、D 线低点的位置，这就是常说的“右侧相交”原则。K 线是在 D 线已经抬头向上时才同 D 线相交，比 D 线还在下降时与之相交要可靠得多。

④从 K、D 指标的背离方面考虑。当 K、D 处在高位或低位，如果出现与股价走向的背离，则是采取行动的信号。当 K、D 处在高位，并形成两个依次向下的峰，而此时股价还在一个劲地上涨，这叫顶背离，是卖出的信号；与之相反，K、D 处在低位，并形成一底比一底高，而股价还继续下跌，称为底背离，是买入信号。

⑤在实际应用中，常用J线指标。J指标常领先于K、D值显示曲线的底部和头部。J指标的取值超过100和低于0，都属于价格的非正常区域，大于100为超买，小于0为超卖。

另外，随机指数还有一些理论上的转向讯号：当K线和D线上升或下跌的速度减弱，出现屈曲，通常表示短期内会转势；K线在上升或下跌一段时期后，突然急速穿越D线，显示市势短期内会转向；K线跌至0时通常会出现反弹至20～50之间，短期内应回落至零附近，然后市势才开始反弹；如果K线升至100，情况则刚好相反。

（3）实例。如图13－45所示，图中标记向上箭头处为KD线低位出现金叉的位置，股价短期上涨的可能性较大；图中标记向下箭头处为KD线高位出现死叉的位置，股价回调的可能性较大。

图13－45

3. RSI（相对强弱指标）

RSI指标（Relative Strength Index）是与KDJ指标齐名的常用技术指标。RSI以一特定时期内股价的变动情况推测价格未来的变动方向，并根据股价涨跌幅度显示市场的强弱。

（1）RSI的计算公式。RSI通常采用某一时期（n天）内收盘指数的结果作为计算对象，来反映这一时期内多空力量的强弱对比。RSI将n日内每日收盘价或收盘指数涨数（即当日收盘价或指数高于前日收盘价或指数）的总和作为买方总力量A，而n日内每日收盘价或收盘跌数（即当日收盘价或指数低于前日收盘价或指数）的总和作为卖方总力量B。

先找出包括当日在内的连续n＋1日的收盘价，用每日的收盘价减去上一日的收盘价，可得到n个数字。这n个数字中有正有负。

A＝n个数字中正数之和

B＝n个数字中负数之和×（－1）

$$\text{RSI}(n)=\frac{A}{A+B}\times 100$$

式中：A 为 n 日中股价向上波动的大小；

B 为 n 日中股价向下波动的大小；

A + B 为股价总的波动大小。

RSI 实际上是表示股价向上波动的幅度占总波动的百分比。如果比例大就是强市，否则就是弱市。

RSI 的参数是天数 n，一般取 5 日、9 日、14 日等。RSI 的取值范围介于 0—100 之间。

（2）RSI 的应用法则。

①根据 RSI 取值的大小判断行情。将 100 分成四个区域，根据 RSI 的取值落入的区域进行操作。划分区域的方法如表 13－1 所示。“极强”与“强”的分界线和“极弱”与“弱”的分界线是不明确的，它们实际上是一个区域。比如，也可以取 30、70 或者 15、85。应该说明的是，分界线位置的确定与 RSI 的参数和选择的股票有关。一般而言，参数越大，分界线离 50 越近；股票越活跃，RSI 所能达到的高度越高，分界线离 50 应该越远。

②两条或多条 RSI 曲线的联合使用。我们称参数小的 RSI 为短期 RSI，参数大的 RSI 为长期 RSI。两条或多条 RSI 曲线的联合使用法则与两条均线的使用法则相同。即：短期 RSI ＞长期 RSI，应属多头市场；短期 RSI＜长期 RSI，则属空头市场。当然。这两条只是参考，不能完全照此操作。

表 13－1　　RSI 取值信号参考

RSI（n）	市场特征	投资操作
100－80	极强	卖出
80－50	强	买入
50－20	弱	卖出
20－0	极弱	买入

③从 RSI 的曲线形状判断行情。当 RSI 在较高或较低的位置形成头肩形和多重顶（底），是采取行动的信号。这些形态一定要出现在较高位置和较低位置，离 50 越远，结论越可靠。

另外，也可以利用 RSI 上升和下降的轨迹画趋势图，此时，起支撑线和压力线作用的切线理论同样适用。

④从 RSI 与股价的背离方面判断行情。RSI 处于高位，并形成一峰比一峰低的两个峰，而此时，股价却对应的是一峰比一峰高，为顶背离，是比较强烈的卖出信号。与此相反的是底背离：RSI 在低位形成两个底部抬高的谷底，而股价还在下降，是可以买入的信号。

（3）实例。如图 13－46 所示，图中指标值处于 50 以下时为弱势，市场处于下跌趋势；当指标值高于 50 后，市场进入强势，股价出现明显上涨。

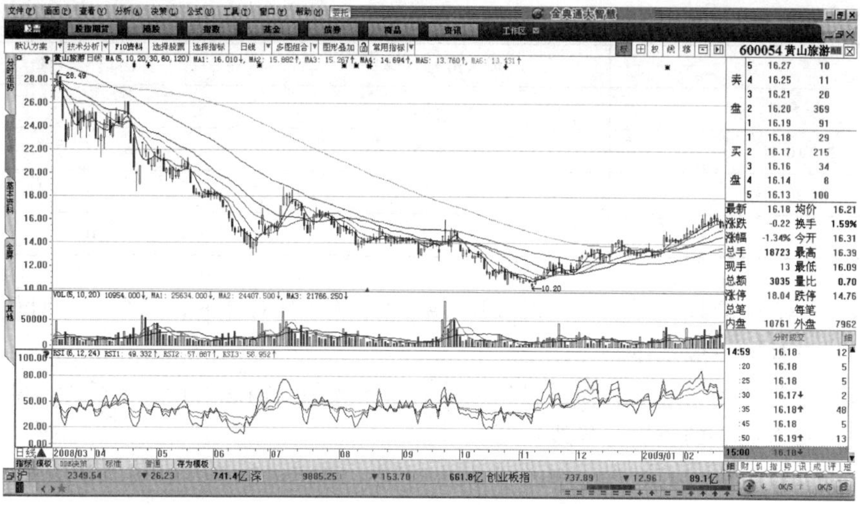

图 13－46

4. BIAS（乖离率指标）

BIAS 是测算股价与移动平均线偏离程度的指标。其基本原理是：如果股价偏离移动平均线太远，不管是在移动平均线上方或下方，都有向平均线回归的要求。

（1）BIAS 的计算公式。

$$BIAS(n)=\frac{C_t-MA(n)}{MA(n)}\times 100\%$$

式中：C_t 为 n 日中第 t 日的收盘价；

MA（n）为 n 日的移动平均线；

n 为 BIAS 的参数。

分子为收盘价与移动平均的距离，可正可负，除以分母后，就是相对距离。一般说来，参数选得越大，允许股价离 MA 的程度就越大。换句话说，股价远离 MA 到了一定程度，就认为该回头了。

（2）BIAS 的应用法则。

①从 BIAS 的取值大小和正负考虑。一般来说，正的乖离率愈大，表示短期多头的获利愈大，获利回吐的可能性愈高；负的乖离率愈大，则空头回补的可能性也愈高。在实际应用中，一般预设一个正数或负数，只要 BIAS 超过这个正数，我们就应该感到危险而考虑抛出；只要 BIAS 低过这个负数，我们就应该感到机会可能来了而考虑买入。问题的关键是找到这个正数或负数，它是采取行动或静观的分界线。这条分界线与三个因素有关，即 BISA 参数、所选择股票的性质以及分析时所处的时期。

一般来说，参数越大，股票越活跃，选择的分界线也越大。但乖离率达到何种程度为正确的买入点或卖出点，目前并无统一的标准，投资者可凭经验和对行情强弱的判断得出综合的结论。

参考相关书籍，表 13－2 给出这些分界线的参考数字。投资者在应用时应根据具体情况对它们进行适当的调整。

表 13-2 BIAS 取值信号参考

	买入信号（%）	卖出信号（%）
5 日	-3	3.5
10 日	-4.5	5
20 日	-7	8
60 日	-10	10

从表 13-2 中的数字可看出，正数和负数的选择不是对称的，正数的绝对值偏大是进行分界线选择的一般规律。

据有关人员的经验总结，如果遇到突发的利多或利空消息而产生股价暴涨暴跌的情况时，可以参考如下的数据分界线：

对于综合指数：BIAS(10) >30% 为抛出时机，BIAS(10) < -10% 为买入时机；

对于个股：BIAS(10) >35% 为抛出时机，BIAS(10) < -15% 为买入时机。

②从 BIAS 的曲线形状方面考虑。形态学和切线理论在 BIAS 也可以适用，主要是顶背离和底背离的原理。

③从两条 BIAS 线结合方面考虑。当短期 BIAS 在高位下穿长期 BIAS 时，是卖出信号；在低位，短期 BIAS 上穿长期 BIAS 时是买入信号。

（三）人气型指标

1. PSY（心理线指标）

PSY 是从投资者的买卖趋向心理方面，将一定时期内投资者看多或看空的心理事实转化为数值，来研判股价未来走势的技术指标。

（1）PSY 的计算公式。

$$PSY(N) = \frac{A}{N} \times 100\%$$

式中：N 为天数，是 PSY 的参数；

A 为 N 天之中股价上涨的天数。

在实际应用中，N 一般定为 12 日。如，N=12，12 天中有 3 天上涨，9 天下跌，则 A=3，PSY(12)=25。

这里的上涨和下跌的判断以收盘价为准。

PSY（N）的取值范围是 0~100，以 50 为中心，50 以上是多方市场，50 以下是空方市场。

PSY（N）参数的选择是人为的，参数选得越大，PSY（N）的取值范围越集中、越平稳。

（2）PSY 的应用法则。

①PSY（N）的取值在 25~75，说明多空双方基本处于平衡状态。如果 PSY（N）的取值超出了这个平衡状态，则是超卖或超买。

②PSY 的取值过高或过低，都是行动的信号。一般说来，如果 PSY（N）<10 或 PSY（N）>90 这两种极端情况出现，是强烈的买入和卖出信号。

③PSY（N）的取值第一次进入采取行动的区域时，往往容易出错。一般要求

PSY（N）进入高位或低位两次以上才能采取行动。

④PSY 的曲线如果在低位或高位出现大的 W 底或 M 头，也是买入或卖出的行动信号。

⑤PSY 线一般可同股价曲线配合使用，这时，前面讲到的背离原则在 PSY 中也同样适用。

心理线所显示的买卖信号一般为事后现象，事前并不能十分确切预测。同时，投资者的心理偏好又受诸多随机因素影响，随时调整，不可捉摸。特别是在一个投机气氛浓厚、投资者心态不十分稳定的股市中，心理线的运用有其局限性。

2. OBV（能量潮指标）

OBV 的英文全称是 On Balance Volume，即平衡交易量，人们更多地称其为能量潮，它是 Granville 在 20 世纪 60 年代提出来的。该指标的理论基础是市场价格的有效变动必须有成交量配合，量是价的先行指标。利用 OBV 可以验证当前股价走势的可靠性，并可以得到趋势可能反转的信号。比起单独使用成交量来，OBV 看得更清楚。

（1）OBV 的计算公式。假设已经知道了上一个交易日的 OBV，则：

今日 OBV = 昨日 OBV + sgn × 今天的成交量。其中，sgn 是符号函数，其数值由下式决定：

sgn = +1　　今日收盘价≥昨日收盘价

sgn = -1　　今日收盘价<昨日收盘价

这里的成交量指的是成交股票的手数，不是成交金额。sgn = +1 时，其成交量计入多方的能量；sgn = -1 时，其成交量计入空方的能量。

计算 OBV 时的初始值可自行确定，一般用第一日的成交量代替。

（2）OBV 的应用法则和注意事项。

①OBV 不能单独使用，必须与股价曲线结合使用才能发挥作用。

②OBV 曲线的变化对当前股价变化趋势的确认。

当股价上升（下降），而 OBV 也相应上升（下降），则可确认当前上升（下降）趋势。

当股价上升（下降），但 OBV 并未相应上升（下降），出现背离现象，则对目前上升（下降）趋势的认定程度要大打折扣。OBV 可以提前告诉我们趋势的后劲不足，有反转的可能。

③形态学和切线理论的内容也同样适用于 OBV 曲线。

④在股价进入盘整区后，OBV 曲线会率先显露出脱离盘整的信号，向上或向下突破，且成功率较大。

OBV 线是预测股市短期波动的重要判断指标，能帮助投资者确定股市突破盘局后的发展方向；而且 OBV 的走势，可以局部显示出市场内部主要资金的流向，有利于告示投资者市场内的多空倾向。

（四）大势型指标

大多数技术指标都是既可应用于个股，又可应用于大盘指数。而大势型指标主要对整个证券市场的多空状况进行描述，它只能用于研判证券市场的整体形势，而不能应用于个股。

一般说来，描述股市整体状况的指标是综合指数，如道－琼斯指数、上证指数等。但无论哪种指数都不可能面面俱到，总有不尽如人意的地方。以下介绍的ADL、ADR指数从某个角度讲，能够弥补综合指数的不足，提前向投资者发出信号。

1. ADL（Advance/Decline Line，腾落指数）

ADL，中文名称为“腾落指数”，即上升下降曲线的意思。ADL是以股票每天上涨或下跌的家数作为观察的对象，通过简单算术加减来比较每日上涨股票和下跌家数的累积情况，形成升跌曲线，并与综合指数相互对比，对大势的未来进行预测。

（1）ADL的计算公式。假设已经知道了上一个交易日ADL的取值，则今天ADL的值为：

今日 ADL = 昨日 ADL + $N_A - N_D$

式中：N_A 为当天所有股票中上涨的家数；

N_D 为当天下跌的股票家数。

涨跌的标准是以今日收盘价与上一日收盘价相比较（无涨跌者不计）。ADL的初始值可取为0。

（2）ADL的应用法则。

①ADL的应用重在相对走势，而并不看重取值的大小。这与OBV相似。

②ADL不能单独使用，要同股价曲线联合使用才能显示出作用。

a. ADL与股价同步上升（下降），创新高（低），则可以验证大势的上升（下降）趋势，短期内反转的可能性不大，这是一致的现象。

b. ADL连续上涨（下跌）了很长时间（一般是3天），而指数却向相反方向下跌（上升）了很长时间，这是买进（卖出）信号，至少有反弹存在。这是背离的一种现象。

c. 在指数进入高位（低位）时，ADL并没有同步行动，而是开始走平或下降（上升），这是趋势进入尾声的信号。这也是背离现象。

d. ADL保持上升（下降）趋势，指数却在中途发生转折，但很快又恢复原有的趋势，并创新高（低），这是买进（卖出）信号，是后市多方（空方）力量强盛的标志。

③形态学和切线理论的内容也可以用于ADL曲线。

④经验证明，ADL对多头市场的应用比对空头市场的应用效果好。

2. ADR（Advance/Decline Ratio，涨跌比指标）

ADR是根据股票的上涨家数和下跌家数的比值，推断证券市场多空双方力量的对比，进而判断出证券市场的实际情况。

（1）ADR的计算公式。

$$ADR(N) = \frac{P_1}{P_2}$$

式中：$P_1 = \sum N_A$，为N日内股票上涨家数之和；

$P_2 = \sum N_D$，为N日内股票下跌家数之和；

N为选择的天数，是ADR的参数。

目前，N比较常用的参数为10。ADR（N）的取值不小于0。

ADR 的图形以 1 为中心上下波动，波动幅度取决于参数的选择。参数选择得越小，ADR 波动的空间就越大，曲线的起伏就越剧烈；参数选择得越大，ADR 波动的空间就越小，曲线的起伏就越平稳。

（2）ADR 的应用法则。

①从 ADR 的取值看大势。ADR 在 0.5～1.5 之间是常态情况，此时多空双方处于均衡状态。极端特殊情况下，如出现突发利多、利空消息引起股市暴涨暴跌时，ADR 常态的上限可修正为 1.9，下限修正为 0.4。超过了 ADR 常态状况的上下限，就是采取行动的信号，表示上涨或下跌的势头进于强烈，股价将有回头的可能。ADR 处于常态时，买进或卖出股票都没有太大的把握。

②ADR 可与综合指数配合使用，其应用法则与 ADL 相同，也有一致与背离两种情况。

③从 ADR 曲线的形态上看大势。ADR 从低向高超过 0.5，并在 0.5 上下来回移动几次，是空头进入末期的信号。ADR 从高向低下降到 0.75 之下，是短期反弹的信号。ADR 先下降到常态状况的下限，但不久就上升并接近常态状况的上限，则说明多头已具有足够的力量将综合指数拉上一个台阶。

④在大势短期回档或反弹方面，ADR 有先行示警作用。若股价指数与 ADR 成背离现象，则大势即将反转。

本章小结

技术分析是以证券市场过去和现在的市场行为为研究对象，使用数学和逻辑的方法，来预测证券市场未来变动趋势和程度的分析方法。基于市场行为涵盖一切信息、价格沿趋势移动、历史会重演三个基本假设。包括 K 线、切线、形态、波浪、指标五大类。

量价关系理论是利用成交价与成交量之间的关系总结出的一套理论，基本规律为价升量增、价跌量减。K 线理论是通过对单根 K 线阴阳及位置、多根 K 线的组合及位置进行分析，来预测股价未来走势的一种理论，是投资者最常使用的分析方法，是其他众多技术分析理论的基础。切线理论是基于价格沿趋势移动这一假设来进行分析的，通过画线的方法找出股价运行的趋势，从而预测股价走势的一种理论。形态理论是以股价历史走势所形成的形态为分析对象，并且配合成交量的变化进行分析，从而推断出市场现存的趋势将会延续或反转的一种理论。波浪理论认为股票价格波动如同潮汐一样的，周而复始，具有相当程度的规律性，可以根据这些规律性的波动，来预测价格未来的走势。技术指标法是应用一定的数学公式，对原始数据进行处理，得出指标值，将指标值绘成图表，从定量的角度对股市进行预测的方法。

复习思考题

一、选择题

1. 著名的K线理论起源于（　　）。
A. 中国　　B. 美国
C. 日本　　D. 英国

2. 在上升趋势中，将（　　）连成一条直线，就得到上升趋势线。
A. 两个低点　　B. 两个高点
C. 一个低点　　D. 任意两点

3. 在技术分析理论中，不能单独存在的切线是（　　）。
A. 支撑线　　B. 压力线
C. 轨道线　　D. 趋势线

4. BIAS指标是测算股价与（　　）偏离程度的指标。
A. MA　　B. MACD
C. PSY　　D. OBV

5. 下列不属于波浪理论主要考虑的因素是（　　）。
A. 时间　　B. 比例
C. 形态　　D. 成交量

6. 计算KDJ指标时，需要考虑的因素是（　　）。
A. 最高价、最低价　　B. 开盘价、收盘价
C. 收盘价、最高价、最低价　　D. 开盘价、最高价、最低价

7. 下列属反转突破形态的有（　　）。
A. 矩形　　B. 三角形
C. 旗形　　D. 双重形态

8. 道氏理论认为，在所有价格中以（　　）最为重要。
A. 开盘价　　B. 收盘价
C. 最高价　　D. 最低价

9. 在应用MACD指标时，下列哪一种说法是不对的（　　）。
A. DIF的走向与股价走向相背离时，是采取行动的信号
B. DIF的走向与股价走向相一致时，是采取行动的信号
C. 当股价走势出现两个或三个近期低点时，而DIF（DEA）并配合出现新低点，可买入
D. 当股价走势出现两个或三个近期高点时，而DIF（DEA）并不配合出现新高点，可卖出

10. 技术分析的假设中，从人的心理因素方面考虑的假设是（　　）。
A. 价格沿趋势移动　　B. 经济政策决定证券市场的未来变化趋势
C. 市场行为涵盖一切信息　　D. 历史会重演

二、判断题

1. 经验证明，ADL 对多头市场的应用比对空头市场的应用效果好。（ ）

2. 当 KD 低于 20 时，是卖出信号；超过 80 时，是买入信号。（ ）

3. 价和量是市场行为最基本的表现。（ ）

4. K 线上穿 D 线的“右侧相交”是指 K 在 D 已经抬头向上时才同 D 线相交，比 D 线还在下降时与之相交，信号要可靠得多。（ ）

5. 短期 RSI > 长期 RSI，属空头市场；反之为多头市场。（ ）

6. 由于短期移动平均线较长期移动平均线更易于反应行情价格的涨跌，所以一般又把短期移动平均线称为快速 MA，长期移动平均线则称为慢速 MA。（ ）

7. RSI 实际上是表示股价向上波动的幅度占总波动的百分比。（ ）

8. 次要趋势是在主要趋势结束后出现的新的趋势。（ ）

9. 旗形形成之前和被突破之后，成交量都很大。（ ）

10. 股价向上突破形态时，都伴随着大的成交量；反之，成交量不一定放大。（ ）

三、简答题

1. 技术分析基于哪些假设？

2. 技术分析方法应用时应注意哪些问题？

3. 支撑线和压力线的发挥作用的原理是什么？

四、看图分析题

运用量价关系理论、K 线理论、切线理论、形态理论、MA、RSI、KDJ 及 MACD 指标对下图进行分析，并做出预测。

五、实训题

运用本章所学技术分析知识对当前上证指数走势进行分析，并预测未来趋势。

第十四章

期货投资分析

学习目标：

通过本章的学习，理解商品期货基本分析方法的涵义、期货技术分析与基本分析的区别；掌握期货交易中成交量、持仓量与价格变动之间的关系；影响各商品期货价格、股指期货价格的因素及原理。

关键概念：

基本分析方法　股指期货　持仓量　成交量

第一节

商品期货的基本面分析

一、商品期货基本分析概述

（一）含义

商品期货基本分析法，是根据商品的产量、消费量和库存量（或者供需缺口），即根据商品的供给和需求关系以及影响供求关系变化的种种因素来预测商品价格走势的分析方法。

（二）特点

1. 分析价格变动的中长期趋势

期货交易者利用基本分析法主要分析的是期货市场的中长期价格走势，即所谓大势，并以此为依据中长期持有合约，不太注意日常价格的反复波动而频繁地改变持仓方向。

2. 研究的是价格变动的根本原因

基本分析法集中关注于期货市场价格变动的根本原因，它通过分析一些能实质性影响期货市场价格的因素来判断期货市场的走势。

3. 主要分析的是宏观性因素

基本分析法分析的是一些较为宏观性的因素，比如总供给与总需求的变动，国内国际的经济形势，自然因素和政策因素等。

二、影响商品期货价格的因素

（一）影响农产品价格的因素

农产品具有自身的特点与属性，其一般特征表现为：首先从生产角度看，有很强的地域性、季节性和周期性。如我国的玉米种植主要集中在华北、东北和西南地区，大致形成一个从东北到西南的斜长形栽培带；从每年4月到9月，我国由北到南依次进入种植期，受到季节及气候等因素的影响，我国北方地区玉米种植早、周期长，南方地区种植晚、周期短。第二，从种植条件及资源禀赋角度看，农产品具有一定的相对有限性，这是与人口增长所带动的无限需求相对而言的。第三，在全球经济一体化的大背景下，农产品通过进出口贸易与国际市场表现出较强的国际联动性，国际同类商品价格的涨跌会影响到国内产品的价格。

预测农产品期货价格走势离不开分析影响农产品价格的因素，影响农产品价格的因素主要有供求状况和其他因素。

供求关系是影响商品价格最根本的因素，一般而言，农产品的供给量主要由期初库存量、当期产量和进口量三部分组成；需求量主要由期末库存量、当期国内消费量和出口量组成。影响农产品供求的主要因素包括种植面积、天气变化、季节、种植成本、进出口量、下游企业的需求量、期末（初）库存量等方面。

影响农产品价格的其他主要因素包括：第一，政策性因素。主要包括农业政策和进出口贸易政策。如近年来国家通过调整相关产业政策和各类财政补贴引导农民增加优质大豆的播种面积，促成了国产大豆产量稳定，一定程度上稳定了我国大豆的价格；同时也要关注与我国有贸易往来国家的农业政策，例如美国农业政策的变化会影响到农民出售大豆的成本，进而影响我国大豆的进口价格，最终影响国内市场大豆的价格。第二，经济周期因素。以玉米为例，当全球经济处于低潮阶段，我国也不例外，由于对玉米淀粉和酒精消费量的缩减会导致我国玉米价格的下滑。第三，物流因素。由于运输成本直接影响农产品的到货价格，进而影响农产品的市场价格，例如，当我国南方地区发生雪灾时，为了向灾区运送物资，导致全国铁路运力紧张，使东北大豆的运输成本暴涨，势必影响下游企业的采购成本。第四，突发事件。由于大多数农产品属于基础商品，作为许多产成品的原料，如果下游产品发生突发性事件也会影响农产品的价格。例如，2005～

2006年度我国频发禽流感、口蹄疫疫情，导致人们对鸡鸭肉、猪肉消费的减少，从而降低了对玉米饲料的需求，最终使我国玉米价格随即走低；当2008年我国发生奶粉三聚氰胺事件，特别是从鸡蛋里检出三聚氰胺后，人们减少了对鸡蛋的消费继而影响了我国玉米价格的走势。第五，相关产品、替代品因素。豆油与豆粕是相关性产品，一般情况下，当豆粕销售顺畅，豆粕价格上涨，企业会增加豆粕的产量，继而会增加豆油的库存，会形成对豆油价格的抑制；豆油与棕榈油之间是替代关系，过去几年，现货一级豆油与24度棕榈油之间的价格波动于700～3 000元/吨，如果两者价差过高，棕榈油对豆油的替代作用将会上升，导致豆油需求下降，价格走弱，如果两者价差过低，棕榈油的替代作用下降，豆油需求上升，价格走强。

（二）影响金属期货价格的因素

各类金属根据自身属性在社会中发挥着不同的作用，但作为同类产品又具有共同的市场特征，其主要表现为：第一，资源的不可再生性。第二，与宏观经济周期高度的一致性。第三，供给增长的缓慢性。金属供应量增加的条件是矿山资源供给的增加，而矿山的勘探与开采需要很长的周期，而消费需求可以随着经济景气度的影响短时间内发生变化。第四，自身的双重性。金属作为大宗商品，被市场赋予双重属性——商品属性和金融属性，金属的使用价值反映了它的商品属性，金融属性主要体现在金属在金融市场上作为投资工具、“硬资产”的功能上。

影响金属价格的主要因素有：第一，供求因素。预测金属价格的走势，投资者既要分析市场对金属的需求，又要分析金属的未来供给量。分析需求时，投资者需要考虑金属消费的行业分布及重点行业未来消费量。例如，在我国，对精铜的消费主要分布在电力、电子、交通运输等行业，而电力行业是对铜消费最多的行业，在预测铜的价格走势时必须考虑到这些因素。同时，投资者要关注反映金属供给变化的一个指标——库存。库存分为报告库存和非报告库存，报告库存又称“显性库存”，是期货交易所定期公布其指定交割仓库库存数量。而非报告库存主要是指全球范围内的生产商、贸易商和消费者手中持有的数量，由于这些库存无专门机构进行统计和对外发布，所以这些库存又称为“隐性库存”。第二，成本因素。生产成本是衡量商品价格水平的基础。如钢材的生产成本包括铁矿石成本和焦炭成本等，而铝的主要成本体现在原材料——氧化铝和电价上。此外还有考虑各类产品的人工成本、运输成本等因素，它们都是影响价格的重要因素。第三，相关商品因素。不同的金属在社会中发挥着各自特殊的功能，其价格存在较大的差异，但它们的物理属性存在着一些相同的特征，因此，当金属的性价比偏离于正常水平时，市场会选择替代品，从而会影响价格走势。第四，经济周期因素。第五，汇率因素。国际市场金属等大宗商品价格一般均以美元计价，从长期来看，美元汇率与金属价格有较高的负相关性，同时美元指数的短期波动对金属价格也产生一定的影响。第六，政策因素，包括产业政策、贸易政策等。第七，基金交易方头寸因素。金属品具有一定的金融属性，如今越来越多的基金进入金属商品市场，基金交易的头寸成为影响金属价格的一个重要因素。第八，突发性因素，包括世界政局动荡、战争及地震、暴风雪灾、工会罢工等难以预测且对市场产生巨大影响力的因素。影响价格的因素有许多方面，但影响价格走势的最根本因素是供求关系。

（三）影响能源化工类期货价格的因素

能源化工产品共有的主要特性：第一，受原油走势的影响，使能源和化工品在走势上具有趋同性。第二，影响价格因素复杂多变。石化产业链较为复杂，经过多道工序才能生产出产品，因此影响因素众多，忽视了任何一个环节都可能产生反应过度或滞后的结果。第三，关联度高。能源化工品由于生产过程的关联性，导致了上下游产业链的关系非常密切，在价格、成本、供需方面表现出鲜明的产业链效应。

由于原油几乎是所有能源化工产品的重要基础品，所以分析能源化工期货价格走势首先要分析原油价格。因此，能源化工品价格的影响因素主要有基础能源——原油价格因素和其他因素。

影响原油价格的因素主要有：第一，原油的供需。第二，库存。第三，欧佩克政策。欧佩克旨在通过消除有害的、不必要的价格波动，确保国际石油市场上石油价格的稳定，保证各成员国在任何情况下都能获得稳定的石油收入，并为石油消费国提供足够、经济、长期的石油供应。例如，当石油价格低于合理价格区间最低区域时，OPEC就会通过减产政策对油价进行调整，使油价趋于合理范围。第四，地缘政治和突发因素。第五，自然因素。第六，基金的交易头寸。

影响能源化工品价格的其他重要因素包括：第一，产品的供需；第二，下游产业的开工情况；第三，相关商品的价格；第四，相关政策等。

第二节

股指期货的基本面分析

一、股指期货概述

（一）含义

股指期货简称期指，是以某种股票指数为标的资产的标准化的期货合约。买卖双方报出的价格是对未来股票指数水平的评估，在合约到期后，股指期货通过现金结算差价的方式来进行交割。股指期货市场是为回避股票市场系统性风险而产生的，是股票市场的延伸和补充，但股指期货与股票交易也有明显的区别。

（二）股指期货与股票交易的区别

1. 交易对象不同

股指期货的交易对象是股指期货合约，如今，我国股指期货合约是沪深300指数期货合约，股票的交易对象则是个股。

2. 保证金不同

股指期货采用保证金交易，即在进行股指期货交易时，投资者不需支付合约价值的全额资金，只需支付一定比例的资金作为履约保证；而目前我国股票交易则需要支付股票价值的全部金额。由于股指期货是保证金交易，亏损额甚至可能超过投资本金，因此，股指期货交易应更加注重资金管理，控制持仓比例，避免追保或强平的状况出现。

3. 交易方向不同

在交易方向上，股指期货交易可以卖空，既可以先买后卖，也可以先卖后买，因而股指期货交易是双向交易。而部分国家的股票市场没有卖空机制，股票只能先买后卖，不允许卖空，此时股票交易是单向交易。同时，股指期货可以 T+0 交易，当天买进当天就可以卖出平仓，在我国股票交易也只能 T+1 交易。

4. 结算方式不同

在结算方式上，股指期货交易采用当日无负债结算制度，交易所当日要对交易保证金进行结算，如果账户保证金余额不足，必须在规定的时间内补足，否则可能会被强行平仓；而股票交易采取全额交易，并不需要投资者追加资金，并且买入股票后在卖出以前，账面盈亏都是不结算的。

5. 到期日不同

股指期货合约有到期日，不能无限期持有。股票买入后正常情况下可以一直持有，但股指期货合约有确定的到期日。因此交易股指期货必须注意合约到期日，以决定是提前平仓了结持仓，还是等待合约到期进行现金交割。

（三）股指期货交易的特点

1. 跨期性

股指期货是交易双方通过对股票指数变动趋势的预测，约定在未来某一时间按照一定条件进行交易的合约。因此，股指期货的交易是建立在对未来预期的基础上，预期的准确与否直接决定了投资者的盈亏。

2. 杠杆性

股指期货交易不需要全额支付合约价值的资金，只需要支付一定比例的保证金就可以签订较大价值的合约。例如，假设股指期货交易的保证金为 12%，投资者只需支付合约价值 10% 的资金就可以进行交易。这样，投资者就可以控制 8 倍于所投资金额的合约资产。当然，在收益可能成倍放大的同时，投资者可能承担的损失也是成倍放大的。

3. 联动性

股指期货的价格与其标的资产的变动联系极为紧密。股票指数是股指期货的标的资产，对股指期货价格的变动具有很大影响，与此同时，股指期货是对未来价格的预期，因而对股票指数也有一定的反映。

4. 高风险性

股指期货的杠杆性决定了它具有比股票市场更高的风险性。此外，股指期货还存在着一定的信用风险和结算风险、因市场缺乏交易对手而不能平仓导致的流动性风险等。

二、影响股指期货价格的因素

（一）股指期货理论价格

根据基差的定义，基差 = 现货价格 − 期货价格，即可以写成：基差 = （现货价格 − 期货理论价格） − （期货价格 − 期货理论价格）。我们把前一部分可以称为理论基差，主要来源于持有成本（不考虑交易成本等）；后一部分可以称为价值基差，主要来源于投资者对股指期货价格的高估或低估。因此，在市场正常情况下，在合约到期前理论基差必然存在，而价值基差不一定存在；事实上，在市场均衡的情况下，价值基差为零。

因为持有成本是投资者持有现货资产至期货合约到期日必须支付的净成本，即因融资购买现货资产而支付的融资成本减去持有现货资产（股票或其组合）而取得的收益。如果以 F 表示股指期货的理论价格，S 表示现货资产的市场价格，r 表示融资年利率，y 表示持有现货资产而取得的年收益率，Δt 表示距合约到期的天数，在单利计息的情况下股指期货的理论价格表示为：

$$F = S \times [1 + (r - y) \times \Delta t / 360]$$

（二）影响股指期货价格的因素

从股指期货理论价格的公式中可以看出，标的指数大小是影响期指价格的重要因素。综合股指期货市场而言，股价指数价格走势不仅受到现货指数的影响，还受到宏观经济环境的影响，具体如下：

1. 资金供求及多空方力量状况

当市场资金比较充裕时，股票市场的购买力比较旺盛，股票价格指数上升，否则，股票价格指数下跌。相反，货币供应量减少，社会购买力降低，股价也必然下跌。对于股指期货而言，它的价格变化受期货市场合约多空方力量的影响很大，当空头大于供求时，期货合约价格下跌；反之，当多头供大于求时，期货合约价格就上升。

2. 标的指数走势

由于股指期货的标的为某一股价指数，而股价指数又是以成分股组成，因此，股指期货的走势要受到其标的指数及成分股的影响。当股指期货标的指数中、大盘股的股价变化会对股票指数的涨幅影响很大，从而也带动股指期货价格的变化。目前，我国已上市的唯一期指为沪深 300 股指期货，是以沪深 300 指数为标的，这 300 只股票覆盖了国民经济的大部分行业，当标的成分股分红派息、送股、配股、停牌等事件会对指数的涨跌产生作用，进而影响期指的走势。

3. 经济政策

当国家出台变动利率、汇率及针对行业、区域的政策时，会对整个经济或某些行业板块造成影响，从而影响股指成分股及其指数走势。如，国家对某些行业或企业在税收方面给予优惠，那么就能使这些企业的税后利润相对增加，使其股票升值。当市场存在“过热”趋向时，中央银行倾向于采取紧缩银根、提高利率的政策，投资者倾向于存款，或购买债券等，从而导致股票市场的资金减少，促使股票价格指数下跌；同样，当经济处于低谷时，货币政策当局一般采用扩张性货币政策，如降低利率、增加再贷款规模等，来增加经济增长的动力。对于财政政策的影响，一般而言，扩张性的财政政策将增加企业的投资扩张需求、居民的消费需求，从而上市公司的业绩改善，导致股价的上升，从而股票指数会上升；而紧缩性财政政策则使股市回落，从而股票指数会下降。由于股指期货与大盘保持着一致性，财政政策以影响大盘的方式同样影响着股指期货。

4. 宏观经济数据

国家相关部门定期公布的一些宏观经济数据，诸如 GDP 增长、通胀率、失业率、零售增长、储蓄率等，都会影响到政府将来的货币、财政政策，会让投资者对经济未来预期产生影响，最终反映到期货价格上来。

5. 经济周期

市场经济有着内在的周期性运行规律，即复苏—繁荣—衰退—萧条—复苏的循环。

一般而言在经济繁荣即将到来和处于繁荣发展的阶段股指期货价格会呈上涨趋势；相反在经济萧条时期股指期货价格会变得萎靡不振。

6. 国际金融市场走势

在全球经济一体化背景下，我国股票市场及股指期货价格走势受到国际市场的影响，例如我国股价指数与 NYSE 的道琼斯指数价格的变动、国际原油期货市场价格变动等保持一定的联动性。

7. 突发事件

股票价格指数的波动，不仅受经济因素的影响，而且受许多突发事件，诸如战争、政变、金融危机、能源危机等的影响。与其他因素相比，突发事件对股票价格指数的影响有两个特点：一是偶然性。即突发事件往往是突如其来的，因此相当多的突发事件是无法预料的。二是非连续性。即突发事件不是每时每刻发生的，它对股票价格指数的影响不像其他因素那样连续和频繁。国家政局稳定使人民对国内经济发展有信心，并使国家国际形象提升，能够吸引国外资金，国家公债发售信用佳，股指表现好。

8. 心理因素

投资者的心理因素也会影响股指期货的价格。通常人们所说的“人气”反映了交易者对市场的信心程度，或者说他们对未来股票市场的信心。当“人气”旺时，即使当时的股市指数不高，股指期货市场价格也会上涨；反过来说，如果“人气”衰，即使当时的股市指数很高，股指期货市场价格也会下跌。

第三节

期货投资技术分析

一、技术分析概述

（一）概念与假设

技术分析是以预测市场价格未来的变化趋势为目的，以图表为主要手段对市场行为进行研究。其中，在期货市场中，市场行为包含三方面的内容：合约价格、成交量和持仓兴趣。

技术分析的理论假设分别是：一是市场行为包容消化一切；二是价格以趋势方式演变；三是历史会重演。技术分析者认为，能够反映期货价格的各种因素（包含基本因素），最终都反映在其价格中，“市场行为包容消化一切”构成了技术分析的基础。对于已形成的趋势来说，下一步常常是沿着现有趋势方向继续演变，或者说，当前趋势将一直持续到掉头反向为止，这与牛顿惯性定律的思想具有异曲同工之妙。因此，投资者在期货交易中应跟随市场的趋势行动，直到这一趋势结束，这也是“顺势而为”的理念。人的行为是由人的大脑与心理支配的，期货价格是由投资者买卖行为实现的，而这种行为与人类心理有着千丝万缕的联系，投资者会把过去实践中很有用的经验，运用到未来，实现历史会重演！

（二）期货市场技术分析与基本分析比较

1. 研究重点不同

技术分析主要研究市场行为，基本分析则侧重研究导致价格变化的供求关系。基本分析派追究市场运动的前因，即影响价格的因素有哪些，包括宏观的、微观的；而技术派则是研究其后果，认为“市场行为”就是所需的全部资料，至于由什么样的因素所导致的则无关紧要。

2. 分析与预测期货价格时，优势不同

如果我们把期货交易的决策过程分为两个阶段的话，它应包括：预测分析市场和选择出入市时机。一般来说，在分析和预测期货价格时，根据投资者的偏好及习惯，可选择运用基本分析或技术分析，也可使二者结合。但在判断期货出、入市时机时，技术分析（不用像基本分析一样，花费很多的时间分析太多、太复杂的因素）有着基本分析不可替代的作用。我们知道，期货交易实行保证金交易与当日无负债制度，即使大势判断正确，但价格稍微朝不利的方向变化，交易者也可能被强制平仓，损失大部分乃至全部保证金。技术分析是基于过往和当下的市场价格来判断未来的价格走势，无须掌握大量的影响因素，因此凭借各种图形和指标就可以及时地做出分析和预测。

3. 适用性不同

基本分析方法的基础是供求关系，而影响商品、金融资产供求的因素很多，而不同的产品其影响因素又有很大的区别，如前面介绍到的影响农产品、金属、能源化工品价格的因素各不相同，因此大多数基本分析师只能专门研究某种或某类商品。比如焦炭或者金属类。而技术分析方法可适用于各种价格分析中，如道氏理论既可用来分析如农产品、金属期货，还能分析股票、金融产品等走势，只要在一个市场上学会运用技术分析的基本方法，就能轻车熟路地适用于另外一个市场，事实上，技术分析方法起源于股市分析，后来才应用到期货市场。

在分析和预测期货价格运行时，不同的市场参与者对基本分析和技术分析会有不同的侧重，而做出是买入还是卖出的判断，只有掌握了技术分析才有能力选择最佳的出、入市时机，做到“逢低吸纳，逢高抛出”。因此，期货价格分析往往将这两种方法结合使用，互相补充。

（三）技术分析方法在期货市场与股票市场应用比较

期货市场技术分析与股票市场技术分析方法的基本原理是共同的，其使用的基本方法与指标也一样，比如线图、点数图、价格形态、成交量、趋势线、移动平均线和摆动指数等。只是因为股票市场和期货市场有本质的区别，其一些工具针对对象的不同会表现出不同。

1. 标价方式

期货合约的标价方式比股票复杂得多。每种期货合约都按特定的单位标价并制定价格增减标准。举例来说，我国期货市场上大多数商品期货合约的报价方式是元/吨，而黄金期货标价为元/克，在美国谷物市场上期货合约的报价方式是美分/蒲式耳，黄金标价为美元/每盎司。期货交易者必须明了每个市场的具体情况：期货合约在哪个交易所上市，如何标价，最大和最小的价格变化单位是多少，每张合约每基本单位价格变化相当于多少资金的出入等。而股票的标价却没有这么复杂，在同一国家或地区不会因为股票的种类不同出现不同的标价单位。

2. 有效期限

每份期货合约都有到期日，股票则不然；同一品种期货合约在任何时候在市场上至少同时流通着多种到期月份不同的合约，而同一上市公司在同一市场的股票仅有一种。期货有效期和同品种多份合约同时存在的特点给期货长期价格预测增加了难度。与股票比较，每当期货旧合约期满新合约上市时，总不得不相应地从头开始画图，维持一个长期图表就比较复杂，需要计算机的支持与协助。

3. 保证金水平

期货交易实行保证金和当日无负债制度，保证金制度成倍地放大了交易者的收益，这正是期货交易的魅力所在；但同时也成倍地放大了亏损，而由于当日无负债结算制度的实施，这种放大的损失可能使交易者由一个等待时机者成为期货交易的终结者。正是期货市场的这种杠杆效应放大了市场规模，与股票市场比较它更显得复杂。从技术分析的角度看，杠杆效应使选择出入时机这一步骤在期货市场比在股票市场更为重要。正确地选择入市和出市的时机是交易成败的关键，而期货技术分析方法可以提供解决这样的问题，因此，以技术分析为中心的交易策略成为期货交易不可或缺的重要因素。

4. 时间与时机

在杠杆效应和 T+0 交易（我国股票实行的是 T+1）规则作用下，期货交易者必须时刻关注市场的一举一动，因此所关心的时间域必然也细致入微。期货交易者想知道下周、明天乃至下半天、接下来 10 分钟的价格走势如何，所以使用一些具有即时效用的工具。与此不同，股市分析者喜欢较长时间的图表，研究更长时间的问题。他们可能要预测的是 3 个月或半年后的市场。例如，使用移动平均线时，在股市分析中用得最广泛的是 30 周或者 200 天的平均线，而在期货市场，绝大多数在 40 天以下，其中流行的移动平均线组合是 4 天、9 天和 18 天。

5. 指数的使用

股票平均价格指数的变化是对单只股票股市分析的起点与基础。期货市场一般并非如此，尽管也有一些代表商品市场总体价格的指数，但分析单个品种走势时却较少使用。

二、期货行情图

（一）期货行情图中的重要专业术语解释

图 14-1 为 2018 年 7 月 31 日黄大豆 1 号期货合约——A1901 的行情走势图。

1. A1901 豆一

“A”为黄大豆 1 号合约的代码；“豆一”是指该走势图是黄大豆 1 号合约；“1901”指该合约的实物交割月份是 2019 年 1 月份。在进行交易时，会经常看到“豆一连续”和“豆一连三”，豆一连续是指进入交割月的期货合约价格形成的连续的价格走势；豆一连三是指从进入交割月的期货合约向下数 3 个月的期货合约价格形成的连续的价格走势。这些合约只能进行分析、预测后市使用，不能进行交易。

2. 委比

委比是衡量某一时段买卖盘相对强度的指标，可用公式：委比 =（委买手数 - 委卖

图 14 - 1　A1901 合约日 k 线图

手数）/（委买手数 + 委卖手数）×100% 计算得到。委比的取值自 - 100% 到 + 100%，+ 100% 表示全部的委托均是买盘；委比为 0，意思是买入（托单）和卖出（压单）的数量相等。上图委比为 - 96.88%，意味着卖盘量多于买盘量，表示市场卖方力量强。

3. 委差

委买委卖的差值（即委差），是投资者意愿的体现，一定程度上反映了价格的发展方向。委差为正，价格上升的可能性就大；反之，则下降的可能性大。

4. 仓差

这是持仓差的简称，表示的是与上一交易日相比总持仓量的增减。具体指目前持仓量与上一交易日收盘时持仓量的差。仓差为正，表示目前的持仓量增加；仓差为负，表示目前的持仓量减少。图 14 - 1 中，仓差为 5240，表示目前的持仓量较之上一交易日收盘时的持仓量增加 5240 手。

5. 外盘和内盘

这与股票交易中的外盘和内盘含义相同。以主动卖出指令成交的纳入“外盘”，以主动买入指令成交的纳入“内盘”。“外盘” + “内盘” = “总手”。若内盘较大，则意味着多数的买入报价都得到卖方认可，显示市场中的卖方较强势；若外盘较大，则意味着多数的卖出报价都得到买方认可，显示市场中的买方较强势；若内盘与外盘大体相近，则意味着市场中买卖双方的力量相当。

三、成交量和持仓量分析

在期货价格分析和预测中，成交量和持仓量的分析起到关键的作用。

（一）成交量

成交量是一段时间（一般分 5 分钟、15 分钟、30 分钟、小时、日、周、月和年等）

里买入的合约总数或卖出的合约总数。每一笔合约全体买方买入的合约总数必然与全体卖方卖出的合约总数相等，因此合约成交量的统计只需计算其中一方成交的合约数（我国商品期货市场计算双边，股指期货计算单边）。

成交量是重要的人气指标，反映市场的供求关系和买卖双方力量的强弱。通过对成交量与价格之间关系的分析，可以判断价格走势和价格运动的强烈程度。成交量与价格的关系，通常有以下几种情况：

（1）价格随成交量递增而上升，这种量增价涨的关系表示价格将继续上升。

（2）在涨势中，价格随递增的成交量上涨；当价格调整后再上涨创出新高价时，成交量却没有创新高，形成量价背离，这暗示价格将回跌。

（3）成交量是价格上涨的动力，价格上涨而成交量萎缩，这显示动力不足，价格将反转回跌。

（4）价格随成交量递增而下跌，当成交量放大时，价格低位徘徊，没有创新低，这表明多头市场已形成，价格将上涨。

（5）价格向下跌破支撑线或移动平均线，同时出现大成交量，这表明价格将继续下跌。

（6）价格先随缓慢递增的成交量逐渐上升，后随成交量剧增而骤升，接着成交量大幅萎缩，价格急剧下跌，这表示涨势已结束，反转已成大势。

（7）价格持续下跌一段时间后，出现恐慌性抛售，随成交量剧增，价格跌至新低，这预示空头市场行将结束，价格可能上涨。

（8）价格长时间持续上涨，出现急剧增加的成交量，此后价格上涨乏力，高位徘徊，这预示不久将转势下跌。

（二）持仓量

合约持仓量、又称持仓兴趣，指的是到某日收市时为止，既没有对冲了结又没有到期交割的合约量（一般用手数来表示），一份合约必须既有买家又有卖家，因而多头未平仓合约数与空头未平仓合约数相等。

持仓量的变化反映了期货市场中资金流向的变动。持仓量增加表明资金流入市场，反之则表明资金流出市场。持仓量的增减取决于交易者在期货市场中的买卖活动，包括以下 4 种情况见表 14－1。

表 14－1　　交易行为与持仓量的关系

	买方	卖方	持仓量
双开	多头开仓	空头开仓	增加
多头换手	多头开仓	多头平仓	不变
空头换手	空头平仓	空头开仓	不变
双平	空头平仓	多头平仓	减少

持仓量与价格变动一般有如下关系：

（1）持仓量增加，价格上升，表示新买方在大量建仓多头，近期价格继续上升。

（2）持仓量增加，价格下跌，表示新卖方在大量建仓空头，近期价格继续下跌。

（3）持仓量减少，价格上升，表示空头获利买入平仓离场，短期内价格可能转升。

（4）持仓量减少，价格下跌，表示多头获利卖出平仓离场，短期内价格可能转跌。

（三）成交量、持仓量和价格的关系

成交量、持仓量与价格走势的关系较为复杂，一般认为，如果成交量和持仓量均上升，则当前价格趋势很可能按照现有方向继续发展（无论是上涨还是下跌）。如果成交量和持仓量都下降，则当前价格趋势或许即将终结（见表 14－2）。具体关系如下：

1. 成交量和持仓量随价格上升而增加

成交量和持仓量增加，说明了新入市交易者买卖的合约数超过了原交易者平仓交易。市场价格上升又说明市场上买气压倒卖气，市场处于技术性强市，新交易者正在入市做多。

2. 成交量和持仓量增加而价格下跌

这种情况表明不断有更多的新交易者入市，且在新交易者中卖方力量压倒买方，因此市场处于技术性弱市，价格将进一步下跌。

3. 成交量和持仓量随价格下降而减少

成交量和持仓量减少说明市场上原交易者为平仓买卖的合约超过新交易者买卖的合约。价格下跌又说明市场上原买入者在卖出平仓时其力量超过了原卖出者买入补仓的力量，即多头平仓了结离场意愿更强，而不是市场主动性的增加空头。因此，未平仓量和价格下跌表明市场处于技术性强市，多头正平仓了结。

4. 成交量和持仓量下降而价格上升

成交量和持仓量下降说明市场上原交易者正在对冲了结其合约。价格上升又表明市场上原卖出者在买入补仓时其力量超过了原买入者卖出平仓的力量。因此这种情况说明市场处于技术性弱市，主要体现在空头回补，而不是主动性做多买盘。

表 14－2　　成交量、持仓量和价格的关系

价格	成交量	持仓量	市场
上涨	增加	增加	坚挺
上涨	减少	下降	疲弱
下跌	增加	上升	疲弱
下跌	减少	下降	坚挺

四、主要技术分析方法

技术分析方法与股票技术分析方法在理论上完全一致，本部分内容请读者参考股票技术分析介绍。

迄今大多数广为使用的技术分析理论都起源于道氏理论，都是其各种形式的发扬光大。道氏是技术分析的开山祖师爷。道氏的研究主要是针对股市的平均价格，即工业股指和铁路股指所进行的，但是其绝大部分理论也可在期货市场运用。其理论内容与股票技术分析相同，在此就不再赘述了。

本章小结

通过本章的学习，学生了解了商品期货基本分析方法的特点：分析价格变动的中长期趋势；研究的是价格变动的根本原因；主要分析的是宏观性因素。掌握了影响农产品、金属、能源化工、股指期货价格的因素。理解期货持仓量与价格变动关系：持仓量增加，价格上升，表示新买方在大量建仓多头，近期价格继续上升；持仓量增加，价格下跌，表示新卖方在大量建仓空头，近期价格继续下跌；持仓量减少，价格上升，表示空头获利买入平仓离场，短期内价格可能转升；持仓量减少，价格下跌，表示多头获利卖出平仓离场，短期内价格可能转跌，并在此基础上掌握成交量、持仓量与价格变动的关系，为将来学习期货投资实务奠定一定的基础。

复习思考题

一、选择题

1. 商品期货基本分析法特点（　　）。

A. 分析价格变动的中长期趋势　　B. 研究的是价格变动的根本原因

C. 主要分析的是宏观性因素　　D. 历史会重演

2. 影响农产品价格的因素有（　　）。

A. 供求关系　　B. 政策性因素

C. 经济周期　　D. 物流和突发事件

3. 我国上市的金属期货品种有（　　）。

A. 铜　　B. 铝

C. 玉米　　D. 小麦

4. 影响金属价格的主要因素有（　　）。

A. 供求关系　　B. 成本

C. 相关商品　　D. 汇率

5. 技术分析的假设条件有（　　）。

A. 市场行为包容消化一切　　B. 价格以趋势方式演变

C. 历史会重演　　D. 供求关系是价格变动的主要因素

6. 期货市场技术分析与基本分析比较（　　）。

A. 研究重点不一致　　B. 分析与预测期货价格时，优势不一致

C. 适用性不同　　D. 理论基础不一样

7. 期货交易时间（　　）。

A. T+1 交易　　B. T+0 交易

C. T+2 交易　　D. T+3 交易

8. （　　）是重要的人气指标。

A. 成交量　　B. 价格

C. 收盘价　　D. 最高价

9. 价格走势将持续的情形（　）。

A. 成交量和持仓量都增加　　B. 成交量和持仓量都减少

C. 成交量增加，持仓量减少　　D. 成交量减少，持仓量增加

10.（　）可以作为形态的重要验证指标。

A. 交易量　　B. 价格

C. 形态的完成　　D. 持仓量

二、判断题

1. 基本分析者认为，市场行为反应一切。（　）

2. 价格随成交量递增而上升，这种量增价涨的关系表示价格将继续上升。（　）

3. 价格随成交量递增而下跌，当成交量放大时，价格低位徘徊，没有创新低。这表明空头市场已形成，价格将下跌。（　）

4. 持仓量减少，价格上升，表示空头获利卖出平仓离场，短期内价格可能转跌。（　）

5. 交易量水平是对价格运动背后的市场的强烈或迫切性的估价。交易量越大，则反映出市场的强烈程度和压力越弱。（　）

6. 一般地，所有价格形态在完结（突破点）时，只要这个突破信号是成立的，那么它可以不伴随有较大的交易量。（　）

7. 总手是上市后到目前为止该期货合约总成交量或手数。（　）

8. 买卖双方都是入市开仓，一方买入开仓，另一方卖出开仓（即双开）时，持仓量增加。（　）

9. 成交量增加．持仓量减少，价格上升，表示买空者获利回吐，卖空者补进平仓，后市看淡，价格将会下跌，处于技术性弱市。（　）

10. 交易量和持仓量随价格上升而增加。交易量和持仓量增加，说明了新入市交易者买卖的合约数超过了原交易者平仓交易。市场价格上升又说明市场上买气压倒卖气，市场处于技术性强市，新交易者正在入市做多。（　）

三、简答题

1. 简述成交量、持仓量与价格的关系。

2. 期货市场中的基本分析与技术分析的比较。

3. 试述影响原油价格的因素。

4. 试述影响股指期货价格的因素。

第十五章

投资组合管理

学习目标：

通过本章的学习，了解证券投资组合管理理论的产生与发展、掌握系统性风险与非系统风险的含义、证券投资组合收益与风险的计算；理解马柯维茨可行集与有效集定理、掌握分散化投资对投资组合风险的影响；理解资本市场线、市场投资组合、证券市场线的内涵；掌握资本资产定价模型的含义与应用；掌握证券投资组合业绩评价的各种指标。

关键概念：

系统性风险　有效边界　资本市场线　市场投资组合　资本资产定价模型

收益和风险以及两者的关系是证券投资的核心问题。证券投资的目标是如何选择使预期收益最大化的投资工具和投资组合，同时又使单个证券的风险保持在投资者可以接受的水平。“不要把所有的鸡蛋都放在一个篮子里”这一分散投资的策略为投资者提供了降低风险的思路。那么，分散化究竟是如何起作用的，我们如何才能确保已经建立了一个足够分散的投资组合呢？对此，证券投资家们提出了一系列的分散投资的思路，证券投资组合理论由此产生。

第一节

证券投资组合管理概述

一、现代证券投资组合理论的产生与发展

现代投资组合理论是指投资者在理性预期以及客观不确定因素的影响下，如何将有限的可投资金运用到不同的资产上，实现分散化的投资以规避投资中的系统性风险和非系统性风险，从而实现收益最大化，风险最小化。该理论的产生是以1952年哈里·马柯威茨的著作《投资组合的选择》发表为标志，此后的许多年，资产组合理论得到了不断地发展，主要是针对资产选择理论前提由一到多的放松以及计算步骤的简化，其中以资本资产定价模型（CAPM）以及套利定价理论（APT）最为著名。

（一）马柯威茨的“均值—方差”理论

证券组合管理理论最早由美国著名经济学家哈里·马柯威茨于1952年系统提出，开创了对投资进行整体管理的先河。马柯威茨第一次对证券投资中的风险因素进行了正规的阐述。它注意到一个投资者不仅希望“收益高”，而且希望“收益尽可能确定”。这意味着投资者在寻求“预期收益最大化”的同时追求“收益最小的不确定性”，在期初决策时，必然力求这两个相互制衡的目标达到某种平衡。马柯威茨分别用期望收益率和收益率的方差来衡量投资的预期收益水平和不确定性（风险），并建立所谓的均值—方差模型来阐述如何全盘考虑上述两个目标，从而进行决策。马柯威茨的结论是：投资者应该通过同时购买多种证券而不是一种证券进行分散化投资。即“不要把所有的鸡蛋都放在一个篮子里”。马柯威茨理论奠定了现代金融学的基础。它的创新在于对各证券的风险以及组合的整体风险进行了区分。他指出，投资者应重点关注那些相关系数较低的资产，从而降低组合的标准差水平。然而该理论所涉及的计算量异常庞大，特别是对于大规模的市场存在上千种证券的情况下，哪怕是借助高速计算机也难以实现，这严重阻碍了马柯威茨方法的运用。

（二）资本资产定价模型

在马柯威茨证券投资组合理论的基础上，美国经济学家威廉·夏普、约翰·林特纳、简·莫辛分别于1964年、1965年、1966年提出了著名的资本资产定价模型（英文缩写为CAPM）。资本资产定价模型可以解释任何资产预期收益率与其系统性风险之间的关系，即任何资产的预期收益率都应包括无风险收益和一个风险报酬。CAPM是现代金融学最耀眼的部分，它是不确定条件下资产定价的第一个重要的均衡模型。该模型为投资者评估一项可能的投资提供了公平收益率的标准，并对于资产的定价起到了重要的指导作用。CAPM模型建立在对投资者偏好的一系列假设的基础上，而这些假设常与现实不符，在检验资本资产定价模型时，难以得到真正的市场组合，甚于有一些检验结果完全与之相悖。这些都大大降低了CAPM模型的应用基础。

（三）套利定价理论

针对 CAPM 的缺陷，斯蒂芬·罗斯于 1976 年提出了套利定价理论（简称 APT 理论）。罗斯认为证券的收益率不仅受到市场投资组合变动的影响，还可能受到其他因素的影响。在此基础上，APT 理论建立了单因素模型和多因素模型，并运用因素模型去解释影响证券收益率变动的所有因素，并判断这些因素的影响程度。APT 理论得出了与 CAPM 模型相同的收益—风险关系式，但是套利定价模型的假设条件要比资本资产定价模型更为宽松，因而更接近现实、更具有实用价值。

二、证券投资的风险

证券投资是一种风险性投资。现代证券投资组合理论将投资风险分为系统性风险和非系统性风险。

（一）系统性风险

系统性风险是指由于某种全局性的因素而对所有证券收益都产生作用的风险。这种风险来源于宏观方面的变化，例如经济周期、通货膨胀率、汇率波动、利率变动、政局动荡等，上市公司本身无法控制它。当发生系统性风险时，证券市场中绝大多数的证券会出现齐涨齐跌的局面。对于证券投资者来说，系统性风险是无法消除的，投资者无法通过多样化的投资组合降低系统性风险，因此系统性风险，也被称为不可分散风险或市场风险。常见的系统性风险包括经济周期风险、市场风险、利率风险、通货膨胀风险、政策风险、汇率风险等。

（二）非系统性风险

非系统性风险，也称特有风险或微观风险，是因个别公司的特殊情况造成的风险。这类风险只与上市公司的经营业绩和重大事件密切相关，例如公司的经营管理、财务状况、市场销售、重大投资等因素的变化都会影响该公司的股价走势。这种风险主要影响某一种证券，与市场的其他证券没有直接联系，投资者可以通过分散投资的方法，来抵消该种风险。因此，非系统性风险，也被称为可分散风险。常见的非系统性风险包括信用风险、破产风险、流动性风险等。

三、证券投资组合的收益与风险度量

任何投资者都希望投资获得尽可能高的收益，但是高收益往往伴随着高风险。为了分散风险或减少风险，投资者投资于证券组合。投资学中的组合一词译自于英文 Portfolio，通常是指个人或机构投资者所拥有的各种资产的总称。特别地，证券组合是指个人或机构投资者所持有的各种有价证券的总称，通常包括各种类型的债券、股票、货币市场工具等。证券组合的目的在于在风险一定的条件下实现收益的最大化，或在收益一定的条件下使风险尽可能地降低。为此，我们有必要对证券组合的收益和风险进行量化分析。

（一）投资组合的收益

投资组合的预期收益是投资组合中所有证券预期收益率的加权平均。设一项投资组合中含有 n 项资产，令 r_i 表示第 i 种资产的收益率，投资收益率受证券市场波动的影响，因而可以看成是一个随机变量。随机变量的基本性质可以用均值和方差来描述。w_i 表示第 i 种资产在组合中的比例。则组合 P 的预期收益率为：

$$E(r_P) = E(w_1r_1 + w_2r_2 \cdots + w_nr_n) = w_1E(r_1) + w_2E(r_2) + \cdots + w_nE(r_n) = \sum w_iE(r_i)$$

其中，$\sum w_i = 1; i = 1, 2, \cdots, n$。

（二）投资组合的风险

衡量投资组合风险的工具是证券组合的方差。证券组合的方差不仅和其组成证券的方差有关，同时还与组成证券之间的相关程度有关。

对于有 n 项资产的组合 P 来说，其总方差为：

$\sigma_P^2 = \sum\sum w_i w_j cov(r_i, r_j)$；$w_i$ 和 w_j分别表示资产 i 和资产 j 的投资权重。

其中当 i = j 时，cov（r_i，r_j）表示资产 i 收益的方差，即 cov（r_i，r_j）$=\sigma_i^2$；

当 $i \neq j$ 时，cov（r_i，r_j）表示资产 i 和资产 j 收益间的协方差。用公式表示：

$cov(r_i, r_j) = E\{[r_i - E(r_i)][r_j - E(r_j)]\}$

协方差反映了两个证券收益同时变化的测度。如果 cov（r_i，r_j）>0，即协方差为正数，那么证券 i 和证券 j 的收益呈同向变化，即当证券 i 的收益大于其预期收益 E（r_i）时，证券 j 的收益也大于它的预期收益。反之，如果 cov（r_i，r_j）<0，即协方差为负数，那么证券 i 和证券 j 的收益呈反向变化。

为了能更清晰地说明两个证券之间的相关程度，通常把协方差正规化，使用资产 i 和资产 j 收益间的相关系数 ρ_{ij}，用公式表示：

$\rho_{ij} = cov(r_i, r_j)/\sigma_i\sigma_j$，其中 σ_i和 σ_j分别表示证券 i 和 j 的标准差，ρ_{ij}的取值范围为［-1，1］。

当 $\rho_{ij}=1$ 时，证券 i 和 j 是完全正相关的。

当 $\rho_{ij}=-1$ 时，证券 i 和 j 是完全负相关的。

当 $\rho_{ij}=0$ 时，证券 i 和 j 之间不存在相关关系。

假设投资组合 P 包含两种证券，那么这一投资组合的收益：

$E(r_P) = E(w_1r_1 + w_2r_2) = w_1E(r_1) + w_2E(r_2)$

这一投资组合的方差：

$$\sigma_P^2 = w_1^2\sigma_1^2 + w_2^2\sigma_2^2 + 2w_1w_2 cov(r_1, r_2) = w_1^2\sigma_1^2 + w_2^2\sigma_2^2 + 2w_1w_2\rho_{12}\sigma_1\sigma_2$$

当 $\rho_{12}=1$ 时，$\sigma_P = w_1\sigma_1 + w_2\sigma_2$；此时组合标准差等于组合中单个证券标准差的加权平均值。

当 $\rho_{12}=0$ 时，$\sigma_P = (w_1^2\sigma_1^2 + w_2^2\sigma_2^2)^{1/2}$

当 $\rho_{12}=-1$ 时，$\sigma_P = |w_1\sigma_1 - w_2\sigma_2|$

显然，投资组合的标准差在 $\rho_{12}=-1$ 时最小，$\rho_{12}=1$ 时最大。

【例 15-1】已知证券组合 P 是由证券 1 和证券 2 构成，两种证券的预期收益和标准差分别为 E（r_1）=20%，σ_1=10%；E（r_2）=25%，σ_2=20%，并且两种证券的权重分别为 $w_1 = w_2 = 50\%$，请计算由这两种证券所构成的证券组合 P 的预期收益率，并分别计算 $\rho_{12}=1$，$\rho_{12}=0$，$\rho_{12}=-1$ 时证券组合 P 的标准差。

答：证券组合P的预期收益率为：

$E(r_P)=50\%\times20\%+50\%\times25\%=22.5\%$

证券组合P的标准差分别为：

当 $\rho_{12}=1$ 时，$\sigma_P=w_1\sigma_1+w_2\sigma_2=50\%\times10\%+50\%\times20\%=15\%$

当 $\rho_{12}=0$ 时，$\sigma_P=(w_1^2\sigma_1^2+w_2^2\sigma_2^2)^{1/2}=(50\%^2\times10\%^2+50\%^2\times20\%^2)^{1/2}11.2\%$

当 $\rho_{12}=-1$ 时，$\sigma_P=|w_1\sigma_1-w_2\sigma_2|=|50\%\times10\%-50\%\times20\%|=5\%$

从上述计算可知，投资组合通过分散化降低了风险，即使在这两个证券完全正相关的情况下，投资组合的标准差也比第二个证券的标准差要小。需要指出的是，证券组合分散化的效果大小取决于证券之间的相关系数。随着相关系数从－1增加到1，即证券之间由完全正相关发展到完全负相关，证券组合的标准差减少到最小，分散化效果也在不断显现。

特别地，当 $\rho=-1$ 时，即证券之间完全负相关时，这些证券的组合可使其总体风险趋近于零。这是因为存在完全负相关的两种证券倾向于朝相反方向变化，一种证券预期收益的变动会被另一种证券反方向的变动所抵消。从而产生了巨大的分散化效应。因此，投资者在构建投资组合时，应当尽量选择那些相关系数比较低，最好是负相关的证券，从而有效降低组合投资风险。

四、系统性风险和非系统性风险在分散化中的作用

虽然分散化能够降低投资组合风险，但是投资组合的风险不会下降到0。这是因为分散化降低的是组合中的非系统性风险，组合中的系统性风险并没有减少。大量的研究表明，组合投资风险随着组合中证券数目的增加而减少，这些能够通过分散化过程消除的风险就是非系统性风险，即可分散风险。

然而随着组合中证券数目的进一步增加，组合风险减少的幅度将变得缓慢。这并不难理解，事实上，投资组合中有10种证券的时候，大部分分散化的利益已经实现了，证券数量达到30的时候，剩余的未实现的利益已经很少了。换句话说，分散化的利益以不断下降的幅度在增长，这里“收益递减法则”同样适用。那些不能通过分散化而消除的风险就是系统性风险，即不可分散风险。图15－1反映了分散化与系统性风险和非系统性风险的关系。n表示投资组合中证券的数目。

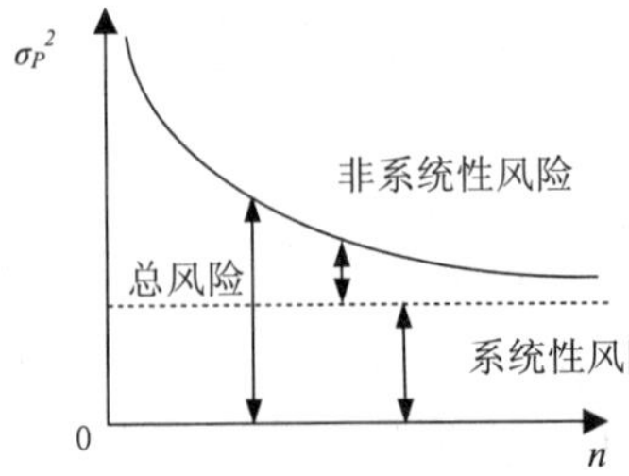

图15－1　分散化和风险

第二节

马柯维茨投资组合理论

美国经济学家马柯维茨在1952年的一篇题为《证券组合选择》的论文中首次提出投资组合理论，并进行了系统、深入的定量分析，他因此获得了诺贝尔经济学奖。该理论包含两个重要内容：均值—方差分析方法和投资组合有效边界模型。人们在证券投资决策中应当怎样选择收益和风险的组合呢？这正是投资组合理论研究的核心问题。投资组合理论研究“理性投资者”如何选择最优投资组合。马柯维茨第一次从规范的角度揭示了如何通过对风险资产进行组合以确立有效边界。同时，结合反映投资者偏好的证券市场无差异曲线，确定了最优投资组合。

一、马柯维茨投资组合理论的基本假设

马柯维茨的投资组合理论建立在严格的假设之上，这些假设包括：

（1）投资者基于均值—方差模型进行决策。期望收益率反映投资者对未来收益水平的衡量，而收益的方差则反映了投资者对风险的估计。

（2）投资者是理性的、风险厌恶的，对收益率具有不满足性。所谓理性投资者，是指这样的投资者：他们在给定期望风险水平下对期望收益进行最大化，或者在给定收益水平下对期望风险进行最小化。

（3）资本市场是有效的，证券的价格反映了其内在价值；市场无摩擦，没有税收、佣金等交易成本。

（4）资本市场是完全竞争市场，任何证券的购买都不影响市场价格。

（5）市场允许卖空。

二、有效集（有效边界）的构造

马柯维茨利用均值—方差模型得出了证券组合的可行集与有效集。

（一）可行集与有效集

1. 可行集

可行集，也叫投资机会集合，是指资本市场上由风险资产可能形成的所有投资组合的总体。我们已经知道，对于任何一个单一证券，都可以用期望收益率和标准差来描述，那么在均值—方差平面图上我们可用相对应的点来表示该证券，其中横坐标表示该证券的标准差，纵坐标表示该证券的期望收益率。相应的任何一个投资组合也可以用组合的期望收益率和标准差确定出坐标系中的一个点。这一点将随着组合的权数变化而变化，其轨迹将是经过A和B的一条连续曲线，这条曲线是证券A和证券B的组合线。这条组合线就是由证券A和证券B构成的可行集，也称为投资机会集合。可行集上的每一点都表示一个由证券A和证券B构成的可能的组合。

图15－2显示了在均值—方差平面上，由2个基本证券A、B构成的投资组合P的

可行集。图中的横坐标代表组合 P 的标准差 σ_P，纵坐标代表组合 P 的预期收益率 $E(r_P)$。通过给定证券 A 和 B 的不同权重以及证券 A 和 B 之间的相关系数 ρ，计算出由证券 A、B 构成的所有组合 P 的预期收益率和标准差，据此可以绘制出由证券 A、B 所构成的所有组合 P 的可行集，即图中的 AB 曲线。一般而言，可行集是一条双曲线的一部分，任何一个由证券 A、B 构成的组合，例如组合 F、组合 C 都可以在可行集 AB 曲线上找到。

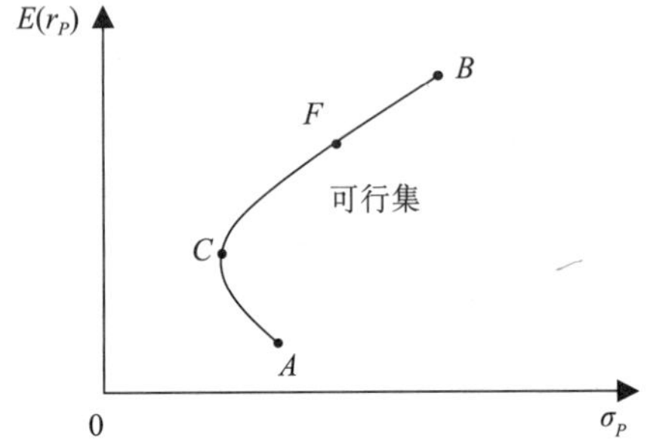

图 15－2　二元投资组合的可行集

当投资组合中包含的证券超过 2 个时，组合可行集是由所有单个证券构成的均值—方差平面上的一个区域，整个可行集呈雨伞状，可行集区域的左侧边界仍然是双曲线的一部分。如图 15－3 所示，假定组合中包含三个证券，证券 A、证券 B、证券 G，此时由三个证券构成的所有组合的可行集不再局限在一个曲线上，而是坐标系中的一个区域，即图中的 AB、BG、AG 围成的封闭区域。任何一个由证券 A、B、G 构成的可能的组合例如组合 C、组合 E 都可以在可行集边界或内部找到。

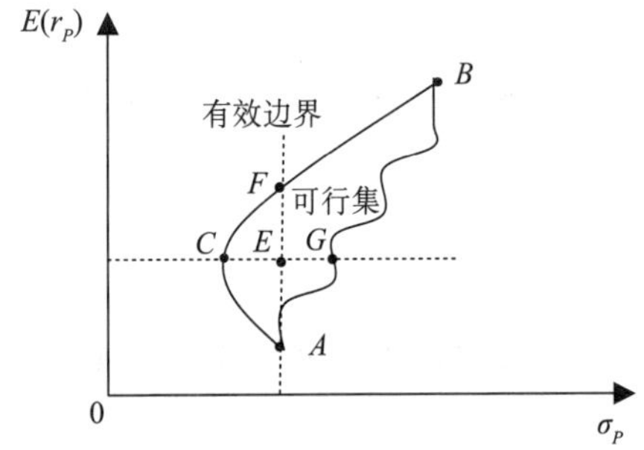

图 15－3　多元投资组合的可行集与有效集

2. 有效集

给定风险水平下具有最高期望回报率的组合被称为有效组合。有效集或有效边界是指所有有效组合的结合。投资者在证券组合的选择上遵循下述规则：

（1）如果两种证券组合具有相同的收益率标准差和不同的期望收益率，投资者选择期望收益率高的一种组合。

（2）如果两种证券组合具有相同的期望收益率和不同的收益率标准差，那么它就选择标准差较小的那种组合。

（3）如果一种证券组合比另一种证券组合具有较小的标准差和较高的期望收益率，

则选择前一种组合。这种选择规则，我们称之为投资者的共同偏好规则。

根据这一法则，我们发现并非所有可行集上的组合都是有效的。仍以上图为例，图中的点 C 代表最小方差组合，即组合 C 是由证券 A、B、G 所构成的所有组合中风险最小的组合。

在由证券 A、B、G 构成的可行集中，组合 A、E、F 位于同一风险水平，其中组合 F 的收益水平最高，组合 E 的收益水平居中，组合 A 的收益水平最低，理性投资者将选择 F 点进行投资。组合 C、E、G 位于同一收益水平，其中组合 G 的风险水平最高，组合 E 的风险水平居中，组合 C 的风险水平最低，理性投资者将选择 C 点进行投资。由于可行集上 CFB 边界上的所有点均满足共同偏好规则，因此理性投资者将选择 CFB 边界进行投资，相对应地，最小方差点 C 下方的曲线 CA 以及可行集区域内部的点都是无效的。因此，CFB 边界就称之为由证券 A、B、G 构成的组合的有效集，又称为有效边界。

从图形上看，有效边界是可行集上最小方差点上方的曲线，有效边界对应的投资组合称为有效投资组合。

注意，马柯维茨提出的有效边界是针对风险资产而言的，是风险资产的有效组合，它满足给定风险水平下的最大收益和给定收益水平下的最小风险，因此理性投资者只在有效边界上选择投资组合。

从图形上看，有效边界是一条单调递增的凹曲线，表明随着投资组合风险的增加，投资收益在增加，但是收益增加的幅度将逐渐放慢，这符合边际效益递减规律。

（二）可行集与相关系数

如上所述，可行集左侧边界曲线通常为双曲线的一部分。可行集左侧边界曲线向左弯曲的程度取决于证券 A、B 之间的相关程度。随着相关系数由 1 变成 -1，可行集左侧边界曲线变得越来越向左弯曲，这说明随着相关系数的降低，组合的标准差在逐渐减小，组合的风险得到了有效降低。图 15-4 反映了可行集边界曲线与相关系数的关系。

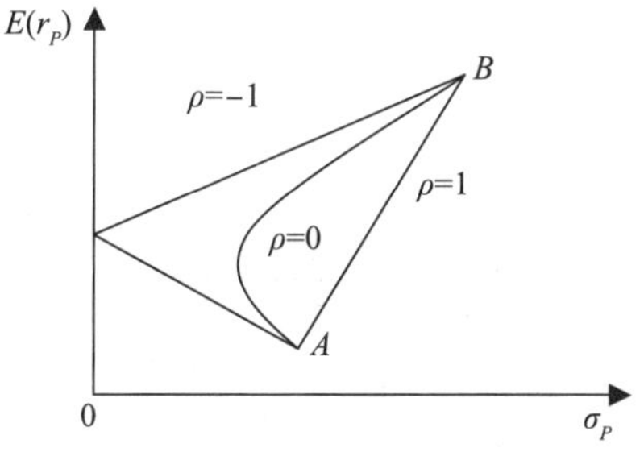

图 15-4 可行集左侧边界曲线与相关系数

从图中可以看出当相关系数 $\rho=1$ 时，可行集左侧边界曲线是连接证券 A 和 B 的一条直线；随着相关系数降到 0，可行集左侧边界曲线开始显著向左弯曲，变成一条凹形曲线；当相关系数为负，可行集左侧边界曲线进一步向左拉伸。最终当相关系数 $\rho=-1$ 时，可行集左侧边界曲线实际上变成了一种折线，组合的标准差甚至可以取到 0，此时组合完全没有风险，得到一个稳定的收益率。这正是分散化的魅力所在。这很好理解，当 $\rho=-1$ 时，证券 A 和证券 B 完全负相关，一种证券收益率的上涨与另一种证券收益率的下跌相互抵消，从而完全消除了组合的风险。

三、证券市场中的无差异曲线

确定投资组合的有效集后，投资者可根据自己对风险的个人偏好从这个有效集中选出更适合自己的投资组合。投资者的个人偏好可以用无差异曲线来描述。这里的无差异曲线和消费者效用函数中的无差异曲线非常类似，是指能为投资者带来同等效用水平（即满足程度）的收益和风险的不同组合。

风险偏好不同的投资者，其无差异曲线的形状也不同。尽管如此，绝大多数投资者的无差异曲线具有凸性，这是因为绝大多数的投资者都是风险厌恶者。凸性的无差异曲线表明随着投资风险的上升，投资者要求以越来越多的收益作为承受风险的补偿。换言之，投资者越来越难以忍受风险。风险厌恶者的无差异曲线具有以下六个特点：

（1）无差异曲线是由左至右向上弯曲的曲线。

（2）每个投资者的无差异曲线形成密布整个平面。同时，由于不同的无差异曲线代表不同的满足程度，因此不同的无差异曲线不会相交。

（3）同一条无差异曲线上的组合给投资者带来的满意程度相同。

（4）不同无差异曲线上的组合给投资者带来的满意程度不同。

（5）无差异曲线的位置越高，其上的投资组合给投资者带来的满意程度就越高。投资者总是更偏好于均值—方差平面上靠近左上方的无差异曲线上的组合，因为它代表着更高的收益和更小的风险。

（6）无差异曲线向上弯曲的程度大小反映投资者承受风险的能力强弱。

如图 15－5 所示，组合 A、B 位于同一条无差异曲线 l_3上，即该投资者认为组合 A 和组合 B 带给他的满意程度相同，因而组合 A 与组合 B 无差异；组合 C 所在的无差异曲线 l_2的位置要高于组合 A、B 所在的无差异曲线 l_3，说明对该投资者而言，组合 C 比组合 A、B 都好。

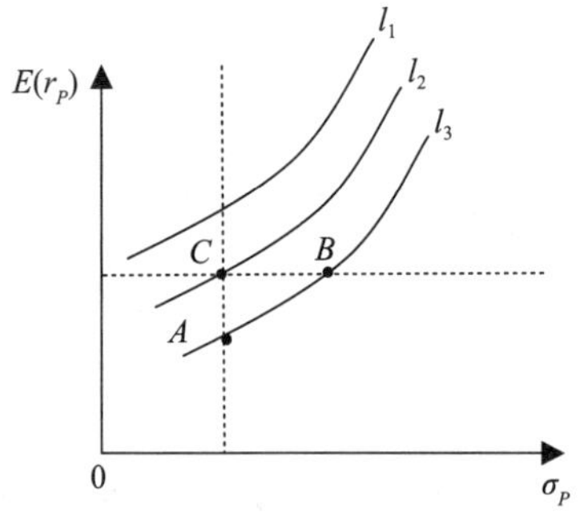

图 15－5　投资者的无差异曲线

四、最优投资组合的确定

最优投资组合是指一个投资者选择一个有效的投资组合并且具有最大效用。有效边界是客观存在的一条曲线，它告诉我们哪些组合是有效的。但是投资者具体选择有效边界上的哪一点进行投资，则取决于投资者的个人主观偏好。投资者的个人偏好可以通过无差异曲线来反映。因此，在确定最优投资组合时，必须同时考虑有效边界和无差异曲线。

对于投资者而言，无差异曲线的位置越高越好，此时投资者可以在更低的风险水平上获取更高的收益。投资者需要在有效边界上找到一个具有下述特征的有效组合：相对于其他有效组合，该组合所在的无差异曲线位置最高。这样的投资组合便是他最满意的有效组合，而它恰恰是无差异曲线与有效边界相切的切点所表示的组合。

如图 15－6 所示，在均值—方差平面上，由于无差异曲线具有凸性，表示随着风险的增加，投资者要求更多的收益作为补偿；有效边界具有凹形，表示随着风险的增加，收益增加的幅度在减慢。因此，对于每一个具体的投资者而言，在其众多的无差异曲线中，必然有一条与有效边界相切。图 15－6 中无差异曲线 l_2 与有效边界 AB 相切于点 O。切点 O 就是该投资者的最优投资组合，代表投资者能够实现的最大效用。

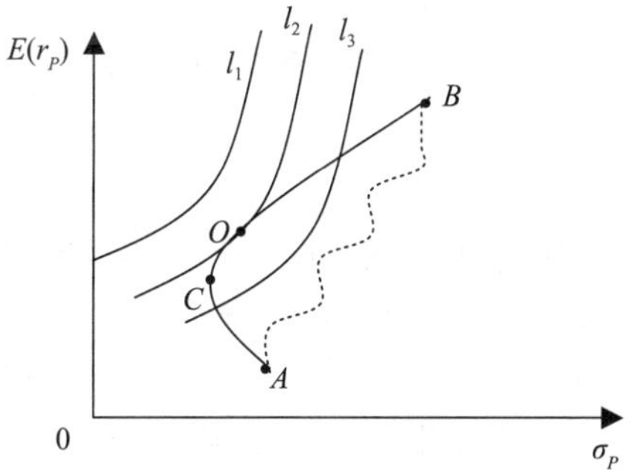

图 15－6 最优风险资产投资组合的确定

第三节

资产定价与投资组合管理的应用

资产定价理论是现代证券投资组合理论的重要组成部分。其中，影响最为深远的资产定价模型是由威廉·夏普在 1964 年提出的资本资产定价模型（英文缩写为 CAPM）。它从投资者集体行为的角度出发，研究如果投资者都采用上一节介绍的方法去选择投资组合，这种集体行为会对证券价格产生怎样的影响，从而揭示了金融市场中的资产在均衡状态下证券风险与预期收益率之间的关系。因此，CAPM 也被称为资产定价的一般均衡理论。

一、资本资产定价模型

（一）假设条件

资本资产定价模型是以马柯维茨证券投资组合理论为基础发展而来的，因此关于马柯维茨模型的假设对资本资产定价模型同样适用。同时，资本资产定价模型的有关假设比证券投资组合理论更为严格，其基本假设如下：

（1）所有投资者基于均值—方差模型进行决策，他们都是理性的均值—方差最优化者，并采用上一节介绍的方法选择最优投资组合。

（2）齐性预期假设，也叫同质预期假设，是指所有投资者都采用同样的方法进行证券分析，并且对经济形势的看法相同。在股票价格与无风险利率既定的前提下，所有的投资者都利用相同的期望收益率、标准差及相关系数等指标推导出相同的有效边界与最优风险组合。

（3）证券市场是完全竞争的、均衡的，投资者个人的交易行为不能影响市场价格。

（4）市场是完美的、没有摩擦。所谓摩擦是指市场对资本和信息自由流动的阻碍。因此，该假设意味着在分析问题的过程中，不考虑交易成本和对红利、股息以及资本利得的征税，信息在市场中自由流动，任何证券的交易单位都是无限可分的，市场只有一个无风险借贷利率，在借贷和卖空上没有限制。

（5）所有投资者的投资期限都相同。

有了这些假设，CAPM 大大简化了模型的建立过程，有利于帮助人们透过现象看本质。

（二）资本市场线

马柯维茨有效集囊括了市场中所有的风险资产，是所有风险资产的有效组合。引入无风险资产后，投资者可以以无风险利率借入或借出资金，投资变得更加灵活，投资者不仅可以投资于风险资产，也可以投资于无风险资产，还可以将无风险资产与有效集上的风险资产组合结合构成一系列新的投资组合，从而让投资组合风险得到进一步降低。资本市场线（英文简称为 CML）就是投资者所获得的一种无风险资产与风险资产有效组合结合的途径。

1. 无风险资产及其对有效集的影响

所谓无风险资产，是指具有确定的预期收益和标准差为零的资产，即 $R_F = E(R_F)$，$\sigma_F = 0$，其中 R_F代表无风险利率。由于无风险资产的收益率是确定的，与任何风险资产的收益率无关，因此无风险资产收益率与风险资产收益率之间的协方差也等于零，即 $cov(R_F, R_i) = 0$ $(i = 1, \cdots, n)$，其中 i 表示第 i 种风险资产。

现在使用无风险资产改进马柯维茨有效集。CAPM 的分析框架与第二节马柯维茨证券组合的分析框架基本一致，仍然采用标准差——期望收益率坐标轴。但是不同的是，在 CAPM 的分析框架中，增添了一个无风险收益点 F 点。如图 15－7 所示，F 点在纵轴上，因为其标准差等于零。曲线 AB 表示由证券 A、B 构成的风险资产组合 P_0的有效集（有效边界）。从 F 点 $(R_F, 0)$ 出发，做曲线 AB 的切线，切点为 T。此时射线 FT 表示风险资产有效组合 P_0与无风险资产 F 所构成的新投资组合 P 的集合。

在增添了 F 点之后，证券组合的有效边界发生了变化，有效边界 AB 除点 M 以外都不再是有效的，新组合的有效边界为射线 FT。这是因为有效边界代表了给定风险水平下的最大收益和给定收益水平下的最小风险。当引入无风险资产 F 后，在同一风险水平下，射线 FT 上的投资组合 D 的收益要好于曲线 AB 上的投资组合 A。同样地，除了点 M，射线 FT 上的任何一点都比曲线 AB 上的点更有效。因此射线 FT 代表了由无风险资产和风险资产有效组合 P_0所形成的新投资组合 P 的有效边界。

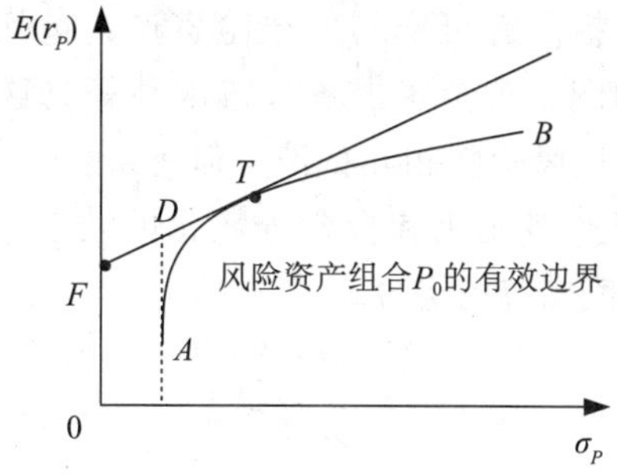

图 15－7　引入无风险资产后的有效边界的变化

2. 最优风险资产组合

马柯维茨有效边界给出了风险资产有效组合的集合。但是他并没有指出哪个风险组合是最优的。所谓最优，对投资者而言是指：承担同样的风险，能获得更高的超额收益。所以，我们还需要在马柯维茨有效边界上寻找一个最优风险资产组合。这个最优风险资产组合就是从无风险资产 F 点出发的射线 FT 与风险资产有效边界 AB 的切点 T，它显示了投资者在承担相同风险的情况下，所能获得的最高的超额收益率（即风险溢价）。有效边界 FT 上的切点证券组合 T 具有三个重要的特征：

（1）T 是有效组合中唯一一个不含无风险资产而仅由风险资产构成的组合；

（2）有效边界 FT 上的任意资产组合，即有效组合，均可以视为无风险资产 F 与风险资产有效组合 T 的再组合；

（3）切点资产组合 T 完全由市场确定，与投资者的偏好无关。

注意，最优风险资产组合 T 与最优投资组合 O 代表不同的含义。最优风险资产组合 T 是从无风险资产 F 点出发的射线 FT 与马柯维茨有效边界 AB 相切的切点。切点资产组合 T 完全由市场确定，所有投资者面临的最优风险资产组合 T 都是相同且唯一的，是客观存在的。而最优投资组合 O 则是由马柯维茨有效边界 AB 与投资者的无差异曲线相切的切点。由于投资者的风险偏好不同，因此不同投资者的无差异曲线的形状也不同。所以不同投资者的最优投资组合 O 也是不同的。最优投资组合 O 是投资者主观愿望与有效边界客观制约的产物。

3. 市场投资组合

根据齐性预期假设，所有的投资者将选择相同的最优风险资产组合 T。当市场处于均衡状态时，最优风险资产组合就等于市场投资组合。所谓市场投资组合，简称市场组合，是指由风险证券构成，并且其组成证券的投资比例与整个市场上风险证券的相对市值比例一致的证券组合。一般用 M 表示市场组合。根据定义，如果市场上共有 n 种风险证券正在流通，分别记为证券 1、证券 2、……证券 n，那么市场组合 M 中包含了这 n 种风险证券，则市场组合中所包含的第 i 个证券的权重为：

w_i = 第 i 个证券的市场价值/市场中所有证券的总价值 = $P_iQ_i/\sum P_kQ_k$

式中：P_i为证券 i 的市场价格；Q_i为证券 i 的流通股数。

由此可见，市场组合 M 是对整个市场的定量描述，代表整个市场。在均衡状态下，最优风险资产组合 T 与市场组合 M 是完全重合的。

理论上，市场组合将包括所有可交易的风险资产，包括金融资产（例如股票、债券、期货、期权等）和不动产、黄金、古董、艺术品等。这样的投资组合将完全分散化。各种风险资产的非系统性风险将相互抵消，但是系统性风险得到了保留，因此，市场组合最大程度地实现了资产多元化和投资分散化的效应。在实践中，通常用市场指数，例如 S&P500 指数近似替代市场组合。

由于市场组合是均衡状态下的最优风险资产组合。因此，市场组合中的每一种证券的现时价格均为均衡价格，即市场需求股份数等于上市数时的价格。这也是 CAPM 模型被称之为均衡资产定价模型的原因。

4. 资本市场线

资本市场线（简称 CML）是指反映有效组合的期望收益率和标准差之间的一种简单的线性关系的一条射线。通过上面的讨论，我们知道，在 CAPM 的严格假设下，当市场达到均衡时，市场组合 M 成为一个有效组合；所有有效组合都可视为无风险资产 F 与市场组合 M 的再组合。

（1）CML 的图形表示。在图形上，CML 表现为射线 FM，即由无风险资产 F 和市场组合 M 构成的新投资组合 P 的有效边界。因此，CML 描述的不是一个任意组合，而是由风险资产和无风险资产构成的有效组合。

（2）CML 的表达式。由于资本市场线是一条直线，所以在这个有效边界上的任何证券组合的预期收益率与风险的关系都可以清楚地加以显示。如图 15－8 所示，CML 的截距用无风险资产的收益率表示，即 R_F。CML 的斜率可以用市场组合 M 的方差报酬率表示，即：

CML 的斜率为 = $(R_m - R_F) / \sigma_M$

市场组合 M 的方差报酬率表示市场承担单位风险所获得的风险溢价水平。风险溢价是指证券组合的期望收益率与无风险资产收益率之差，有时也被称为超额收益率。显然，市场组合 M 的风险溢价等于 $R_m - R_F$。CML 的斜率通常为正值，这是因为根据 CAPM 模型的假设，投资者都是风险回避型，除非未来的风险得到补偿才会投资。因此风险越大，预期收益也越大。

在掌握了 CML 的斜率和截距后，CML 上的任何有效证券组合的期望收益率都可以用它的风险来表示。令 $E(R_P)$ 表示 CML 线上任一有效组合 P 的预期收益率。σ_P 表示任一有效组合 P 的标准差。可以得到 CML 的表达式为：

$$E(R_P) = R_F + \sigma_P \times [E(R_M) - R_F] / \sigma_M$$

由 CML 的表达式，可以看出 CML 上任一有效组合 P 的预期收益由两部分构成：

第一部分：无风险资产收益率 R_F，它是由时间创造的，是对放弃即期消费的补偿。

第二部分：$\sigma_P \times [E(R_M) - R_F] / \sigma_M$，是对承担风险 σ_P 的补偿，即组合 P 的风险溢价。它与组合 P 承担的风险的大小成正比，其系数 $[E(R_M) - R_F] / \sigma_M$ 表示市场组合 M 的方差报酬率，是对单位风险的补偿，又称为风险的市场价格。

【例 15－2】 组合 P 是资本市场线上的一点，组合 P 的标准差是 12%，国库券收益率为 5%，市场组合的预期回报 10%，市场组合的标准差 20%。求组合 P 的预期回报。

答：$E(R_P) = 5\% + (10\% - 5\%) \times 12\% / 20\%$

（3）CML 在投资者资产分配中的作用。CML 给出了每一个证券组合在特定风险水平下的预期收益。不同的投资者可以根据自己的无差异曲线在 CML 上选择自己的资产组合。

对于风险承受能力弱，偏好低风险的投资者，可在 CML 上的左下方选择自己的资产组合。投资者可将资金分成两部分，一部分投资于国库券、货币市场工具、银行存款单等无风险资产；另一部分可投资于股票、中长期债券等风险资产。越是追求低风险，在无风险资产上的投资比例越大，所选择的组合越接近于 F 点。

追求高风险、高收益的投资者可在 CML 上的右上方选择自己的资产组合。投资者不仅可以把全部资金投资于风险资产组合，还可以按照无风险利率借入资金投资于风险资产。CML 线上 M 点右上方的点，例如点 C，表明投资者存在无风险借贷行为。投资者风险偏好越强，借入资金越多，所选择的资产组合点越远离 CML 上的 M 点。资产组合的风险和收益都呈线性增长。

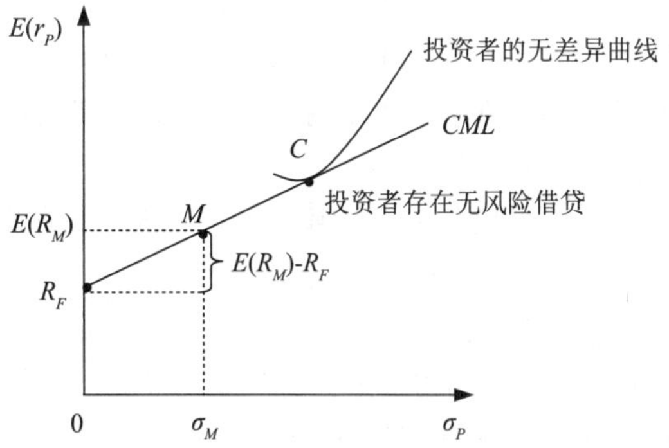

图 15－8 资本市场线

（三）证券市场线

CML 反映了有效投资组合的期望收益与其风险之间的关系，但是并没有揭示出非有效组合以及单个证券的风险与收益的关系。更为重要的是，证券投资风险包括系统性风险和非系统性风险。由于非系统性风险可以通过组合的方式被分散化，因此，平均来看，承担非系统性风险不会获得超额收益。而资产的系统性风险却不能通过多样化投资而分散。因此，不论一个资产的总风险有多大，一项资产的期望收益仅仅取决于它的系统性风险。证券市场线（英文简称 SML）揭示了均衡市场条件下每一个证券的预期收益与其系统性风险之间的关系。

1. 贝塔系数与系统性风险

SML 又称单一资产的预期收益和 β 关系曲线。所谓“β 系数”（贝塔系数）是指证券收益水平对市场组合收益水平变化的敏感程度。β 系数是对证券系统性风险的一个测度。β 系数越大，证券承担的系统风险越大。

证券 i 的 β 系数的计算公式为：

$\beta_i = cov(R_M, R_i) / \sigma_M^2$

其中 $cov(R_M, R_i)$ 表示证券 i 收益率 R_i 与市场组合收益率 R_M 的协方差；σ_M^2 表示市场组合收益率的方差。

β 系数告诉我们一项资产的系统性风险相对于市场组合的系统性风险的大小。市场

组合的平均加权 β 系数为 1，即 $\beta_m=1$。

如果 $\beta_i>1$，例如 $\beta_i=1.5$，说明市场组合收益率每变化 1%，证券 i 的收益率平均变化 1.5%，此时证券 i 的系统性风险较大，市场的较小震荡会对该资产收益率造成较大影响。

如果 $\beta_i<1$，例如 $\beta=0.5$，说明市场投资组合收益率每变化 1%，证券 i 收益率平均变化 0.5%，此时证券 i 的系统性风险比较小，即该资产受市场影响的程度较小。

2. SML 与资本资产定价模型

证券市场线（SML）对任意证券或组合的期望收益率和系统性风险之间的关系提供了十分完整的阐述。

如图 15-9 所示，横轴表示证券的 β 系数，纵轴表示证券的预期收益率。

SML 的截距：无风险资产收益率 R_F

SML 的斜率为：$[E(R_M)-R_F]/\beta_m=E(R_M)-R_F$；$\beta_m=1$

由于市场组合的贝塔系数等于 1，因此 SML 的斜率等于市场组合的风险溢价。在掌握了 SML 的斜率和截距后，根据证券 i 的 β 系数，可以求得证券 i 的预期收益率为：

$$E(R_i)=R_F+[E(R_M)-R_F]\times\beta_i$$

这就是著名的资本资产定价模型（CAPM），它与 SML 线存在一一对应关系。根据上式，我们可以得出：

证券 i 的期望收益率 = 无风险收益率 + 市场组合的风险溢价 × 证券 i 的 β 系数

CAPM 告诉我们一项资产的期望收益取决于以下三个因素：

（1）纯粹的货币时间价值。用无风险利率 R_F 来衡量，仅仅是持币等待的报酬，不包括任何风险。

（2）承担系统性风险的收益。用市场组合风险溢价 $E(R_M)-R_F$ 来衡量，是市场对承担单位系统性风险的补偿，通常称为风险的价格。

（3）系统性风险水平。用 β_i 来衡量，是特定证券与市场组合相比所具有的系统性风险的大小。

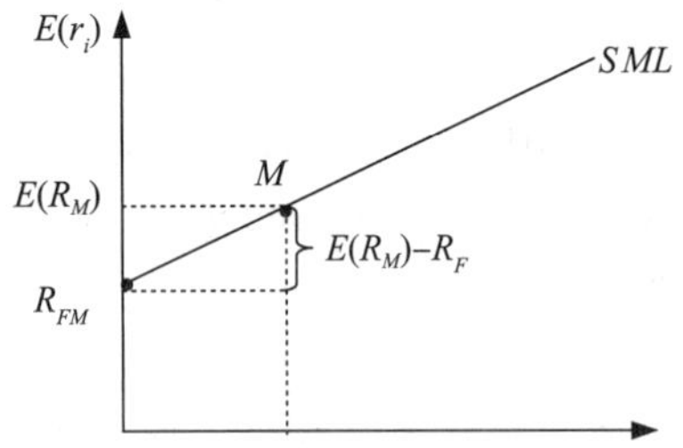

图 15-9　证券市场线

3. CAPM 模型的应用

CAPM 模型对于投资管理行业具有十分重要的意义，它主要应用于资产估值、资金成本预算以及资源配置等方面。这里主要介绍 CAPM 在资产估值中的应用。

在资产估值方面，CAPM 主要被用来判断证券是否被市场错误定价。假定 SML 是衡量风险资产公平收益率的标准，那么投资者可以计算出他所预期的收益率，并据此判断风险资产是否被公平定价。如果投资者认为应当购买一只股票，是因为他认为该股票定价过低，即该股票的期望收益率超过了 CAPM 模型所显示的公平收益率。（注意：证券收益率与证券价格成反比）

【例 15-3】某投资者面对两只备选股票，股票 A 和股票 B。股票 A 的 β 系数为 1.45，期望收益率是 17%。股票 B 的 β 系数为 0.85，期望收益率是 12%。如果无风险利率为 6%，市场的预期收益率为 13.5%。如果你是该投资者，你会购买哪只股票？

答：根据 CAPM 模型：

股票 A 的公平收益率 $=6\%+(13.5\%-6\%)\times1.45=16.875\%$

由于 $17\%>16.875\%$，所以，股票 A 的实际平均收益率偏高，即证券 A 的价格偏低。

股票 B 的公平收益率 $=6\%+(13.5\%-6\%)\times0.85=12.375\%$

由于 $12\%<12.375\%$，所以，股票 B 的实际平均收益率偏低，即证券 B 的价格偏高。

投资者应当购买股票 A。

（四）SML 与 CML 的比较

证券市场线（SML）与资本市场线（CML）都是描述资产或资产组合的期望收益与风险状况间依赖关系的函数。但两者间存在以下主要差别：

（1）CML 是由无风险资产和有效集上风险资产组合构成的新的有效资产组合的集合，反映的是有效资产组合的期望收益与风险程度之间的依赖关系。CML 上的每一点都是一个有效资产组合，其中 M 是由全部风险资产构成的市场投资组合，其余各点是由市场投资组合与无风险资产构成的资产组合。然而，CML 说明了有效组合风险和收益率之间的关系，但是没有说明对于非有效组合以及单个证券的相应情况。与之相比，SML 反映的则是单项资产或任意资产组合的期望收益与风险程度间的依赖关系。所以 SML 要比 CML 宽松，从本质上看，CML 是 SML 的一个特例。

（2）CML 是由市场投资组合与无风险资产构成的，它所反映的是这些资产组合的期望收益与其全部风险 σ_P 间的依赖关系。SML 是由任意单项资产或资产组合构成的，但它只反映这些资产或资产组合的期望收益与其所含的系统性风险的关系，而不是全部风险的关系。因此，它用 β_i 来衡量资产或资产组合所含的系统性风险的大小。

二、投资组合管理的应用

（一）投资组合管理的方法

根据投资组合管理者对市场效率的不同看法，其采用的管理方法可大致分为被动管理和主动管理两种类型。

所谓被动管理方法，指长期稳定持有模拟市场指数的证券组合以获得市场平均收益的管理方法。采用此种方法的管理者认为，证券市场是有效率的市场，凡是能够影响证券价格的信息均已在当前证券价格中得到反映。也就是说，证券价格的未来变化时无法估计的，以致任何企图预测市场行情或挖掘定价错误证券，并借此频繁调整持有证券的行为无助于提高期望收益，而只会浪费大量的经纪佣金和精力。因此，他们坚持买入并长期持有的投资策略。但这并不意味着他们无视投资风险而随便选择某系证券进行长期投资。恰恰相反，正是由于承认存在投资风险并认为组合投资能够有效降低公司的个别风险，所以他们通常购买分散化程度较高的投资组合，如市场指数基金或类似的证券组合。

所谓主动管理方法，指经常预测市场行情或寻找定价错误证券，并借此频繁调整证券组合以获得尽可能高的收益的管理方法。采用此种方法的管理者认为，市场不总是有效的，加工和分析某些信息可以预测市场行情趋势和发现定价过高或过低的证券，进而对买卖证券的时机和种类做出选择，以实现尽可能高的收益。

（二）投资组合管理的基本步骤

组合管理的目标是实现投资收益的最大化，也就是使组合的风险和收益特征能够给投资者带来最大满足。具体而言，就是使投资者在获得一定收益水平的同时承担最低的风险，或在投资者可接受的风险水平之内使其获得最大的收益。显然，实现这种目标需要对组合进行有效和科学的管理。投资组合管理通常包括以下几个基本步骤：

1. 确定证券投资政策

证券投资政策是投资者为实现投资目标应遵循的基本方针和基本准则，包括确定投资目标、投资规模和投资对象三方面的内容以及应采取的投资策略和措施等。投资目标是指投资者在承担一定风险的前提下，期望获得的投资收益率。由于风险和收益呈现出一种正相关关系，所以投资目标的确定应包括风险和收益两项内容。从收益目标看，应保证本金的安全，获得一定比例的资本回报以及实现一定速度的资本增长等；从风险目标看，应包括对资产流动性的要求以及最大损失范围的确定等。投资规模是指用于证券投资的资金数量，投资对象是指证券组合管理者准备投资的证券品种，它是根据投资目标而确定的。确定证券投资政策是证券组合管理的第一步，它反映了证券组合管理者的投资风格，并最终反映在投资组合中所包含的金融资产类型特征上。

2. 进行证券投资分析

证券投资分析是证券组合管理的第二步，是指对证券组合管理第一步所确定的金融资产类型中个别证券或证券组合的具体特征进行的考察分析。这种考察分析的一个目的是明确这些证券的价格形成机制和影响证券价格波动的诸多因素及其作用机制；另一个目的是发现那些价格偏离价值的证券。

3. 构建证券投资组合

构建证券投资组合是证券组合管理的第三步。主要是确定具体的证券投资品种和在各证券上的投资比例。在构建证券投资组合时，投资者需要注意个别证券组合、投资时机选择和多元化三个问题。个别证券选择主要是预测个别证券的价格走势和波动情况；投资时机选择涉及预测和比较各种不同类型证券的价格走势和波动情况；多元化则是在一定的现实条件下，组建一个在一定收益条件下风险最小的投资组合。

4. 投资组合的修正

投资组合的修正是证券组合管理的第四步，实际上是定期修正完善前三步的过程。由于证券市场的复杂多变，每种证券的预期收益和风险都要受到多种内外因素变动的影响，随着时间的推移，过去构建的证券组合对投资者来说可能已经不再是最优组合了。作为对这种变化的一种反映，投资者可能会对现有的组合进行必要的调整变换，包括增加有利于提高证券组合效益或降低证券组合风险的证券品种；剔除对提高证券组合效益或降低证券组合风险不利的证券品种，以确定一个新的最佳组合。然而，由于进行调整需要支付交易成本，因此投资者在修正投资组合时应该对证券组合在某种范围内进行个别调整，使得在剔除交易成本后，在总体上能够最大限度地改善现有证券组合的风险回报特性。

5. 投资组合业绩评估

业绩评估不仅是证券组合管理过程的最后一个阶段，同时也贯穿于整个证券组合管理过程中。证券组合业绩评估是对整个证券组合收益与风险的评价。业绩评估的对象是证券组合整体，而不是组合中的某个或某几个证券资产；业绩评估的内容不仅包括收益的高低，还包括风险的大小。

上述五个阶段是相互联系的，在时间上相互衔接，前一阶段为下一个阶段的工作创造条件，后一个阶段则是上一个阶段的继续。从长期看，证券组合的四个阶段又是循环往复的，一个时期证券组合的绩效评估反过来又是确定新的时期证券组合目标的依据。

第四节

投资组合管理业绩的评价

投资组合管理业绩的评价，也叫证券组合绩效评估，是指对证券组合的收益和风险进行综合的测量。证券组合绩效评估既是投资管理过程的最后阶段，又始终贯穿在投资管理的过程中。一般来说，绩效评估主要关注这样一个问题：一个投资管理者如何实现在可承受风险下的最高收益率。投资者通过进行绩效评估，可以确定所构建资产组合的优劣。如果绩效评估显示较差，投资者要及时修正资产组合策略，以保证获得更多收益。以下将介绍三种投资组合绩效评价的常用方法。

一、夏普比率

夏普比率是由夏普在1966年提出的，它以资本市场线CML作为基准，用投资组合的风险溢价除以它的标准差，它衡量的是每单位风险获得的风险溢价。夏普比率的公式如下：

$S_P=(R_P-R_F)/\sigma_P$

S_P为夏普比率；R_P为投资组合P的实际平均收益率；R_F为考察期内的无风险利率；σ_P为投资组合P的标准差。

夏普比率的分子$E(R_P)-R_F$表示投资组合P的风险溢价水平，即投资组合P的实际平均收益率超过市场无风险利率的超额收益率。

为了评价绩效，可以将投资组合的夏普比率与市场组合的夏普比率比较。如果投资组合的夏普比率高，说明该投资组合的管理者经营得比较好，而一个低的夏普比率说明其经营得比较差。前者的投资组合P位于资本市场线的上方，后者的投资组合位于资本市场线的下方。位于资本市场线上的投资组合的夏普利率与市场组合的夏普指数相等，表明管理者具有中等绩效。

二、特雷诺比率

特雷诺比率是由特雷诺在1965年提出的，它用获利机会来评价绩效。该比率以证券市场线SML作为评价基点对投资组合业绩作出评估。特雷诺比率同样用于测度单位风险水平上的风险溢价收益，但是它是用所实现的投资组合P的风险溢价水平，除以投资组合P的β值所衡量的系统性风险值，即：

$T_P = [R_P - R_F] / \beta_P$

T_P为特雷诺比率；R_P为投资组合P的实际平均收益率；R_F为考察期内的无风险利率；β_P为投资组合P的贝塔系数。

将投资组合P的特雷诺比率与证券市场线的斜率$E(R_M) - R_F$相比，如果特雷诺比率大于证券市场线的斜率，说明投资组合P的投资业绩要好于市场绩效，此时投资组合P位于证券市场线的上方；反之，如果特雷诺比率小于证券市场线的斜率，说明投资组合P的投资业绩要不如市场绩效好，此时投资组合P位于证券市场线的下方。

三、詹森比率

詹森比率是詹森在1969年提出的，它以证券市场线作为评价的基点。詹森比率定义为投资组合的实际平均收益率与由证券市场线所给出的该投资组合的期望收益率之间的差，即：

$J_P = R_P - \{R_F + [E(R_M) - R_F] \times \beta_P\}$

J_P为詹森比率；R_P为投资组合P的实际平均收益率；R_F为考察期内的无风险利率；β_P为组合的贝塔系数，即组合的系统性风险水平。

$R_F + [E(R_M) - R_F] \times \beta_P$显示了根据资本资产定价模型计算出的投资组合P的公平收益率。詹森比率实际上就是投资组合所获得的高于市场的那部分风险溢价，风险由β系数测定。直观上看，詹森指数代表投资组合与证券市场线的落差。如果投资组合的詹森比率大于零，说明投资组合P位于证券市场线上方，可以认为其经营业绩很好；如果投资组合的詹森比率小于零，说明投资组合P位于证券市场线下方，投资组合P的收益率低于市场平均水平，表明该投资组合的业绩不佳。

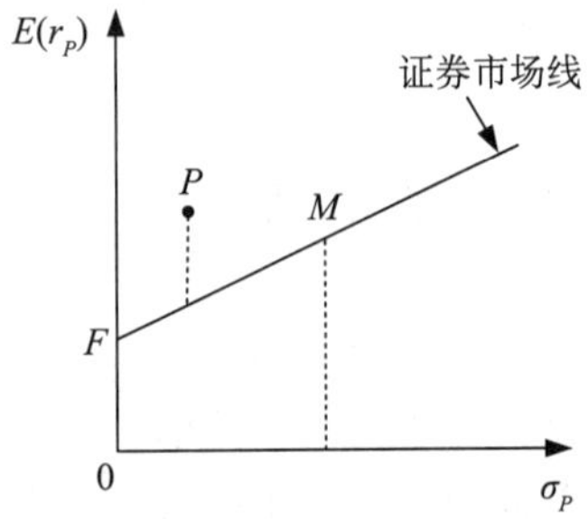

图15－10 詹森比率为正的组合

四、业绩评估需要注意的问题

（一）三种比率各自的适用范围

夏普比率、特雷诺比率、詹森比率都可以用于判断投资组合绩效的好坏。然而由于计算方法不同，上述三种绩效评估方法可能产生很大的差异，进而导致不同的绩效排序。因此，有必要对这三种比率进行比较，并指出当这三个指标发生冲突时，这三个比率各自的适用范围。

在三个比率中，夏普比率以资本市场线为基础，特雷诺比率和詹森比率以证券市场线为基础。夏普比率是风险溢价除以标准差，特雷诺比率是风险溢价除以贝塔系数，他们的区别在于分母不同：标准差衡量的是总的风险，贝塔系数衡量的是系统风险。如果一个管理负责的是一个投资对象众多的大基金，由于它已经充分分散非系统性风险了，要评价其中单个管理者的绩效，使用特雷诺比率和詹森比率较好。如果一个管理者负责的是投资对象较少的小基金，一般它的风险没有充分分散，因此夏普比率更加适合。

（二）使用这三种评价方法的不足之处

使用夏普比率、特雷诺比率、詹森比率评价投资组合业绩固然有其合理性，然而也存在一些不足之处，具体表现在两方面：

（1）三种比率均以资本资产定价模型为基础，而资本资产定价模型是基于严格假设条件提出的，而现实环境往往与假设条件存在一定的差距，因此可能导致评价结果失真。

（2）三种比率均需计算投资组合风险，而计算这些风险指标有赖于样本的选择。基于不同样本选择计算出的评估结果可能存在差异，也不具有可比性。

由于这三种评价方法存在的不足，在实际应用中应当注意评估方法在理论假设方面的局限性和样本选择的差异性，尽可能多做研究，以获得更科学的评价结果。

本章小结

证券投资是一种风险性投资。现代证券投资组合理论将投资风险分为系统性风险和非系统性风险。通过组合分散化的方式，能够降低组合中的非系统性风险，从而降低组合总体风险。系统性风险无法通过分散化降低。

马柯维茨有效边界是风险资产有效组合的集合，它满足投资者共同偏好规则。在引入无风险资产后，资本市场线成为由无风险资产和马柯维茨有效集上风险资产组合构成的新的投资组合的有效边界。资本市场线与马柯维茨有效边界相切的切点称为最优风险资产组合。根据齐性预期假设，所有投资者持有的最优风险资产组合都相同，这个证券组合被称为市场投资组合，简称市场组合。资本市场线（CML）揭示了均衡状态下有效资产组合的期望收益与标准差的线性关系。证券市场线（SML）揭示了均衡状态下单项资产或任意资产组合的期望收益与其 β 值的线性关系。资本资产定价模型（CAPM）是以证券市场线为基础所建立的均衡资产定价模型。评价投资组合业绩的常用方法有夏普比率、特雷诺比率、詹森比率。

复习思考题

一、名词解释

系统性风险　马柯维茨有效边界　市场投资组合　β系数
资本市场线　资本资产定价模型

二、判断题

1. 在收益率相同的情况下，投资者更愿意选择位于有效边界上的组合。（　）
2. 随着投资组合中证券数目的增加，投资组合的系统性风险逐渐减少。（　）
3. 资本市场线是风险资产有效组合的集合。（　）
4. 现有两个投资组合，投资组合A的标准差为40%，β系数为0.5；投资组合B的标准差为20%，β系数为1.5，投资组合A的市场风险溢价更高。（　）
5. 风险规避者的无差异曲线呈凸形。（　）
6. 无风险资产的β系数等于1。（　）
7. AAA级债券的收益率高于A级债券。（　）
8. 证券市场线只能反映有效组合的期望收益与风险程度间的依赖关系。（　）
9. 夏普比率以证券市场线为基准。（　）
10. 一个投资者正在考虑在组合中增加另外一种投资。要实现最大的多样化效应，他所增加的投资品种与组合中其他资产的相关系数越大越好。（　）

三、简答题

1. 叙述CAPM的假设。
2. 资本市场线与证券市场线的主要区别是什么？
3. 解释证券投资组合绩效评价的常用指标的含义。

四、计算题

1. 两个投资咨询家在相互比较业绩。第一个人的平均收益率为19%，$\beta=1.5$，第二个人的平均收益率为16%，$\beta=1$。如果国库券利率是3%，市场收益率是15%，哪一位投资咨询家在选择股票方面表现更为优秀？

2. 在2006年，短期国库券的收益率是5%。市场对$\beta=1$的组合的要求收益率为12%。根据CAPM模型：

（1）市场组合的预期收益率是多少？

（2）$\beta=0$的股票的预期收益率是多少？

（3）假定你正在考虑购买价格为40美元的某种股票。预计下一年股票的分红为3美元/股，然后在41美元的价位上卖出，股票风险是在$\beta=0.5$上估计的。该股票的价格是被高估还是低估了呢？

参考答案

第一章　参考答案

一、选择题

1. ABC　2. ABCD　3. ABC　4. AC　5. ABCD　6. BCD

二、判断题

1. √　2. ×　3. ×　4. √　5. ×　6. √　7. √　8. ×　9. √　10. ×

三、简答题

1. 如何理解有价证券的含义？

标有票面金额，证明持券人有权按期取得一定收入并可自由转让和买卖的所有权或债权凭证。有价证券是一种虚拟资本，自身没有价值，但能为持有者带来一定的股息或利息收入，因而当法律允许其在证券市场上自由转让时便产生了价格。

2. 机构投资者与个人投资者的主要区别是什么？

资金、信息、人力以及投资目的等方面不同。

3. 解释 QFII 的含义。

见本章第二节脚注 3。

4. 简述证券市场的功能。

（1）筹资和投资功能。是证券市场的运行所带来的首要功能和基本功能。

（2）资本定价功能。证券市场实质上是资金供需双方通过竞争来决定证券价格的场所。

（3）资源配置功能。首先，有价证券的发行是证券市场优化资金资源配置的首要环节，只有符合条件的优质企业，才能获得证券主管部门的发行核准，而那些业绩不佳，发展前景黯淡的企业则被排斥在外，从而实现了证券发行阶段资金的优化配置。其次，证券市场通过证券流通转让使资源优化重组。通过证券市场证券的流通转让，使得有发展前景的企业再融资时能够获得充裕的资金资源，实现资金资源的优化配置。最后，证券市场便于企业的收购、兼并和资产重组，促进资源的优化重组。

第二章　参考答案

一、选择题

1. ABD　2. B　3. B　4. ABD　5. ABCD　6. AB　7. ABC　8. D　9. D　10. A

二、判断题

1. √　2. √　3. ×　4. ×　5. ×　6. ×　7. ×　8. √　9. √　10. ×

三、简答题

1. 股票具有哪些特征？参考本章第二节内容。
2. 优先股票具有哪些特征？参考本章第三节内容。
3. 简述股价指数的编制方法。参考本章第四节内容。
4. 简述股价指数的功能。参考本章第四节内容。

第三章　参考答案

一、选择题

1. ABCD　2. ACD　3. ABC　4. ABC　5. BCD　6. AC　7. ABD　8. ABD　9. A　10. D

二、判断题

1. √　2. ×　3. √　4. √　5. √　6. ×　7. ×　8. ×

三、简答题

1. 简述债券的票面要素。参考本章第一节内容。
2. 影响债券利率的因素有哪些？参考本章第一节内容。

第四章　参考答案

一、选择题

1. ABC　2. ACD　3. ABD　4. ABD　5. ABC　6. ABD　7. BCD　8. C　9. C　10. A

二、判断题

1. √　2. √　3. √　4. ×　5. ×　6. ×　7. ×　8. ×

三、简答题

1. 简述证券投资基金与股票、债券的区别。参考本章第一节内容。
2. 简述契约型基金与公司型基金的区别。参考本章第二节内容。
3. 简述开放式基金与封闭式基金的区别。参考本章第二节内容。

第五章　参考答案

一、选择题

1. C　2. B　3. B　4. B　5. B

二、判断题

1. ×　2. √　3. √　4. ×　5. ×　6. ×　7. ×　8. ×　9. ×

三、简答题

1. 金融衍生工具的功能。(1) 转移或分散风险。(2) 价格发现。(3) 提高市场流动性。

2. 金融期货与金融期权的区别。(1) 基础资产不同。(2) 投资者权利与义务的对称性不同。(3) 盈亏特征不同。(4) 履约保证不同。(5) 现金流转不同。

四、计算题

看跌期权盈亏平衡点对应的股票价格 $=50-3=47$ 元。对于看跌期权的买方而言，当 $P<50$ 时，期权买方选择执行期权，其盈利 $=47-P$

其中，当 $P<47$ 时，期权买方盈利 >0；

当 $P=47$ 时，期权买方盈亏平衡；

当 $47<P<50$ 时，期权买方执行期权，期权买方盈利介于 -3 与 0 之间。

当 $P=50$ 时，期权买方可以执行期权也可以放弃执行期权，但其损失为全部期权费 3；

当 $P>50$ 时，期权买方放弃执行期权，其损失为全部期权费 3。

看跌期权卖方的盈亏情况与买方的盈亏情况恰好相反。

看跌期权买卖双方的盈亏情况如下图所示：

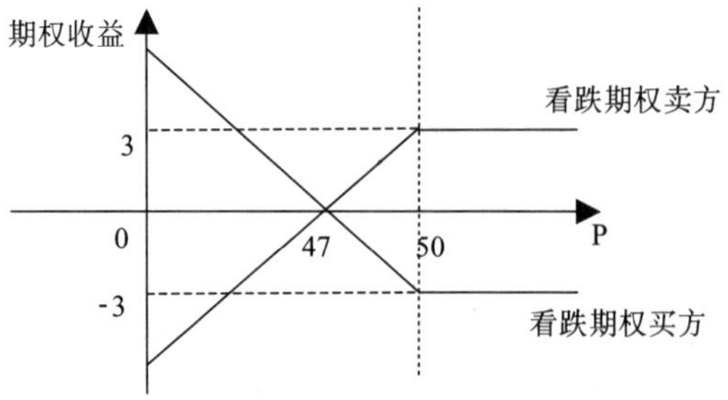

看跌期权盈亏分析图

第六章 参考答案

一、选择题

1. ABD 2. ABD 3. ABD 4. ABD 5. ACD 6. AB 7. BCD

二、判断题

1. √ 2. √ 3. √ 4. × 5. × 6. √ 7. √ 8. √ 9. × 10. ×

三、简答题

1. 核准制与注册制各有何特点？参考本章第一节内容。

2. 公募发行与私募发行有何不同？

(1) 发行对象与募集资金量不同。公募发行以众多投资者为发行对象，证券发行的数量多筹集资金的潜力大；私募发行是以少数特定投资者为对象发售证券的方式，发行对象一般是与发行者有特定关系的投资者，如发行人的职工和老股东以及与发行人有密切关系的金融机构、公司、企业等募集资金量小。(2) 发行成本及上市流通便利性不同。公募发行发行程序比较复杂，登记核准的时间较长，通常委托证券承销商代理发行，发行费用较高。但公募发行的证券可申请在证券交易所上市，具有较高的流动性，易于为广大投资者所接受，有利于提高发行人的知名度，扩大社会影响；私募发行有确定的投资者，发行程序简单，不必委托中介机构办理承销，可以节省发行时间和发行费用。但私募发行由于没有经过严格的审查和批准，所以一般上市流通有限制，流动性较差。

3. 解释配股的含义。参考本章第二节内容。

4. 解释 IPO 的含义。参考本章第二节内容。

5. 解释保荐制的含义。参考本章第三节内容。

6. 股票的增资发行的方式有哪些？参考本章第二节内容。

第七章 参考答案

一、选择题

1. A 2. BD 3. BD 4. ABD 5. AB 6. ABCD 7. A 8. D 9. C 10. ABCD 11. ACD

二、判断题

1. √ 2. × 3. √ 4. √ 5. √ 6. ×

三、简答题

1. 股票上市对发行公司有何影响？参考本章第二节内容。
2. 如何理解证券交易的三原则？参考本章第一节内容。
3. 证监会规定的重大违法强制退市具体情形包括哪些？参考本章第二节内容。

第八章 参考答案

一、选择题

1. B 2. A 3. B 4. ABD 5. A 6. B 7. B 8. ABCD

二、计算题

1. $V=\frac{100}{(1+7\%)^{10}}=100\times(P/F,7\%,10)$

$V=100\times 0.5083$

$V=50.83$

只有当价格小于50.83元投资者才会购买。

2. $V=\sum_{t=1}^{10}\frac{8}{(1+7\%)^{10}}+\frac{100}{(1+7\%)^{10}}$

$V=8\times(P/A,7\%,10)+100\times(P/F,7\%,10)$

$V=8\times 7.0236+100\times 0.5083$

$V=107.01$

3. $Y_d=\frac{100\times 10\%}{80}\times 100\%=12.5\%$

4. $R_h=\frac{[1.8+(12.5-10)]\div 2}{10}\times 100\%=21.5\%$

5. 该股票内在价值$V=\frac{1.5}{8\%}=18.75$，说明14.25元的市场价格被低估，应该买入。

三、判断题

1. √　2. ×　3. ×　4. ×　5. ×　6. √　7. ×　8. √　9. ×
10. √

第九章　参考答案

一、选择题

1. B　2. D　3. B　4. C　5. D　6. A　7. A

二、判断题

1. ×　2. ×　3. ×　4. ×　5. ×　6. ×　7. √　8. ×　9. √
10. ×

三、简答题

1. 主要从期货交易对象—标准化合约入手回答本题。
2. 参考本章第二节内容。
3—4 题参考本章第三节内容。

第十章　参考答案

一、选择题

1. ABCD　2. A　3. C　4. D

二、判断题

1. ×　2. √　3. ×　4. ×　5. ×　6. ×

三、简答题

1. 参考本章第二节内容。
2—4 题参考本章第三节内容。

第十一章　参考答案

一、选择题

1. ABCD　2. ABCD　3. A　4. A　5. ABC　6. ABC　7. ABCD
8. C　9. B　10. D

二、判断题

1. √ 2. × 3. × 4. × 5. √ 6. √ 7. × 8. × 9. × 10. √ 11. √ 12. × 13. √ 14. × 15. × 16. √ 17. √ 18. × 19. × 20. √

三、简答题

1. 参考本章第一节内容。

2、3 题参考本章第二节内容。

第十二章 参考答案

一、选择题

1. ABCD 2. BC 3. ABCD 4. C 5. B 6. C 7. B 8. ABCD 9. A 10. A 11. D

二、判断题

1. × 2. √ 3. √ 4. × 5. √ 6. √ 7. √ 8. × 9. × 10. × 11. √ 12. ×

三、分析题

1. 略。

2. 二者的关系是：一般情况下，法定存款准备金率上调，股指下跌，法定存款准备金率下调，股指上涨，但是要注意累计效应。

原因是：当中央银行提高法定存款准备金率时，商业银行可运用的资金减少，贷款能力下降，货币乘数变小，市场货币量便会相应减少，证券市场价格下跌，股指下跌。反之，亦然。

第十三章 参考答案

一、选择题

1. C 2. A 3. C 4. A 5. D 6. C 7. D 8. B 9. B 10. D

二、判断题

1. √ 2. × 3. √ 4. √ 5. × 6. √ 7. √ 8. × 9. √ 10. √

三、简答题

1. 技术分析基于哪些假设?

技术分析的理论基础是基于三项合理的市场假设：市场行为涵盖一切信息；价格沿趋势移动；历史会重演。第一条假设是进行技术分析的基础。第二条假设是进行技术分析最根本、最核心的因素。第三条假设是从人的心理因素方面考虑的。

2. 技术分析方法应用时应注意哪些问题?

技术分析作为一种证券投资分析工具，在应用时应该注意以下问题：

(1) 技术分析必须与基本分析结合起来使用。技术分析必须与基本分析结合起来使用，才能提高其准确程度，否则单纯的技术分析是不全面的。

(2) 多种技术分析方法综合研判。在投资分析过程中，要注重多种技术分析方法的综合研判，切忌片面地使用某一种技术分析结果。技术分析方法有五大类，每一类又可分为很多种，可谓“多种多样，五花八门”，每一种方法都有其独特的优势和功能，也有不足和缺陷。没有任何一种方法能概括证券走势的全貌。

(3) 理论与实践相结合。前人的或别人的结论要通过自己的实践检验后才能放心使用。各种技术分析的理论和方法都是前人或别人在一定的特殊条件和特定环境下得到的。因此，在使用技术分析方法时，要注意掌握各种分析方法的精髓，并根据实际情况作适当的调整。

3. 支撑线和压力线的作用是什么?

支撑线和压力线之所以能起支撑和压力作用，两者之间之所以相互转化，很大程度上是由于心理因素方面的原因，这也是支撑线和压力线理论上的依据。

证券市场中主要有三种人：多头、空头和旁观者。旁观者又可分为持股者和持币者。假设股价突破压力区域开始向上移动，在此区域买入股票的多头们肯定认为自己对了，并对自己没有多买入股票而感到后悔。在该区域卖出股票的空头们这时也认识到自己弄错了，他们希望股价再跌回他们卖出的区域时，将他们原来卖出的股票补回来。而旁观者中的持股者的心情和多头相似，持币者的心情同空头相似。无论是这四种人中的哪一种，都有买入股票成多头的愿望。这样，原来的压力线就转化为支撑线。

以上分析过程对于压力线也同样适用，只不过结论正好相反。可见，一条支撑线如果被突破，那么这一支撑线将称为压力线；同理，一条压力线被突破，这个压力线将成为支撑线。

四、看图分析题

运用各种理论及指标的应用法则对股票进行分析。

五、实训题

略。

第十四章　参考答案

一、选择题

1. ABC　2. ABCD　3. AB　4. ABCD　5. ABC　6. ABCD　7. B　8. A　9. A　10. A

二、判断题

1. ×　2. √　3. ×　4. ×　5. ×　6. ×　7. ×　8. √　9. √　10. √

三、简答题

1. 参考本章第三节内容。
2. 参考本章第三节内容。
3. 参考本章第一节内容。
4. 参考本章第二节内容。

第十五章　参考答案

一、名词解释（略）

二、判断题

1. √　2. ×　3. ×　4. ×　5. √　6. ×　7. ×　8. ×　9. ×　10. ×

三、简答题

1. 叙述 CAPM 的假设。

（1）所有投资者基于均值—方差模型进行决策。（2）齐性预期假设。（3）证券市场是完全竞争的、均衡的，投资者个人的交易行为不能影响市场价格。（4）市场是完美的、没有摩擦。市场只有一个无风险借贷利率，在借贷和卖空上没有限制。（5）所有投资者的投资期限都相同。

2. 资本市场线与证券市场线的主要区别是什么？

（1）CML 是由无风险资产和有效集上风险资产组合构成的新的有效资产组合的集合，反映的是有效资产组合的期望收益与风险程度之间的依赖关系。SML 反映的则是单项资产或任意资产组合的期望收益与风险程度间的依赖关系。所以 SML 要比 CML 宽松，从本质上看，CML 是 SML 的一个特例。

（2）CML 是由市场投资组合与无风险资产构成的，它所反映的是这些资产组合的期望收益与其全部风险 σ_p 间的依赖关系。SML 是由任意单项资产或资产组合构成的，但它只反映这些资产或资产组合的期望收益与其所含的系统性风险的关系，而不是全部风险的关系。

3. 解释证券投资组合绩效评价的常用指标的含义。

夏普比率以资本市场线 CML 作为基准，用投资组合的风险溢价除以它的标准差，它衡量的是每单位总风险获得的风险溢价。

特雷诺比率以证券市场线 SML 作为评价基点对投资组合业绩作出评估，用于测度单位系统性风险水平上的风险溢价收益。

詹森比率以证券市场线作为评价的基点，它是指投资组合的实际平均收益率与由证券市场线所给出的该投资组合的期望收益率之间的差。

四、计算题

1. 第一个人的平均收益率 = 19%

市场认可的公平收益率 = 3% + (15% − 3%) × 1.5 = 21%

第二个人的平均收益率 = 16%

市场认可的公平收益率 = 3% + (15% − 3%) × 1 = 15%

显然，第一个人的平均收益率低于市场认可的公平收益率，而第二个人的平均收益率超出了市场认可的公平收益率。因此，第二个人表现更为优秀。

2. 在 2006 年，短期国库券的收益率是 5%。市场对 $\beta = 1$ 的组合的要求收益率为 12%。根据 CAPM 模型：

(1) 市场组合的预期收益率 = 12%（因为市场组合的贝塔系数等于 1）

(2) $\beta = 0$ 的股票的预期收益率 = 无风险收益率 = 短期国库券的收益率 = 5%

(3) 预计股票下一年的收益率 = (41 − 40 + 3)/40 = 10%

市场认可的公平收益率 = 5% + (12% − 5%) × 0.5 = 8.5%

由于所预计的该股票下一年的收益率大于市场认可的公平收益率，且收益率变动与价格变动呈反向相关关系，因此，该股票的价格被低估。

主要参考文献

［1］姚铮．证券与期货（第二版）［M］．清华大学出版社，2010.

［2］任淮秀．证券投资学（第三版）［M］．高等教育出版社，2016.

［3］吕彦昭，刘艳莉，牛大勇．证券与期货（第三版）［M］．哈尔滨工程大学出版社，2017.

［4］邢天才，王玉霞．证券投资学（第四版）［M］．东北财经大学出版社，2017.

［5］曹建元．证券投资学（第二版）．上海财经大学出版社，2016.

［6］胡金焱．证券投资学（第三版）．高等教育出版社，2017.

［7］李扬，钱龙海等．中国债券市场：2017［M］．社会科学文献出版社，2017.

［8］证券业从业人员一般从业资格考试专家组．金融市场基础知识［M］．中国金融出版社，2018.

［9］证券业从业人员一般从业资格考试专家组．证券市场基本法律法规［M］．中国金融出版社，2018.

［10］中国证券投资基金业协会．证券投资基金上册/下册．北京：高等教育出版社，2015.

［11］汪昌云．金融衍生工具（第三版）［M］．中国人民大学出版社，2017.

［12］金德环．投资银行学（第三版）［M］．格致出版社，2018.

［13］戴艳．谁将是大牛股：公司基本面分析从入门到精通［M］．清华大学出版社，2015.

［14］全昌明．投资最困难的事：公司基本面分析与估值［M］．中国经济出版社，2017.

［15］张羽乔．我国股票市场的行业轮动性分析［J］．中国商论．2017（32）.

［16］中国证券业协会．证券投资分析［M］．中国金融出版社，2012.

［17］郑宏韬．证券投资分析（第三版）［M］．电子工业出版社，2017.

［18］赵锡军，魏建华．证券投资分析［M］．中国人民大学出版社，2015.

［19］田文斌．证券投资分析（第二版）［M］．中国人民大学出版社，2017.

［20］中国期货业协会．期货及衍生品分析与应用（第三版）［M］．中国财政经济出版社，2018.

［21］中国期货业协会．期货法律法规汇编（第九版）［M］．中国财政经济出版社，2017.

［22］钟腾，汤珂．中国商品期货投资属性研究［J］．金融研究．2016（4）.

［23］约翰·墨菲（作者），丁圣元（译者）．期货市场技术分析［M］．地震出版社，2010.